DIE GESCHICHTE DER MENSCHHEIT AUS DER SICHT EINES MEISTERS

Teil II

Die Wiederentdeckung der Perle der Alten Weisheit

Die Geschichte der Menschheit aus der Sicht eines Meisters

Teil II

Die Wiederentdeckung der Perle der Alten Weisheit

IN DER TAT VERLAG

DIE GESCHICHTE DER MENSCHHEIT AUS DER SICHT EINES MEISTERS

Teil II
Die Wiederentdeckung der Perle der Alten Weisheit

Titel der Originalausgabe:
A MASTER'S REFLECTION ON THE HISTORY OF HUMANITY
Part II – Rediscovering the Pearl of Ancient Wisdom

Übersetzt aus dem Amerikanischen von Helga Krachler
Bearbeitung von Angelika Tessa

Herausgeber der deutschsprachigen Lizenzausgabe ist der In der Tat Verlag.
Diese Übersetzung basiert auf der englischsprachigen Ausgabe, die die von Ramtha übermittelten Original-Lehren enthält; ein möglicher Verlust von Teilen der Aussage bei der Übersetzung ist unvermeidlich.

Für weitere Informationen über Ramthas Lehren wenden Sie sich bitte an: Ramtha's School of Enlightenment, PO Box 1210, Yelm, WA 98597, USA.
http://www.ramtha.com

ISBN: 978-3-89539-045-6
1.Auflage März 2010

In der Tat Verlag
Ammergauer Str. 80
86971 Peiting
Tel.: 08861-59018 Fax: 08861-67091
www.michaelsverlag.de
e-mail: info@michaelsverlag.de

Druck und Bindung:
AALEXX Buchproduktion, Großburgwedel

„Bei euch und bei anderen Völkern aber ist es so: Gerade wenn ihr jeweils die Schrift und alle anderen Erfordernisse einer Stadt gemeistert habt, kommt nach dem üblichen Abstand der Jahre wie eine Krankheit die Flut wieder vom Himmel gestürzt und lässt nur die von euch übrig, die sich weder auf die Schrift noch auf die Musenkunst verstehen, so dass ihr gewissermaßen immer wieder aufs Neue jung werdet, ohne jedes Wissen von all den Ereignissen hier bei uns und bei euch, die sich in früheren Zeiten begeben haben.

Was du uns jetzt eben über die alten Geschlechter bei euch zu Hause erzählt hast, bester Solon, das unterscheidet sich jedenfalls nur wenig von Kindermärchen. Denn erstens erinnert ihr euch nur an eine Überschwemmung der Erde, obgleich es früher schon manche gegeben hat.“

Plato, *Timaios*

INHALTSVERZEICHNIS

ABBILDUNGEN

Quellenliste

Der Inhalt dieses Buches basiert auf Ramtha Dialogues®, einer Serie von Magnetbandaufzeichnungen von Ramthas Sitzungen mit seinen Studenten, eingetragen im United States Copyright Office, mit Genehmigung von JZ Knight und JZK, Inc. Die in den Kapiteln dieses Buches verwendeten Auszüge aus den verschiedenen Veranstaltungen wurden in ihrer ursprünglichen Dialogform, so, wie Ramtha sie präsentierte, belassen.

Kapitel I: Ramthas Krieg gegen Tyrannei und die Tragödie der Frauenversklavung wurde Ramtha Dialogues®, Band 021 *Ramtha's Lifetime*; Band 029, *Yahweh – Jehovah;* Band 037, *The Siege upon the City of the Blue Race,* Januar 1985; Band 114, *Soulmates,* Seattle, 10.-12. Januar 1986; Band 388, *The Greatest History Lesson Ever Taught,* 14. September 1998, entnommen.

Kapitel II: Leben im Mittelpunkt der Erde wurde Ramtha Dialogues® Band 013, *Inner Earth* entnommen.

Kapitel III: Die Pyramiden Ägyptens wurde Ramtha Dialogue® Band 020.1, *Pyramids*, Band 394, *Was Mary Really a Virgin?*, 14.-15. November 1998, entnommen.

Kapitel IV: Pharao Ra-Ta-Bin und das ägyptische Geheimnis der Unsterblichkeit wurde Ramtha Dialgoues® Band 497, *Spain – Ra-Ta-Bin – The First Christ; The Gods and the Twelfth Planet,* 5. April 2001 entnommen.

Kapitel V: Jehova, der Gott des Krieges und der Rache wurde Ramtha Dialogues® Band 029, *Yahweh – Jehovah;* Band 377, *Making the Choice for the Greatest Potential,* Mini-Retreat, 10.-14. März 1998; Band 378.2, *Opera of the Lampshade; The Peter Principle; The Ancient Egyptians,* Secondary Retreat, Teil III, 24. März 1998; Band 394, *Was Mary Really a Virgin?,* 14.-15. November 1998 entnommen.

Kapitel VI: Erleuchtung in moderner Zeit wurde Ramtha Dialogue® Band 040, *Selected Stories VII;* Band 332, *New Group Retreat;* 7.-12. Mai 1996; Band 378.1, *Relating to Quasar – Drug Addiction,* Secondary Retreat, Teil II, 22.-23. März 1998 entnommen.

Kapitel VII: Die Weiterentwicklung des Traums – die nächste Phase der Schöpfung wurde Ramtha Dialogues® Band 027, *Understanding*

Womanhood, Band 122A, *The Next Step – Superconsciousness, Part I,* Los Angeles, 31. Mai 1986; Band 376, *The Observer – Part I,* Primary Retreat, 20.-24. Februar 1998; Band 444, *Revolution of the Spirit and Mammy, the Goddess of Genesis,* Beginning Retreat, 10. März 2000, entommen.

Schlussfolgerung: Die Menschheit in der Dämmerung der Erleuchtung wurde Ramtha Dialogues ® Band 045, *Tales of the Masters,* Band 188, *Ignorance: The Mother of Devotion,* 16. April 1988, entnommen.

EINE WICHTIGE NACHRICHT

Dieses Buch basiert auf Ramtha Dialogues®, einer Serie von Magnetbandaufnahmen von Vorträgen und Lehren, die Ramtha gegeben hat. Ramtha hat die Amerikanerin JZ Knight als seinen einzigen *Channel* zur Überbringung seiner Botschaft gewählt. Die einzige Sprache, die er in seinen Lehren verwendet, ist die englische Sprache. Sein Sprachstil ist sehr einzigartig und ungewöhnlich, was oft als archaisch oder seltsam missverstanden wird. Er hat erklärt, dass seine Wortwahl, seine Änderung der Worte, sein Satzbau und die Anordnung der Verben und Nomina, seine Unterbrechungen und Pausen mitten im Satz, alle absichtlich sind, um eine Vielzahl von Schichten der Akzeptanz und Interpretation zu erreichen, die in einer Zuhörerschaft, bestehend aus Menschen mit einer Vielfalt an kulturellen Hintergründen und Lebensweisen, präsent sind.

Um die Authentizität der von Ramtha überbrachten Botschaft zu erhalten, haben wir die Originalworte wiedergegeben, so wie sie gesprochen wurden, um den Leser die Lehre erfahren zu lassen, so als ob er präsent gewesen wäre. Wenn Sie manche Sätze finden, die gemäß der derzeitigen linguistischen Form Ihrer Sprache unrichtig oder seltsam scheinen, ermuntern wir Sie, diesen Teil erneut zu lesen, um zu versuchen, die Bedeutung hinter den Worten zu verstehen, anstatt nur der literarischen Konstruktion kritisch gegenüber zu stehen. Unsere besten Wünsche begleiten Sie. Genießen Sie die Lektüre.

DANKSAGUNGEN

Unser aufrichtiger Dank und unsere Wertschätzung gelten allen, die gemeinsam dabei geholfen haben, dieses Buch zu erstellen. Es war eine anstrengende Teamarbeit, die von der gleichen Liebe, die wir alle für unseren Meisterlehrer Ramtha und seine Worte hegen, inspiriert wurde.

Wir möchten Debbie Christie, Jane Capezio und Jan Ferrari dafür danken, Ramthas Originalworte für die Transkription verfügbar gemacht zu haben. Wir schätzen die literarische Bearbeitung von Pat Richker und ihre eifrige Hingabe daran, die Worte des Meisters rein zu halten. Unser besonderer Dank gilt ihrer Protokollistin, Diane Munoz, für ihre Expertise, die Worte Ramthas in schriftlicher Form wiederzugeben. Dank an Stephanie Millham für ihr sorgfältiges Korrekturlesen, ihre Professionalität und ihr leichtes Herz. Besonderer Dank gilt Jaime Leal-Anaya für den Aufbau und die Ausgabe des Buches, Ramthas Glossar, den Index und für die Essays in Form von Kommentaren und Einführungen in die Kapitel des Buches. Es war sehr aufregend, den Kern von Ramthas Botschaft durch die Inspiration der Künstler Noel Sagrera, Melissa Peizer und DN Nguyen in visuelle Form zu übersetzen. Besonderer Dank gilt Greg Simmons für seine geduldige Unterstützung, sein Wissen und Verständnis sowie Elio Serra für die umfassende Unterstützung dieses Projektes.

Schließlich möchten wir unsere aufrichtige Wertschätzung und Liebe für JZ Knight und ihre unbeirrbare Hingabe an das Große Werk, ihren wilden und ungeheuerlichen Geist und dafür, Ramthas Lehren jedem verfügbar zu machen, der sie hören und sich selbst in die Erleuchtung hinein erobern möchte, zum Ausdruck bringen.

ANMERKUNG DES HERAUSGEBERS, VERÖFFENTLICHT IN

TEIL I VON *DIE GESCHICHTE DER MENSCHHEIT AUS DER SICHT EINES MEISTER*

Vor einiger Zeit saß ich in einer Lehrveranstaltung Ramthas und tauschte mich mit meiner Partnerin über die Lehrinhalte aus, die Ramtha gerade vermittelt hatte. Ich erklärte ihr, dass ich es leid wäre, mein ganzes Leben lang, und sicherlich auch viele andere Leben hindurch, nichts weiter als ein bloßer Philosoph gewesen zu sein. Ich sagte ihr, ich wolle das Wissen erfahren, die Wahrheit der Lehren erleben und damit aufhören, ein Heuchler zu sein, der die Schlüssel in der Hand hält, aber nicht durch die Tür geht. Ich erinnere mich noch, wie ich ihr sagte: „Ich möchte nicht irgendetwas predigen oder Bücher schreiben. Ich möchte keine tollen Worte mehr über irgendetwas schreiben. Ich möchte einfach ein wahrer Meister werden.“ Mir fiel auf, dass Ramtha unserer Unterhaltung zugehört hatte und dabei lächelte wie eine strahlende Sonne.

Kurz danach betraute mich Ramtha mit dem Projekt, eine umfassende Sammlung all seiner Lehren in gedruckter Form zusammenzustellen. Unwillkürlich musste ich an meine Äußerungen gegenüber meiner Mitschülerin bei dieser früheren Veranstaltung denken. Mir war klar, dass ich dieser Aufgabe am besten gerecht werden konnte, wenn ich nicht nur als Theologe, Anthropologe oder Theoretiker von außen an die Sache heranging, sondern als ein Student des Großen Werkes, der in sich das Verlangen verspürt, die Wahrheiten und Inhalte der Lehren zu erfahren und praktisch umzusetzen. Erst wenn wir damit anfangen, diese Philosophie aufrichtig zu erforschen, können wir allmählich die Perle der Weisheit in ihren tiefsten Facetten, ihrem Glanz und ihrer Brillanz erfassen und begreifen. Er ist wahrhaftig eine persönliche Reise der Selbstentdeckung, die sich mit Worten nur unzulänglich beschreiben lässt. Sie muss in die Praxis umgesetzt und erlebt werden.

Im Jahr 2001 bat mich Ramtha während unseres alljährlichen Retreats, zu jedem der Kapitel unseres Buches einen einführenden Kommentar zu schreiben. Die Kommentare sollten aufzeigen, wie Ramthas Lehren die fundamentalsten Fragen menschlicher Existenz ansprechen, über die der Mensch zu allen Zeiten bis zum heutigen Tag nachgedacht hat. Ramthas Modell und sein Verständnis der Beschaffenheit der Wirklichkeit liefern oftmals das noch fehlende Bindeglied zu einer umfassenden und korrekten Deutung vieler alter Philosophien, Rituale, Religionen und sogar Wissenschaften. Die einführenden Kommentare sollen als Ausgangspunkt dienen und dem interessierten Leser einen Weg aufzeigen, wie er sich noch tiefgehender mit Ramthas Lehren beschäftigen und sich diese erschließen kann. Sie sollen auch die Auswirkungen dieser Lehren auf bestimmte Studiengebiete beschreiben. Ramthas Lehren sprechen für sich und müssen in ihrem jeweiligen Kontext und Rahmen gelesen werden. Die Kommentare sollen dem interessierten Leser als Hilfsmittel dienen und es ihm erleichtern, die enorme Bedeutung der Lehren Ramthas und deren Beitrag zum gesamten Wissen und der Weisheit der menschlichen Rasse zu erkennen.

Ramthas Lehren sind ein einzigartiges metaphysisches Gedankensystem. Es bedarf sorgfältiger Untersuchung und Überlegung, um die volle Bedeutung und Auswirkung seiner Inhalte erfassen zu können. Wir meinen, dass Ramthas Lehren metaphysischer Natur sind, da sie sich mit den fundamentalen Fragen des Menschen und der menschlichen Existenz befassen, mit Fragen über unseren Ursprung und unsere Bestimmung, über die Natur von Gut und Böse, die Seele, Leben und Tod, die Welt und unsere Beziehungen zu anderen.

Die Form, in der Ramtha seine Lehren übermittelt, ist ein Bestandteil der Botschaft selbst. Die Lehren sind nicht einfach eine intellektuelle Abhandlung bestimmter Themen oder deren bloße intellektuelle Analyse, sie sind auch keine Art offenbarter Wahrheit, die blinde Glaubensgefolgschaft verlangt. Ramthas Lehren sind keine neue Religion, und sie sind keine Bausteine zu einer neuen Kirche. Seine Lehren sind ein Gedankensystem, das in seinem Ansatz zur Wirklichkeit so gestaltet ist, dass der Einzelne Ramthas Philosophie in die Tat umsetzen und die so gelehrten Inhalte selbst überprüfen und erfahren kann. Mit anderen Worten, durch diesen einzigartigen Aspekt der Lehren kann die Philosophie oder das *Konzept der Wirk-*

lichkeit eigenhändig erfahren und dadurch zur *Weisheit über die Natur der Realität* werden.

Diese Besonderheit von Ramthas Gedankensystem kommt den Einweihungen in das heilige Wissen gleich, wie sie in den Mysterienschulen des Altertums in Griechenland, Ägypten und im Nahen Osten sowie in den alten Gnostikschulen in Europa und im Nahen Osten praktiziert wurden. Es ist wichtig, hier anzumerken, dass Ramthas Lehren sich in dieser Hinsicht von den traditionellen Philosophieschulen der westlichen Welt unterscheiden.

Dem traditionellen westlichen Verständnis von objektivem Wissen und Wahrheit liegt eine tief verwurzelte Annahme über den Menschen und die Natur der Realität zu Grunde. Die wissenschaftliche Methodik beschränkt den Bereich erlangbaren Wissens auf Phänomene, die mittels der Sinne des physischen Körpers beobachtet und nachgewiesen werden können. Alles was außerhalb dieses Bereiches liegt, wird dem Reich der Mythen und Sagen zugeschrieben. Mit anderen Worten, die Natur der Realität und der Mensch bestehen nur aus ihren physischen und materiellen Aspekten. Sigmund Freuds Psychoanalyse und sein Profil der menschlichen Psyche liefern ein anschauliches Beispiel für diesen Trend.

In Ramthas Denken sind der physische Körper und die materielle Welt nur ein Aspekt der wirklichen Welt. Tatsächlich sind sie nur das Produkt und ein Effekt der wirklichen Welt, die sich aus Bewusstsein und Energie aufbaut. Der Mensch lässt sich am besten als Bewusstsein und Energie beschreiben, welche die Natur der Realität erschaffen. Die physische Welt ist nur eine von sieben Ebenen, auf denen Bewusstsein und Energie Ausdruck finden. Ramtha benutzt das Konzept des Beobachters aus der Quantentheorie, um sein Konzept des Beobachters zu erklären. Ebenso benutzt er das Konzept von Gott, dem Schöpfer und Souverän, um den Menschen als Bewusstsein und Energie zu beschreiben.

Die höchst ungewöhnliche Weise, in der Ramtha seine Lehren übermittelt, macht es vielen Bereichen der heutigen Gesellschaft leicht, sie unverzüglich abzutun. Leider ist es eine allzu gebräuchliche Reaktion, eine Botschaft nicht aufgrund ihres Inhaltes zu beurteilen, sondern aufgrund der Form ihrer äußerlichen Darbietung. Marketing, das Nachrichtenwesen und die für Publicity, Verkauf und Werbung angewandten Methoden sind hervorragende Beispiele dafür.

Die ungewöhnliche Form, in der Ramtha seine Lehren übermittelt, ist keineswegs willkürlich oder oberflächlich. Er hat ausdrücklich auf die Gründe für eine solche Form hingewiesen. Seinen Ausführungen nach ist es für das Erfassen seiner Botschaft wichtig, sich der Paradigmen des Denkens, der Wurzeln der vorgefassten Meinungen, unbewusster Vorurteile und vorgeformter Muster gewahr zu werden, mit denen wir normalerweise die Wirklichkeit wahrnehmen und bewerten.

Ramthas Lehrmethoden zielen häufig darauf ab, den Einzelnen herauszufordern und ihm gleichzeitig Hilfsmittel anzubieten, mit denen er sich der vorgefassten Meinungen gewahr werden kann, welche die Grenzen unserer normalen Realitätswahrnehmung bestimmen. Ziel ist das daraus resultierende Entstehen einer umfassenderen geistigen Perspektive, die uns ein sinnvolleres, unbegrenzteres, bewussteres und außergewöhnlicheres Erleben der Wirklichkeit ermöglicht und uns gleichzeitig ein breiteres Spektrum von Möglichkeiten für neue Erfahrungen liefert, die zuvor nicht denkbar waren.

Einer der umstrittensten Aspekte von Ramthas Lehren ist die Form, die er zur Übermittlung seiner Botschaft gewählt hat. Indem Ramtha seine Philosophie als die Frucht seiner eigenen Wahrheit und persönlichen Erfahrung präsentiert, hebt er hervor, dass er selbst die Verkörperung der Philosophie, die Manifestation und das lebende Beispiel seines Denkens ist. So sagt er, dass er ein unsterblicher Gott sei, Bewusstsein und Energie, und dass er einst vor 35.000 Jahren als Mensch auf dem längst vergangenen Kontinent Lemurien lebte. Wie er weiter erklärt, befasste er sich in seinem Leben mit der Frage des menschlichen Daseins und der Bedeutung des Lebens. Durch eigene Beobachtung, Reflexion und Kontemplation erlangte er Erleuchtung und meisterte dadurch die physische Ebene und den Tod. Er lehrt, dass er eine Möglichkeit fand, durch die er seinen Körper auf eine geistige Ebene mitnehmen konnte, auf der er sich seiner wahren Essenz als Bewusstsein und Energie völlig bewusst blieb, total frei und unbegrenzt alle und jegliche Aspekte der Schöpfung erfuhr und weiterhin das Unbekannte bekannt machen konnte. Er bezeichnet diesen Vorgang als seinen Aufstieg.

Die Tatsache, dass er nicht mehr länger von seinem physischen Körper eingeschränkt ist, erlaubt seinem Bewusstsein und seiner Energie mit der physischen Welt in anderen Formen in Beziehung zu treten. Zum Beispiel spricht er oft von sich als dem Wind, der die

Wolken anschiebt oder als dem Morgen oder einem Fremden oder einem Bettler auf der Straße, der Zivilisationen kommen und gehen sieht, oder was immer das Bewusstsein sich nur vorzustellen wagt.

Als Form zur Übermittlung seiner Lehren dient ein Phänomen, das *Channeling* genannt wird. Genau genommen war es Ramtha, der diesen Begriff bekannt machte. Er channelt sich selbst durch JZ Knights Körper und kann so seine Philosophie persönlich lehren.

Ein Channel unterscheidet sich von einem Medium insofern, als ein Channel nicht der Vermittler zwischen dem durchkommenden Bewusstsein und den Zuhörern ist. Ein Channel befindet sich während des Channelns nicht in einem erstarrten, veränderten körperlichen Zustand. Vielmehr verlässt ein Channel seinen Körper ganz und erlaubt dem durchkommenden Bewusstsein die volle Kontrolle über alle Funktionen und Bewegungen des Körpers. Während Ramtha durch JZ Knight channelt, kann er seine Augen öffnen, gehen, tanzen, essen und trinken, lachen, sprechen, sich unterhalten und seine Studenten persönlich lehren. JZ Knight ist der einzige Mensch, den Ramtha als seinen Channel zur Überbringung seiner Botschaft ausgewählt hat.

Mit seiner Wahl, seine Botschaft durch eine Frau zu channeln anstatt seinen eigenen physischen Körper zu benutzen, stellt Ramtha für alle sichtbar dar, dass Gott und das Göttliche nicht das alleinige Privileg der Männer darstellen, und dass Frauen ein würdiger Ausdruck des Göttlichen sind und die Fähigkeit zu Genie und Gottesverwirklichung besitzen. Er macht damit auch geltend, dass das Wichtige an seiner Philosophie nicht die Verehrung des Überbringers der Botschaft oder eines Gesichtes oder Bildes ist – woran in der Vergangenheit so viele Anstrengungen, der Menschheit Erleuchtung zu bringen, gescheitert sind – sondern der Botschaft selbst Gehör zu schenken. Es zeigt weiterhin, dass die wahre Essenz des Menschen nicht auf den physischen Körper oder ein bestimmtes Geschlecht begrenzt ist. Das Channeling-Phänomen wird daher erst im Rahmen von Ramthas Gedankensystem möglich gemacht. Mit anderen Worten, das von JZ Knight durchgeführte Channeling ist nur möglich, wenn Ramthas Lehren der Wahrheit entsprechen.

Die Echtheit dieses Phänomens ist ein deutlicher Fingerzeig auf den Wahrheitsgehalt von Ramthas Botschaft. Dieser Punkt sollte unbedingt berücksichtigt werden, da es dank wissenschaftlichen Fortschritts Testverfahren und Geräte gibt, mit deren Hilfe dieses

Phänomen einer eingehenden Prüfung unterzogen und unter physiologischen, neurologischen und psychologischen Gesichtspunkten erforscht werden kann. Derart hochmoderne wissenschaftliche Verfahren wurden für eine an JZ Knight durchgeführte Studie über das Phänomen des Channelns benutzt, was die Möglichkeit eines Schwindels ausschließen sollte. Diese wissenschaftlichen Untersuchungen fanden 1996 statt, als ein Forum, bestehend aus zwölf angesehenen Wissenschaftlern – Naturwissenschaftlern, Psychologen und Religionsexperten – JZ Knight bevor, während und nachdem sie Ramtha channelte mit Hilfe der neusten Technik untersuchten.

Nach Abschluss ihrer Untersuchungen kamen sie aufgrund der an JZ Knight ermittelten Ergebnisse zu dem Schluss, dass die gemessenen Reaktionswerte ihres autonomen Nervensystems so dramatisch waren, dass sie kategorisch jede Möglichkeit von bewusster Vortäuschung, Schizophrenie oder multipler Persönlichkeitsstörung ausschlossen.

Mit aller erdenklichen Mühe sorgt Ramtha dafür, dass alle seine Zuhörer gleichermaßen beim Verstehen des Gelehrten Schritt halten können. Er betont immer wieder, wie wichtig der Austausch der Schüler mit ihren Nachbarn sei, in dem sie in eigenen Worten jeden Abschnitt des soeben Gelehrten wiederholen und sich gegenseitig erklären. So wird sichergestellt, dass alle Anwesenden das Gelehrte verstehen; dies wiederum ermöglicht es Ramtha, auf den jeweiligen Hintergrund und das Verständnisniveau seiner Zuhörer gezielter einzugehen. Zuweilen vertieft er sein Publikum in tiefgründige philosophische Betrachtungen zu einem bestimmten Thema, ein anderes Mal benutzt er lebhafte, dramatische Darbietungen, um seiner Botschaft mehr Aussagekraft zu verleihen.

Ist der philosophische Aspekt der Lehre einmal vermittelt, werden die Studenten von Ramtha in das Wissen eingeweiht und können so das Gelernte in persönliche Erfahrungen und Weisheit verwandeln. Diese Einweihungen finden in Form verschiedener, von Ramtha selbst entworfener Disziplinen statt, die den Studenten die Gelegenheit bieten, das gelernte Wissen praktisch anzuwenden. In dieser Hinsicht unterscheidet sich Ramtha von anderen Lehrern. Er übernimmt die Rolle des Meisterlehrers und Hierophanten, eines Lehrers, der in sich die Macht hat, das, was er sagt, auch seiner Absicht entsprechend zu manifestieren. In diesem Sinne sind die Lehren mit der gnostischen philosophischen Bewegung und den mystischen

Schulen des Altertums vergleichbar. Bei näherer Betrachtung unterscheidet sich Ramthas Gedankensystem jedoch deutlich in Inhalt und Form von den gemeinhin als Gnostizismus und als Philosophie der mystischen Schulen bekannten Lehren. Ramtha selbst sieht sein Gedankensystem nicht in diesem Zusammenhang. Er nennt es vielmehr „Ramthas Schule der Erleuchtung", die dem „Großen Werk" gewidmete Schule der alten Weisheit. Das Große Werk ist die praktische Anwendung von Ramthas Lehren und gibt dem Einzelnen die Gelegenheit, sich selbst zu erkennen und erleuchtet zu werden.

Angesichts all dieser Überlegungen möchten wir den Leser darauf aufmerksam machen, dass Ramthas Lehren in gedruckter Form nur einen Teil der Darbietung des Gelehrten erfassen können, da ihnen das dynamische Element der Lehren fehlt, wie z.B. der jeweils von Ramtha verwendete Tonfall, seine Lehren ohne Worte und ihre praktische Umsetzung.

Ramtha definiert die von ihm benutzte Sprache neu, indem er neue Begriffe prägt. Die Bedeutung dieser von ihm erfundenen Begriffe wird im Zusammenhang des Gelehrten klar, wobei das jeweils Gelehrte auch durch den Gebrauch dieser ungewöhnlichen Begriffe verdeutlicht wird. Um die Interpretation von Ramthas Lehren zu erleichtern, haben wir ein Glossar mit den von Ramtha verwendeten Begriffen und Konzepten zusammengestellt. Ein detaillierter Index ermöglicht dem Leser, in diesem Buch behandelte Themengebiete, die für ihn von besonderem Interesse sind, nachzuschlagen und soll so zum vertieften Studium dieses Materials anregen.

Im Laufe seiner Darlegungen zeigt Ramtha gelegentlich auf eine bestimmte Stelle einer Zeichnung oder des menschlichen Körpers und verwendet dabei Worte wie „hier", „dies", „diese" oder „das". Solche Hinweise haben wir im Text belassen. Der Herausgeber möchte damit den Lesern die Gelegenheit geben, an den Sitzungen so teilzunehmen und sie so zu erfahren, als wären sie persönlich anwesend gewesen.

Es ist wichtig, dass der Leser diese Überlegungen beim Lesen der Lehren beachtet, da Ramthas Gebrauch der Sprache in einigen Fällen ziemlich veraltet und unkultiviert erscheinen mag. Ramtha präsentiert seine Gedanken mit äußerster Sorgfalt. Alles was er tut – jeder Begriff, den er verwendet – hat eine bestimmte Bedeutung, einen bestimmten Zweck, der die Gesamtheit seiner Botschaft repräsentiert und mit dieser in Einklang steht.

Unser Hauptanliegen bei der Bearbeitung von Ramthas Lehren für die Veröffentlichung in gedruckter Form war, sie so weit wie möglich im Zusammenhang und in der Form ihrer ursprünglichen Überlieferung wiederzugeben. Große Sorgfalt wurde darauf verwendet, alles, was zu Abwandlungen und Veränderungen in der Bedeutung der Lehren führen könnte, zu vermeiden. So wurde darauf geachtet, die Lehren nicht aus ihrem Zusammenhang zu reißen, und eine Zeichensetzung zu vermeiden, die die Bedeutung verändern würde. Wir sind uns jedoch bewusst, dass Faktoren wie die menschliche Wahrnehmung und unvollständiges Verstehen unvermeidbar sind. Nur wenn der Leser die Botschaft als wahres Paradigma akzeptiert, kann gewährleistet werden, dass sie in ihrer unverfälschten Schönheit und Eigenart überliefert und aufgenommen wird. Dann wird sie die verheißenen Früchte der Wahrheit und Weisheit tragen.

Ramthas Lehren decken eine ganze Reihe von Themen ab, die jedoch alle zur Erläuterung der grundlegenden Konzepte seines eigenen Gedankensystems dienen. Bei verschiedenen Anlässen betonte Ramtha wiederholt, dass die Gesamtheit seiner Botschaft in dem Satz „Du bist Gott" ausgedrückt werden kann. Wie aber ist dieser Satz zu interpretieren? Es gibt wahrscheinlich so viele Definitionen des Wortes „Gott" auf der Erde wie es Menschen gibt. Um Ramthas Lehren richtig verstehen zu können, ist es von entscheidender Bedeutung, dass wir uns unserer eigenen Vorstellung von Gott gewahr werden und erkennen, wie diese im Kontrast zu Ramthas Erklärung und Definition der Natur der Realität steht.

Was ist die Essenz aller Dinge? Was ist die Quelle aller Dinge? Wie sind sie beschaffen? Was ist ihre Bestimmung? Ramthas Ansatz zur Beantwortung dieser Fragen beginnt mit der Leere (*the Void*). Das Void ist die Quelle aller Existenz. Er beschreibt das Void als „materiell ein unermessliches Nichts, doch potenziell alle Dinge". Im Void gibt es nichts – weder Bewegung noch Handlung. Viele philosophischen Ansätze zur Gottesfrage, die Theologien der monotheistischen Religionen eingeschlossen, stellen sich Gott als ein allwissendes, unendliches, absolutes, transzendentes und unveränderliches Wesen vor. In Ramthas System sind Attribute wie Absolutheit, Unendlichkeit und Unveränderbarkeit Charakteristiken des Voids. Das Void ist unabhängig, autark, im Zustand der Ruhe und ohne Not. Obwohl das Void als allumfassende Unermesslichkeit betrachtet wird, besitzt es in seinem ursprünglichen Zustand keine Selbstkenntnis, denn Kenntnis ist eine Handlung.

Das Konzept von Gott, dem Schöpfer, der „ersten Ursache" und des „unbewegten Bewegenden" in Aristoteles' Philosophie und Thomas von Aquins Theologie wird von Ramtha als das Void, das sich selbst betrachtet und sich selbst erkennt, beschrieben. Dieser Akt der Selbstbetrachtung stellte eine einzelne Bewegung im Void dar, die einen Punkt der Bewusstheit und Selbstkenntnis hervorbrachte. Der Punkt der Bewusstheit wird als Punkt Null, als Beobachter, primäres Bewusstsein, Bewusstsein-und-Energie und Gott bezeichnet. Punkt Null trägt die uranfängliche Absicht, alles was unbekannt ist, bekannt zu machen und zu erfahren, und zwar in einem Zustand der Möglichkeit innerhalb der Unermesslichkeit des Voids. Dies ist die Grundlage der Evolution. Das Void, das sich selbst betrachtet, ist die Quelle und der Ursprung des Menschen. Ramthas Aussage „Du bist Gott" bezieht sich auf den Menschen als Beobachter, Verkörperung von Punkt Null und schöpferisches Bewusstsein und Energie.

Punkt Null wurde seinem Wesen gerecht, machte das Unbekannte bekannt und entwickelte sich, indem er den Akt der Selbstbetrachtung des Voids nachahmte. Dabei erzeugte er einen Bezugspunkt der Bewusstheit, der ihm als Spiegel diente und mit Hilfe dessen er sich seiner selbst gewahr werden konnte. Ramtha nennt dieses Spiegelbewusstsein „sekundäres Bewusstsein". Punkt Null ruht im Schoße des Voids, und seine Fähigkeit zu wissen ist grenzenlos. Aus der Reflexion zwischen Punkt Null und dem Spiegelbewusstsein entsteht ein Lebensraum, eine reale Existenzebene in Zeit und Raum. Der Geist (*Spirit)* ist Punkt Nulls dynamischer Aspekt. Er ist Wille oder Absicht, erfüllt von dem Wunsch, das Unbekannte zu kennen und zu erfahren. In ihrer gemeinsamen Erkundung der Potenziale des Voids erschufen Punkt Null und das Spiegelbewusstsein die sieben Bewusstseinsebenen und die dementsprechenden sieben Zeit- und Raumebenen oder Frequenzebenen. Dieser Schöpfungsakt – oder die Reise die sieben Bewusstseinsebenen hinab – wird als Reise der Involution bezeichnet. Die Reise zurück zu Gott und dem Void wird die Reise der Evolution genannt. Die Seele ist etwas anderes als der Geist. Ramtha spricht von der Seele als dem Buch des Lebens. Die Seele zeichnet alle auf der Reise von Involution und Evolution gemachten Erfahrungen und die daraus gewonnene Weisheit auf.

Das Dilemma des Menschen zeigt sich als Vergesslichkeit, Amnesie und Unwissenheit in Bezug auf seinen Ursprung und seine Bestimmung. Der Reisende, das Spiegelbewusstsein, identifizierte sich so sehr mit der massivsten und langsamsten Existenzebene, dass er seine eigene Unsterblichkeit und Göttlichkeit vergaß. Die Menschheit entfremdete sich von sich selbst und dem Gott, der in uns lebt und der wir sind, und suchte nach Hilfe, Sinn und Erlösung von außen. Damit verleugnet die Menschheit ihre eigene Göttlichkeit und schließt jegliche Möglichkeit einer Befreiung aus ihrer gegenwärtigen Lage aus.

Es ist wichtig, hier anzumerken, dass die materielle Welt – die massivste aller Existenzebenen – und der physische Körper in Ramthas Gedankensystem nie als böse, nicht wünschenswert oder an sich schlecht betrachtet werden. Eine dualistische Interpretation der Wirklichkeit, wie sie kennzeichnend für die gnostische Überlieferung ist – mit Betonung auf dem Kampf zwischen Gut und Böse, Gut und Schlecht, Licht und Dunkelheit, Sünde und Rechtschaffenheit – hat in Ramthas Gedankensystem keinen Platz. Hier wird das Verharren in einem Zustand von Unwissenheit und Verleugnung unserer wahren Natur und Bestimmung als nicht wünschenswert angesehen. Es ist absurd, unsere eigenen Begrenzungen als Argument zu benutzen, wenn wir doch, als Bewusstsein und Energie, diejenigen sind, die sie erschaffen haben.

Der Weg zur Erleuchtung ist die Reise der Evolution zurück zum Punkt Null. Ein Mensch, der diese Aufgabe meistert, hat damit den Auftrag, das Unbekannte bekannt zu machen, erfüllt und all seine Erfahrung dem Void zurückgebracht, die dieses in ewige Weisheit verwandelt.

Alle von Ramtha entworfenen Disziplinen des Großen Werks, mit Hilfe derer er seine Studenten in die Lehren einweiht, sind nach dem Vorbild des Voids gestaltet, das sich selbst betrachtete, woraus Bewusstsein und Energie entstanden, die dann ihrerseits die Natur der Realität erschufen. Die Disziplinen ahmen diesen Prozess in vielerlei Hinsicht nach.

All dies wird in den vier Eckpfeilern von Ramthas Philosophie zusammengefasst, die da sind: das Konzept des Voids, Bewusstsein-und-Energie, wodurch die Natur der sieben Realitätsebenen erschaffen wird, die Aussage „Du bist Gott“ und der Auftrag, das Unbekannte bekannt zu machen. Zahlreiche Spuren von Ramthas Denken finden sich in alten Überlieferungen. Jedoch sind sie in den meisten Fällen kaum noch erkennbar, da sie die lange Zeit seit Ramthas Leben kaum überstanden haben und aus ihrem ursprünglichen Zusammenhang gerissen wurden. Zu den Überlieferungen zählen die Philosophien der alten Ägypter und des Pharaonen Echnaton, sowie Buddhas, der sich selbst als „der Erwachte“ beschreibt, ebenso Sokrates’ Verständnis von Tugend und der Unsterblichkeit der Seele, Platos Konzept der universellen Formen, Jeschua ben Josephs Leben und Lehren, die Werke des Apostels Thomas, das Perlenlied, der Prolog des Johannesevangeliums, das Wirken von Appollonius von Tyana, Origenes, Quetzalcoatl, Mani, der Katharer und Albigenser, Franz von Assisi sowie die jüdischen und christlichen Mystiker, die Skizze vom Aufstieg auf den Berg Karmel von Johannes vom Kreutz, bei dem der Gipfel auf der Spitze des Kopfes des menschlichen Körpers platziert ist, die Kunstwerke verschiedener Künstler wie Michelangelo und Leonardo da Vinci, die Schriften und mystischen Erfahrungen von Theresa von Avila, die Werke von Fray Luis de Leon, die Lehren der Humanisten der Renaissancebewegung in Europa, die Rosenkreuzer, der Meister des Fernen Ostens und anderer.

Ramthas Lehren bieten uns eine einzigartige Sichtweise, aus der wir das Rätsel des Lebens betrachten können. Sie zeigen uns ein Bezugssystem auf, welches den Fragen, die von Philosophie, Wissenschaft und Religion nicht beantwortet wurden, neue Bedeutung verleiht. Diese Lehren können den Rahmen menschlicher Erfahrung weit über die von Wissenschaft und den verschiedenen Religionen der heutigen Welt gesetzten Grenzen hinaus ausdehnen. Ramthas Gedankensystem ist weder eine Religion noch ist es eine philosophische Interpretation der Wirklichkeit. Es ist die Wahrheit, die durch die Erfahrung eines Angehörigen der menschlichen Rasse erworben und nachgewiesen wurde. In diesem Sinne ist es Ramthas Wissen, ja sogar Ramthas Wissenschaft. Und nun, da der Weg bereitet ist, stehen allen, die ihn erkunden und ihre eigene Reise ins Unbekannte antreten wollen, alle Türen offen.

Jaime F. Leal Anaya

DAS VERGESSEN UNSERER WAHREN HERKUNFT UND NATUR

KOMMENTAR ZU KAPITEL 1
RAMTHAS KRIEG GEGEN TYRANNEI UND DIE TRAGÖDIE DER FRAUENVERSKLAVUNG

Die Tür zu alternativen Reichen von Möglichkeiten

Welche wissenschaftliche Möglichkeit steckt hinter Ramthas Anspruch auf Herrschaft über Zeit und Raum? Wie verlässlich und wahr ist die Geschichte, die er uns präsentiert? Ist sie nur Mythos und Unterhaltung oder bietet sie ein Bild der menschlichen Rasse, das viele unbeantwortete Aspekte des Menschen und seiner Geschichte beleuchtet, die wir in Wissenschaft und Religion finden?

Carl Jungs bahnbrechenden Ideen über das kollektive Unterbewusstsein und die geheimnisvolle Natur der Archetypen und den unbewussten Geist[1] gehören zu einem Gebiet der Psychologie, das die klassische Physik klar herausfordert, indem sie deren traditionelle Modelle der Realität und des Verständnisses von Raum und Zeit in Frage stellen.

Außerdem haben neue psychologische Studien auf dem Gebiet der experimentellen Hypnotik[2] und der Untersuchung der veränderten Bewusstseinszustände[3] überzeugend die Macht des Geistes und seine Auswirkungen auf die physischen Körperfunktionen und die bewusste Wahrnehmung der Realität des Subjektes enthüllt. Realität ist nicht so solide, wie sie wahrgenommen wird. Sogar die Untersuchung der kleinsten Teilchen des Universums, aus denen Materie besteht, hat gezeigt, dass sich dichte Materie aus einer großen Menge

---

[1] Carl G. Jung, *Gesammelte Werk,* Band 9, *Archetypen* (Rhein-Verlag: Zürich 1954)

[2] Eine der frühesten Gruppen, die in den Vereinigten Staaten in der Parapsychologie aktiv wurde, war das *Parapsychology Laboratory* der Duke University in North Carolina, das in den 1930ern begann, Literatur über das Thema zu veröffentlichen. Der Bahn brechende amerikanische Psychologe Joseph Banks Rhine leitete an diesem Labor die Entwicklung der Methoden, welche die psychologischen Untersuchungen von vagen anekdotenhaften Berichten auf mathematische, wissenschaftliche Grundlagen stellte, die auf Statistik und den Gesetzen der Wahrscheinlichkeit basierten.

Wissenschaftliche Untersuchungen auf diesem Gebiet setzten sich fort durch die Arbeit unabhängiger Gruppen wie der *American Society for Psychical Research* und der *Parapsychological Association*, die von einer internationalen Gelehrtengruppe, die seit 1969 der *American Association for the Advancement of Science* angehört, gegründet wurde.

[3] Siehe die Arbeiten von Stanislav Grof und Christina Grof in der Bibliografie.

leeren Raums auf atomarer Ebene zusammensetzt. Diese Bereiche der Wissenschaft haben eine komplizierte Beziehung zwischen Bewusstsein und dem Gewebe der Realität ans Licht gebracht.

Technologische Fortschritte im Lauf der Zeit haben bewiesen, dass die wildesten Fantasien früherer Generationen über eine zukünftige Zeit tatsächlich zu unumstrittener Realität wurden. Wir dürfen also berechtigterweise die Frage stellen, ob diese Träumer in der Vergangenheit die Zukunft durch ein Zeitfenster gesehen haben oder ob sie die Samen dieser potenziellen Träume – Fantasien – gepflanzt haben, damit sie sich als Realität in einer zukünftigen Zeitlinie manifestieren. Könnte es in Anbetracht dieser Überlegungen ein weiteres Zeitfenster geben, das es dem Seher, wie Ramtha behauptet, ermöglicht, stattdessen tief in die Vergangenheit zu blicken?

Diese Aussagen mögen sich vorerst schrecklich unwissenschaftlich anhören, denn noch steckt die wissenschaftliche Untersuchung des unterbewussten Geistes und des Bewusstseins im Allgemeinen noch sehr in ihren Kinderschuhen. Was ist Wahrheit? Was ist Realität und welche Rolle spielt dabei die Wahrnehmung? Wir stehen der Aufgabe gegenüber, die klassische Unterscheidung zwischen objektiver und subjektiver Wahrheit sowie die Natur des Bewusstseins neu zu definieren. Im vorhergehenden Band dieser Sammlung, Teil I, *Ursprünge und Entwicklung der menschlichen Zivilisation* haben wir diese Frage angesprochen und festgestellt, dass sie unvermeidlich auf die Natur des Selbst hinweist, auf das Subjekt, das die Realität erlebt: *Wer* tut *was* und *warum*? In jenem Buch beschrieb Ramtha im Detail die wahre Natur des Menschen und was es bedeutet, zu sagen, dass wir Götter sind, die die Natur der Realität erschaffen. Unsere ultimative Natur wird nicht in Begriffen unserer Biologie oder unseres physischen Körpers beschrieben, sondern durch das Konzept von Bewusstsein und Energie erklärt, welches, wie wir gesehen haben, im Sinne von *Freiheit des Willens* und logischem *Denkvermögen*, das aus der Französischen Revolution hervorgegangen ist, definiert wird.

Der wissenschaftliche Beweis für Ramthas Botschaft wird in großem Ausmaß, durch die ständige Erforschung des Konzepts von Bewusstsein und seiner Beziehung zur Natur der Realität erbracht werden. Wenn seine Botschaft wahr ist, dass wir auch Götter, Bewusstsein und Energie sind, fähig, die gleichen Eigenschaften zu entwickeln, wie er es in seinem Leben getan hat, dann sollte die wissenschaftliche Überprüfung seiner Behauptungen in Richtung der Untersuchung, Erforschung und praktischen Anwendung dieser Behauptungen an uns selbst geleitet werden.

RAMTHA, EINE HERAUSFORDERUNG FÜR MODERNES DENKEN

Die Wissenschaft hat die Natur der Zeit und ihrer Beziehung zu Raum und menschlichem Bewusstsein weder überzeugend noch schlüssig erklärt. Ramtha präsentiert in seiner Darstellung der Geschichte unseres Planeten und der menschlichen Rasse eine wahre Herausforderung für modernes Denken, weil sie ein sehr spezielles und ungewöhnliches Verständnis des Menschen erfordert, das wir nicht übersehen dürfen. Die Interpretation archäologischer Funde ist unbestreitbar großteils auf das Wissen begrenzt, das wir heute besitzen. Geschichte wird vom Gesichtspunkt derjenigen, die sie in der Gegenwart studieren, aus interpretiert. Viele Male unterliegen unerklärliche archäologische Funde groben Interpretationen, welche die Gegenwart widerspiegeln und diese Funde in Geheimnisse gehüllt lassen, wie der Zweck der komplizierten Mathematik der Großen Pyramide oder die Bautechniken, die in Baalbek und Stonehenge angewandt wurden, um nur einige Beispiele zu nennen.

In Ramthas Geschichte werden die Ereignisse der Geschichte nicht isoliert und als zufällige Teilchen eines Puzzles gesehen, das die Menschheit geformt und die Gegenwart bestimmt hat. Sie werden vielmehr im Sinne eines größeren Maßstabs der Evolution gesehen, welcher von jenseits der Grenzen der physischen Realität stammt und sie überschreitet. Ramthas Definition unseres wahren Selbst und der Fähigkeit des menschlichen Bewusstseins lässt ihn die Behauptung aufstellen, dass er die Ereignisse der menschlichen Evolution aus erster Hand erlebt hat. Das ist klarerweise ein unglaublicher Vorteil gegenüber der traditionellen Annäherungen an Geschichte und Archäologie.

Ein spannendes Merkmal von Ramthas Geschichte sind die vielen Hinweise und Beispiele, die er jenen bietet, die die Wahrheit seiner Berichte der Geschichte erforschen und verifizieren wollen. Dennoch liegt der Wert von Ramthas Botschaft nicht so sehr in den genauen Daten, die er über die Vergangenheit liefert, sondern in ihren Auswirkungen auf die Definition, wer wir sind, wer wir geworden sind und welches Potenzial zu wissen und uns zu entwickeln wir haben, einschließlich der Herrschaft über Zeit und Raum. Die Möglichkeit der Unsterblichkeit – einer unbegrenzten Lebenserfahrung, die Raum und Zeit überwindet – ist beispielsweise zweifellos ein viel höherer Anspruch, als konkrete Beweise zu liefern, um den Zweifel der modernen Kultur hinsichtlich der Existenz von Leben auf anderen Planeten und deren Beziehung zu uns zu vertreiben. Als Ramtha zu einem erleuchteten Meister wurde, verlor sein Potenzial für Wissen und Erforschung seine Grenzen. Die Großartigkeit seiner Botschaft – der Grund, warum sie eine ungeheuerliche, das Leben verändernde darstellt – ist, dass genau das gleiche Potenzial, das er erfahren hat, für alle gleichsam verfügbar ist.

Das Epos der Selbstberoberung

Ramthas soziokulturelles Bild der Welt während seiner Lebzeiten vor 35.000 Jahren gleicht dem heutigen sehr, mit der Ausnahme, dass die damaligen Menschen vollständiges Wissen über andere Zivilisationen von anderen Planeten und anderen Sternensystemen hatten. Sie verfügten ebenso über die Technologie, um auf interstellarer Ebene zu kommunizieren und zu interagieren. Dennoch implizierten solche technologischen Fortschritte keine weiter fortgeschrittene Zivilisation im Sinne von sozialen Strukturen, Werten und dem Schutz des Rechts des Individuums auf Freiheit und Gleichheit.

Ramtha beschreibt zwei gegensätzliche Hauptgruppen von Menschen während seines Lebens: die Atlanter und die Lemurier. Die Atlanter waren wissenschaftlich orientiert und verehrten Technologie, wohingegen die Lemurier ihre spirituelle Herkunft und Weisheit schätzten. Sie malten Sternenlandkarten in ihre Hütten und erinnerten sich daran, dass sie von jenseits des Nordsterns gekommen waren. Die Lemurier verstanden auch das Void und dachten es sich als die höchste Quelle allen Seins.

Die Welt war ein Garten Eden, ein Paradies mit einem großen Problem: den Dinosauriern. In der Saga der Evolution mussten sich die Götter, die die Fleisch fressenden Monster, wie wir in Teil I sahen, durch ihr Konkurrenzdenken und ihre Eifersucht erschaffen hatten, als sie sich selbst in menschlicher Form weiter entwickelten, den Folgen ihrer Schöpfungen stellen. Die Einstellung der Eifersucht und

Konkurrenz, die von den Göttern erlebt wurde und die immer noch als ein Teil der menschlichen Natur wahrgenommen wird, war nicht der Fluch einer geheimnisvollen Quelle oder außen stehenden Gottheit. Diese Einstellungen stellen unter anderem einen Teil der Evolution des Bewusstseinss der abenteuerlichen Herausforderung des Wissens und der Eroberung des Selbst dar. Die Evolution des Lebens selbst, wie in der Natur bezeugt, ist ein Ausdruck von dynamischer Veränderung und Anpassung an die aufstrebende Umgebung, wobei die Hauptdirektive in der Erhaltung und Unterstützung der lebenden Organismen besteht, die zu einem einen Beitrag leistenden und fortwährenden Leben fähig sind.

Der atlantische Plan, die Dinosaurier unwiderruflich auszurotten, verursachte den Verlust atlantischer Zentren in der nördlichen Hemisphäre, wo das wissenschaftliche Wissen ihrer hervorragenden Technologie aufbewahrt worden war. Dieses Ereignis löste den Beginn von Unwissenheit und Aberglauben aus. Die Katastrophe, die von den Atlantern hervorgerufen wurde, brachte das lemurische Volk dazu, nach Süden zu wandern, weg von ihren überfluteten Ländereien. Sie wurden durch die Atlanter missbraucht und in die Sklaverei gezwungen. Sie wurden für deren Gesellschaft als wertlos betrachtet, da sie keine intellektuelle und wissenschaftliche Gewandtheit besaßen. Der Krieg der Götter, Äonen zuvor, hatte nun eine andere Form angenommen. Kreativität wurde nun im Sinne von wissenschaftlichem und intellektuellem Genie gesehen und das Selbst wurde auf nichts mehr als den physischen Körper und seine Persönlichkeit reduziert.

Ramthas eigene Mutter wurde vor seinen Augen als Kind von vielen Männern auf der Straße missbraucht. Der Missbrauch und die Sklaverei der lemurischen Pilger, die Ramtha erlebte, ließ ihn den Glauben seines Volkes und dessen Konzept des Unbekannten Gottes hinterfragen. Die tragischen Umstände seines frühen Lebens gaben ihm die Grundlage, aus der heraus er die großen Fragen stellen und die Bedeutung des Lebens entdecken konnte. Er entschied sich dagegen, durch die Umstände zum Opfer zu werden, er wollte viel mehr einige Antworten finden. Und als er die Bedeutung hinter dem Chaos fand, wurde er erleuchtet.

Eine der bedeutendsten Leistungen und Beiträge von Ramthas Leben für die Geschichte der menschlichen Zivilisation ist das Auftauchen des Konzeptes „Erobere dich selbst“ in Verbindung mit der

Suche nach der höchsten Quelle der Existenz oder Gott. Dieses Konzept kristallisierte sich später auf dem Höhepunkt der griechischen Zivilisation als das größte aller Mysterien in Form der philosophischen Direktive „Erkenne dich selbst“ heraus.[4]

Der Krieg der Götter, der auf einer planetaren Ebene begann und Malina vernichtete, hatte sich zu Missbrauch, Meinungsverschiedenheiten und Sklaverei durch die Arroganz der wissenschaftlichen Fortschritte und der Technologie gewandelt. Aber nun, mit der Ankunft von Ramtha dem Eroberer, wurde er zu einem rücksichtslosen, persönlichen und blutigen Krieg, der ironischerweise den Göttern persönlich die Erfahrung brachte, die sie durch den gewalttätigen Wettbewerb ihrer Fleisch fressenden Tiere erschaffen hatten. UFO-Technologie wurde durch einen Kampf Mann gegen Mann ersetzt. Ramthas Marsch gegen Sklaverei und Tyrannei war dazu verdammt, eine weitere Form der Tyrannei zu sein, bis zu dem Zeitpunkt, als das Konzept der Freiheit und des Sinnes des Lebens neu bewertet und in einem neuen Licht verstanden wurde. Ramthas Hass auf die Schrecklichkeit, zu der die Menschheit geworden war, stellte die dynamische Kraft dar, welche die für das Auftauchen einer neuen Bewusstheit, einer neuen Evolution des menschlichen Bewusstseins notwendigen alchemistischen Veränderungen zusammenbraute.

TRAGISCHE KONSEQUENZEN DER FRAUENVERSKLAVUNG

Ramtha erklärt in diesem Kapitel ausführlich, welche schrecklichen Folgen die Ungleichheit und die Versklavung der Frauen für die menschliche Evolution hatten. Die Schöpfung dieses Missverhältnisses half, die Wahrheit des alten Wissens über unsere Göttlich-

---

[4] Der antike Tempel von Delphi in Griechenland, der als das Zentrum der Welt und als ein Ort, an dem man auf die Weisheit der Götter zugreifen konnte, betrachtet wurde, wies die berühmte Inschrift; „Γνῶθι σαυτόν“ – „Erkenne dich selbst“ am Eingang auf. Sokrates erklärte die grundlegende Bedeutung dieser Aussage in seinen philosophischen Dialogen, die von Platon beschrieben wurden. Siehe die folgenden Werke von Platon: *Alcibiades, Charmides, Hipparchus, Nomoi – die Gesetze, Phaidros, Philebos, Protagoras* und *Erastai.*

keit und Unsterblichkeit tiefer unter Unwissenheit und Aberglauben zu vergraben.

Während seines Marsches als Eroberer stieß er auf eine seltsame Zivilisation, die er als die Blaue Rasse beschreibt. Frauen wurden in dieser Stadt als seelenlos betrachtet, wie die Lemurier in Atlantis. Ramtha belagerte schließlich die Stadt und traf nach zwei Jahren auf einen unerwarteten Feind, der ihn völlig überraschte. Das Orakel der Stadt führte eine Attacke an, die verhängnisvoller und zerstörerischer war als die schreckliche Armee des Rams und ihre Waffen. Das Orakel, in geheimnisvolle Roben und Amulette der Einschüchterung gehüllt, verkündete einen Fluch, der sie für das Abschlachten der Bewohner dieser Stadt zu ewigem Tod verurteilte. Nur durch die Vergewaltigung der Tempeljungfrauen würden sie jemals wieder leben können.

Das Orakel rief solche Angst in den Soldaten hervor, dass es sie durch die Macht der Suggestion und Angst kontrollieren konnte. Sie glaubten an die Worte des Orakels, vergewaltigten die Jungfrauen und wurden zunehmend brutaler und krank vor Angst. Diese Erfahrung hatte enorme Folgen für alle folgenden Lebzeiten, denn sie erschuf ein Ungleichgewicht, das in der Seele aufgezeichnet war, eine unvollendete Angelegenheit, die durch die DNS an künftige Generationen weiter gegeben wurde. Angst zu sterben und Zweifel ergriffen die Seelen der Menschen. Das alte Wissen unserer wahren Natur und unseres Ursprungs im Void wurde durch den Glauben ersetzt, dass das Leben in dem Augenblick für immer enden könnte, in dem der physische Körper stirbt.

Das Persische Reich war auf der Versklavung von Frauen und Kindern und der Erhöhung der Männer aufgebaut. Abraham, der Vater Israels, war ursprünglich Perser. Der Missbrauch und die Unterdrückung der Frauen werden heute noch durch bestimmte Formen der Unterhaltung, Mode, gesellschaftlicher Traditionen und, noch offensichtlicher, durch Pornographie und Menschen, die sich Fantasien von Frauen in vulgären Situationen hingeben, lebendig gehalten.

Der Fall der Frauen war im Lauf der Geschichte so durchdringend, dass es kein Wissen und keine verbreiteten Überlieferungen von Frauen gab, die zum Christus geworden waren wie Buddha, Jeschua ben Joseph oder Apollonius von Tyana. Alle Hauptreligionen und kulturellen Überlieferungen der Welt, im Osten wie im Westen, zeigen Attribute der Unterdrückung der Frauen in die Minderwertigkeit. Frauen werden oft als nicht mehr als Geliebte oder Dienerinnen der so genannten heiligen Männer oder sogar der Gottheiten dargestellt. Ihre Tugenden und ihr Wert wurden auf ihre Sexualität und Jungfräulichkeit anstatt auf die Macht ihres Minds und Geistes reduziert. Bis vor kurzem wurde Frauen der Zugang zu einer Ausbildung und zum Wissen der Wissenschaften verwehrt.

Ramtha erklärt, dass die zerstörerischste Sache, die der Menschheit jemals geschah, nicht irgendein Krieg oder der Holocaust waren, sondern der Fall der Frauen. Wenn Frauen nie aus der Gleichheit gefallen wären, hätte die Evolution des menschlichen Bewusstseins bereits Überbewusstsein anstatt von Dekadenz gesehen.

Am Ende, wie dunkel die Saga der menschlichen Geschichte auch geworden sein mag, hat sich die Evolution des Bewusstseins in ihrer ursprünglichen Absicht, das Unbekannte bekannt zu machen, fortgesetzt. Die Ereignisse, die Ramtha aus unserer fernen Vergangenheit erzählt, spiegeln perfekt die heutige Welt wider. Genau so wie Chaos und Zwist Ramtha die Grundlage boten, um die großen Fragen zu stellen, trug die konfliktreiche und konkurrenzorientierte Reise des menschlichen Bewusstseins unerwarteterweise dazu bei, schreckliche Tyrannen ebenso wie große Meister und große Christusse hervorzubringen.

Die Natur entledigt sich der Dekadenz, denn diese wendet sich gegen das Kontinuum des Lebens, ob Dekadenz nun zum Ausdruck gebracht wird oder nur eine geheime und stille Fantasie ist. Das ist keine Bestrafung, das ist eine Evolution. Selbstliebe und die Rehabilitation der Frauen als souveräne Götter sind die Schlüssel zu Veränderung und wahrer Freiheit für die menschliche Rasse.

Ramtha erklärt das Mysterium hinter den alten Schlüsseln Enochs, eines Konzepts, das man für unbeschreiblich und unbegreiflich hielt. Die beiden Schlüssel, welche die sieben Siegel aufschließen und Erleuchtung hervorbringen, sind das Yin und das Yang, das Positive und das Negative, der Mann und die Frau in jedem Menschen. Wenn diese Polaritäten in perfekte Harmonie gebracht werden, lassen sie den Geist zu einer Perle der Weisheit heranreifen.

Was ist diese Perle der alten Weisheit? Sie ist die einzigartige Schönheit unseres wahren Selbst, unsere göttliche Natur als schöpferische Götter in einer evolutionären Reise der Selbstdarstellung und der Selbsteroberung.

Kapitel 1
Ramthas Krieg gegen Tyrannei und die Tragödie der Frauenversklavung

„Der Mensch, in seinem Drama und in seinem Traum, ist vom Anbeginn eines jungfräulichen Geistes aus vielen Gründen in die Tiefen der Dekadenz seines Traumes gesunken.

Der Untergang der Göttlichkeit des Menschen fand statt, als der Mann behauptete, eine Frau wäre seelenlos – seelenlos. Wisst ihr, das wurde im Namen Gottes getan.

Dekadenz: Wären Frauen nie aus der Gleichheit gestürzt, so hätte nichts von dem, was ich euch erzählt habe, jemals existiert, und das Überbewusstsein und das Königreich des Himmels wären auf dieser Ebene längst etabliert worden."

Ramtha

Der atlantischer Krieg und die lemurische Migration

Vor fünfunddreißigtausend Jahren gab es das letzte große Zeitalter – ein Zeitalter hervorragend in Technologie, den Wissenschaften der physischen Medizin, den Wissenschaften der Philosophie, der Wahrheit und des unbegrenzten, kalkulierten Denkens. Es war das große Zeitalter und seit dem Epos dieses aufstrebenden Zeitalters erlebte man kein einziges Weiteres.

Es gab einen großen Kontinent, der Atlantia genannt wurde. Er war die Heimat der roten Menschen, hervorragender, intellektueller Wesenheiten, deren Begabung in Superwissenschaft viel weiter reichte, als das, was ihr sogar zu dieser Stunde in eurer wissenschaftlichen Gemeinschaft verebben lasst. Diese Wesenheiten verehrten drei Götter, alle Götter des Intellekts. Sie hatten Schiffe, die auf Licht reisten und eine gerade Linie zogen, daher war es wichtig, an verschiedenen Orten auf ihrem Kontinent Landeplätze zu errichten, da das Licht nicht der Krümmung der Erde folgt; es bewegt sich in einer geraden Linie. Also bewegten sich diese Schiffe, die auf Licht reisten, von einem Punkt zum anderen, weil sie nicht der Krümmung folgen konnten. Diese Wissenschaft wurde durch Kontakt mit Wesenheiten von einem wieder anderen Ort, einem anderen Stern, wenn ihr so wollt, geliefert. Und obwohl die Schiffe der Atlanter sehr primitiv waren, so waren sie doch mobil und flogen.

Die Verkehrswege, die für andere Lebensformen geöffnet worden waren, waren weit verbreitet. Aufgrund ihrer Technologie begannen die Menschen, den Intellekt zu verehren und vergaßen dabei die große, verborgene Macht in sich selbst. Sie vergaßen, dass sie Gott waren. Zu jeder Zeit, in dem Sinne wie ihr das Wesen der Zeit versteht, zu der ihr Gott wegzieht und ihn von euch getrennt stellt, habt ihr die göttlichen Aspekte von euch selbst entfernt und sie unerreichbar gemacht. Intellektuelle Wissenschaft wurde zur Religion der Atlanter.

Die Atlanter hatten einen Stützpunkt auf dem Mond. Sie hatten Stützpunkte auf dem Mars, wie ihr ihn heute nennt, den Planeten des Krieges. Und der Grund, warum der rote Planet der Planet des Krieges genannt wird, besteht darin, dass die Kriegsherren von dort kamen und mit den Kolonien auf der Oberfläche der Erde Krieg führten. Wir sprechen hier nicht von primitiven Waffen. Wir sprechen von Raumschiffen, die auf einem Lichtstrahl ritten, sodass, wohin auch immer der Lichtstrahl projiziert wurde, das Raumschiff ritt, diesen Strahl überschritt und darauf reiste. Das waren Menschen, die technologisch so fortgeschritten waren, dass sie gegen ihre eigene Art Krieg führten. So befand sich die Kolonie in Atlantia im Streit mit der Kolonie auf dem Mond. Und die Kolonie von Atlantia feuerte einen Laser auf das Lager auf dem Mond und traf dessen mächtigstes Zentrum schwer.

Die Lemurier im Pazifik waren Riesen – Riesen. Ich bin in meinem Körper über zwei Meter zehn groß, aber ich habe Vorfahren, die drei Meter dreißig oder drei Meter sechzig groß waren und das waren die großen Lemurier. Sie waren sehr spirituelle Wesen und ihre Vorfahren stammten von jenseits des Nordsterns. Sie waren nicht mit den Atlantern verwandt, die kleinere Menschen waren und die wir die roten Menschen nannten. Die Lemurier waren ein zimtfarbenes – zimtfarbenes – schönes Volk, und sie waren spirituell, was bedeutete, dass sie all die Technologie hatten, aber die Technologie nicht verehrten. Sie liebten ihr Erbe.

Lemurien, das Mu genannte Mutterland, war im Gegensatz dazu ganz anders. Es war ein wundervolles Paradies voller Laub, Farben und Schattierungen. Es wurde immer noch von einer Wolkenschicht geschützt, daher war sein gleichmäßiges Temperament wie die Temperaturen, die sich nicht änderten, egal wie weit nördlich man ging oder wie weit südlich man sich begab. Das war allem Pflanzenleben und Tierleben förderlich. Der Kontinent war wie ein Paradies. In Mu konnte man die Sonne nie sehen, da die Wolkendecke, die großen Ozeane, die sich noch in der Schicht befanden, das Licht streuten, weshalb es diffus war. Ohne direkte Einstrahlung blühte alles, und die Abende zeigten ein ewiges Zwielicht.

Die ganze Erde war ein Garten Eden, denn auf der ganzen Erde gab es tropische Pflanzen. Was den beiden Zivilisationen fehlte, wurde aus ihren entsprechenden Heimatländern und Sonnensystemen hierher gebracht, denn hier konnte alles wachsen, weil es der wässrige Planet war. Und er lebte in einem Schoß von Wolken und niemand sah je die Sonne, außer man reiste über die Wolkendecke hinaus.

Man nannte das ein Paradies mit einer Ausnahme. Die Monster der Tierwelt, welche die Götter am Anfang geschaffen hatten und die konkurrierenden Aspekte im Gleichgewicht des Tierlebens, das sich von Tierleben und von Pflanzen nährte, nahmen überhand. Die Lemurier, die weißen Menschen, lebten unterirdisch. Sie konnten nicht auf der Oberfläche ihres Kontinents leben, da sie von der Anzahl der großen Tiere, die in jener Zeit auf der Erde wandelten, verschlungen worden wären. Daher errichteten sie Tempel auf sehr hohen Bergspitzen, in denen sie im Zwielicht, was eurem Abend gleichkommt, zu Gott beteten. Sie lebten unterirdisch und ihr gesamtes Sozialsystem war auf der Kommunikationsbasis der übersinnlichen Wahrnehmung aufgebaut. Sie kommunizierten mit Gedanken; das mussten sie. Sie hatten nicht den Vorteil der Technologie. Sie hatten nur einen großartigen Geist, denn, seht ihr, die Lemurier liebten den Unbekannten Gott und sie verehrten den Unbekannten Gott. Er war es, zu dem sie beteten.

Und die Tempel, die sich hoch auf den Bergen befanden, waren sicher, sogar vor nächtlichem Leben und seinem Schrecken. Und dort konnten die Lemurier aus den Berghöhlen kommen und im Zwielicht in den großen Tempeln beten, und sie schickten ihre Oms[1] in den Himmel, zum Unbekannten Gott. Seht ihr, es war nicht der Gott, der dort lebte, vielmehr war dort der Ort der Gedanken. Sie wussten gut, dass sie von den Gedanken, dem Void, kamen. Es war nicht Gott an einem Ort namens Himmel, auf Straßen aus Gold. Es war der wundervolle Gedanke und sie verehrten den Gedanken.

Die Tiere fingen an, die Sumpfgebiete der Amerikas zu überrennen und zu überqueren und sie wurden in ihrer Wanderung eine Bedrohung für Atlantia, deren Ländereien sehr trocken und feucht waren; der Boden war aus rotem Lehm. Die Tiere fingen an, ihre Wanderung über das Ödland und die Sumpfgebiete dessen, was nun euer großartiges Land ist, aufzunehmen. Sie begannen, eine Gefahr für die große atlantische Einheit darzustellen. Die Atlanter waren es, die die Decke über Mu mit dem großen durchdringenden Licht brachen, das in einer geraden Linie reiste, und als sie die Kraft des Lichtes auf die Decke über Lemurien richteten, brach es diese Schicht und die einsetzenden Fluten wurden sehr stark. Als sich die Wolken-

---

[1] Om oder Aum ist ein mantrisches Wort, das drei Klänge beinhaltet, die Brahma oder die Schöpfung, Vishnu oder die Erhaltung und Shiva oder die Zerstörung darstellen. Die drei Klänge in diesem Mantra repräsentieren auch den Wachzustand, die Träume und den tiefen Schlaf gemeinsam mit der abschließenden Stille, die Erfüllung bedeutet.

schicht öffnete, geschah etwas Großartiges. Als das Wasser herunterströmte und direktes Sonnenlicht frei einstrahlen konnte, veränderten sich die Temperaturzonen in einem Wimpernschlag, denn was dem gesamten Kontinent Lemurien gemäßigte Temperaturen beschert hatte, wurde nun dem direkten Sonnenlicht statt dem diffusen Licht ausgesetzt.

Und als die Wasser strömten, froren sie in den nördlichen Regionen augenblicklich, und die Ozeane, die sich auf der Erde bildeten, waren so riesig, dass die gefrorenen Gewässer augenblickliche Temperaturzonen erschufen, die das erzeugten, was man euer Eiszeitalter nennt. Und innerhalb von zehn Minuten froren die tropischen Urwälder von dem, was einst der Norden genannt wurde – in zehn Minuten. Die Tiere, die dort lebten, wurden fest in den Permafrost eingeschlossen, und sogar die Blumen in ihren Mäulern blieben erhalten. Das waren die Tage, die ich kannte.

In dem, was man Lemurien nannte, ging, als das Zufrieren erst begonnen hatte und die Wasser wieder zu schmelzen begannen, das Land Mu unter. Es bebte nicht. Es war ein großes und enormes Tal mit Bergen im Nebel gewesen, die in die Wolken reichten. Es war das perfekte Bett für das, was außerhalb der Erde lag, den Ozean und so geschah es.

Die Schicht brach über all dem auf, über euren Amerikas, über dem Sumpfgebiet. Das Eis hier befand sich in tiefen Tälern. Was hier gesund und munter war, wurde eingeholt. Wo die zentrale Ballung der großen Städte von Atlantia im Norden war, überlebten die Menschen nicht und gingen zugrunde. Die Technologie ging verloren, als Folge der Zerstörung durch ihre eigene Hand. In der Tat starben die Tiere, aber das, was man Technologie nennt, starb auch.

So wurden die südlichsten Regionen der letzten hundert Jahre des Überlebens Atlantias zum primitiven Atlantia. Die Überreste und geisterhaften Hallen, jener offensichtlich großen Tempel, hallten vom Gemurmel über eine große Katastrophe wider, die damit lockte, jeden Moment den Rest der Landmasse zu verführen. Und die Menschen flohen.

In den Tagen meines Lebens und den Tagen, die ich kannte, erinnere ich mich als ein sehr kleines Kind an die Hütte, in der – bevor die Pilgerfahrt begann – meine Mutter, meine kleine Schwester und mein kleiner Bruder lebten. Was die Wände dieser besonders schönen Höhle schmückte, war eine Sternenlandkarte – eine Sternenlandkarte – eine bildliche Darstellung der Abstammung der großen Lemurier, der großartigen, spirituellen, groß gewachsenen Menschen, der Krieger des Minds. Ich erinnere mich gut daran. Das ist der Grund, warum ich euch erzähle, woher ich gekommen bin. Die Lemurier, diejenigen der Jungen, die unter der Erde waren, wurden von den Ältesten weggeschickt – die mit ihrem geliebten Kontinent untergingen – die Kinder wurden durch einen Kanal geführt, der eine Verbindung zum großen südlichsten Hafen von Atlantia, genannt Onai, bildete.

Meine Mutter, meine kleine Schwester und mein Bruder eilten vom Kontinent Lemurien weg. Der Kontinent Lemurien war kein großer Kontinent. Seine Küsten – seine Küsten, seine Strandlinien, die sich damals darüber hinaus erstreckten, die Seen und Sumpfgebiete – bildeten den pazifischen Nordwesten. Meine großen Ältesten, die großen Ältesten, wussten, dass ein Krieg kommen würde und warnten alle. Es gab da eine sichere Passage für uns dorthin, wo Baja California und Mexiko liegen – alles war Sumpfgebiet, und wir kamen als langer Pilgermarsch aus der Erde hervor und überquerten ein Sumpfgebiet zum entfernt gelegenen Hafen von Atlantia namens Onai. Wir rannten um unser Leben. Die Ältesten, die das prophezeit hatten, gingen mit ihrem Kontinent unter und sind nahe den Küsten des pazifischen Nordwestens begraben. Ihr hattet bis jetzt eine eher langweilige Geschichte. Das hattet ihr.

Die Atlanter lebten auf einer großen Masse von Sumpfgebieten und Hügeln an dem, was man einen großen See nannte und was ihr jetzt den Atlantischen Ozean nennt. Die Atlanter lebten auf einer Landmasse, und diese Landmasse fing zu der Zeit, als die Schicht gebrochen wurde, an, auf die vulkanische Masse der äußeren Haut dessen, was Terra genannt wird, zuzuschwimmen, sie schwamm und fiel in den Gravitationsschwerpunkt namens Antarktis. Sie brach an ihrer nördlichen Ecke ab und ließ das, was man Inseln und Berge nennt, zurück. Und als sie über die ölige Oberfläche des Magmas schlitterte, landete sie an dem Ort, den man jetzt den Südpol nennt. Sie ist unter einer Eisscicht von einem Meter begraben, aber ihre Bauwerke, ihre großen Zentren, ihre Laboratorien sind noch intakt. Das sind sie.

Die Atlanter verloren offensichtlich den Krieg und den Streit. Und die Wolkendecke lichtete sich aus und zum ersten Mal konnte man Sonnenlicht sehen. Die Karbondatierung konnte dieses Ereignis auf die Zeit vor 35.000 Jahren datieren. Was in den nördlichen und südlichen Regionen einst ein Paradies gewesen war, wurde zu den starren Eisregionen. Orte, an denen exotische Tiere, schöne Gärten und ganze Zivilisationen existiert hatten, wurden nun in starre, eisige Gebiete verwandelt. Es waren einst Gärten Eden gewesen, wo ein Mann und eine Frau nicht auf dem gingen, was man Erde nennt, sondern auf Schichten von sanft gepolsterten Moosen. So lebten wir. Ich kannte diese Zeiten und ich kannte sie gut.

Nun, als all das geschah, wurde die Sonne zum ersten Mal in den entlegensten Teilen der Welt sichtbar. Es gab Punkte, die immer noch sehr bewölkt waren. Schließlich wurde die Zeit von euren Wissenschaftlern aufgrund dessen berechnet, was man die Radioaktivität der Knochen oder dessen, was übrig ist nennt – eines Datierungssystems, wie es genannt wird – weil damals die Sonne anfing, alles lebendige Leben mit dem, was man ihre direkten Lichttreibgase nennt, zu durchdringen, die das, was man diesen Planeten nennt, direkt mit Radioaktivität bombardierten. Daher waren die Wissenschaftler in der Lage, euren Planeten gemäß dem von den fossilen Funden aufgenommenen Sonnenlichtes zu datieren. Aber diese eure Ebene, Wesenheit, existierte über fünfeinhalb Millionen Jahre, bevor das damals geschah.

Also pilgerten die Lemurier zu den glanzvollen atlantischen Menschen, aber sie wurden verachtet – verachtet. Wisst ihr warum? Weil die intellektuelle Wissenschaft der Gott war. Die Atlanter betrachteten die Kinder Lemuriens als seelenlos. Die Lemurier verfügten nicht über das, was man das kosmische Verständnis der Verhältnisse der Gase und des Lichtes nennt. Und weil sie die intellektuelle Mechanik nicht besaßen, wurden sie bald zu Sklaven. Und sie strömten weiter nach Onai.

Ich will euch sagen, ein lemurisches Kind wurde als geringer angesehen, als ein Hund auf der Straße. Ein Hund auf der Straße wurde mehr geschätzt als ein unschuldiges Kind, das einem Lemurier geboren wurde. Die Atlanter hassten die Lemurier. Bald unterwarfen sie unterwarfen diese lasterhaftem Missbrauch. Es war nicht ungewöhnlich, brutale Behandlungen zu erleben – die Vergewaltigung von Frauen, die brutale Behandlung von Kindern, das Schlagen, das auf sie Urinieren, das sie Bespucken – der Missbrauch eines Lemuriers war ein gewöhnlicher Anblick auf den Straßen von Onai. Also was tat man mit ihnen? Man brachte sie auf die Felder. Die Technologie im Norden war verloren und das Leben im Süden primitiv geworden.

Ich war also ein geborener Lemurier und pilgerte mit meiner Mutter und dem, was man meine geliebten Geschwister nennt, nach Onai. Und meine Mutter, sie wurde genommen und von vielen Männern in vielen Geschlechtsakten benutzt. Sie war ein Instrument, um missbraucht zu werden. Und meine Mutter trug ein weiteres Kind, jedoch war unbekannt, wer der Vater war. Weil sie schwanger war, wurde sie geschlagen, missbraucht und hinausgebracht, um von den Hyänen gerissen zu werden. Und doch retteten der Bruder meines Wesens und ich das, was wir unsere geliebte Mutter nannten und bauten für sie etwas, das man eine Baracke nennt. Und wir stahlen auf den Straßen, nahmen von den Feldern und versteckten unsere Mutter. Und doch, durch all die Anstrengung das Kindlein zu gebären, das in ihrem Bauch herangewachsen war, verhungerte sie leider und das Kind an ihren Brüsten, ein kleines Mädchen, verhungerte ebenfalls.

Aus dem, was man Liebe, Schmerz und die Entwürdigung meiner Familie nennt, wuchs ein großer Hass in meinem Angesicht. Und das, was man, sozusagen, das Haus meiner Mutter und des Kindes an ihren Brüsten, die nunmehr versiegt waren, nennt, wurde in Flammen gesetzt. Als der Rauch, sozusagen in der Tat, mit der Süße seines Gestanks das Tal erfüllte, wunderte ich mich über den Unbekannten Gott meines Volkes, und ich hasste ihn dafür. Seht ihr, ein Kind rechnet mit dem, was es liebt; es versucht Gerechtigkeit zu finden. Und Ungerechtigkeit: Wie konnte ein großer Gott, der in der großartigen Nacht war, Monster erschaffen, die mein Volk und mich so hassten? Und was hatte meine Mutter je getan, um diesen elenden Tod zu verdienen, den sie erleiden musste?

Mein Bruder wurde von einem Satrapen genommen. Er wurde für das Vergnügen des Satrapen in ein Königreich entführt, das später Persien genannt wurde. Dort wurde er für den Zweck des sexuellen Ausdrucks des Satrapen missbraucht, und er war verloren.

Ich war vierzehn Jahre alt, beinahe, im Kalender der Sonnenjahre dieser Erde, als meine Mutter und meine kleine Schwester starben und mein jüngerer Bruder von einem Satrapen genommen, verstümmelt und gequält wurde. Ich verbrannte die Hütte, das Haus meiner Mutter. Ich verbrannte meine Mutter und meine kleine Schwester, die verhungert waren. Und ich, der ich von den intelligenten Atlantern geringer als ein Hund in den Straßen betrachtet wurde – meine Mutter, eine Dienerin – schön war sie, groß, schön, herrschend und bestärkend – diente einem kleinen Mann von atlantischer Herkunft, der nie die Herrlichkeit seiner Vorväter und Vormütter gesehen hat. Er war nur auf einem alten Planeten, weit von seinem eigenen Heimatland entfernt, geboren. Er erlebte niemals die Abenteuer, die seine Vorfahren in der Eroberung und der Ankunft auf diesem Planeten, mit seinem schiefen Schwanken, erlebt hatten.

Also verbrannte ich meine Familie und weinte tausende Tränen. Und ich stieg auf den Berg, um zu sterben. Aber ich wollte den Gott töten, den meine Mutter liebte.

Der schreckliche Tag des Rams

Also bereitete ich mich auf den Kampf mit dem Unbekannten Gott vor, denn ich hasste ihn. Ich hasste die Menschheit. So fand ich einen großen Berg, der in der Ferne drohend aufragte, einen sehr geheimnisvollen Ort. Wenn ich dort hinaufklettern konnte, würde ich mit dem Unbekannten Gott dort droben in Verbindung treten und ihm meinen Hass gegen ihn seiner Ungerechtigkeit wegen verkünden. Also begann ich meine Reise. Ich rannte von meiner Hütte aus los. Da war dieser große Berg in der Ferne, den ich kaum sehen konnte. Meine Reise, sozusagen in der Tat, dauerte neunzig Tage – neunzig Tage, sozusagen in der Tat, in denen ich Heuschrecken, Wurzeln und Ameisenurnen verzehrte – und ich fand diesen Berg. Sollte es einen Gott geben, würde er dort über uns allen leben, da diejenigen, die unser Land regierten, über uns lebten. Und ich, siehe, machte ihn ausfindig. Jedoch war er nicht da, nur eine große Kälte. Und ich weinte von Herzen bis die große Weiße, sozusagen in der Tat, sich selbst aus meinen Tränen vereiste.

„Ich bin ein Mann. Warum habe ich nicht die Würde eines Mannes?“ Ich wollte ehrenhaft sterben. Stattdessen wurde mir ein großes Schwert von einer schönen Frau gegeben, die mir auftrug, mich selbst zu erobern.

Ich stieg von dem Berg herunter, was in der Geschichte der Hindus als der Schreckliche Tag des Rams aufgezeichnet wurde. Ein Knabe ging zum Berg; ein Mann kehrte zurück. Ich belagerte die Stadt Onai mit einem großen Schwert. Unvorbereitet waren sie darauf, da sie Kampf nicht kannten, und ich erschlug sie. Die Arbeiter auf den Feldern von lemurischer Abstammung folgten mir in die Stadt und sie wurden die große Armee.

Nun, wenn man voll des Hasses ist, dann ist man selbst der Gegenstand seines Hasses. Ich zog los und machte genau das wahr. Den Rest der Geschichte habt ihr gelesen und verstanden, mit einer Ausnahme: Mit vierzehn Jahren belagerte ich Onai und die Liebe meines Lebens lag begraben in einem Raum, der unter den Toren dieser großen Stadt mit ihren großen Häfen zusammenbrach. Da ging es zu Ende mit den UFOs, die auf Lichtstrahlen flogen, von Punkt zu Punkt, von Pyramide zu Pyramide. Es endete. Und die Atlanter, die solchen Krieg niemals gekannt hatten, sondern nur den Krieg mit Waffen, die etwas in seine Bestandteile auflösen konnten, lernten nun einen Kampf von Mann zu Mann kennen, das, was wir später eine offene Feldschlacht genannt hätten. Und ihre Angst war groß.

Als die Stadt verbrannt war, wurden die Kornkammern geöffnet und die Menschen, sie aßen. Und als es vollendet war, gab es einen großen Schmerz in meinem Sein, denn ich hatte das, was mein starker Hass war, nicht befriedigt. Also lief ich von den Menschen weg und verstecke mich in den Hügeln. Sie aber hatten kein Zuhause mehr. Ich war ihr Zuhause.

„Ram, Ram, Ram, Ram.“ Da kamen sie mit dem Getreide in ihre Röcke gebunden und mit dem, was sie die Werkzeuge der Felder nannten und trieben Schafe und Ziegen. Großartig waren sie, aber Soldaten? Wohl kaum. Also folgten sie mir, trotzdem ich sie verfluchte, sie anspuckte, Steine nach ihnen warf und ihnen sagte, dass sie mich ganz alleine lassen sollten. Sie kamen dennoch. Verhandlungen wurden geführt und ich führte sie in die Schlacht. Sie mussten mit mir kommen, weil ich hasste. Ich war getrieben, weil ich ein Barbar war. Ich war verzweifelt. Ich wollte all die Tyrannei abschaffen und das tat ich, nur um eine weitere zu entwickeln. Nun war die Armee geschaffen, und ihre Zahl war am Anfang nahe der Zahl zehntausend. Die große Armee des Ram begann sich zu versammeln. Wenn ich in die Schlacht zog, dachte ich über jeden meiner Feinde nach. Ich kannte sie alle. Wegen meiner Unwissenheit hatte ich keine Angst zu sterben. Ich wollte ehrenhaft sterben, daher hatte ich keine Angst. Furchtlose Wesenheiten sind feige. Ich hatte keine Gefühle hinsichtlich meines Hinscheidens, aber viele aus meinem Volk hatten sie.

Zehn Jahre lang marschierte ich, liebte nur eine Frau. Ihr Wahnsinn entstand aufgrund ihrer Gefangenschaft. Ich trug ihre Narbe in meinem Gesicht und liebte nur sie und keine andere. Wenn man nur einmal liebt, wird das durch nichts ersetzt. Und zehn Jahre lang marschierte ich und sah Onai brennen und in das Meer fallen, als Flutwellen seinen südlichen Hafen überrollten, und die Insel selbst an ihren letzten Ruheort eilte und für immer einfror, damit das, was man die Erinnerung an sie nennt, eines schönen Morgens freigesetzt werden kann.

Der Kontinent war bereits am Rutschen. Die Wolkendecke erschien nicht über dem, was der Äquator war. Sie vergoss ihren Regen und zeigte sich schließlich erst, nachdem ich Onai erobert hatte. Die Sonne werde ich immer lieben, so wie ruhige Morgen, die sanfte Erde und schöne Blumen; Generationen voller Schönheit werde ich immer lieben. Und ich marschierte mit meiner Armee, die aus den verschiedenen Blutlinien, Rassen und Kreuzungen bestand, aus Onai hinaus. Und hinter uns, als wir mit einer Peitsche dicht an unseren Fersen marschierten, sank die Erde und reiste die Erde. Der große Spalt zwischen dem Mittelmeer, dem Stiefel Italiens und dem Golf des Mittelmeers sank. Der Ort, wo der große Kontinent abgestützt war und der so weit nördlich reicht wie Holland und so weit südlich wie Mexiko, existiert nun als Antarktis.

Nun wurde mir von einem arroganten König nach vier Jahren meines Marsches ein schwarzes Ross gegeben, während mein Volk nur Esel und Vieh, Schafe und Gänse hatte, schwarze Schafe. Wir marschierten gegen das Königreich eines großen Königs, dessen Legionen beritten waren. Meine Armee war jedoch zu Fuß so geschickt geworden, dass sie den König und seine Berittenen besiegte.

Der König brachte mir sozusagen in der Tat ein großes Geschenk, ein schwarzes Ross. Er tat dies auch, um mich einzuschüchtern. Ich wusste nicht, wie man auf dem Rücken eines Rosses sitzt. Und dasjenige, das er mir gab, hatte Feuer, das aus seinen Nüstern kam, war schwarz wie die Nacht und seine Augen waren wild. Ich bereitete mich darauf vor, das Ross zu besteigen und es warf mich prompt zu Boden, woraufhin der König ein dünnes Lächeln auf seinen Lippen hatte, eine Art Gefallen daran, dass er mich eingeschüchtert hatte.

Ich stand vom Boden auf, hob mein großes Schwert Crosham auf, nahm es und legte es mit der Breitseite an die Schläfen des großen Rosses und zwang es in die Knie. Als es sich wieder erhob, saß ich auf und ritt mit dem Wind. Und anstatt eines UFOs ritt ich ein schwarzes Pferd, dessen Name Shamiridin war – ‚Reite mit dem Wind'. Das zu haben, was man Geschwindigkeit und Macht nennt, war ein großes Geschenk. Der König, obwohl es seine Absicht gewesen war, mich einzuschüchtern, erhöhte mich.

Also entwickelte ich daraus das, was man die westliche Flanke meiner Armee nannte, und sie sollte die Betreuerin der Rösser sein und sie reiten. Die östliche Flanke war der marschierende Teil meiner Armee. Und die Legende des Rams und der großen Armee wurde so großartig, sodass die Nachricht davon, was wir waren, in das Land ganz im Osten reiste, sodass jede Schlacht gesichert war und gewonnen wurde. Ihr, die ihr Toyotas und Käfer, Mercedes und Chevrolets, Fords, Fords und Hondas, Modell A fahrt, wisst ihr nicht, dass das, was ihr fahrt, niemals ein Feuer ausatmen wird wie das Pferd, das ich ritt? Niemals wird das, was ihr fahrt, eure Gedanken kennen und bis zum Ende furchtlos sein. So war Shamiridin. So sei es.

Wie kann ein großer Goliath von einem Pferd, schwarz wie die Nacht, es mit der Technologie aufnehmen, die sich auf dem Mond oder Mars befindet? Ich hatte es auf das abgesehen, was in seiner Arroganz auf der Oberfläche der Erde gestrandet war.

Ich beendete, was der Krieg nicht erreicht hatte,
weil kleine Männer, die Raumschiffe betreiben
keine Muskeln haben, keine Muskelkraft,
keinen Witz, keinen Kampf.
Sie sind Feiglinge
hinter dem Schild der Zerstörung.
Und ein Pferd so schwarz wie die Nacht
ritt auf sie zu in Zorn und wandernder Verpflichtung,
und ich beseitigte sie
in ihrer tiefsten Angst hinter ihrer Macht.
Und wie ein Alptraum kam ich
über sie, die nicht vorgeben konnten,
dass das, was ich war, für immer aufgehalten werden könne.
Ihr könnt eure Automobile fahren
und eure UFOs reiten,
aber ihr werdet niemals
den Geist Shamiridins besitzen.

Kritiker der Geschichte werden nun also sagen: „Na ja, wie kann ein Kavallerist auf einem einfachen Pferd Technologie besiegen, welche die atomare Sphäre durchbrechen kann?“ Einfach. Die Familie, die mir das Pferd gab, gab es mir im Scherz. Es war wild, unbändig und gemein. Und sie dachten, dass es eine Beschmutzung meines guten Namens wäre, wenn sie mir ein primitives Tier zum Reiten gäben, wie einen Esel in Jerusalem. Jesus ritt einen Esel. Ich ritt ein schwarzes Pferd. Die größte Herabsetzung durch einen arroganten Geist besteht darin, seinen beeindruckenden Feind auf den Rücken eines Esels zu setzen. Sie hatten nur in meinen Tagen keine Esel.

Ich bin zwei Meter zehn groß und, wisst ihr, die Pferde in jenen Tagen waren genau so groß. Sie werden jetzt als die Ackergäule in Europa betrachtet, aber ihre Abstammung reicht zurück bis zu meinem großen schwarzen Pferd, das mir gegeben wurde, um mich lächerlich zu machen und mich zu demütigen. Als ich auf das mit Glocken und Perlen geschmückte Tier, zuging, sah ich es an und wusste, dass es ein gemeines Ross war. Die Lemurier ließen ihre Schiffe in Gärten wachsen, und ich hatte Shamiridin, und jeder Muskel und jeder Nerv waren verbunden und wussten. Und ich ritt es wie ein Kriegspferd, wie jemandes schlimmen, schlimmen Traum. Und es mähte alle nieder und ich erledigte sie. So war Shamiridin – Memoiren einer verrückten Wesenheit. Also nahm ich mein Pferd, das ich freudig gewonnen hatte und schnitt dem Spender den Kopf ab. Versucht niemals wieder, mir das anzutun, aber vielen Dank. Ich liebe es trotzdem. Und es sollte für immer mein Ross der Macht sein, und da ich nun heute lebe, frage ich mich oft, wohin es – das Technologie alleine zertrampelte – gegangen ist. Denn es gehörte mir, es gehörte mir, es gehörte mir.

Nun, das war vor 35.000 Jahren. Es gab eindeutig eine Vernichtung vieler Aufzeichnungen über mich und meinen Marsch, aber ich verstehe meine Zeiten. Bis zu meiner Zeit gab es einen sehr gebildeten Kreis von Kulturen auf der Erde. Die Bevölkerung der verschiedenen Teile der Welt, gegen die ich marschierte, bestand aus diesen Mischlingen, diesen Göttern, die immer noch dort lebten. Und Götter erschlug ich. Menschen, die zehntausend oder zwanzigtausend Jahre gelebt hatten – ich erschlug sie. Das tat ich. Und ich frage mich oft, was das Volk meiner Mutter über seinen rebellischen Sohn dachte, der Köpfe abschlug, während sie so friedlich geblieben waren und sich wunderten, warum ich solch schreckliche Taten beging. Sie fragten sich, ob sie in der Tat auf mich Anspruch erheben sollten.

Ich versammelte nun Menschen aus allen Ecken der Erde, von allen Kardinalpunkten, und sie alle wurden meine Armee. Zwei Millionen stark waren wir. Und die sanften und schwarzgesichtigen Schafe, die krächzenden Gänse, das langhörnige Vieh und alles, sowie die Ehefrauen und Kinder marschierten im Herzen unseres Marsches mit, und nichts geschah ihnen je, weil sie beschützt und geliebt wurden.

Wir marschierten in Richtung Mittelmeer und eroberten alles, was ihr Europa nennt, alles. Und da gab es die Inseln von Britannien, die einst abgetrennt schienen. Sie sahen aus wie das, was man eine Gürtelschnalle auf der Taille Europas nennt. Und sein Stiefel, Italien, tauchte nun in gewöhnlichen Tagen auf. Alles war verbunden und durch alles marschierten wir.

Es war einfach, Menschen zu töten. Es war einfach, weil sie meine Feinde waren. Es war einfach, diejenigen abzuschlachten, die den Gott anbeteten, den ich hasste. Es war einfach, das zu tun. In dreiundsechzig Jahren und in den ersten zehn Jahren meines Marsches gab es nie und wird es nie einen Eroberer wie mich geben, weil ich keine Angst und eine riesige Armee hatte und jung und entschlossen war. Aber ich war unwissend und das war ein Segen. Wenn ich viel Wissen gehabt hätte, hätte ich die Taten, die ich begangen habe, vielleicht nicht begangen. Aber dann wäre die gesamte Geschichte anders verlaufen, sogar die Geschichte, die ihr heute kennt, und das mediterrane Becken wäre nicht so bevölkert, wie es das heute ist.

Der Fluch des ewigen Todes

Dann, weiter im Osten trafen wir auf ein Königreich. Das Königreich gehörte einem sehr seltsamen Volk. Die Mauern – aus poliertem Marmor von weißer Farbe – man konnte die Mauern dieses Königreiches nicht bei Tageslicht betrachten, denn ihr Glanz war blendend. Und oben auf den Mauern war das gepflanzt, was man eine Blume, die klettert, nennt, und sie war blau. Im diesem Königreich gab es keine Dörfer. Alles befand sich hinter diesen weißen

Wänden, und das war verdächtig. Und als ich auf die Mauern blickte, schauderte ich, denn ich hatte nichts dergleichen gesehen. Und meine Armee, sie begann Amulette um ihren Nacken zu tragen, die sie von ihren Frauen erhalten hatten, weil es ein unheilvolles Gefühl gab, das von diesem Königreich ausging.

Ich zog meine Armee zusammen und ging auf eine Hochebene in Richtung dessen, was man Osten nennt – in dem was ihr Entfernung nennt: fünf Meilen in Zahl – Richtung Osten, denn mit meinem Rücken gegen die Morgensonne, die auf die Mauern strahlte, konnte man die Aktivitäten in diesem Königreich einfach beobachten. Wenn es im Westen gegründet worden wäre, dann wäre es am Morgen blendend gewesen und man hätte es nicht sehen können. Ich dachte über diesen Feind zwei Jahre lang nach.

In den zwei Jahren meiner Kontemplation kam ein Bote zu mir, der sagte: „Siehe, großer Ram, ich habe Nachrichten von deinem Bruder, den du an den Satrapen verloren hast. Er ist innerhalb der Tore der verbotenen Stadt. Ich habe ihn gesehen. Er ist dort."

Mein geliebter Bruder – mein Bruder – vom Satrapen verschleppt, war vom Satrapen missbraucht worden, der keine Frauen mochte, und seine Lust an Kindern des männlichen Geschlechts auslebte. Und als die Nachricht ihn erreicht hatte, dass dieses geliebte Kind in der Tat der Bruder des großen Ram war, war seine Rachsucht an dem Kind mehr als ihr euch in euren gemeinsten Fantasien vorstellen könnt, denn er stieß in das, was man den analen Teil des Kindes nennt und riss seine Innereien heraus, sodass das, was das Kind genannt wird, nicht länger gehen konnte, da die lebenswichtigen Organe herauskamen, weil die Muskeln durch den Missbrauch zerrissen waren. Und was ein großartiger Mann geworden wäre, war nun von allem Lebenswillen verlassen und doch, wenn das Kind ging, beugte es sich vor und hielt sich selbst. Und wenn es sich niederlegte, legte es sich in warmes Wasser. Und das Kind, es lag in Todesqualen. Diese Wesenheit wurde so abscheulich zu dem Kind, dass sie einen marmornen Phallus erschuf, der im Durchmesser größer als der Arm eines Mannes war und damit das Kind zu seiner eigenen Befriedigung bis zu dessen Tode missbrauchte. Und dieses Kind lag weinend und sich über sein Schicksal fragend da und betete um das Ende seines Lebens, denn es konnte die Harmonie der Morgensonne und des Abendjasmins nicht länger ertragen. Das war mein Bruder.

Und, ach, der Bote kam. Er erzählte mir auch die Neuigkeiten, dass diese Wesenheiten die blaue Rasse genannt wurden – blau. Sie wurden nicht mit blauer Haut geboren – sie hatten weiße Haut – aber aus den Blüten der Akeleien, die auf der weißen Mauer wuchsen, hatten sie Tinte erschaffen und sie hatten sich ständig in ein Farbbad gelegt, das sie blau färbte. Und was offen und klar gelassen wurde, war ein Fleck auf der Stirn, an dem sie dauerhaft einen Stein befestigt hatten. Mit dem Stein waren die Priester dieser Stadt ausgestattet. Sie waren diejenigen, die den weißen Edelstein trugen, und dennoch waren sie blau.

Ich war erstaunt. Blaue Wesenheiten. Konnte es möglich sein, dass der Marsch uns in Lande führte, in denen die Vorstellung der menschlichen Rasse sich weiter entwickelt hatte, als sogar den Atlantern bekannt war? Und wenn sie blau waren, in der Tat, was besaßen sie noch? Wozu diente der Stein an ihrer Stirn?

Ich war bewegt, in diese Stadt zu ziehen, weil mein Bruder dort war, und ich wurde in Träumen gequält und hatte Visionen von ihm. Und der Hass wuchs.

Der Bote kehrte zurück und sagte: „Wehe, Meister, es gibt dort eine mächtige Wesenheit, die der König dieses Königreichs ist, aber mit einer Zunge spricht, die kontrolliert. Und er, sozusagen in der Tat, erlaubt keine Interaktionen der Frauen mit den Männern in der Stadt, denn die Frauen seien dazu da, im Dienste der großen Priester zu stehen, sie sind ebenfalls blau." Wie wurde die Stadt bevölkert? Die Stadt wurde durch die Vergewaltigung der Frauen bevölkert. Frauen waren entseelt. Sie besaßen keine Seele. Sie waren wie Lemurier. Sie wurden gefangen gehalten, und bei den Zeremonien der Tag- und Nachtgleiche konnten alle Männer mit ihnen tun, was sie wollten. Diejenigen, die ein Kind austrugen, gehörten der Priesterschaft.

Der Bote sagte auch zu mir: „Meister, in diesem Königreich gibt es nicht ein Schwert und auch keine Kampfaxt. Es gibt keine Waffen."

Ich belagerte die Stadt und marschierte auf sie los. Und das, was man die westliche Flanke nannte, wurde auf ihren Pferden in den Westen gesandt. Der östliche Marsch war zu Fuß und ging von der Hochebene los. Mit der Sonne in unserem Rücken am frühen Morgen würden diejenigen, die die Stadt bewohnten, niemals den Schrecken aus dem Osten kommen sehen: Ihre Aufmerksamkeit würde von den Soldaten und ihren Rössern, die aus dem Westen kamen, abgelenkt werden.

Wir belagerten die Stadt und dabei hatten die Soldaten, die zu Fuß gingen, beinahe die Grenze der Mauern erreicht, als das Donnern des westlichen Vorrückens begann und all die Aufmerksamkeit der Menschen sich auf die Pferde und Reiter richtete. Und wir erklommen die Mauern. Mein Volk, meine Armee, meine Männer fingen an, waffenlose Menschen abzuschlachten und zu bekämpfen. Und als das Niedermetzeln der Unschuldigen begann, wurden den blauen Menschen ihre Köpfe abgehackt und das Blut strömte und es war immer purpurn.

Ich suchte nach meinem Bruder, während der Gestank des Blutes, das Schreien der Gänse und der rennenden Kinder die Luft erfüllten. Die Menschen starben ohne Worte auf ihren Lippen. Und, siehe da, ich fand den Satrapen und meinen Bruder, die gar nicht wahrnahmen, was meine Armee dem Volk antat. Ich hob meinen Bruder auf, der nicht länger gehen konnte und legte ihn in die Arme eines großen Zenturios, der mit mir ritt. Ich erschlug den Satrapen wie ein Schwein. Ich schlachtete ihn.

Und dann hörte ich das Schreien einer großen Stimme. Und, siehe, der große Priester kam hervor. Er war blau und glänzte und auf seiner Stirn befand sich ein großer Stein. Als er herauskam, ließ sein Charakter nichts Gutes erahnen, denn er besaß großen Glauben. Und das Schlachten hörte auf und er gab an meine Leute eine Erklärung ab. Er sagte zu ihnen: „Ich bin die Stimme von Bezhack Badu. Ich bin das Orakel der Himmel. Auf euch, die ihr in diese Stadt einmarschiert seid, lege ich einen Fluch, da ihr hier die hingeschlachtet habt, die unschuldig sind. Wenn ihr getötet werdet, dann werdet ihr den immerwährenden Schlaf schlafen, und ihr sollt nie wieder erwachen."

Meine Soldaten wurden von Schrecken ergriffen. Ihr, die ihr bei diesen Frauen trankt, wart in dieser Schlacht und ihr befandet euch in einem Rausch. Und als das Orakel hervorkam und euch verfluchte, dass ihr, wenn ihr schlieft, nie wieder erwachen würdet, brachte es Schrecken in eure Augen und große Angst, weil ihr Blut an euren Händen hattet, denn ihr hattet die blauen Menschen erschlagen.

Und ihr sagtet: „Weiser, wir wollen wieder erwachen. Wie können wir das, was wir hier getan haben, wieder gut machen?"

Und das Orakel sagte zu euch: „Es gibt nur einen Weg.“ Und das Orakel gab einen Wink, und aus einer Höhle, die sich im Boden öffnete, kamen Frauen hervor, alle von ihnen. Und sie kamen heraus und sie waren blau. Sie waren mit Blumengirlanden in ihrem Haar und um ihre Körper und zwischen ihren Beinen geschmückt. Die Frauen bewegten sich, als ob sie in einer großen und tiefen Trance wären, vorwärts im Morgenlicht stehend. Und so schön waren sie: Ihre Haare waren goldbraun, leuchtend flachsfarben und wurden am Boden hinter ihnen hergezogen.

Und das Orakel sagte: „Der einzige Weg ist es, diese Frauen zu nehmen. Ihr müsst ihnen ihre Jungfräulichkeit nehmen und euren Samen tief in ihren Schoß pflanzen, denn durch ihren Samen werdet ihr wieder leben.“

Wann immer wir eine Stadt belagerten, galt ein Gesetz und es wurde das Gesetz des Ram genannt, dass es Tyrannei war, dass wir töteten – ohne zu erkennen, das ich ein Tyrann war – aber dass kein reines Fleisch berührt und kein Becher Gold oder Blei genommen und kein feines Leinen versteckt werden durfte, denn durch Tyrannei gaben wir das Land den Menschen zurück. Das war der Marsch; freie Menschen, hm? Und das Gesetz besagte, dass ich dann, wenn eine der Wesenheiten je eines dieser Dinge täte, ich ihr den Kopf abschneiden und ihn in das Meer werfen würde.

Was sollte also geschehen? Dieses mächtige Orakel, das ein Königreich ohne Gewalt geleitet hatte – abgesehen davon, dass Frauen in einem Bereich gehalten wurden, wo sie aufgrund der Unwissenheit des Orakels nur der Fortpflanzung dienten. Was sollte man angesichts des Schreckens der Macht dieser Wesenheit tun, bei den Frauen liegen und sie an einem heiligen Ort missbrauchen oder das Gesetz des Rams beachten?

Weil es in der Tat seltsam war mit diesen Menschen und ihren weißen Mauern, ihren blauen Blumen und den Steinen auf ihren Köpfen und es keine Schwerter und keinen Laut bei ihrem Tode gab, trieb einen das in den Wahnsinn. Und ihr, mit blutigen Händen und Speichel an eurem Mund und mit wilden Augen, zwangt euch diese Frauen auf, und Lust wurde zum Wunsch und der Krieg war vergessen. So wirksam war das, dass ihr all euer Verständnis in dieser Stunde verloren habt. Und ich habe euch beobachtet.

Das Orakel hatte gewonnen, denn es hatte diese Armee durch seine eigene Macht der Suggestion und Angst verführt. Und eure

Lust und Leidenschaft überkamen euch. Bald fingt ihr an, anstatt einer Frau, schüchtern und scheu, vergewaltigtet ihr viele von ihnen. Bald wurde eure Lust zu Brutalität und ihr wurdet brutal zu ihnen. Und es verzehrte euch.

Mein großer Zenturio brachte meinen Bruder zurück zum Lager. Und ich verließ euch. Und was Shamiridin anbelangt, ich saß auf seinem großen Rücken und ritt auf eine große Bergspitze im Westen, denn ich war von euch allen wie betäubt. Als ich am folgenden Morgen zurückkehrte, wart ihr betrunken. Ich marschierte in eure Stadt und mit dem, was man in der Tat die Legion nannte, die ich mit mir genommen hatte, marschierte ich in die Stadt und legte euch alle in Ketten. Und danach erschlug ich alle Bewohner dieser Stadt, denn sie waren mit einem seltsamen Fluch belegt, mit Ausnahme dieser Frauen. Und sie, sie kamen zu denen, die man meine Legionen nannte. Und ich verbrannte die Stadt der blauen Menschen.

Für die Frauen empfand ich großes Mitleid, weil sie wie meine Mutter waren. Sie waren zu dem, was sie getan hatten, gezwungen worden, weil sie keinen Stolz hatten. Sie kannten weder die Bedeutung des Lebens noch des Schatzes des Lebens. Und bis zum heutigen Tage tragen sie ein Unwertgefühl in sich. Sie werden von Männern gequält. Von den Liebhabern werden sie freigegeben; sie können nicht ohne sie leben. Sie sind unwürdig. Und sie haben sich nie selbst geliebt. Sie würden für den Rest ihres Lebens blau, anders sein. Sie waren gebrandmarkt. Am Morgen sangen sie niemals eine Melodie, niemals umarmten sie eine Blume und niemals betrachteten sie die Zauberin am Abend und fanden sie schön.

Ihre tiefgreifende Erfahrung in dieser Lebenszeit prägte sie für alle kommenden Lebenszeiten, bis auf drei von ihnen. Diese waren wütend. Sie hassten es, eine Frau zu sein und hassten Männer noch mehr. Und als sie diese Ebene verließen, kamen sie als Männer zurück, um den Unterschied zu verstehen. Und von da an lebten sie in Verwirrung, denn sie trugen die Seele einer Frau, jedoch im Körper eines Mannes. Sie bemitleideten Frauen und verachteten Männer. Und ihre Falle bereitete die Verwirrung von Männern, die in Frauenkörpern und Frauen, die in Männerkörpern leben, für alle künftigen Zeiten vor[2]. Sie werden sogar bis in dieses Leben hinein gequält und versuchen, eine Ausgewogenheit, eine Antwort, ein Ende der Ver-

---

[2] Crossovers.

wirrung, eine Harmonie mit dem Leben zu finden. Sie wissen nicht, wo sie hingehören und hassen sich selbst für das, was sie fühlen.

Für den Rest ihrer Leben waren sie immer anders. Die Geschwister, sie vermehrten sich, aber wenn sie weiblich waren, fühlten sich wertlos, weil das die Liebe war, die man ihnen gegeben hatte; sie war nicht zum Geben da.

Für euch, die ihr sie vergewaltigt habt, weil jemand euch gesagt hat, dass diese Tat zu vollbringen der einzige Weg wäre, um wieder zu leben, was hat es für euch ausgelöst? Eure Reaktionen waren Reaktionen der Angst, tiefgreifende Angst. Ihr habt getan, was ihr getan habt, weil ihr Angst hattet vor dem Tod, dem Rätsel und vor einem mächtigen Volk, das durch eure Hände ohne Wimmern gestorben war. Und ihr habt ungemein Angst bekommen. Dieser Tod, er bedeutete nur das Ende der Tyrannei. Wie hätte er das Ende von euch, den Rettern, bedeuten können? Nun tat er es.

Die Wurzeln des persischen Reiches

Und dieses mächtige Orakel legte ein Gefühl in euch an, das euch den Rest eures Lebens verfolgte, weil alles, was ihr nach dieser Lebenszeit getan habt, immer im Dienste göttlicher Wesenheiten geschah, denn ihr wolltet, dass euch jemand sagte, dass ihr für immer und ewig leben würdet, auch wenn ihr so gehandelt hattet. Von dieser Lebenszeit an habt ihr alles aus Angst getan. Ihr wolltet wissen, dass ihr immerwährend existiert, wie es das lemurische Volk gelehrt worden war, und doch ergriff Angst eure Seele. Und ihr missbrauchtet Unschuldigkeit, um eure eigene Haut zu retten.

Aus euer Mentalität wuchs, was in dieser Geschichte erst noch kommen muss, die Mentalität der Frauen – Frauen – denn die Seele zeichnete Ereignisse auf, die im Missbrauch der Unschuld um eurer Selbstrettung willen bestanden. Für den Rest eures Lebens habt ihr diese Wesenheiten gefürchtet, weil sie euch an den Tod erinnerten. Euer Wunsch, jede Frau zu schwängern, brannte für den Rest eurer Lebenszeiten in euren Lenden, der Drang, Unsterblichkeit für euch selbst zu erschaffen, die Unfähigkeit, sozusagen in der Tat, ein Souverän mit einer Ehe der Seele und des Geistes zu bleiben.

Das ist es, was ihr getan habt: Ihr habt den Beginn des Persischen Reiches aus eurer Mentalität heraus erschaffen und aus eurem

Samen, als ihr gezeugt habt. Das Persische Reich wurde auf der Versklavung von Frauen und Kindern und der Erhöhung von Männern erbaut, denn jede Frau, die ihr von da an nehmen konntet, erleichterte eure Schuld, denn jede Frau, die ihr vergewaltigen und in die ihr euren Samen pflanzen konntet, versprach das, was man Unsterblichkeit nennt. Und all das wurde aus Angst getan.

Aber die Seele konnte die emotionale Auswirkung dieses Morgens nicht vergessen. Wie könntet ihr Frauen je eine Seele haben lassen? Wie könntet ihr ihnen jemals erlauben, sich selbst auszudrücken, wie ihr euch ausgedrückt habt? Wie könntet ihr das tun, wenn sie euch eure wiederholte Gelegenheit zur Unsterblichkeit auf ihre Kosten nehmen könnten? Ihr habt euch das Spiel gut ausgedacht. Also hieltet ihr sie in einem spirituellen Gefängnis. Ihr nahmt ihre Göttlichkeit weg und behieltet sie für euch. Und ihr ganzes Leben lang konntet ihr sie vergewaltigen, beginnend mit dem Zeitpunkt, als sie zum Gehen alt genug waren, zu eurem Vergnügen, ohne dass sie die Macht hatten, euch davon abzuhalten. Und bis zum heutigen Tag entwickelten die Glaubensbekenntnisse, die als Folge der Samen des Persischen Reiches existieren, die Wesenheit namens Abraham, der das jüdische Volk und das Haus Israels erschaffen hat. Und sie, sie sind noch immer von ihren Frauen getrennt, sogar bis zu dieser Stunde.

Und das, was man in der Tat, die Frauen nannte, haben sie nie vergessen. Der Frauen Kampf, mit euch eins zu werden, hat ein großes Paradoxon erzeugt, denn nun liebt ihr sie nicht mehr. Nun verachtet ihr sie, weil sie sogar in dieses Epos eines weiteren großen Zeitalters gelangen. Und deshalb werdet ihr Liebhaber eurer eigenen Art. Es ist eine Form, sie immer noch abzulehnen, sie nicht anzuerkennen. Und sie wachsen in das hinein, was man ein Gottsein in einem Selbst nennt, das sie nie wirklich kannten und das ist für euch beängstigend. Ihr könnt sie nicht länger besitzen, ihr könnt sie nicht vergewaltigen, wann immer ihr es wünscht, und ihr fürchtet euch vor ihnen. Es ist ihre Zeit. Es ist die Zeit, die Abend genannt wird. Und da gibt es viel, sozusagen in der Tat, das sie erlebt haben. Und die Kinder ihrer Kinder, wenn es Frauen waren, die behalten wurden, lehrte man diese Dinge, und wenn sie vom Vater nicht erwünscht waren, wurden sie auf einen Misthaufen außerhalb der Stadt geworfen und von denjenigen, die nachtaktiv sind, in Stücke gerissen. Das ist eine wahre Geschichte.

Es gibt also diejenigen von euch, die Liebhaber ihrer eigenen Art wurden aufgrund der Schuld, die in eurer Seele liegt, eine Schuld, die aus Angst erschaffen wurde, und ihr seid gefangen in dem, an dem ihr teilnehmt. Da gibt es diejenigen von euch, die immer noch Fantasien von Frauen in obszönen Situationen haben. Es erinnert euch an eure einstige Macht über sie, die ihr jetzt nicht mehr habt. Und es gibt einige von euch, die zu einem bescheidenen Verständnis ihrer misslichen Lage gekommen sind. Und einige von euch haben gelernt, die Frau als ebenbürtig zu lieben, weil Gott in beiden ist, und ihr kommt ins Reine, sozusagen, mit dem, was in eurer Seele ist, um das zu erreichen.

Nachdem ich euch zurück in mein Lager gebracht hatte, schlug ich einigen von euch den Kopf ab. Hattet ihr jemals Angst davor, dass jemand euren Kopf abhackt? Ließ es euch innerlich erzittern? Gefror euer Blut? Fürchtetet ihr euch vor dem Schmerz oder dem Mann mit der Axt oder hattet ihr Angst, euren Kopf zu verlieren? Klang es nach Schrecken in eurer Seele? Wenn es das tat, schnitt ich euch den Kopf ab. Aber nicht allen, für einige von euch, sozusagen in der Tat, gab es Gründe, dass ihr meinen Marsch fortsetztet, da ihr diese Frauen zurück ins Lager bringen und euch für den Rest eurer Tage um sie kümmern solltet. Ihr solltet ihnen beistehen, sie ernähren und fördern.

Was ist der nächste Kreis, den ihr seht? Es sind die Kinder. Sie sind die Kinder der Frauen des Blau und der großen Armee des Ram und dessen, was sie in die Schlacht führt. Worin besteht ihre Verwirrung? Als Geschwister im Zustand der Verwirrung wären sie für den Rest ihres Lebens in das hineingeboren worden, was man elterliche Aufsicht nennt, und eine Doktrin nach der Handlungen gewalttätig sein würden, denn Liebe erfuhren sie niemals. Die Frauen konnten nicht lieben – es war ihnen nicht möglich zu lieben – und die Männer konnten die Kinder nicht ertragen, weil sie durch sie an ihren Tod erinnert wurden. So wurden die Kinder für die nächsten 35.000 Jahre nie auch nur von einem Elternteil geliebt. Das ist eine wahre Geschichte.

Sehr bald beobachtete ich meinen Bruder, wie er eines Morgens zum Wasser ging und sich nach vorne beugte. Ein Mann kann sich mit seinen Schritten sehr schnell vorwärts bewegen; und ich beobachtete ihn: Sogar die Steine, auf die er trat, brachten sein Gleichgewicht durcheinander und er musste sich anstrengen, es wieder zu gewinnen. Er brauchte sehr lange Zeit um zum Wasser zu gehen, wo er sich in ein Becken legen und laben konnte. Ich beobachtete meinen Bruder und ich weinte, denn ich hasste die Menschheit. Ich hasste meine Soldaten, die schwach waren. Ich hasste den Unbekannten Gott für das üble Spiel, das er hier spielte. Und ich beobachtete meinen Bruder, wie er im Becken lag und ich sah ihn sterben. Das Becken färbte sich purpurn und das Wasser fing an, flussabwärts zu rinnen und er war, ach, von all seiner Qual erlöst.

Die blauen Menschen waren – durch das Kopulieren meiner Armee gründeten sie das Königreich von Persien, ein großes Königreich, das viele Jahrhunderte in eurer Zählung bestehen blieb. Aber es wurde von Satrapen und Händlern geführt, und Frauen standen immer zum Verkauf. Und zu jeder erdenklichen Zeit in der Geschichte Persiens konnte man in ihre wundersam bunten Städte gehen, mit ihren seidenen Vordächern in Scharlachrot und Violett, in Gold gefasst und verziert, mit den Gerüchen nach dem, was man Käse nennt, und Wein und Essig und Knoblauch und Tierdung und dem, was man Urin nennt, und Jasmin und das Kommen und Gehen auf einem geschäftigen Marktplatz mit Zuckerwerk in den Kohlenpfannen betrachten Und zu jeder Zeit in Persiens Geschichte konnte man immer den beliebtesten Ort auf dem Marktplatz finden, und das war der Verkaufsplatz von Frauen.

Und dort kamen kleine Mädchen, die erst drei Jahre alt waren, auf den Block und wurden versteigert, mit Henna auf ihrer Brust und in ihrem Intimbereich bemalt, und mit Gold und Schmuck, der von ihren Ohren baumelte, aber sie waren nackt und wurden bestochert und gestoßen und untersucht von jemandem, der bereit war, eines eifrig zu kaufen, um es einem Freund zu schenken oder es einfach für sich selbst zu behalten. Und immer war es ein Kind, eine Jungfrau. Das Entzücken, es zu nehmen, konnte schnell, schön und inspirierend sein. Oder das zu sehen, was man Frauen nennt, die über das Alter von dreizehn Jahren hinaus waren, die nicht länger wünschenswert waren, zu sehen, wie ihre Haare aus ihrem Intimbereich gerupft waren, um die Illusion der Jugend zu erzeugen, und wie Henna auf die Knospen ihrer Brüste gemalt war und wie sie wie Vieh untersucht wurden. Niemals stand ein Mann auf dem Versteigerungsblock.

Und all diejenigen im Dienst der Satrapen waren kastrierte Männer – man nannte sie Eunuchen – damit sie deren Frauenhorde bewachen konnten und man sie immer mit ihnen betrauen könnte. Sie wurden auch aus dem Bewusstsein dieser Vereinigung geboren, der Unfähigkeit zum sexuellen Ausdruck für den Rest ihrer Existenz.

Im Persischen Reich und durch das, was man den Kampf mit dem Hethiterkönigreich nennt, kam in der großen Stadt namens Babylon eine große Wesenheit namens Abraham empor. Und er sollte der vom Herr-und-Gott Jehova Erwählte sein, um das Haus Israel zu erschaffen und um gegen das versprochene Land Krieg zu führen. Und sogar mit der Mentalität dessen, der pflichtbewusst, göttlich war, lag er bei anderen Frauen und hatte Geschwister von Sklaven[3]. Und in diesem Königreich war den Frauen noch immer nicht erlaubt, mit den Männern zu beten.

Nun gab es in dieser Stadt eine seltsame Stelle, die nicht verbrannt war. Innerhalb des Marktplatzes gab es einen Kreis aus poliertem weißen Stein, Granit, und die Steine befanden sich in einem große Kreis und sie waren nahezu so groß, wie zwei Männer, einer auf der Schulter des anderen, und darauf lagen Steine aus flachem Granit. Oben konnte man auf dem Kreisrand gehen – er war nicht zerstört – und dort befanden sich Hieroglyphen; da gab es alte Inschriften. Das war gebaut worden, um großen Schiffen die Landung zu ermöglichen; es war eine Plattform. Und das Schiff, das als erstes dort landete, war ein großes Schiff. An seinen äußersten Stellen reichte es weit über die Stadt hinaus, die es ihm gestattete, zu ruhen, anscheinend, damit diejenigen, die von und zum großen Schiff gingen, dies innerhalb der weißen Granitmauern taten.

Ich ging zurück und betrachtete die Stelle. Sie war in der Tat merkwürdig. Und zu dieser großen Wesenheit nahm ich den mit mir, der ein großer Zenturio ist – denn er war von noblem und loyalem Charakter – und wir gingen zurück und fanden heraus, was es war. Es war gekommen und zollte einem Volk, das von jenseits des Nordsterns kam, Anerkennung. Und sie waren zu den Ruinen dessen gekommen, was im nördlichen Teil Atlantia genannt worden war, des-

[3] Abraham, der Patriarch Israels, war der Vater von Ismail, der als Vater der Wüste und des arabischen Volkes betrachtet wird. Ismails Mutter Hagar war eine junge ägyptische Sklavin von Abrahams Ehefrau Sarah. Er nutzte sie als Konkubine. Ismail war in Jehovas Segen und Versprechen einer fruchtbaren und mächtigen Abstammungslinie und dem Erbe des Heiligen Landes an Abraham nicht eingeschlossen.

sen Menschen geflohen waren, und gaben ihnen großes Wissen und Wahrheit. Und die Wesen, die sich an die Menschen wandten, schmückten sich selbst mit einem Gewebe ohne Nähte, das nicht gewebt war, und der Schmuck dieser Wesenheiten von jenseits des Nordsterns war blau. Sie überbrachten eine Lehre, und es lag am Orakel, diese Lehre von Priester zu Priester zu Priester zu überliefern. Und die Lehre war einfach diese: An diesem Ort zu bleiben, sich fortzupflanzen, offen und klar zu werden, die Vergangenheit zu vergessen, denn so lange sie klar und offen bleiben konnten, würden die Völker von jenseits des Nordsterns regelmäßig mit ihnen kommunizieren. In den Anfangszeiten dieser Stadt fand das häufig statt. Jedoch waren in den Anfangszeiten dieser Stadt Frauen und Männer von ebenbürtiger Herkunft.

Und dann kam das, was man beinahe zwei Jahrzehnte nennt, in denen weder das Schiff noch seine Legionen an Wesenheiten zurückkamen. Und bald begann Aberglaube die meisten Menschen zu erfassen. Und durch eine Wesenheit, welche die Macht der Kommunikation haben wollte, die Führung übernahm und begann, den Menschen anfangs zu sagen, sie wäre in Kontakt mit diesem großen Schiff und es würde ihr so ihre Botschaften überbringen, die sie dann weiterleiten würde. Sie brachte den Menschen Frieden. Der Friede, den sie brachte, stellte die Menschen zufrieden, aber dem Orakel wurde es ganz klar, dass es Kontrolle über die Menschen hatte, denn was auch immer es sagte, geschah.

Und bald kamen auch die Dämonen namens Macht im Orakel zum Vorschein. Und durch seine eigene Gier entfernte es die Bedrohung genannt Frauen und machte sie untertan. Es gab ihnen die Botschaft, dass sie von jetzt an im Dienste des Orakels stünden und alle einzelnen Männer zu verlassen hätten, um ihnen allen zu Diensten zu stehen, da sie göttlich wären. Und als die Bedrohung der Frauen entfernt war, hatte die Wesenheit Kontrolle über die Männer und so war Religion geboren.

Und das Orakel und die Botschaft waren verzerrt. Das Dogma war erschaffen und wurde von Orakel zu Orakel weitergeben. Generationen von Menschen lebten dort und bald war die Göttlichkeit aus ihnen entfernt. Religion war geboren. Dort hat es begonnen.

In kommenden Leben war der große Zenturio, mein geliebter Freund, so von den Menschen jenseits des Nordstern fasziniert, dass er und andere, sozusagen in der Tat, in drei Existenzen nach der Existenz in der Zeit des Ram den Weg zu den nördlichen Teilen der Ruinen der Insel von Atlantia einschlugen, wo sie mit einem großen Schiff zusammentrafen. Und sie bauten eine Plattform aus der Erinnerung an das, was sie an diesem Ort aus Stein gesehen hatten – nur war dieser Stein nicht weiß; es war einfach harter Stein – und so bauten sie und warteten auf die Rückkehr des großen Schiffes, damit es seinen Bauch auf der Plattform ausruhen konnte. Und das Schiff kam und lehrte sie viele Dinge. Aber sie fingen an, das Schiff und seine Wesenheiten zu verehren, daher kehrte das Schiff nie mehr zurück. Und sie verbrachten ein Leben damit, auf die Rückkehr eines großen Schiffes zu warten.

Ihr seht, die Auswirkungen dessen, was in dieser Stadt geschehen war, betrafen auch sie, weil sie dazugehören wollten. Sie wollten sicher sein, dass sie leben würden. Kennt ihr den Ausdruck Stonehenge? Sie erbauten Stonehenge und es wurde später zu dem, was man nach ihrem Dahinscheiden den Ort von Wesen nennt, die jungfräuliche Frauen den Göttern opferten. Die Lektion, die sie lernten, war, dass alles, was sie anzubeten begannen, immer von ihnen genommen wurde.

Später gingen sie in ihrer Suche nach Göttlichkeit weiter, ihrer Suche dazu zu gehören, ihrer Suche dorthin zu gehen, wohin der Ram gegangen war. Wohin war er gegangen? Er half, das zu sein, was man einen der Dreizehn nennt, die das Persönlichkeitsselbst der Wesenheit namens Jeschua ben Joseph erschufen. Und sie und mein Bruder und ihr und ihr und ihr und ihr solltet ein Teil davon sein. Es hat eure Geschichte verändert, einem großen Meister zuzuhören, um das Dogma und den hellenistischen Glauben und den Glauben an den Tod von dieser Ebene zu entfernen. Sie sollten in der Zuhörerschaft eines hervorragenden Lehrers sitzen, der zu dem Herr und Gott seines Seins geworden war; er war der aufgestiegene Christus. Und dennoch lernten sie, Wunder zu wirken, nur um sie rasch wieder zu verlieren, weil sie anfingen, eher ihn als sich selbst zu verehren. So hat sich die Unsterblichkeit ihnen erneut entzogen.

Und ihr und ihr und ihr und ihr und ihr und ihr, eure genetischen Wesen ließen sich in dem Land namens Kitai nieder. Und dorthin kehrtet ihr von Zeit zu Zeit zurück, und erschuft eine herrliche Kultur und aus dieser Kultur ging ein großer Lehrer hervor. Er wurde einem König geboren. Und ihr seid das, was ihn erschaffen und ihn verführt hat, über diese Mauern hinaus in die Welt der Realität zu gehen. Sein Name? Buddha Amin. Und ihr wart auf der Insel mit ihm und habt ein zweites Aufsteigen vor fünftausend Wesenheiten bezeugt. Und dennoch konntet ihr das, was er getan hat, immer noch nicht tun. Ihr konntet es immer noch nicht tun. Warum? Es schien so einfach.

Und von dem, was man sozusagen in der Tat intellektuelle Macht nennt, aus euren Samen entstand Philip und von Philip kam Alexander. Und aus den Samen von euch, die ihr hier versammelt seid, und aus dem, was in dieser Stadt vor langer Zeit geschehen war, gingen die Khans hervor. Es ist in eurer Genetik. Aus eurem Samen kam Romulus, der zum Vater eines großen Reiches wurde. Und aus dem, was die Anfänge von Romulus genannt wurden, kamen die Samen der Cäsaren. Alle Cäsaren kamen von dieser Gruppe, die hier sitzt. Und die Gestaltung der Persönlichkeiten kam von eurem Beitrag, der in dieser Stadt geleistet wurde. Aus euren Samen entstanden, sozusagen in der Tat, die Menschen des Hauses Israel und auch ihre Deportation um die Welt, weil sie einst die Römer waren. Und aus eurem Samen entstanden, sozusagen in der Tat, die Dämonen, die sie in den Öfen verbrannten[4]. Und aus eurem Samen habt ihr das Bewusstsein erschaffen, das diese Ebene sogar jetzt noch plagt.

Ihr seid in diesem Raum für die Gräuel an Frauen verantwortlich. Ihr seid verantwortlich für den Niedergang des Mannes. Ihr seid verantwortlich für die Christusse auf dieser Ebene. Ihr seid verantwortlich für die Nationen neuer Völker. Ihr seid verantwortlich für Krieg. Ihr habt all das erschaffen.

Das, meine geliebten Wesenheiten, ist die Saga, die teilweise von den Hindus aufgezeichnet wurde.

Die Tragödie der Frauenversklavung

Der Mensch in seinem Drama und in seinem Traum war vom Anbeginn eines jungfräulichen Geistes aus vielen Gründen hinein in die Tiefen der Dekadenz seines Traumes gesunken.

Der Niedergang der Göttlichkeit des Menschen fand statt, als Männer Frauen für seelenlos – seelenlos – erklärten. Wisst ihr, im Namen Gottes wurde das getan. Und der Grund dafür: Wenn ihr Gott

[4] Die deutschen Konzentrationslager der Nazis.

oder eine Seele aus euch herausnehmt, habt ihr keine Macht. Ihr seid ein Nicht-Ding, ein Niemand. Ihr seid geringer als die Tiere auf der Straße. Klugen Wesenheiten, die behaupten, das zu tun, gelingt es, sie für ihre eigenen Wünsche, ihre eigenen Privilegien, ihre eigenen Bedürfnisse zu verführen und nach ihrer Pfeife tanzen zu lassen.

Frauen erhielten einst gleichwertige Geltung wie Männer, Ebenbürtigkeit. Ist es ein Wunder? Denkt darüber nach. Gott wurde immer Mann genannt. Habt ihr jemals von einer Frau gehört, die zu einem Christus geworden ist? Wisst ihr, dass es sogar am heutigen Tag in eurer Zeit in vielen Glaubensrichtungen ein Verbot gibt, wonach Frauen nicht mit den Männern beten dürfen, weil sie geringer als diese sind? Und immer noch müssen sie ihre Haare bedecken, ihre krönende Herrlichkeit, damit sie nicht das Herz eines ehrlichen Mannes verführen. Könnt ihr sehen, wie die Waage ausschlägt?

Warum? Weil Männer und Frauen einst die gleiche Macht geteilt haben. Und wenn ein König und eine Königin auf dem Thron saßen, erwarben sie oft das, was man Vertrauen ineinander nannte, teilten die gleiche Weisheit, boten Meinungen an, Sichtweisen, ebenbürtiges Urteil. Es gab keinen Platz für jemand anderen, um in die Verbindung einzudringen. Aber ein sehr mächtiger Prophet, der so sehr wünschte, Herrschaft über die Menschen im Namen Gottes zu haben, brachte eine neue Lehre zum Vorschein, wonach das, was Frau genannt wurde, dem Manne untertan sein und Frauen seelenlos sein sollten. Wenn daher die Menschheit nicht über ihre Fehler hinauswüchse, würde der Allmächtige Gottes über sein Volk richten. Im Namen Gottes stiegen die Frauen von dem herab, was man die Gleichheit mit Männern nennt und wurden zu eingepferchten Tieren. Sogar eure heiligste Lehre, wenn ihr sorgfältig ihre historische Natur betrachtet, wird euch von einzelnen göttlichen Männern berichten, die viele Ehefrauen hatten, sie weggaben, bei anderen lagen, Söhne zeugten. Und das war heilig.

Wisst ihr, es gab viele Spekulationen über die zerstörerischste Sache, die der Menschheit je geschehen ist. Und viele von euch werden auf eure jüngere Geschichte der Plünderung und der Schändung von Menschen durch eine Wesenheit, die sie zu Tode gebracht hat, weisen[5]. Das liegt in eurer Erinnerung noch nicht lange zurück. Vor langer Zeit gab es Belagerungen, die vielen mehr den Tod brachten,

---

[5] Adolf Hitler.

ohne dass ihr je davon gehört habt. Und doch, würdet ihr sie alle zusammen nehmen und ihr Zerrbild vervielfachen, wäre es kein so großes Zerrbild gewesen, wie das eine, dass man den Fall der Frauen nennt.

Ich werde euch sagen warum. Frauen wurden erfreuliche Verzierungen für Männer. Sie wurden in Harems eingepfercht wie Vieh. Sie wurden auf dem Marktplatz unter seidenen Vordächern von hellem Orange und Zitronengelb und, während sie sich auf dem Versteigerungsblock befanden, unter dem Geruch von Knoblauch und altem Käse und verdorbenem Wein und Kamelurin und Dung und schreienden Gänsen verkauft. Und all diese Sinneseindrücke durchdrangen euch, wenn eine nackte Frau zur Begutachtung da stand, bemalt mit dem, was man Kajal und Henna nennt, um an den höchsten Bieter zu gehen. So geschah es die ganze Zeit über.

Was nun mit diesen Frauen zu geschehen begann, ist, dass sie geschwängert wurden. Und sie wünschten, keine Mädchen zu haben. Sie wurden im Überleben verherrlicht, wenn sie einen Sohn erzeugen konnten, also waren Söhne gefragt. Sie fütterten die Kriegsmaschinerie. Und oft brachte ein kleines Mädchen von nur dreizehn Jahren ein Kind in ihrer stillen Pein zur Welt, nur um herauszufinden, dass sie mit dem, was man einen Fluch nennt, belegt ist, weil es sich als ein kleines Mädchen herausstellte. Und um des Überlebens willen warf sie es schließlich auf die Misthaufen außerhalb der Stadtmauern, damit die nachtaktiven Wesen wie Hyänen und Kojoten kommen und es von einer Gliedmaße zur anderen auseinander reißen würden – ein gnadenloser Tod in der Tat.

Denkt daran, jede dieser Emotionen wird in der Seele aufgezeichnet. Sie werden dort gefühlt. Niemand dachte sich etwas dabei, kleine Mädchen am Markt zu verkaufen, deren Reinheit zum Zeitpunkt, wenn sie drei Jahre alt waren, mit einem marmornen Phallus zerrissen wurde, um den Weg für einen Satrapen zu bereiten, der sie kaufen und an allen ihren Tagen peinigen würde. Das nennt man Schmerzen der sexuellen Identität.

Und als sie heranreiften, wickelten sie ihre Brüste ein, um sie flach zu halten und zupften ihre Haare aus ihrem Intimbereich, damit sie immer wie ein kleines Mädchen aussehen konnten, da sie, wenn sie dreizehn Jahre überschritten hatten, als alt betrachtet wurden. Wusstet ihr das? Niemand wollte aus dem Harem Wesen, die gebären konnten – kleine Mädchen können nicht gebären – also konnte man mit ihnen tun, was man wollte. Und wisst ihr, dass es akzeptiert wurde? Und wie anders seid ihr heute, dass ihr viele Dinge akzeptiert?

Eine Frau wurde nicht geliebt, wenn sie gebildet war. Es war ihr verboten, Wissen von den Sternen, der Mathematik, Physik zu haben, das zu sein, was man einen Philosophen nennt, zu lehren, Hieroglyphen zu lesen, ein Schreiber zu sein. Es war ihr nur gestattet, zu lernen, eine Hetäre zu sein. Wisst ihr, was eine Hetäre ist? Wisst ihr, was eine Prostituierte ist? Ihr habt es verstanden, außer dass sie in der Liebeskunst ausgebildet war. Wisst ihr, dass wenn ihr sie lernen müsst, die Leidenschaft in der Seele stirbt? Sie ist nicht da.

Männer andererseits mussten die Seele erhalten. Sie waren die auserwählte Gruppe. Sie waren die Wesen Gottes, wie auch immer man ihn sich vorstellte. Und ihre Pflicht war es, Kriegsmaschinen zu sein. Sie konnten nicht weinen, denn, wenn sie weinten, würden sie wie Frauen sein. Und das war eine abscheuliche Verachtung – wusstet ihr das? – eine Frau genannt zu werden. Also konnten sie weder weinen, noch konnten sie sanft und zärtlich sein. Sie mussten hart und rücksichtslos sein. Und sie mussten all das sein, was darauf hinweist, das zu sein, was man einen Mann nennt.

Oh, sie wurden geboren, um einander zu bekämpfen. Wenn sie in die Schlacht zogen, war ihre Angst, ihre Furcht, so unterdrückt, dass sie nicht weinen konnten, nicht zittern konnten, es nicht zeigen konnten; sie hatten solche Angst, dass sie wie tollwütige Hunde kämpften, mächtige Armeen. Und jeder abgeschnittene Kopf bedeutete, dass nicht sie beseitigt worden waren, daher kämpften sie mit großem Eifer und mit Inbrunst. Und all das wurde aufgezeichnet.

Und wisst ihr, wenn es vorbei war, wisst ihr, was die Belohnung der Krieger war? Die Frauen und Kinder und kleinen Buben. Wisst ihr, woher der Ausdruck durch Vergewaltigung und Brandschatzung kam? Es bedeutete die Fähigkeit zu haben, alle Angst und Frustrationen durch sexuelle Explosion abzubauen. Das ist, woher die großen Vergewaltigungen kamen. Es war also ein Nicht-Ding, eine Frau für die Torheiten einer Legion da sein zu lassen, weil Schmerz auch dem förderlich war, was man sexuelle Erfüllung nennt.

Frauen verloren ihren Seelengefährten während des Falles der Frauen, weil es ihnen nicht erlaubt war zu fühlen, daher wurden sie durch Glauben und Dogma erneut von ihren Seelengefährten getrennt. Also haben wir diejenigen, die in der See des menschlichen Aufruhrs frei schwimmen, die von der Realität getrennt sind – Männer und Frauen.

Was beginnt ihr hier zu sehen? In Leben über Leben über Leben des Zurückkehrens in dieses Rad gab es nichts, das auf der Seelenebene geschah. Die Frauen fingen an, das, was man die Ehre nennt, die den Männern galt, zu betrachten. Und es wäre so viel einfacher gewesen, keine Kinder zu gebären. Es wäre einfacher gewesen, nicht vergewaltigt und belästigt zu werden und den Schmerz zu ertragen. Frauen war es nicht erlaubt zu arbeiten. Und wenn sie alt waren, wurden sie auf die Straße geworfen, um ihr tägliches Brot als Hure zu verdienen. Das ist eine große Wahrheit.

Nun, der Schmerz wurde unerträglich, weil da keine andere Seele war oder Ausgewogenheit für den männlichen Aspekt des Seins, mit welcher das Wissen ins Gleichgewicht hätte gebracht werden können. Versteht ihr? Sie waren allein. Sie konnten nicht verstehen. Männer waren von ihren Frauen isoliert. Sie konnten sie auf der Seelenebene nicht verstehen, weil sie sie nicht als ebenbürtig betrachten durften. Wenn man sozusagen in den Tagen, von denen ich spreche, gesagt hätte, dass diese Frauen eure Seelengefährten wären oder diese Männer, hätte man euch getötet. Ihr konntet niemals einem Manne ebenbürtig sein.

Nun, ihr wollt das überprüfen? Geht in eure Bibliotheken und taucht tief, tief in eure Geschichte ein. Und was wird sogar noch heute praktiziert? Wisst ihr, ihr versucht noch immer, Männern ebenbürtig zu sein in dem, was man eure gebildete Gesellschaft nennt. Was geschieht? Wie unwissend seid ihr? Ihr fühlt euch unwohl. Das solltet ihr. Die Wahrheit tut weh. Ich liebe euch sehr.

Das nächste Muster entwickelte sich und bestand darin, dass die Frau hinüberwechselte und einen männlichen Körper wählte, in dem sie zurückkehren konnte. Der Mann, der lieber eine Frau sein wollte, um die man sich sorgte, sich kümmerte und die man mit Weihrauch, Myrrhe, Moschus, Seide und roh geschliffenem Schmuck ausstattete, empfand es als einfacher, als eine Frau zurückzukommen, weil er dann nicht in die Schlacht ziehen musste. Er konnte weinen. Man kümmerte sich um ihn. Also wechselte er hinüber.

Versteht ihr, was jetzt geschieht? Ihr müsst in eurem engstirnigen Geist wissen, dass ihr zuvor gelebt habt, um diese Geschichte vernünftig betrachten zu können. Das ist eine epische Wahrheit in eurer Geschichte. Ihr habt es getan.

Was geschieht jetzt? Wenn eine weiblich-negative Energie in einen Organismus männlicher Energie eintritt und die Siegel auf gleichwertige Energie, gleiche Länge reagieren, reagieren sollen, habt ihr das, was man einen Hybriden nennt. Ihr habt das, was man Verwirrung nennt. Hier habt ihr die Frau, die im Alter von drei sexuell belästigt wird und die tatsächlich ein Mann ist, der von einem Mann belästigt wird. Nichts funktioniert ordentlich. Hier habt ihr die Frau, die im Alter von zwölf in die Schlacht zieht und ein Breitschwert schwingt. Nichts geschieht. Wisst ihr warum? Das kleine Mädchen, das nun von den Energien eines Mannes in Besitz genommen ist, entwickelt sich in einer hybriden Form, die einer Frau gleicht, aber roh geschliffen in einem Mann ist. Der Körper ist definitiv weiblich, aber er ist auch männlich.

Crossovers sind Hybriden. Sie lieben ihre eigene Art. Sie produzieren nichts. Denkt daran, wenn ich zu euch von Seelengefährten spreche, sie sind positiv und negativ und sie kommen zusammen in einem magnetischen Feld. Und es ist in der Mitte, dass das, was man Sein nennt, stattfindet. Ihr seht, in der Mitte gibt es kein positiv oder negativ mehr; dort ist nur Sein. Wenn man negativ mit negativ hat, treibt es weiter – es treibt. Wisst ihr, dass das, was man zellulär nennt, dreidimensionale Masse, sich nicht in einem treibenden Prozess weiter entwickeln kann, mit anderen Worten, sich von sich selbst entfernt? Das sind eure Hybriden.

Was geschieht in diesem Prozess mit dem Seelengefährten des Crossovers? Seht ihr, das, was man sozusagen in der Tat die Crossovers nennt, sie wechseln nicht zusammen hinüber. Da gibt es einen, der es tut und einen, der bleibt, weil einer Stärke gewinnt und der andere sie verliert. Und doch haben sie keine Verbindung zueinander, nichts, was sie von einander beziehen. Was also macht der Seelengefährte von einem Crossover? Er treibt von ihm weg. Also hattet ihr nicht nur von Anfang an keine sehr gute Kommunikation, sondern er ist schon lange weg, weil ihr ihn wegschiebt anstatt ihn harmonisch anzuziehen.

Was, wenn – und wir können immer nur mutmaßen – was, wenn der Priester und der Prophet nie kämen? Wisst ihr, dass es nichts als Hybriden oder Crossover geben würde? Und wie würde eure Welt aussehen? Ich werde euch sagen, wie sie aussehen würde. Es gäbe keine Dekadenz mehr.

Wisst ihr, ihr habt Brüder, die weit, weit von euch entfernt an einem anderen Ort leben. Und sie sind von solcher Intelligenz, dass ihr alle sagen würdet, sie seien von höherer Intelligenz. Nein, sie sind tugendhaft – tugendhaft. Sie vergewaltigen ihre Kinder nicht. In eurer Gesellschaft ist das üblich, nicht wahr?

Schaut, ihr müsst nicht hinausgehen und es tun. Alles, was ihr tun müsst, ist daran denken und es ist. Wohin gehen eure Fantasien? Welche Knöpfe drückt ihr in eurer Seelenerinnerung an Urzeiten, die Unausgewogenheit geschaffen haben? Ihr macht immer noch im gleichen Kontext weiter. Eure Frauen sind euch immer noch nicht gleichgestellt. Und ihr fallt in Ungnade. Ihr vergewaltigt eure Kinder. Ihr betrachtet Dinge, welche die Entwürdigung der Unschuld beinhalten. Es ist gewöhnlich für euch. Ihr hört Musik, die von diesem Akt inspiriert ist und ihr sagt, ihr hört die Worte nicht. Ihr hört sie alle. Die Seele hört alles.

Wisst ihr, warum eure Fantasien so dekadent sind? Die anfängliche Kopulation war ein Epos der Leidenschaft, denn Leidenschaft an sich ist nicht das Freisetzen von Spermien und das, was man sozusagen in der Tat die Muskelkontraktionen des geliebten Schoßes nennt. Sie war Schöpfung, schöpferische Kraft. Man nennt es das kreative Element. Es ist das Sein, das, was der große Gedanke, was Kontemplation genannt wird, und die Leidenschaft, die daraus entspringt, ist Licht.

Wisst ihr, was eure Seele als Kopulation betrachtet? Ihr nennt es Sex. Ist dies das Wort, Sex? Es ist hässlich. Wusstet ihr, dass es hässlich ist? Wusstet ihr, dass es in Ungnade gefallen ist. Wisst ihr, warum ihr keine Erektion bekommen könnt, ohne daran zu denken, ein Kind zu belästigen oder einen Mann in sein Rektum zu vergewaltigen? Weil ihr all das getan habt und weil jeder Moment, in dem ihr euch an der Gewalt sexueller Erfahrung erfreut habt, zum Knopf wurde, der gedrückt wird, um euch dazu zu bringen, Sex zu erschaffen. Das ist wahr.

Ihr müsst es tun. Ihr geht und vergießt euren Samen und alle sagen, das sei natürlich. Natürlich ist es das. Es ist so natürlich wie sterben, denn jeden Moment, in dem ihr es tut, verbraucht ihr euer Leben und es stirbt vor euch auf unfruchtbarem Boden.

Mit wem schlaft ihr? Mit wem habt ihr euch geliebt? Nicht mit eurem Geliebten. Es ist jemand anderer. Es ist etwas anderes. Mit wie vielen Menschen schlaft ihr? Mit vier, nicht mit einem. Vier von euch sind im Bett. Erinnert ihr euch an die Seelengefährten?[6]

Ihr habt eure Frauen verunstaltet. Ihr kichert, ihr lacht; ihr entwertet sie immer noch. Ihr betrachtet ihre nackten Körper, ihren entblößten Intimbereich. Es ist nicht Sex, was ihr fühlt; es ist Überlegenheit, die ihr fühlt. Und ihr denkt, das sei natürlich. Das ist Dekadenz, wisst ihr? Habt ihr euch jemals eure Mutter auf einem dieser Magazine vorgestellt?

Euer Nest war die Tugend des Schoßes. Was ist hässlich daran? Das ist schön. Und eure Penisse, wisst ihr, ihr tragt sie wie Abzeichen. Der Penis ist die Verlängerung, um den Samen in das Ei im Nest zu befördern, damit ihr in diesem Moment hier sein könnt. Dafür wurde er erschaffen, von göttlichen Göttern die ihn als ein heiliges, mit-schöpferisches Ding sahen. Und dennoch, wisst ihr, gibt es auf eurem Marktplatz Orte, wo ihr sie verkauft, Imitationen. Ihr fantasiert von ihnen. Ihr vergleicht sie. Ihr denkt, das bestimmt Männlichkeit. Wisst ihr, woher das kommt? Es kommt von vor langer, langer Zeit und ist noch immer lebendig. Oh, es waren viele Lebenszeiten und die Bühne hat sich verändert; Zeit hat sich verändert; Technologie hat sich verändert. Aber ihr seid immer noch ihr – neuer Körper, aber das alte ihr – weil ihr nicht aufhören werdet, die Knöpfe in eurer Seele zu drücken, die euch in diese Zeit zurückbringen.

Ihr seid Ausplünderer von Kindern. Ihr verachtet ihre Unschuld, ihre Freiheit. Sie sind Götter, die hereinkommen. Ihr hasst sie wegen ihrer Tugend. Man sieht es. Das ist Dekadenz. Wenn es Dekadenz gibt, ist das ein Zeichen von innerem Zusammenbruch. Es ist der Zusammenbruch dessen, was man die göttliche Seele nennt. Sie schaltet das Gehirn ab.

Ihr seid unter dem Überlebenspunkt – darunter. Ihr würdet lieber euer Gold nehmen und es dafür ausgeben, was man ein Lied nennt, dessen Thema die Ablenkung von euch selbst, eurem Seelen-

---

[6] Wahre Seelengefährten sind unterbewusst verbunden und teilen miteinander die Weisheit ihrer Erfahrungen. Siehe *Ursprünge und Entwicklung der menschlichen Zivilisation*. Teil I von *Die Geschichte der Menschheit aus der Sicht eines Meisters* (Peiting, In der Tat Verlag, 2004), Seiten 129-.132, 146-162.

gefährten oder euren Kindern ist, als Nahrung zu kaufen und sie für einen Winter, der schnell über das Land kommen wird, einzulagern. Ihr nehmt die Pennies und geht, um euch das anzusehen, was man Bewegung von Bildern nennt, die das ausbeuten, was man Dekadenz nennt, und doch wird es eine großartige Darbietung genannt. Das sollte euch tausend Jahre weinen lassen. Aber ihr seid unter dem Überleben, weil ihr für moralische Tugend desensibilisiert seid. Es ist eine große Wahrheit.

Dekadenz: Wären Frauen nie aus der Gleichheit gefallen, hätte nichts von dem, was ich euch erzählt habe, je existiert und Überbewusstsein, das Königreich des Himmels, wäre vor langer Zeit auf dieser Ebene etabliert worden. Ihr hättet ein vollkommen einsatzbereites Gehirn anstatt nur eines Drittels. Ihr hättet kein Alter. Ihr hättet kein Burnout des Lebens. Ihr wärt zeitlos. Wusstet ihr das? Diese Wesen, von denen ich spreche, haben Millionen Jahre im gleichen Körper gelebt.

Als ihr zu fallen begonnen habt, habt ihr Unausgewogenheit erschaffen. Und in der Unausgewogenheit erschuft ihr vertikale gemeinsam mit horizontalen Polarisierungen. Und das ist der Zusammenbruch des sozialen Bewusstseins. Ihr fallt hier drinnen auseinander. Wenn der Winter kommt, werdet ihr wie die Fliegen sterben, das versichere ich euch. Die Natur befreit sich von Dekadenz. So ist sie, weil sich das gegen das Kontinuum, die Tugend und die Reinheit des Lebens wendet. Sie führt gegen das Leben Krieg. Und ich versichere euch, die natürlichen Elemente des Seins werden gewinnen. So ist es.

Nun, habt ihr je aufgehört, euren Samen zu vergießen und daran festzuhalten und nur zu sein und euch von ihm erzählen lassen? Hattet ihr je einen sexuellen Ausdruck, der Leidenschaft genannt wird, wenn es einfach geschah? Sehr wenige von euch hatten das, wenn überhaupt, weil es alles erzwungen ist. Und ihr müsst mit euren Fantasien gemeiner werden, um es geschehen zu lassen.

Frauen neigen sehr dazu, keine Orgasmen zu spüren – ihr wisst, wie das ist; alle sagen, ihr sollt einen haben – weil sie in ihrer Seele mit Gewalt fertig werden mussten. Und für sie war es eher ein Überleben als ein Vergnügen und deshalb sind sie des Orgasmus verlustig gegangen. Sie spüren ihn nicht.

Und warum fühlt ihr Männer euch so sexuell? Weil ihr darüber nachgedacht habt. Und je gewalttätiger ihr seid, desto großartiger ist es. Und ihr fragt euch, warum unter euch nichts reagiert. Es ist, weil ihr eine urzeitliche Unausgewogenheit wiederholt. Es ist alles wahr; ihr wisst es.

Nun was geschieht eurem Seelengefährten, ihr, die ihr fantasiert, euren Samen vergießt, die ihr Kinder belästigt, die ihr Plünderer sexuellen Ausdrucks seid? Was ist mit eurem Seelengefährten los? Euer Seelengefährte bekommt die Weisheit von dem, was ihr tut und zieht sich weit von euch zurück. Er lernt, was ihr tut. Er verzeiht es nicht. Er wurde erleuchtet, durch das, was ihr tut. Er nimmt die Wahrheit der Natur eures Seins auf und treibt von euch weg. Je mehr ihr innerlich zusammengebrochen seid, desto weiter weg ist der Seelengefährte. Wenn ihr unterhalb der Überlebensebene seid, dann seid ihr mit Sicherheit unterhalb des Verständnisses. Versteht ihr?

Also, was ist mit einem Crossover, der diese Wahrheit mit voller Kraft zusammengefügt hat und versteht, wie seine Entscheidung lautete? Ist sie unumkehrbar? Sie kann nie verändert werden; sie kann nur weiter gehen. Was also ist das Element, das einem Crossover, obwohl in hybrider Form, ermöglicht, zurück zu seinem Gott zu gehen? Diejenigen, die das tun, sind vom Krieg der Natur gegen das, was das Leben verachtet, begnadigt.

Und was ist mit den Seelengefährten? Sie nehmen die Erfahrung von Natur aus auf. Sie sind einfach. Sie verstehen. Sie wissen nicht, warum sie verstehen, aber sie tun es, und sie erlauben und sie gehen weiter. Ihr sagt, wie traurig, sie finden einander nie. Nun, es wird eine Stunde kommen, wenn die Gesamtheit der Individualität zur großen Quelle zurückkehren wird, von der sie gekommen ist, und dann gibt es die Einheit des Geistes und der Seele, reich an Harmonie, Wert und Lebensweisheit. Und es gibt keinen großartigeren Gefährten als das Leben. Keinen.

Der Krieg der Natur gegen euch wird viele Parameter einschließen, nicht nur Crossovers, sondern jene von euch, die in der Stille ihres Seins in einem Zustand der Dekadenz leben – der Dekadenz. Nun, daran ist nichts falsch. Es ist in Ordnung, weil es eure Bestimmung ist. Aber seid klug und wisset, dass ihr nicht in Harmonie mit der Zuträglichkeit des Lebens und nicht in seinem natürlichen Fluss seid. Und diejenigen von euch, die mit denen Mitleid haben, werden so in großen Zahlen von dieser Ebene verschwinden, weil ihre Art aussterben wird. Was bleibt übrig? Die Sanftmütigen der Erde.

Jeschua ben Joseph, derjenige, der Buddha Amin genannt wird, Ra-Ta-Bin waren große Christusse. Und sie sagten: „Und siehe, in den künftigen Tagen werden die Sanftmütigen die Erde erben." Habt ihr je gewusst, was das bedeutet? Einfältige Wesenheiten. Nun dachten alle immer, um einfältig zu sein, müsste man dumm sein. Wisst ihr, dass es die Einfachheit war, aus der euer größtes Genie gekommen ist? Einfach.

Die Sanftmütigen sind angepasst und die Angepassten sind aufgeschlossen. Sie sind einfach. Lieber als in das, was man einen Tempel nennt, gehen sie in den Wald; und sie beobachten die Natur bei Sonnenaufgang oder sie tanzen wie Elfenköniginnen und –könige unter einem Sternenhimmel. Sie sind einfach. Sie werden zurückbleiben und es ist aus der Einfachheit der Linie und der Tugend, dass das Überbewusstsein auf dieser Ebene geboren wird, so wie euren großen Brüdern, die ewig leben. Das ist nahe.

Jetzt versteht ihr, wenn ich euch sage, dass ihr sterben werdet, weil ihr euch selbst nicht liebt, das werdet ihr. So ist es eben. Ihr könnt das wegentschuldigen, soviel ihr wollt. Ihr könnt jeden für all das beschuldigen. Aber das verändert es nicht. Es ist einfach. Ihr habt es erschaffen. Ihr bewirkt den Unterschied.

Es ist eine Illusion zu sagen: „Ich kann mich nicht verändern", denn das ist eine Ausflucht. Ihr wollt euch nicht ändern. Wollen – erinnert ihr euch an Wollen? Ihr wollt nicht. Ihr wollt eure Jungenliebhaber, eure Mädchenliebhaber nicht aufgeben. Ihr wollt eure Dekadenz nicht aufgeben. Ihr wollt sie nicht aufgeben, weil sie euch besitzt. Ihr habt es so geschaffen. So sei es. Es ist immer noch in Ordnung, aber eure Stunde ist nah.

Was in jenen Zeiten geschehen ist, ging in ein Tal – das Dunkle Zeitalter wird es genannt – und jetzt kommt es zurück zu einem großen Höhenpunkt. Ihr erlebt es wieder von neuem; es ist überall. Und ihr seid sensibel dafür, und ihr drückt einfach weiter diese Knöpfe. Es kommt zu einem großen Höhepunkt. Und dann kommt die große Einschüchterung hervor, und dann ist es vorbei, zu Ende, um niemals wieder hervorzukommen. Das sind alte Seelenangelegenheiten. So ist es.

Schaut, ihr wollt Meister sein. Fürchtet euch nicht vor Veränderung. Versteht ihr? Sagt mir nicht – ich weiß es besser – dass es nicht in euch sei, euch zu verändern. Es ist in euch, weil da ein Gott in euch lebt, der Macht und Herrschaft über alle Dinge hat, und ihr würgt ihn zu Tode. Er ist immer noch da. Mit Inbrunst sage ich das zu euch: Ihr seid meine Brüder, ich liebe euch. Es kann beendet werden. Wenn ihr aufhört, die Knöpfe zu drücken, dann könnt ihr Weisheit erlangen. Sie wird zu einer Perle. Und Dekadenz ist eine Perle. Die Sexualität ist eine Perle. Wenn ihr aufhört, die Knöpfe zu drücken, dann besitzt die Seele sie und ihr müsst es nicht immer und immer wieder durchleben.

Was drückt eure Knöpfe? Ihr sagt mir, ihr wollt ein Meister sein. Hört auf, Dinge in das[7] zu füttern, was die Knöpfe drückt, was dieses und jenes erschafft. Muss ich euch sagen, was sie sind? Seid ihr so unsensibel, dass ihr es nicht wisst? Wacht auf. Ich werde euch all die Boten senden, die eure Knöpfe drücken, und sie werden offenkundig vor euch sein.

Nun, ihr Frauen, ihr verachtet / liebt / hasst eure Männer? Ihr meistert das. Männer, ihr verachtet und liebt / hasst eure Frauen? Meistert es. Wenn der einzige Ort, an dem ihr Trost und Frieden und Freude finden könnt, bedeutet, unter einem großartigen alten Wesen namens Baum zu leben, dann tut es um des Lebens willen. Versteht ihr? Hört ihr?

Jetzt wisst ihr. Ihr seid auch erleuchtet. Und ihr könnt mir nicht sagen, dass ihr keinen Unterschied machen könnt. Ich mache einen Unterschied, einen großen. Bald werde ich eine populäre Wesenheit sein. Wisst ihr, was das ist? Jeder wird in der Lage sein, meinen Namen zu kennen. Große Sache. Es ist nicht, dass sie meinen Namen kennen; es ist, dass sie diese Worte gehört haben und dass sie zugehört haben. Das bewirkt den Unterschied.

Wissen verbindet sich mit Erleuchtung. Kennt ihr Wesenheiten, die an Dämonen und Teufel glauben und alles Unsichtbare ist böse, weil es das ist, was sie anbeten? Sie können Gott nicht sehen, denn wenn sie es täten, würden sie nichts anderes sehen. Alles was ihr tun müsst, ist aufzuhören, die Knöpfe zu drücken und die Seele wird geheilt und das Licht beginnt sich auszubreiten. Und die Liebe, sie ist da, und sie hebt das soziale Bewusstsein an.

Könnt ihr nein sagen und weggehen und euch nicht darum scheren, was andere denken? Wie viele von euch, sozusagen, schlagen einen Joint aus? Wisst ihr, was das ist? Das Gras. Ihr seid nicht sehr stark, weil es angesagt ist, das zu tun. Ihr tötet euer Gehirn in jedem Moment, in dem ihr high werdet. Wisst ihr was das High ist? Es ist der Tod von Gehirnzellen, und weder vervielfältigen sie noch

---

[7] Das Gehirn.

teilen sie sich. Wenn euer Gehirn verloren ist, könnt ihr nicht mehr die Essenz und den Gedanken des Gottes, der euch umgibt, empfangen. Ihr seid tot im Geiste. Und jeden Moment, in dem ihr das tut, tötet ihr euch selbst. Ihr könnt nicht einmal glücklich sein. Es gibt nichts dort, um das zu fördern, was man das Elektrum des Gedanken nennt, das Freude anzieht. Ihr könnt dazu nicht einmal nein sagen.

Ihr könnt nicht von Dekadenz weggehen und euren Kopf hoch halten, ohne Urteil, aber euch selbst genug liebend um zu wissen, dass es nicht das ist, wo ihr hingehört. Ihr könnt nicht einmal eure Fernsehgeräte abschalten, weil ihr denkt, dass ihr alleine seid und niemand zusieht. Wisst ihr, wie man eine Wesenheit erkennen kann? Seht, was sie liest, was sie sieht und schaut, was sie an ihre Wände hängt und in ihre Schränke legt. Ihr müsst kein Hellseher sein. Alles was ihr tun müsst, ist schauen, und das wird euch alles darüber sagen, wo des anderen Seele steht und womit er sie füttert. Das sagt euch alles über die Wesenheit. Also schaut euch ihre Wände, ihre Bibliotheken gut an und das, was ihr euch selbst anseht. Es sagt alles.

Seelengefährten: Nun, sie sind wirklich durch den dunklen Sumpf gegangen, nicht wahr? Die zweckvolle Schönheit davon ist, dass es eine Erfahrung war, die, wenn man es erlaubt, zu Weisheit werden kann. Ihr könnt mit der Inbrunst der ursprünglichen Leidenschaft Liebe machen, wenn ihr einfach euren Körper in Ruhe lasst und ihn zu euch sprechen lasst. Lasst eure Seele zu euch sprechen. Sie wird euch sagen, wann ihr bereit seid.

Und je mehr ihr werdet, desto großartiger fangt ihr an, eure eigene Macht zu besitzen, ihr werdet den Wunsch in eurem ersten Siegel schwinden sehen, weil eure Macht nach oben zieht. Zölibat kann nie erzwungen werden. Wenn ihr es erzwingt, dann erzwingt und erschafft ihr Frustration. Zölibat ist eine natürlich Reaktion von jemandem, der vom Traum des gesellschaftlichen Bewusstseins erwacht und ein Meister wird. Sie ist nur ein Ersatz der Macht. Es gibt viele von euch, deren Lenden und Schoß ihr Leben dominieren, nicht wahr? Und dann, wie ihr im Spiegel ausseht, ist eure zweite Sache auf eurer Liste. Nun ja, es wird eine Stunde kommen, in der diese Dinge verblassen werden und nicht mehr existieren. Und das ist die Wesenheit, die in sich selbst auferstanden ist – auferstanden.

Seelengefährten verlieren oft die Lust zur Kopulation mit dem, was ihr Gegenstück genannt wird. Sie verlieren sie oft, weil sie nun vollkommen sind in der Erfahrung der Kopulation, der sexuellen Erfahrung. Und die Macht bewegt sich nun vom ersten Siegel und geht ihren Weg durch all die Siegel in einem Aufwärtsfluss. Also ist der Wunsch, bei Frauen zu liegen nicht da, obwohl Liebe da ist. Der Wunsch, bei Männern zu liegen, ist nicht länger vorhanden, und doch lieben sie sie.

Kopulation der Seelengefährten gestattet eine Vollendung des begrenzten menschlichen Dramas und erlaubt einem, durch das Öffnen seiner Türen, in die Gnade zu gehen, ein Christus zu werden. Ihr könnt kein Christus werden, bevor ihr eine menschliche Erfahrung geworden seid. Ihr könnt kein Christus werden, bis ihr das besitzt, was man das Yin und das Yang nennt, das Positive und das Negative eures Seins, Mann und Frau. Dann seid ihr vollkommen. Dann ist es die Macht eines erwachenden Christus'. Ein Meister, der auf diesem Weg geht, ist geboren; das ist Ausstattung mit dem Königreich des Himmels.

Wenn ihr sexuelle Vorurteile loswerdet, werdet ihr glücklich sein. Wenn ihr es loswerdet, in euren Lenden zu leben und in dem lebt, was man den Geist, den Christus, den Gott des Selbst nennt, dann werdet ihr Freude finden. Und ihr werdet entdecken, dass eure Urteile über Männer und Frauen aufhören, und eure Liebe wird für sie alle da sein. Versteht ihr?

Nun die Schlüssel Enochs, sie sind das, was man ein Mysterium nennt, sehr geheimnisvoll, weil das Wissen nicht wörtlich ist. Es ist auch nicht in Hieroglyphen. Es ist nicht einmal in einem Symbol, also bemüht euch erst gar nicht. Ihr werdet es nie verstehen. Es bedeutet, durch diese Türen zu gehen, die Schlüssel dazu sind die beiden Schlüssel. Und sie schließen die sieben Siegel auf, die die Türen für Gott-Mann[8] verwirklicht öffnen, ungezügelt und entfesselt. Und dort, dort gibt es keine Worte, um euch zu erklären, wie das Leben ist, denn ein Wort auszusprechen, bedeutete, eine Begrenztheit auszusprechen, aber es geht über die Sprache, die gewöhnliche Sprache, in gewöhnlicher Sprache hinaus. Versteht ihr?

---

[8] Der Ausdruck Gott-Mann (Gott-Frau) ist alles einschließend und bezieht sich auf die Menschheit ohne Geschlechtsunterscheidung oder Geschlechterdiskriminierung.

Die Zukunft unserer Zivilisation liegt in uns

Kommentar zu Kapitel 2
Leben im Mittelpunkt der Erde

Die Menschheit bietet mehr, als das Auge erkennen lässt

Dieses Kapitel ist eine faszinierende Geschichte, die viele alte Legenden und Mythen real werden lässt, welche ihrer geschichtlichen Grundlage beraubt und auf Volksmärchen und Kindergeschichten reduziert worden sind. Ramtha beginnt dieses Kapitel mit der Aussage: „Die Menschheit bietet mehr, als das Auge erkennen lässt."

Man kann darüber wissenschaftlich diskutieren, dass sphärische Objekte, die aufgrund ihrer spezifischen Bewegung den Zentrifugalkräften unterliegen, in ihrer Natur eher hohl als fest sind. Ramtha bemerkt, dass alle Planeten in dieser Galaxie hohl sind und dass die größten Zivilisationen immer innerhalb der Kugel und nicht außerhalb gelebt haben. Die Zentrifugalkraft der Kreisbahn eines Planeten um eine zentrale Sonne drückt natürlicherweise alles innerhalb an den äußeren Rahmen. Es scheint eine einfache und logische Annahme zu sein, die im öffentlichen Schulsystem in jedem Land gelehrt wird. Der Grund dafür ist, in Ramthas Worten, dass „Keiner hier im Wissen ist oder für sich selbst denkt. Und welche Gräueltat ist das."

Jeder Planet eines bestimmten Sonnensystems wurde aus seiner zentralen Muttersonne geboren. Wenn sich der Planet von der Sonne entfernt, kühlt er ab im Sinne der Frequenz, die sich eher aus dem Licht statt aus der Hitze in die Dichte senkt. Die Sonne ist nicht ursprünglich Wärmeenergie. Die Sonne ist im Wesentlichen eine höhere Form der Energie, die Licht genannt wird. Wenn ein neuer Planet aus der Sonne hervorkommt, besetzt er die Umlaufbahn, die der Sonne am nächsten ist, wie Merkur, was die Wiegenumlaufbahn genannt wird. Wenn ein Planet reif ist, ist er in der Umlaufbahn, wo sich gegenwärtig die Venus befindet. Dann wird das Innere hohl und stabil.

Das Konzept einer hohlen Erde scheint eine äußerst einfache Annahme der Wissenschaft zu sein, die massive Auswirkungen für die moderne Gesellschaft beinhaltet und geradezu danach fleht, untersucht und verifiziert zu werden. Es ist erstaunlich sich vorzustellen, dass die Zukunft unserer Zivilisation sich so in unserer Nähe befindet, in der hohlen Erde und nicht auf einem Planeten oder in einer Galaxie Lichtjahre von uns entfernt.

Überreste eines verlorenen Zeitalters

Die Zivilisation, die in der Erde lebt, hat den atlantischen Krieg und verschiedene katastrophale Veränderungen der Natur überlebt, welche die Zivilisation auf der Oberfläche zu verschiedenen Zeiten bedroht haben. Sie hat die Wissenschaften des Elektromagnetismus und der Frequenzmodulation bis zu einem Punkt entwickelt und gemeistert, der es ihr ermöglicht, durch Portale aus dem Inneren hinaus und hinein zu reisen. Das sind unsere Vorfahren mit einer hoch entwickelten Technologie.

Ihre Gesellschaft ist von Natur aus nicht kriegerisch. Sie sind nach innen geflüchtet, um den Krieg zu vermeiden. Die Werte von Frieden und Harmonie sind die Hauptgrundsätze ihrer Kultur und diese werden ihnen von Geburt an eingeflößt. Sie pflegen die Gleichheit aller, ungeachtet der Position, der Rasse, des Geschlechts oder der Fähigkeiten. Es ist ihr kreativer und evolutionärer Geist, der anstatt Religion ihre Kultur aufrechterhalten hat. Sie haben keine Religion.

Die Farbe ihrer Haut ist grün oder türkis, aufgrund der Beschaffenheit ihrer Erde, der Menge an Kupfer in ihrem Wasser und der begrenzten Menge an Licht im Inneren. Die Volksmärchen, die von verlorenen Königreichen, Feen, Zwergen und Elfen erzählen, die an der Seite von Männern und Frauen leben, haben ihre historischen Wurzeln in dieser Zivilisation. Sie betrachten uns als primitiv und der einzige Grund, warum sie nach außen reisen, ist, um die äußere Schicht ihrer Heimat zu überprüfen und ihre Unversehrtheit zu gewährleisten. Sie haben die Fähigkeit, Vulkane zu nutzen und Erdbeben herbeizuführen, um die Stabilität ihres Landes zu regulieren und zu beschützen. Sie waren eigentlich das Urvolk, das von jenseits der Sonne kam und geholfen hat, die ersten Pyramiden zu bauen. Sie waren die ersten, die in die Erde gegangen sind, als die Oberfläche aufbrach und sich ganze Kontinente verschoben. Sie und die anderen Gruppen der Menschen, die es ins Innere geschafft haben, sind die Überreste der alten Zivilisationen, die im Untergang von Atlantis und Lemurien verloren gingen.

KONTAKTAUFNAHME

Es gibt viele Tore, die ins Innere führen. Die Lemurier lebten unter der Erde in Höhlen und in einem ausgeklügeltes Tunnelnetzwerk, das die gesamte Länge ihres Kontinents bedeckte. Einige der Tunnel reichten weit in das Innere der Erde. Beide Polarregionen der Erde sind Hauptportale zur inneren Landmasse. Bestimmte Berge dienen ebenfalls als Portale, wie Mount Shasta, die Superstition Mountains und der Himalaja. Diese Wesen haben auch die Fähigkeit, eine Fliehkraft zu erzeugen, die Portale öffnet, indem ein Vakuum direkt unter dem Meer vor Japan, der Karibik und Argentinien erzeugt wird. Genau wie die Krümmung der Erde auf der Oberfläche nicht ersichtlich ist, scheint gleichermaßen das Innere abgeflacht zu sein.

Regierungsbeamte haben verschiedene Versuche unternommen, mit der inneren Erde Kontakt aufzunehmen, aber bisher wurde ihnen der Zugang verwehrt. Sie sind von der Technologie dieser Zivilisation und deren Fähigkeit, Reiseportale sogar unter dem Ozean zu erschaffen, verblüfft. Die Tatsache, dass deren Technologie furchteinflößender ist als die Atomkraft, bedroht und ängstigt sie. Ramtha erklärt, dass unsere Regierung den Ausdruck „der innere Feind“ verwendet, um sich auf die innere Erde zu beziehen. Das zeigt deutlich, dass man sie aufgrund ihrer bedrohlichen Technologie als Feind betrachtet, auch wenn sie überhaupt nicht versucht haben, sich einzumischen oder mit uns Kontakt aufzunehmen und selbst in der Isolation geblieben sind.

Die berühmte Expedition zum Nordpol und in die Arktis, geleitet vom Konteradmiral Richard E. Byrd in den Jahren 1947 und 1956 sind die am besten bekannten Quellen, die einer Diskussion über die Möglichkeit einer in der Erde lebenden Zivilisation Nahrung gaben. Dennoch sind die verfügbaren Berichte über diese Expeditionen in Mysterium und Mangel an Klarheit gehüllt. Während seines Arktisfluges 2.800 Kilometer über den Nordpol hinaus berichtete Byrd 1947 über Funk, dass er unter sich nicht Eis und Schnee, sondern Landgebiete aus Bergen, Wäldern, grüner Vegetation, Seen und Flüssen sah und im Unterholz ein seltsames Tier erblickte, das dem urzeitlichen Mammut ähnelte. Admiral Byrd beschrieb diese Region poetisch als das „große Unbekannte“, ein „Land des immerwährenden Mysteriums“. Während seiner Expedition in die Antarktis am 13.

März 1956 reiste er 3.800 Kilometer über den Südpol hinaus. Nach seiner Rückkehr berichtete er: „Die jüngste Expedition hat ein riesiges neues Land eröffnet.“ 1957, kurz vor seinem Tod, beschrieb Admiral Byrd dieses Land jenseits des Südpols geheimnisvoll als „diesen verzauberten Kontinent im Himmel, Land des immerwährenden Mysteriums.“ Eine weitere Quelle, die behauptet, Beweise für die Existenz eine blühenden Zivilisation in der Erde zu haben, ist *The Smoky God (Qualmender Gott),* die wahre Lebensgeschichte von O-laf Jansen, einem norwegischen Fischer, aufgeschrieben von Willis George Emerson.

Landkarten des Kontinents Antarktis sind irreführend. Die beste Route, um in die innere Erde zu gelangen, ist laut Ramtha der Südpol. Näher an der Öffnung werden die Temperaturen wärmer, im Gegensatz zu traditionellen Erwartungen. Die größte Schwierigkeit, dorthin zu reisen, liegt in der Navigation an einem Ort, der auf keiner Landkarte auftaucht, mit der Hilfe von Instrumenten, deren Reichweite dort zu Ende ist. Die Nadeln eines Kompasses zeigen nicht auf den wahren Norden oder Süden. Sie zeigen auf den magnetischen Norden, jedoch fluktuiert und variiert das elektromagnetische Feld der Erde in den Polarregionen aus verschiedenen Gründen.

Ramtha weist darauf hin, dass, wenn unsere Zivilisation eine echte Freundschaftsbasis mit „dem inneren Feind“ fände, dieser mit uns die Wissenschaft und Technologie teilen würde, die interstellares Reisen in einem Wimpernschlag möglich machte. Krieg als Mittel zur Verteidigung und zum Schutz gegen mögliche Bedrohungen durch andere Kulturen mit erstaunlichen Technologien wie dieser, ist sinnlos und unpassend. Dr. Steven Greer, der die meisten umfassenden und gut dokumentierten Untersuchungen über außerirdische Sichtungen geleitet und Daten von Dutzenden von Zeugen aus Militär, Regierung und Geheimdienst gesammelt hat, traf die gleiche Feststellung.[1] Die Tatsache, dass die Wesen der inneren Erde ihren Vorteil nicht dazu genutzt haben, um in die menschliche Rasse einzudringen und sie zu beherrschen, worüber häufig in verschiedenen Unterhaltungsformen fantasiert wird, zeigt, dass Krieg nicht ihre A-genda oder Priorität ist, sondern eher die Fantasie der Autoren.

---

[1] Steven M. Greer, *Disclosure: Military and Government Witnesses Reveal the Greatest Secrets in Modern History* (Crozet, Virginia: Crossing Point, Inc., 2001).

Die Wahrheit hinter Mythen und Legenden von verlorenen Zivilisationen, vergessenen Rassen oder einem seltsamen Volk mit ansteckender Fröhlichkeit, dem Geschenk der Langlebigkeit und der Liebe für Einfachheit im Leben mag sehr wohl das Geheimnis beinhalten, das die menschliche Rasse finden muss, um die nächste Phase ihres Wachstums und ihrer Evolution zu erleben.

Kapitel 2
Leben im Mittelpunkt der Erde

"Die Menschen, die im Inneren leben, sind eure größeren Brüder. Sie sind Überreste, Wesenheit, eines Zeitalters, die dieses Zeitalter umgangen haben und sie haben sozusagen in der Tat Technologie und Frieden gemeistert. Und sie erblühen darin.

Sie sind diejenigen, sozusagen in der Tat, die innen ein Paradies gefunden haben, als es keinen anderen Ort gab, an den sie gehen konnten. Und das Wissen, sozusagen in der Tat, der Atlanter und ihrer Luftschiffe und ihrer Technologie, sozusagen, wurde von ihnen dorthin mitgenommen, sozusagen in der Tat, zu ihrer Rettung im Kern der Erde."

Ramtha

Meister, es freut mich, dass du schaust und dass du neugierig bist, denn die Menschheit bietet mehr, als das Auge erkennen lässt, gewiss, und es ist mehr an dem, was man die Existenz auf dieser Ebene und die Menschheit in ihrer Gesamtheit nennt, als du gelernt hast. Und es ist eine schöne Geschichte, voller Abenteuer und Verheißungen.

DIE MENSCHEN DER INNEREN ERDE

Student: Du hast mir zuvor von den Menschen erzählt, die in der Erde leben und heute möchte ich mehr über sie erfahren, weitere Fragen über sie stellen. Du hast gesagt, dass ich einige Bücher darüber lesen könnte, und ich habe einige Bücher gelesen. Und diese Bücher theoretisieren, dass die Erde eine Schale ist und dass es innen eine zentrale Sonne gibt und dass die innere Oberfläche von Kontinenten und Ozeanen bedeckt sei, wie außerhalb. Ist das korrekt?

Ramtha: Ja.

Student: Kannst du mir etwas von den Menschen erzählen, die auf der inneren Oberfläche leben, etwas über ihre Soziologie und ihre Art, wie sie sich regieren, ihr spirituelles Niveau und ihren religiösen Glauben?

Ramtha: Ihre Soziologie, wie du in der Tat von diesen Menschen sprichst, wie man sie kennt und nennt, ist folgende: Sie haben mehr gelernt, sozusagen in der Tat, als diejenigen, die außerhalb ihres Gebietes leben, wie man das, was man in der Tat die Materie in Kraft nennt, überwindet. Um die Materie in Kraft zu überwinden, Meister, muss man mehr werden, sozusagen in der Tat, als begrenzte Zeit oder Raum jenen unserer Brüder auf dem äußeren Teil der Schale zu tun gestattet. Sie glauben, sozusagen in der Tat, sehr fest, dass es mehr gibt und dass jeder Moment, der hervorkommt, das Jetzt ihres Seins ist.

Sie sehen alle Dinge, dringen in alle Dinge ein und erkennen alle Dinge, über die sie nachsinnen. Sie haben die Fähigkeit, sozusagen in der Tat, ein Teil von was immer sie erschaffen zu werden, was ihnen ermöglicht, ein perfekteres Objekt zu erschaffen, um sicher zu sein. Denn insofern sie den Flug ihrer besonderen und schönen Vögel, sozusagen in der Tat, wünschten, haben sie solche Luftschiffe erschaffen, indem sie ein Teil von ihnen geworden sind. Und wenn sich diese Luftschiffe, sozusagen in der Tat, leicht nachteilig bewegten, erdachten sie, sozusagen in der Tat, solche Formen in Materie, die ihre Bewegung regulieren, das regulieren konnte, was man die Kraftfelder nennt. Daher haben sie alle Dinge, die zu erreichen sie fähig waren, Meister, in sich selbst erreicht.

Die Beförderung, sozusagen in der Tat, ihrer Luftschiffe kommt durch das, was man als die Tore und Türen kennt.[1] Und es gibt viele von ihnen, sozusagen in der Tat, die sich selbst auf dieser Ebene niedergelassen und sich verstrickt haben, sozusagen in der Tat, auf dieser Ebene, welche solche Türen hat, so dass sie sich ihnen entziehen, hin und her.

Das größte Mysterium, sozusagen in der Tat, ist eines, das in das Meer führt, ist alles, sozusagen, was man die Dead Horse Drones nennt. Es ist ein Ausdruck in eurer Sprache, sozusagen in der Tat. Dort befindet sich ein großes Tor. Sie, die sozusagen in der Tat in der Mitte eures Seins auf dieser Ebene, die Terra genannt wird, leben, sozusagen in der Tat, sind von gleicher Gestalt und haben den gleichen Zweck und die gleiche Realität, wie ihr, bis auf eine Sache: Sie haben, sozusagen in der Tat, die größte Wissenschaft ihres Seins und die größte Wissenschaft des Lebens erkannt und wollen es, sozusagen in der Tat, in die Tat umsetzen, in den Zweck, in das Sein.

Nicht nur haben sie sozusagen in der Tat solche Dinge, die Luftschiffe genannt werden, sozusagen in der Tat, sondern sie haben solche Dinge, sozusagen in der Tat, wie mobile Beförderung, was bedeutet, sozusagen in der Tat, dass sie sich selbst befördern können, sozusagen in der Tat, in nur einem Augenblick. Diese Wesenheiten aber, sie sind wie ihr.

Die Farbe ihrer Schiffe, sozusagen in der Tat, hat das, was man eine Farbglasur nennt, die grün und rot genannt wird. Und die äußere Korona, sozusagen in der Tat, ihres Gebietes ist von hellem Gelb in Farbe und Schattierung. Ihre Schiffe, sozusagen in der Tat, operieren auf dem, was man in der Tat ein magnetisches elektrisches Feld nennt, das in den höheren Feldern des Lichts sichtbar ist. Die Farben des Lichts, wie man sie in der Tat so kennt, sind die Farben der Schwingungen von Unterstützungssystemen; die dunkleren Farben, sozusagen in der Tat, sind die schwächeren Systeme, sind die Projek-

[1] Portale in die innere Erde.

tile, sozusagen in der Tat, für sichere Landungen, wie man sie so sieht, oder um still zu stehen. Die helleren Lichter, sozusagen in der Tat, um den Bereich dieser Schiffe, sozusagen in der Tat, sind jene Dinge, die, sozusagen in der Tat, sich äußerst schnell in eine Wesenheit projizieren. Je weißer und klarer das Licht, sozusagen in der Tat, desto größer die Kraft, die es beinhaltet, wie man es in eurer Zeit sieht und kennt.

Diese Wesenheiten, sozusagen in der Tat, die hervorkommen, sie kommen hervor, sozusagen in der Tat, für die Erfahrung, Meister, und nur um, sozusagen in der Tat, die äußere Schale ihrer Heimat zu sehen und wie es ihr geht. Sie haben, sozusagen in der Tat, ein sehr dringendes Anliegen. Es gab, sozusagen in der Tat, das, was man Explosionen in der Erde nennt; es gab, sozusagen in der Tat, jene in den Meeren und jene in den Atmosphären. Explosionen in der Erde, sozusagen in der Tat, sind eine Abrechnung in ihrem Himmel. Versteht das.

Das, was man sozusagen in der Tat, Vulkane nennt – das, was man das Beben der Erdoberfläche, in der Tat, nennt – sind Druckpunkte, die, sozusagen in der Tat, von diesen euren Brüdern als Orte, um solche Energien freizusetzen, sozusagen in der Tat, erdacht wurden, da sonst ihr Königreich zerstört würde. So ist es. Stärke und Dampf, sozusagen in der Tat, Kraft kommt heraus. Es muss einen Ort dafür geben, wo sie herauskommen kann. Wenn sie in Erscheinung tritt, sozusagen in der Tat, als zentrierter Punkt, dann wendet sie sich nicht nach innen und lässt, sozusagen in der Tat, ihre Strukturen einstürzen. Deshalb habt ihr, sozusagen in der Tat, diese Aktionen auf der Oberfläche Terras in diesen Tagen eurer Zeit.

Diese Gesellschaft, sozusagen in der Tat, ist von Natur aus nicht kriegerisch. Sie war es nie, denn sie entkam, sozusagen in der Tat, in das Allerheiligste dieses Ortes, sozusagen in der Tat. Sie entkam, sozusagen in der Tat, dem, was man Krieg und die ganze Kriegsmaschinerie nennt. Denn in ihrem Entwickeln, sozusagen in der Tat, der Evolution ihres Prozesses, Meister, in der Tat, wurden sie zu einem friedlichen Volk und verstehen, sozusagen in der Tat, und lieben den Charakter von allen, die ebenbürtig sind. Wenn es einen Einfältigen, sozusagen in der Tat gibt, der der Begleiter der sanften Schafe ist, und dies sozusagen als seine Aufgabe hat, ist er gleich wichtig, sozusagen in der Tat, wie der Philosoph, der seine Argumente ordentlich und verdient einbringt.

Und bei allen Menschen, die dort leben, gibt es eine bindende Kraft der Liebe, die sie zusammenhält. Und obwohl sie nicht, sozusagen in der Tat, den Glanz des Lichtes dieser Stratosphäre erlebt haben, wie ihr ihn erlebt, Meister, hat das Licht ihrer Wesen ihre Ebene, ihre Herzen und ihr Wesen erleuchtet. Und von ihren Religionen sage ich euch das: Sie haben keine Religion. Was sie am meisten, sozusagen in der Tat, lieben, sind die Objekte, zu denen sie werden, denn darin haben sie eine Realität gefunden, an die sie glauben. Und da sie ein Teil dieser Dinge, an die sie glauben, werden, Meister, öffnet sie das für weitere Dinge.

Sie glauben, sozusagen in der Tat, dass Kraft – wie groß, wie dicht in Materie, oder wie flüchtig im Licht sie auch werden mag – eine beherrschende Kraft all ihrer Wesen und aller Dinge ist, die von euch verstanden oder nicht verstanden werden. Sie lieben und verehren das Ideal davon und deshalb, sozusagen, Meister, öffnet sich ihnen in der Tat eine Autobahn, wie ihr es nennt, um größere Erkenntnisse und größeres Verstehen zu erleben.

Indem sie in diese Existenz gehen, sozusagen in der Tat, ist die Blässe ihrer Haut in der Tat nicht von weißlichem Ton und auch nicht von bräunlichem Ton; sozusagen in der Tat, eine Mischung von beidem. Beim Eintritt, sozusagen in der Tat, in den oxidierten Teil der Gase, sozusagen in der Tat, mit dem die Wände der inneren Erde ausgelegt sind, Meister, haben sie sich eingestellt und eingewöhnt, sozusagen in der Tat, ähnlich dem, was man grüne Schattierungen oder Türkis in Blässe nennt, was, sozusagen in der Tat, von dem Wasser kommt, das sie in ihrem Körper in der begrenzten Menge des Lichtes aufnehmen, das ihnen durch ihre rauchige Sonne geschenkt wird.

Sie sind grünlich in Farbe, weil ihre Ernährung und das, was man den hohen Gehalt von Kupfer im Wasser nennt, sozusagen in der Tat, das ist, was sie zu sich nehmen. Wenn sie wieder zurück auf der Oberfläche dieser Ebene sind, Wesenheit, zurück in dieser Umgebung, verlieren sie rasch, sozusagen in der Tat, die Farbe.

Die Atlanter, sozusagen in der Tat, hatten Schwierigkeiten mit ihrem Hauttyp, der, sozusagen in der Tat, leicht faltig wurde und sehr fest, wenn sie sich mit dem auseinandersetzen mussten, was man, sozusagen in der Tat, die Traumata nennt, an denen viele von ihnen litten, und die daher genetisch durch all ihre Gene weitergeben wurden.

Diese Menschen, die im Inneren leben, sind eure größeren Brüder. Sie sind Wesenheiten, sozusagen in der Tat, die erstaunlich groß und erstaunlich klein sind. Sie haben, sozusagen in der Tat, zwei Zivilisationen. Die, welche man, sozusagen in der Tat, Zwerge nennt, wie ihr sie in der Tat bezeichnet, sind in die Mitte der Erde gegangen. Die, welche man in eurer Sprache Feen nennt, sind in die Mitte der Erde gegangen. Die, welche man Elfen nennt, sind in die Mitte eurer Erde gegangen. Und sie sind die Wesenheiten, die dort leben. Sie sind Überreste, Wesenheit, eines Zeitalters, das dieses Zeitalter übersprungen hat, und sie, sozusagen in der Tat, haben Technologie und Frieden gemeistert. Und sie erblühen darin. Und eines Tages, sozusagen in der Tat, Wesenheit, wenn das große Licht am Himmel gesehen wird, wirst du sie wieder sehen.

Nichts hat sich in den Dimensionen, sozusagen in der Tat, und den Genen dieser Wesenheiten verändert, nur die Farbe. Der Geist dieser Wesenheiten hat sich selbst in größeren Ausmaßen erhöht, als bei ihren Brüdern, die den äußeren Bereich bewohnen. Und deshalb, Meister, stehen sie in ihrer Rasse höher.

Student: Und wie sehen sie uns? Haben sie ein bestimmtes Interesse an uns und unserem Kommen und Gehen auf der Außenseite der Erde?

Ramtha: Nur, dass ihr primitiv seid.

Student: Stehen sie, durch ihre Raumschiffe, stehen sie in Kontakt mit anderen Brüdern im All in dieser Nachbarschaft des Universums? Und wenn ja, worin besteht dieser Kontakt?

Ramtha: Licht. Du musst daran denken, um in der Wissenschaft, sozusagen in der Tat, die Zeugung der Zeugung zu verstehen. Gedanke ist der überlegene Schöpfer. Gedanke ist es immer. Und was sich selbst im Gedanken zeugt, ist Licht. Sie haben sich selbst darauf eingestellt – erinnerst du dich, sie haben sich auf die Materie eingestellt – dass sie, sozusagen in der Tat, auf einem bewegungslosen Lichtstrahl ihre Gedanken projizieren können. Und Licht reist, sozusagen in der Tat, in perfekten Linien, dreht nie in eine andere Richtung ab als in die, in die es gehen soll. Und da sie alle Empfänger davon sind, Meister, stimmen sie damit in der Tat überein, um sicher zu sein.

Alle Himmelskörper sind hohl

Und das werde ich euch auch sagen. Von all den Himmelskörpern, wie man sie so nennt in dieser Galaxie, die als Planeten bezeichnet werden – nicht Sterne, da gibt es einen Unterschied – sie sind alle hohl. Und die größten Zivilisationen, Meister, leben sogar während des Gebärens dieser Himmelskörper innerhalb der Planeten, niemals auf der Außenseite.

Alle Himmelskörper, Wesenheit, die wahrlich Himmelskörper sind, sind oben und unten abgeflacht. All die Planeten, sozusagen in der Tat, deren himmlische Körper ihr bezeichnen würdet, würdet ihr rund nennen, aber es sind abgeflachte Himmelskörper. Und abgeflachte Himmelskörper, Wesenheit, sind innen hohl. Das hohle Innere, sozusagen in der Tat, gestattet die Existenz einer neuen Welt, eines unterschiedlichen Verständnisses. Und alle Planeten, sozusagen, außer den Sternen, Wesenheit, sind abgeflachte Himmelskörper, die hohl sind.

Würde eine Wesenheit sich hier nur einen Moment Zeit nehmen, um zu überlegen, wie die Erde um ihre zentrale Sonne kreist und wie die Zentrifugalkraft der Kreisbahn alles Innere zum äußeren Rahmen presst, dann würde jeder das wissen. Aber natürlich muss man verstehen, dass eure höhere Bildung das nicht tut. Nicht alle hier sind in dem Wissen, noch denken sie für sich selbst. Und welche Gräueltat ist das.

Was erschafft das, was man die Materien, genannt Planeten oder Sterne, nennt? Lasst uns Planeten betrachten, wo es das geben wird, was man die Evolution des Lebens nennt, die darauf geschieht. Die Sonne in dem, was man eure Galaxie nennt, ist die größte Lichtkraft, durch welche die Dichte des Gedankens hereinkommt, kontempliert und nach außen explodiert. Das ist es, was die Sonne erschafft.

Nun, im Inneren der Sonne, Wesenheit, erschafft sie das, was man Explosionen auf ihrer Oberfläche nennt, die Licht genannt werden. Die Sonne ist nicht heiß, das ist sicher; sie war es nie. Sie ist es nicht. Sie ist Licht; sie ist nicht Hitze. Nun, eine Explosion des Lichtes, Wesenheit, ist der Ausbruch von Licht in das, was man Dichte nennt. Jeder Planet in dieser, eurer Galaxie wurde durch die Mutter Sonne geboren, buchstäblich aus einer Explosion von Licht in dichtere Materie erschaffen. Wenn die Materie in der Wiegenumlaufbahn –

der Umlaufbahn, sozusagen in der Tat – ist, erschafft die Umlaufbahn das, was man einen Zug der Materie zum Licht hin nennt, daher ist das Objekt am Anfang sehr strahlend. Wenn es sich in weitere Umlaufbahnen bewegt, in weitere Umlaufbahnen, beginnt es sich zu verfestigen oder was ihr abkühlen nennen würdet, aber nicht von Hitze sondern abkühlen vom Licht in die Dichte.

Nun haben wir also ein sehr festes Objekt. Während es sich in seiner Umlaufbahn in der Dichte der Realität, die es oben hält, dreht, fängt der innere Teil der Festigkeit, während es sich dreht, an zum äußeren Rahmen zu gehen, so etwa. Wenn es reif ist, ist der Zeitpunkt, zu dem es in der Umlaufbahn namens Venus ist, die jetzt neben dir sitzt, Wesenheit. Das ist, wenn das Innere, durch Rotation in einer kreisförmigen Umlaufbahn, durch die Kräfte, wenn das Innere in den äußeren Mantel gedrängt und ein hohles Inneres erzwungen hat. So hat es alles von innen zur äußeren Oberfläche gezogen. Nun, wenn das geschieht, komprimieren der Druck von dem, was man die Kraft im Inneren nennt, und das, was man, sozusagen in der Tat, die Schichtengalaxien nennt, sozusagen in der Tat, oder die Schwerkraft an der Außenseite, die äußeren Schichten, um das zu verursachen, was man Druck nennt. Richtig?

Druck, sozusagen in der Tat, in einer Dichte erzeugt Temperatur und Hitze. Das ist, was ihr fühlt. Nun, da die Umlaufbahn gereift ist, wird der Ball abgeflacht durch die Höhlen seines Inneren, und erzeugt daher eine räumliche Illusion. Eure Erde, sie ist nicht rund. Sie ist an ihren nördlichsten und südlichsten Regionen abgeflacht, was eine größere Ausdehnung im Inneren verursacht. So wird es geschaffen.

Wenn ihr nun in das Innere der Erde geht und dort Wärme vorfindet, ist das in der Tat vom Druck und dem einnehmenden Licht, die auf den Planeten einwirken und zusammenarbeiten. Das ist es, was die Hitze, die ihr fühlt und die so erstickend ist, verursacht. Erdbeben, oder was ich die Reißverschlüsse nenne, sie bewegen das, was in der Tat die äußere Hülle der Erde genannt wird und verschieben sie, damit der Druck abgehen kann, wie in eurem großen Berg hier. Seht ihr? Dann ist der Druck entlastet und dann bleibt die äußere Schale intakt. Das ist der Grund, warum es sie gibt.

Überreste einer alten Zivilisation

Nun, die Individuen, die innen leben – habt ihr von dem gehört, was das Wort Elfe benennt? Was denkt ihr ist eine Elfe? Eine Elfe, sozusagen in der Tat, ist ein unsterblicher Mensch, obwohl sie die Fähigkeit zur Sterblichkeit hat, Wesenheit; sie kann sterben. Elfen sind, sozusagen in der Tat, die Wesenheiten, die geholfen haben, die großen Bauwerke zu errichten, sozusagen in der Tat, in den Anfängen, die ein Teil davon waren, sozusagen in der Tat – auch der Völker jenseits der Sonne – die das schlossen, was ihr Beziehungen nennt, sich verliebten, sozusagen in der Tat; und eine erhabene Menschenrasse kam hervor. Und sie sind diejenigen, sozusagen in der Tat, die die Anfänge ihrer Anfänge in das Innere der Erde brachten, als die äußere Oberfläche, sozusagen in der Tat, in der Schicht aufbrach. Und dort fanden sie ein wunderschönes, hohles Paradies mit einem großen Ozean in der Mitte.

Die im Inneren sind harmonisch schöne Menschen, harmonisch, denn sie haben Harmonie vor langer, langer Zeit gelernt und das war, sozusagen in der Tat, das Andenken all ihrer Generationen. Es wird ihnen bei der Geburt eingeflößt.

Die Kleinen haben sich oft in den Höhlen getroffen und sogar eure Wissenschaftler haben die Knochen von kleinen Menschen, sehr kleinen. Und doch sind sie in ihrer Größe vollkommen gereift und sie sind sehr begabt. Die meisten wissen nicht, wie sie zurückgelangen können. Einige, die ihren Weg an die Oberfläche finden, gehen buchstäblich verloren.

Wenn wir von Wirklichkeiten sprechen, gibt es, sozusagen in der Tat, geländeartige Tunnel, so werden sie genannt, oder Zeitverwerfungen, wie manche sie bezeichnen, durch die man in einem Moment aus dem hinausgehen kann, was euer Land ist und in einem Augenblick in diesem Tunnel gefangen sein kann, der doch in eine andere Dimension führt. Das ist hier ziemlich häufig geschehen.

Es ist das Gleiche mit denen, die in der Erde sind, sich oft verirren und sich ans Licht arbeiten. Licht leitet den Weg, das Licht am Ende des Tunnels. Und siehe, sie befinden sich draußen, sozusagen in der Tat, vor einer nackten Sonne mit grellem Licht – es schmerzt ihre sehr empfindlichen Augen – und dort, Wesenheit, betrauern sie sich oft selbst, weil sie in der Tat eine Kuriosität sind und oft feststellen, sozusagen in der Tat, wie sie sich vor dem, was man diese Zivilisation nennt, verstecken, die sie wirklich nicht liebt, aber die neugierig ist und Vieles tun würde, um sie besser zu verstehen, alles um den Preis des Lebens der Wesenheit. Das wurde zuvor bewiesen.

Sie sind auch die Wesenheiten, die geholfen haben, sozusagen in der Tat – denn ihre Vorfahren waren die Völker jenseits der Sonne – die Schiffe zu gestalten, durch welche sie durch das, was man die Öffnungen nennt, in dem, was man die Pole nennt, in der Tat zu dem, was man die Meere nennt und in der Tat zu dem, was man die Berge nennt, gelangen konnten. Und sie wurden gesichtet von denen, die man eure Wissenschaftler nennt, und so hat man Aufzeichnungen über sie. Sie sind eine Mischung, sozusagen in der Tat, aus den Menschen von jenseits der Sonne, und denen, die man, sozusagen in der Tat, die Menschen von Ionien nennt. Ihr bezeichnet sie als Elfen.

Es gibt, sozusagen in der Tat, viele Verwandte. Die größten und vielleicht die majestätischsten von all denen sind die Großartigen und Großen, sozusagen, und sie sind beinahe das, was man in eurer Berechnung einen Meter fünfzig nennt. Und sie haben, sozusagen in der Tat, vornehme Hautfarbe und sehr helle Augen. Und sie haben Stimmen, die in ihren Klängen musikalisch sind. Sie haben sehr lange und feine Finger und Zehen. Sie sind, sozusagen in der Tat, sehr beweglich in ihrem Körper und sie haben ein großes Mitgefühl für das Leben. Das ist die eine Gruppe.

Die anderen, sozusagen in der Tat, sie gleichen eher dem Erscheinungsbild des Menschen, sind in ihren Körpern stämmiger gebaut und sehr edel, sozusagen in der Tat. Sie sind die Begleiter von dem, was man Herden und Tiere nennt und sind auch das, was man Teilnehmer an der Technologie nennt, die im Inneren bereits ziemlich fortgeschritten ist. Sie sind keine kriegerischen Menschen. Sie haben das vor langem in ihrer Zeit gelernt, Meister, hinsichtlich des Eroberns und dergleichen. Sie sind, sozusagen in der Tat, die Überreste der Zivilisationen, die im Untergang der letzten Tage, Meister, der Kontinente, die man, zumindest in euren Namen, Atlantis und Lemurien nennt, in die Erde gingen. Sie sind diejenigen, sozusagen in der Tat, die Durchgänge, sozusagen in der Tat, in den großen Bergen erforschten, die in den Kern der Erde führen. Mit dem, was man in der Tat die feurigen Formen[2] nennt, sind Durchgänge verbunden,

[2] Der Ausdruck feurige Form ist eine andere Bezeichnung für eine Pyramide.

die sie alle verbinden, sodass diese Durchgänge, sozusagen in der Tat, in den inneren Kern führen.

Sie sind diejenigen, sozusagen in der Tat, die innen ein Paradies gefunden haben, als es keinen anderen Ort gab, an den sie gehen konnten. Und das Wissen, sozusagen in der Tat, der Atlanter und ihrer Luftschiffe und ihre Technologie, sozusagen, wurden mitgenommen, sozusagen in der Tat, zu ihrer Rettung im Kern der Erde.

VERSTECKTE TORE

In eurer Erde gibt es, sozusagen in der Tat, viele Tore, die in das Innere führen. Es gab, sozusagen in der Tat, sogar Reisende dorthin, die, sozusagen in der Tat, Bücher darüber geschrieben haben, wie ich es verstehe.[3] Aber als das, was man, sozusagen in der Tat, Lemurien nennt, sozusagen, in seinen ersten historischen Zeiten unterging – ihr seht, die Völker in Lemurien, was ihr als eure westliche Küste bezeichnet, waren dort, wo sich die gesamte Landmasse von Mu, das Mutterland genannt, befand – war es von den Biestern und Tieren dieser Zeit bevölkert. Und all die breite Masse, Wesenheit, lebte nicht oberirdisch; sie lebte unterirdisch. Und ihre unterirdischen, sozusagen, Gemeinschaften waren Tunnel, sozusagen. Es gab Tunnel, die über die gesamte Länge des Kontinents reichten; einige, sozusagen in der Tat, reichten weit in das Innere.

Und so arbeiteten sie in den letzten Jahren, die dreihundert Jahre genannt werden, daran, sozusagen in der Tat, um Mu von seinen riesigen Tieren zu befreien, da ihre Zahl von Lemurien bis in die Sümpfe verbreitet war, die nach Atlantis übergingen. Es war eine

---

[3] Konteradmiral Richard E. Byrd berichtete 1947 während seines Arktisfluges von 2.800 Kilometern über den Nordpol über Funk, dass er unter sich nicht Eis und Schnee sah, sondern Gebiete, die aus Bergen, Wäldern, grüner Vegetation, Seen und Flüssen bestand und seltsame Tiere im Unterholz, die dem Mammut glichen, das gefroren im arktischen Eis gefunden worden war. Byrd nannte diese Region das „große Unbekannte", ein „Land von immerwährendem Geheimnis". Eine andere Geschichte, die sich auf die Existenz einer blühenden Zivilisation in der Erde bezieht, ist *The Smoky God*, die wahre Lebensgeschichte von Olaf Jansen, einem norwegischen Fischer, geschrieben von Willis George Emerson.

große, sozusagen in der Tat, Wasserstraße, die beides trennte, kein Ozean wie ihr ihn kennt, sondern eine Wasserstraße. Und das wurde, sozusagen in der Tat, eine sehr Besorgnis erregende Sache mit den Atlantern, die, sozusagen in der Tat, den Intellekt anbeteten und sehr in dem, was man den Fortschritt der Mechanik nennt, was ich für einen guten Ausdruck dafür halte, steckten.

Als Lemurien, sozusagen in der Tat, an seinen Katastrophen litt, tat es das, Wesenheit, um den Ort von den wilden Tieren zu befreien. Und Laserlichter wurden eingesetzt, um Spalten zu erzeugen, in welche die Tiere getrieben wurden, in die Spalten, um dort schließlich vernichtet zu werden. Während des Vorgangs, Wesenheit, brachen sie die Kruste dessen, was man das Land nennt, und den Unterbau darunter entzwei. Und die Menschen, sozusagen in der Tat, die noch nicht ins Innere gezogen waren, flohen als Pilger über das, was man den Kanalweg nannte, der nach Onai in Atlantis führte.

Und dort, sozusagen in der Tat, waren die Überlebenden des Mutterlandes. Die alten Menschen waren tief in das Innere gegangen und hatten die abgeflachte Zivilisation im Inneren gefunden. Es gibt einen Fluss, Wesenheit, einen großen Fluss, der in einen Wasserkörper im Inneren mündet, der Tranquillity, Gelassenheit, genannt wird. Und dort, sozusagen in der Tat, gibt es Bergketten und das, was man die Verunstaltung der Schwerkraft nennt, ist nicht sichtbar. Alles scheint, Wesenheit, im Inneren abgeflacht zu sein. Und dort fingen die Menschen, sozusagen in der Tat, an, ein Verständnis zu erwerben und sie fingen an, dort zu erblühen.

Während der letzten hundert Jahre, sozusagen in der Tat, von Atlantis, das, sozusagen in der Tat, die gleiche Situation durchlebte, wenn auch nicht mehr mit Tieren, durchbrach man die Kruste, sozusagen in der Tat, durch Eroberung. Seht ihr, in ihren Luftschiffen dieser Tage, Wesenheit, reisten sie auf dem Licht. Aber Licht folgt keiner Krümmung. Licht bewegt sich in direkter Richtung. Um daher auf dem Licht zu reisen, mussten sie zu einem Abhang reisen und dann weiter zum nächsten. Und oftmals, sozusagen in der Tat, wurde das Lichtfeld, auf dem sie reisten, in das Innere gelenkt, was die gleiche Zerstörung auf Mu verursachte wie in Atlantis.

Das, was man, sozusagen in der Tat, die Atlanter nennt, Wesenheit, sie sind voll verantwortlich für jegliche Technologie, die mit dem zu tun hat, was man Schnittstellenkristalle nennt. Und sie, Wesenheit, verwendeten sie als das, was man Kommunikationsmittel nennt. Die Kommunikation, sozusagen in der Tat, geht von Licht zu Licht und auch von feuriger Form zu feuriger Form, die sie in euren Pyramiden hatten.

Wenn ihr das, was man Licht in einem Schnittstellenkristall nennt, hinaussendet, reist das Licht in seinen zwölf Gesichtern an der inneren Seite, wird dicht und kommt eher als eine gerade Linie als gestreut heraus. Auf der geraden Linie wurde das, was man Kommunikation nennt, entwickelt. Das, was man, sozusagen in der Tat, Empfängerschaft / Senderschaft nennt, wurde entwickelt. Und das, was man ihre Schiffe nennt, die sie hatten, Wesenheit, reiste in einer geraden Linie, wobei die Schiffe dem Muster von Licht zu Licht folgten. So trotzten sie der Gravitation und ihren Kräften.

Sie haben immer noch ihre herrlichen Schiffe, die immer noch auf dem, was man das Lichtspektrum nennt, schweben; darum sind sie so genial. Und es gibt diejenigen, sozusagen in der Tat, die geflüchtet sind und Onai verlassen haben und in das gezogen sind, was man den Sudan nennt, bis hinauf in das, was man den persischen Golf nennt, bis in das, was man Europa nennt und bis in das, was man die nördlichen Lande nennt. Atlantia, sozusagen in der Tat, war ein Teil der Orte genannt Grönland, Irland und Britannien. Das sind Bergspitzen von dem, was man den Kontinent nannte. Und die Menschen, die dort Zuflucht suchten, Wesenheit, gingen und fanden in den letzten Tagen die Berge, die zu den Inseln wurden.

Und diese Region, nicht weit von eurer Küstenlinie, war bereits untergegangen. Dreitausend und ein paar Jahre vor dem letzten Fall hatten Menschen bereits Tunnelwege unterhalb gebaut, waren bereits in die Mitte der Erde gezogen und waren dort während des letzten, sozusagen in der Tat, Untergangs der Atlanter. Viele der Atlanter, die auf der Oberfläche waren, flohen vom Land. Sie machten nun das aus, was man die Gesamtbevölkerung euer indianischen Zivilisation nennt, sei es an den Polen, sei es in den Amerikas, sei es, sozusagen in der Tat, in den Äquatorländern und sei es, in der Tat, in den Hindus. Sie alle sind, sozusagen in der Tat, Überreste von dem, was man die Atlanter nennt.

DIE PYRAMIDEN UND DAS BERMUDADREIECK

Nun, als das, was man, sozusagen in der Tat, die Pyramiden nennt, ausgerichtet und errichtet wurde, geschah das, sozusagen in der Tat, durch die Überlebenden für das, was man, sozusagen in der Tat, den Unbekannten Gott nennt, Wesenheit. Und sie errichteten sie nicht, um Beisetzungsstätten zu sein, sondern um, sozusagen in der Tat, Leitsterne für die Menschheit zu sein, um, sozusagen in der Tat, die Macht des Gottes, die in ihnen war, nicht zu vergessen.

Die Pyramiden waren auch, sozusagen in der Tat, in einer perfekten geraden Anordnung ausgerichtet. Sie waren wie Zwischenbasen, sozusagen in der Tat, wo die Luftschiffe landen konnten. Wenn ihr sie betrachtet, sind sie perfekt aufeinander ausgerichtet und weisen nach dem wahren Norden. Darunter, Wesenheit, gab es auch Tunnel, die ins Innere führten. Viel von der Landmasse und von dem, was ihr den Nil nennt, hat sich zwanzig Grad in Richtung Osten bewegt, von da aus, wo der Nil sich einst befand, Wesenheit, und er fließt nicht mehr in die gleiche Richtung. Das, was man sozusagen in der Tat die Tunnelsysteme nennt, die alle Pyramiden verbinden, kann man nicht mehr sehen.

Aber es gibt Tore. Von dem, was man das Himalajagebiet nennt, gibt es Tore in die innere Erde. Sie sind überall. Es gibt Tore, sozusagen in der Tat, die von beiden Polarregionen in das Innere führen, von dem, was ihr eure Dead Horse Drones nennt, sozusagen in der Tat – ihr nennt sie dreieckige Gebiete[4] – und in eurem Shasta[5]

---

[4] Der U.S. Ausschuss für geografische Namen erkennt das Bermudadreieck nicht als offiziellen Namen an und verwaltet keine offiziellen Unterlagen über diese Gegend. Das Bermudadreieck oder Teufelsdreieck ist eine imaginäre Gegend, die sich vor der südöstlichen Atlantikküste der Vereinigten Staaten befindet und für ein hohes Vorkommen von unerklärten Verlusten von Schiffen, kleinen Booten und Flugzeugen bekannt ist. Als Spitzen des Dreiecks werden im allgemeinen Bermuda, Miami in Florida und San Juan in Puerto Rico angenommen.

In der Vergangenheit haben ausgedehnte aber nutzlose Suchen der Küstenwache bei Aufspür- und Rettungsaktionen – wie im Fall des Verschwindens einer ganzen Schwadron von TBM Avengers kurz nach dem Start von Fort Lauderdale, Florida, oder des spurlosen Versinkens der USS Cyclops und Marine Sulphur Queen – dem Volksglauben an das Geheimnis und in euren Superstition Mountains[6] und in eurem Meer vor Japan und vor Argentinien; es sind große Tore, sozusagen in der Tat, und wenn sie sich öffnen, sondern sie, sozusagen in der Tat, ein Vakuum ab. Und das Vakuum trennt das Wasser und macht es, sozusagen in der Tat, zu einem Tunnel, durch den die Schiffe hinein und heraus reisen können. Viele von denen, was man, sozusagen in der Tat, eure innerplanetaren Schiffe nennt – Schiffe, die aus eurem Inneren kommen, Wesenheit, oder eure schwer fassbaren Luftschiffe – kommen von diesem Ort.

Student: Was geschieht mit den Menschen, die im Bermudadreieck verschwinden? Ich meine, sterben sie? Gehen sie nach Mittelerde?

Ramtha: Es gibt einige, sozusagen in der Tat, die nur verschwinden und ertrinken und von wilden Fischen verschlungen werden. Und es gibt einige, sozusagen in der Tat, die zu der Zeit an der Stelle sind, wenn sich das große Tor öffnet und eine Säule von, sozusagen in der Tat, Wasser erzeugt, die weit in den Himmel reicht, was ein Vakuum schafft. Wenn das Tor sich öffnet, sozusagen in der Tat, kommt das hoch, was ihr Druck oder eine Kraft namens G[7] nennt –

---

und die übernatürlichen Eigenschaften des Bermudadreiecks Glaubwürdigkeit verliehen.

Diese geografische Region verfügt über einzigartige Umwelteigenschaften, die sie vom Rest der Welt unterscheidet. Das Bermuda- oder Teufelsdreieck ist einer von zwei Plätzen auf der Erde, wo ein magnetischer Kompass nicht nach Norden zeigt. Eine Region, die von japanischen und philippinischen Seeleuten Teufelssee genannt wird und sich vor der Ostküste Japans befindet, zeigt die gleichen magnetischen Eigenschaften. Sie ist auch für mysteriöses Verschwinden bekannt.

[5] Mount Shasta befindet sich in der Cascade Bergkette im nördlichen Kalifornien, etwa fünfundvierzig Meilen (fünfundsechzig Kilometer) südlich der Grenze zwischen Oregon und Kalifornien und etwa in der Mitte zwischen der Pazifikküste und der Grenz zu Nevada.

[6] Arizonas Superstition Mountains (Aberglaubenberge, Anm. d. Ü.) waren lange die Quelle von Geschichten und Erzählungen über verlorenes Gold. Fabeln der indianischen Geschichte tragen zu den Legenden um die Berge bei. Diese Geschichten sind Jahrhunderte alt. Die Pimas nannten die Superstition Mountains Ka-Katak-Tami, was in etwas Berge der schiefen Gipfel bedeutet.

[7] Die Fliehkraft ist im Sinne konventioneller Wissenschaft eine Beschleunigung, die mit der Schwerkraft verglichen wird. Zwei G sind doppelt die Be-

ist das euer richtiges Verständnis? – und verursacht hier eine Rotation, und gestattet so, sozusagen in der Tat, dem Raumschiff, sozusagen in der Tat, wo immer es sein mag, in das Vakuum einzutreten, in das Tor, sozusagen in der Tat, zu seinem Landepunkt auf manchmal anderen Ebenen, bevor das Zentrum erreicht wird.

Und wenn das Tor sich einmal schließt, fällt das Wasser, sozusagen in der Tat, nicht nach unten, sondern wirbelt sich selbst herum, sozusagen in der Tat, bis es wieder in einem ruhigen Becken liegt. Alle, die gerade vorbeikommen, sozusagen in der Tat, während dieses bestimmte Rätsel sich ereignet, werden üblicherweise darin aufgesogen. Deshalb haben eure Flugzeuge, sozusagen in der Tat, die gerade darüber hinwegflogen, wenn das große Tor sich öffnete, berichtet, dass das Wasser seltsam und merkwürdig aussah. Deshalb verschlang es sie vom Himmel direkt nach innen.

Und sie sind alle sicher und werden umsorgt, außer, sozusagen in der Tat, die wenigen, die alleine durch den Schock, sozusagen in der Tat, nicht mehr leben. Sie sind in der Mitte eurer Welt. Und welche Zeit auch immer sie hatten, um dort zu leben, sozusagen in der Tat, bis zur ihrer Lebensausdehnung, gibt es ein paar Überlebende. Aber es gibt einige, sozusagen in der Tat, die geschimpft haben, an diesem schrecklich bösen Ort gefangen zu sein und dann verschwunden sind. Sie waren Abendessen für hungrige Fische.

Die UFO-Verbindung

Student: Wirst du uns über die fliegenden Untertassen lehren? Sind sie real? Sind sie Raumschiffe von anderen Planeten? Werden wir je in Raumschiffen von diesem Planeten zu anderen Planeten reisen, Meister?

Ramtha. Du sprichst von den schwer fassbaren Luftschiffen?

---

schleunigung der Schwerkraft: 9,8 Meter pro Sekunde, jede Sekunde. Die Kraft wird oft mit sich in Bewegung schnell ändernden Richtungen in Verbindung gebracht, wie die Kraft, die man spürt, wenn man mit großer Geschwindigkeit durch eine enge Kurve fährt, was einen spüren lässt, wie man an die Außenseite der Kurve gedrängt wird. Es ist die gleiche Kraft, die Wasser dazu bringt, aus dem Korb einer Waschmaschine gepresst zu werden und die Kleidung innen feststecken lässt.

Student: Ja, die Luftschiffe, über die in unseren Begriffen als fliegende Untertassen berichtet wird, von denen Menschen denken, dass sie sie am Himmel sehen. Sie sehen aus wie kleine Scheiben und viele Fragen umgeben sie. Sind sie real? Kommen sie von anderen Planeten? Befinden sich Menschen darin, die kommen und uns betrachten, uns von diesen anderen Planeten beobachten? Es gibt viele Geheimnisse und vielleicht könntest du einige davon heute Nachmittag für uns aufklären.

Ramtha: Was möchtest du aufgeklärt haben? Präzisiere es.

Student: Woher kommen sie und wer befindet sich darin?

Ramtha: Es gibt dreierlei, sozusagen in der Tat, wie es zu verstehen ist und wie man sie in deiner Zeit kennt, Luftschiffe von drei verschiedenen, sozusagen in der Tat, Herkunftsorten.

Eines, sozusagen in der Tat, kommt von der Mitte eurer Erde, die als Terra bekannt ist. Sie ist ein hohler Kern, sozusagen in der Tat, und die größten Zivilisationen sogar in den Zeiten, die ich kannte, haben sich selbst darin verbessert. Es handelt sich um ein Schiff und ein Volk.

Es gibt, sozusagen in der Tat, eine andere Gruppe von Brüdern, sozusagen in der Tat, die kommen, sozusagen in der Tat, von dem, was man Sternenreisen in eurer Zeit nennt. Sie kommen von dem, was man in der Tat Galaxien nennt, wie man sie kennt und sieht. Es gibt Leben, Meister, an anderen Orten. Sei niemals, sozusagen in der Tat, so scheinheilig in deinem Denken oder so selbstgefällig in deinem Denken, anzunehmen, dass ihr die einzigen seid, die am einzigen für Leben vorgesehenen Ort leben. Überall gibt es Leben.

Bei Wesenheiten, sozusagen in der Tat, die durch Zeit und Raum reisen, sozusagen, sind deren Reisen mühsamer, als die derjenigen, sozusagen in der Tat, die aus dem Kern kommen. Ihre Zeit, sozusagen in der Tat, ist Zeit, denn sie haben nicht gelernt, dimensionales Reisen zu meistern. Daher bewegen sie sich, sozusagen in der Tat, durch Raum, wie er gesehen wird und bekannt ist, in diesem dimensionalen Rahmen, durch den Antrieb, der Licht genannt wird.

Der Antrieb, der Licht genannt wird, steht der perfektionierten Energie am nächsten, Meister, und sie nutzen ihn, sozusagen in der Tat, um darauf zu reisen. In eine Leere projiziertes Licht, sozusagen in der Tat, erschafft, was man eine Art von Autobahn nennt, um darauf zu reisen. Ein Projektil, das Licht nutzt, sozusagen in der Tat, ist eine Energie, von der dieser Ort bald lernen wird und der bereits, sozusagen in der Tat, in Herstellung begriffen ist.

Die Wesenheiten kommen, sozusagen in der Tat, von Orten, die ihr in der Tat in eurer Zeit als das, was man Galaxien nennt, Sternensysteme, wie sie bekannt sind, bezeichnet. Es gibt einen Ort, der Alpha Centauri genannt wird. Dort gibt es eine große, sozusagen in der Tat, Zivilisation. Und was ist ihre Mission, sozusagen in der Tat, für Terra? Das Leben, das auf dieser Ebene existiert und seine Kulturen zu entdecken, sozusagen in der Tat, zu finden, sozusagen in der Tat.

Wenn jemand, sozusagen in der Tat, sich auf ein weiteres Abenteuer einlässt, Meister, stürzt er sich in das Abenteuer, um all das zu sehen, was hinter seinen erwarteten Reichen liegt, was immer er schlussfolgern mag. Wesenheiten, die sozusagen in der Tat von anderen Galaxien kommen, sind Forscher; sie sind Abenteurer, und das ist ihr Neuland. Und was denken sie in der Tat von uns? Sie denken, sozusagen in der Tat, Meister, dass wir, sozusagen in der Tat, in unserer Kreativität primitiv sind, aber verstehen, sozusagen in der Tat, dass sogar in ihrer Geschichte alle ihre Völker durch solche Zeiten gegangen sind, wie man es so sieht.

Es gibt einen Grenzpunkt, sozusagen in der Tat, der Zeit und ihrer Veränderung auf dieser Ebene, weshalb die höheren Erkenntnisse, von denen ich gesprochen habe, nicht nur für diesen Ort sind, sondern für alle Orte. Gedanke, sozusagen in der Tat, ist dort, wo immer sich Gott befindet. Und wo immer Gott ist, ist alles Leben. Wenn höhere Erkenntnisse, sozusagen in der Tat, von Meistern der Liebe und des Friedens, sozusagen in der Tat, und der Erhabenheit des Lichtes projiziert werden, ist es das Licht, das sie sehen werden. Und bei der Wende, sozusagen in der Tat, dieser Zeit, wie sie in neuen Zeitaltern gesehen wird, Meister, wird es, sozusagen in der Tat, große Hoffnung geben, die von dem, was man Galaxien nennt, kommen wird. Es wird eine Verbindung des Geistes geben, Meister, denn sie sehen das Licht und leben von Licht. Und wir beginnen erst, darüber nachzudenken. Es wird eine Verbindung solcher Art geben, um sicher zu sein; ihre Erkenntnis ist eine Wahrheit.

Die Farbe, sozusagen in der Tat, ihrer Antriebe wird lichtblau in seiner Farbe genannt und hat keine dunkleren Farben, sozusagen in der Tat, denn ihr Antrieb wird für lange Distanzen benötigt. Blau, sozusagen in der Tat, ist eine höhere Farbe der Perfektion, weißes

Wesen, sozusagen in der Tat, nicht für eine Reise sondern für eine vollkommene Reise. Und das ist ein Mysterium in eurem Mind.

Aber eine dritte Art, sozusagen in der Tat, wird interdimensional genannt. Es gibt, sozusagen in der Tat, Königreiche über Terra, die ihr nie gesehen habt. Es gibt Dimensionen über Terra, von denen ihr nichts wisst. Es gibt, sozusagen in der Tat, Terras, die als Terras existieren, aber in anderen Gedanken, anderem Verständnis. Und diese Gedanken und dieses Verständnis, sozusagen in der Tat, haben auch Einsichten in sich, wie ihr. Wir haben höhere Brüder, sozusagen in der Tat, die in einer anderen Zeit und einer anderen Dimension sind. Und auch sie, sozusagen in der Tat, haben ihre primitiven Fahrzeuge, das, was man Luftschiffe nennt, zugänglich und können sich, sozusagen in der Tat, durch Dimensionen und Zeit materialisieren. Und ihr Licht, Meister, in der Tat, das Licht, das sie verwenden, ist weiß und es ist nur einen Moment in ihrer Verwendung.

Wer auch immer, sozusagen in der Tat, in die Wildnis geht und, sozusagen in der Tat, in den Himmel schaut und ein leuchtendes Weiß sieht, wird, sozusagen in der Tat, die göttlichen Schiffe sehen, die man Luftschiffe nennt, solche, sozusagen in der Tat, die diese Menschen nicht einschüchtern sondern sie lieben. Sie, sozusagen in der Tat, sind Verwandte, doch sie haben größeres Licht und ein größeres Verständnis als sogar das unserer Brüder, sozusagen in der Tat, die in der Mitte dieser Ebene, Terra, leben, obwohl sie höher in Gedanken und weiter entwickelt sind.

Das große Licht, Meister, kennt in der Tat nur seine Reinheit und sonst nichts. Ihre Lichter werden bald wieder in eurem Himmel sichtbar sein. Sie sind die Novas; sie sind die Sterne, sozusagen in der Tat. Sie waren es, in der Tat, die das dargestellt haben, was man den Stern von Bethlehem nennt. Es war ein großes Schiff und sonst nichts.

Student: Vielen Dank. Das ist sehr erleuchtend.

Ramtha: Du hast gelernt?

Student: Ja, habe ich, sehr viel, Ramtha. Danke.

Ramtha: Eure Regierung, sozusagen in der Tat, hat einen geheimen Ort. Und an diesem Ort, sozusagen in der Tat, haben sie solche Luftschiffe zusammengebaut. Sie führen, sozusagen in der Tat, viele Arten von Explosionen durch, denn sie arbeiten mit dieser These, sozusagen in der Tat, des Laserlichts, das durch Kristalle gesehen wird, aber es funktioniert. So sei es. Ist das alles?

Student: Das ist alles. Vielen Dank.

Student: Welche Rolle spielen andere Wesenheiten aus dem Welt raum dabei und die Wesenheiten, die in der Erde leben?

Ramtha: Frieden. Warum sollten sie kommen, sozusagen in der Tat, in wandernden Menschenbanden, sozusagen in der Tat, die schädlich, kriegerisch, krank, in anderen Worten, sozusa gen in der Tat, unerwünscht sind? Das ist nicht ihre Natur.

Student: Na ja, ich weiß, dass du gesagt hast, dass der Stern von Bethlehem tatsächlich ein Raumschiff war.

Ramtha: Es wird ein Mutterschiff genannt.

Student: Ein Mutterschiff.

Ramtha: Das sind eure Bezeichnungen.

Student: Also nehme ich an, dass diese Wesenheiten zu diesem Zeitpunkt andere Ereignisse beobachtet haben.

Ramtha: Sie haben immer über andere Ereignisse gewacht, sozu sagen.

Student: Und haben sie vielleicht auch eine Rolle in Ereignissen zu dieser Zeit gespielt? Und tun sie das jetzt?

Ramtha: Sie haben es damals getan und sie tun es jetzt.

Student: Und könntest du die Rolle, die sie jetzt spielen, genauer erklären?

Ramtha: Einst gab es, sozusagen in der Tat, einen großartigen Ort. Er war euer altes Heimatland. Er wird Malina genannt. Er war ein Planet, sozusagen in der Tat, von beträchtlicher Größe im Vergleich zu diesem, Terra genannt, der, sozusagen in der Tat, der erste Nährboden der Götter war, der großen Götter, sozusagen in der Tat – gleich, brillant und liebenswert zu einander. Es entstand, sozusagen in der Tat, ein großer Krieg zwischen ihnen, der, sozusagen in der Tat, in dem es darum ging, den anderen in der Schöpfung zu übertreffen. Um zu definieren, was Schönheit wahrlich war, ging man dabei zum Äußersten seines Seins.

Diese, sozusagen, göttlichen Götter, welche die guten Teile waren, sozusagen in der Tat, die sich nicht unterwarfen, sozusagen in der Tat und nicht daran festhielten, einen derart großartigen Ort explodieren zu lassen, blieben selbst, sozusagen in der Tat, auf einem äußeren Stern zurück. Und jene Götter, sozusagen in der Tat, von der kriegerischen Partei waren fünf Rassen, die von der großen Rasse namens arische Rasse abstammten, der Großen Weißen Bruderschaft, die, sozusagen in der Tat, die Schöpfer von Terra waren.

Unsere Brüder – unsere ursprünglichen Brüder, sozusagen in der Tat – die man unsere höheren Brüder nennt, Meister, sind die Guten, sozusagen, die sich selbst nicht dem Ausprobieren durch Versuch und Irrtum unterwarfen, sozusagen in der Tat, um im Übertreffen in der Schöpfung Schönheit zu definieren. Sie sind weggegangen, sozusagen in der Tat. Und diejenigen, die Krieg führten, sozusagen in der Tat, zerrissen unser Heimatland. Ihr alle, die ihr euch an diesem Tag in eurer Zeit hier versammelt habt, seid die kriegerischen Götter, die Terra erschaffen haben. Diejenigen, die hervorkommen, sind diejenigen, die Friedensstifter sind; sie sind die Friedensstifter, Meister, in der Tat, denn sie haben immer Wahrheit, Perfektion und den ursprünglichen Gedanken in Sicht.

Wir werden das Zeitalter Gottes, sozusagen in der Tat, haben. Sie, Meister, werden sich in der Tat uns wieder anschließen. Und was sie, in der Tat, durch Äonen von Zeit behalten haben, wird geteilt und uns gegeben werden, denn wir sind bereit und haben es verdient. Deshalb.

Student: So sei es.

Ramtha: So ist es und so wird es sein. So sei es.

DIE EVOLUTION DER PFERDE – EINHÖRNER

Student: Ich wollte immer zu gerne wissen, ob das Einhorn eine der ersten Schöpfungen war, von der irgendein Gott dachte, dass sie nicht funktionierte und sie so aufgab oder nicht oder ob sie in der inneren Welt sind und tatsächlich immer noch existieren oder nicht.

Ramtha: Es gibt einige, die tatsächlich immer noch existieren und sie sind in der inneren Welt. Und die Gene dessen, was das Einhorn ist, fließen auch heute durch das, was man die Genealogie einer Ziege und eines Pferdes nennt. Du wirst sehen, dass einige Rösser eine Erhebung zwischen ihren Augen haben, einen Jibbah-Buckel. Er befindet sich dort, wo der Knochen zwischen ihren Augen sich in das formierte, was dort offensichtlich eine große Ausbeulung ist. Nun, es befindet sich in den Genen bestimmter Pferderassen, das, was einst eine große Hornmasse war, die mitten im Gesicht des Tieres wuchs. Sie besitzen es noch immer, ebenso wie sie einst Zehen besaßen, die sich nun sehr hoch oben an ihren Beinen befinden.

Nun, dass war das höchste Bemühen im Experimentieren mit dem, was man Pferd nennt und seinen ersten Versuchen als Wesen, aber eigentlich war es am Anfang gar kein Einhorn. Es war Mensch und Pferd, mit Füßen wie eine Ziege. Und davon ausgehend, veränderten sie den Menschen. Das war keine sehr gute Sache, daher nahmen sie den Menschen heraus und vollendeten den Rest des Tieres, worüber ich sehr froh bin. Und sie erschufen das Tier erneut, damit es einen einheitlichen Rumpf haben würde, von der Schulter ab, um auf dem Weideland zu grasen, denn es war ein Tier, das sich eher vom Weideland ernährte als ein Fleisch fressendes Geschöpf.

Ziegen tragen, weil sie eine Kreuzung waren und ihre Herkunft von dem, was man Rösser nennt, ableiten, in bestimmten Arten das in sich, was man die gleiche Knochenstruktur nennt und haben immer noch den gespaltenen Fuß, den das ursprüngliche Einhorn hatte.

Nun, sie existieren und es gibt eine Spezies von ihnen im Inneren. Was sie auch waren und wie der Mensch sie auch haben wollte, sie mussten sich selbst verändern. Und daher habt ihr das Ergebnis von zwei getrennten Geschöpfen, Ziege und Pferd, aber beide tragen die Überreste ihrer einst vereinten Vergangenheit in sich.

Kontakt mit Regierungsbeamten

Die Amerikas, eure Regierung hier, Wesenheit, haben bereits einige äußerst wunderbare Expeditionen unternommen; drei davon werde ich erwähnen. Einmal haben sie die Polarpässe abgesperrt – wisst ihr, worüber ich rede, wenn ich von Polarpässen spreche? Man würde sie als euren nördlichen Pass und euren südlichen Pass betrachten – weil sie herausgefunden haben, dass eure Welt hohl ist, und das ist sie. Sie befinden sich auf Expeditionen, denn sie erforschen die innere Erde und die inneren Menschen dort. Und man hat ihnen noch nicht erlaubt, völlig hineinzukommen. Sie haben eine große Barriere errichtet, denn sie wollen niemand anderen dort haben. Und sie verhandeln, sozusagen, oder sie flehen eher darum, das zu haben, was man eine Verhandlung, Konferenz, nennt.

Und die Menschen der inneren Erde können den Ozeanboden aufspalten. Mit dem, was man die Fliehkraft nennt, spalten sie den Ozean auf und erzeugen dadurch eine große und enorme Säule, die über das reicht, was man zehntausend Meter in die Luft nennt, um einem ihrer Schiffe zu ermöglichen, herauszukommen. Dieses Rätsel ist bereits beeindruckender als das, was eure kleine Atomregierung hat, Wesenheit. Nun, was diesen einen Effekt anbelangt, fürchten sie sich sehr vor dem Feind im Inneren, was sie in ihrer Konferenz umschreiben, die sehr geheim ist. Der Feind im Inneren ist viel mächtiger und viel gefährlicher als alles auf eurer Oberfläche, wenn er es will.

Student: Gut, wer, beispielsweise in der Regierung der USA, hat mit diesen Menschen zu tun und in welcher Weise?

Ramtha: Als eine Wesenheit nannte man ihn Byrd. Er war eine Wesenheit, sozusagen in der Tat, die verschiedene Kontakte ge schlossen hat.

Student. Admiral. Aber irgendjemand seither?

Ramtha: Er hat die Aufgabe an eine Wesenheit namens Callen, eine Wesenheit namens Smith, eine Wesenheit genannt ein Marshall, eine Wesenheit namens, sozusagen in der Tat, ein Stevenson, weitergegeben. Sie haben mit vielen von denen Kontakt aufgenommen, Wesenheit, vielen Menschen, siehst du, aber nicht alle glauben ihnen.

Student: Und reisen diese Personen in die Erde um …

Ramtha: Zu diesem Zeitpunkt ist es ihnen nicht erlaubt, das zu tun, Meister. Sie verhandeln, sozusagen. Sie sind, sozusagen in der Tat, durch jene, Meister, sehr gewahr dessen, was man die innere Erde und ihre Aktivität nennt. Aber kommunikationsmäßig gesprochen, Meister, wissen sie sehr wenig. Sie haben immer Angst davor. Deshalb nennen sie jene den inneren Feind. Weißt du, sie nennen sie Feinde, weil das bedeutet, dass sie sie nicht meistern können. Aber in Wahrheit sind sie innere Brüder.

Diejenigen, die Kommunikation aufgenommen haben, Meister, möchten nie mehr weggehen. Die rauchige Sonne, sozusagen in der Tat, wie sie auf den azurfarbenen Gewässern gesehen wird, und ihre Seen und ihre Berge sind ein wundervoller Platz, um zu sein, denn Frieden ist dort akzeptiert. Jeder wird gemäß seiner Einstellung akzeptiert. Jeder wird gemäß seinen Taten akzeptiert. Und alle, sozusagen in der Tat, haben sich im gemeinsamen Bemühen, ihren Frieden aufrechtzuerhalten, weiterentwickelt.

Im Gewahrsein, sozusagen in der Tat, des Wissens, das eure Regierungsbeamten vom inneren Kern der Erde haben, Meister, wissen sie von diesem Ort und diesem Allerheiligsten und sie senden ständig, sozusagen in der Tat, das was man in der Tat Schiffe nennt, die unter Wasser gehen, um in die, sozusagen in der Tat, großen Öffnungen bei den Polarregionen, wie sie genannt werden, hineinzurutschen, doch sie werden ständig gemieden.

Als Nächstes sind sie bereits, sozusagen in der Tat, um den Mond herum aufgetaucht. Eure Regierung ist auf eurem Mond gegangen, einer davon, hm? Nun, es gibt eine wundervolle Sternenbasis, die bereits auf der anderen Seite eures Mondes errichtet worden ist, Wesenheit. Und diese, sozusagen, ist von Beobachtern, Wesenheit, von jenseits des Nordsterns. Und das ist der Ort, wo die großen Schiffe genannt Mutterschiffe herauskommen und wie Sterne aussehen, die an eurem Himmel funkeln. Und sie haben das bereits herausgefunden, und das jagt ihnen Angst ein, denn, siehst du, alles, das sich bewegen und der Schwerkraft trotzen kann, Wesenheit, kann auch beweglichen Raketen trotzen. Du siehst also, sie sind hier ein wenig eingeschüchtert.

Das nächste Abenteuer, Wesenheit, ist, dass eure Regierung ein Schiff von solchem Kaliber gebaut hat, aber es befindet sich erst noch in den sehr anfänglichen Phasen. Es ist gefährlich, weil sie das als Aktivator verwenden, was man nukleare Strahlung nennt, was es dazu bringt, sich zu drehen und das Aufsteigen verursacht, ohne das, was man eine Antriebsbewegung nennt. Aber sie haben gelernt, wie man ein solches Schiff baut.

Nun, der Grund, warum sie nicht in den Krieg ziehen werden, ist, dass sie nicht länger gelangweilt sind, sozusagen. Und wenn sie das, was man die Verhandlungen mit dem inneren Feind nennt, abbrechen und eine wirkliche Freundschaftsbasis finden – was sie verdienen müssen, Wesenheit – werden sie eine Wissenschaft erlernen, die sie in einem Wimpernschlag über die Sonne hinausbringen wird. Und wenn sie das tun, ist ihr Neuland so riesig, so großartig und so enorm, dass man gar nicht mehr an Krieg denken wird, denn wer sollte die Gesamtheit von einhundert Universen erobern, Wesenheit?

DAS NORDLICHT

Student: Ich habe das Phänomen gesehen, das man als Nordlicht kennt und ich kenne die wissenschaftliche Erklärung dafür. Aber ich würde gerne wissen, ob es eine andere gibt, ob es Wesenheiten gibt, die dort leben, die das Auftreten verursachen.

Ramtha: Es ist nur das Licht der rauchigen Sonne, die in der Mitte eurer Erde ist, sozusagen in der Tat, die an euren Abendhimmeln gesehen wird, die von innen auf das Äußere eurer Polarregionen reflektiert wird.

So wie es ist, sozusagen in der Tat, kommt das Licht heraus, sozusagen in der Tat. Es prallt von dem ab, was man das Crystalium in der Luft nennt, das kalt oder eisig ist. Und die Partikel des Crystaliums, sozusagen in der Tat, wirken als Spiegel. Das ist das Ramtha-Verständnis der Nordlichter.

REISE ZUM MITTELPUNKT DER ERDE

Student: Ich habe ein mögliches Interesse an einer Reise dorthin zum Ausdruck gebracht und du hast, meine ich, darauf hingewiesen, dass es möglich wäre. Ich bin tatsächlich daran interessiert, dorthin zu reisen und du hast etwas über die Öffnungen, die nach innen führen, gesagt. Kannst du mir weitere Einzelheiten darüber geben? Und wenn ich dorthin reisen sollte, würde man mich akzeptieren und würde man mir erlauben, ins Innere einzutreten?

Ramtha: Niemand kommt je dorthin, Meister, außer es wurde ihm erlaubt, zu kommen. Die Öffnungen, sozusagen in der Tat, größtenteils – euer Himmelskörper ist nicht, was man rund nennt; er ist oben und unten abgeflacht. Wenn du genau hinsiehst, sozusagen in der Tat, eine bessere Sicht auf Terra hast, wirst du sehen, dass sie kein rundes Objekt ist, sondern ein abgeflachtes, ausgedehntes Objekt. Die Öffnungen, sozusagen in der Tat, sind das, was man die Polarregionen nennt. Sie sind dort, wo sich das befindet, was man die Dead Horse Drones nennt, wie sie bezeichnet werden.

Student: Die Dead Horse Drones? Na ja, mit dieser Gegend bin ich nicht vertraut. Aber ich habe die Landkarten der Regionen studiert. Und wenn du innerhalb der Polarregionen sagst, zum Beispiel im Bereich des Nordpols, meinst du dann innerhalb des nördlichen Polarkreises?

Ramtha: Im nördlichen Polarkreis.

Student: Im nördlichen Polarkreis. Gut, existiert das Nördliche Eismeer tatsächlich, wie man uns sagt, dass es existierte, oder ist …

Ramtha: Es existiert, Meister. Es ist über einen Fluss mit dem inneren Kern verbunden. Aber wenn du dich ihm näherst, Meister – in der Tat, man hat euch irregeführt – wird es nicht kälter und eisiger. Es wird wärmer und tropischer in seiner Natur.

Student: Gut, also ich habe von Einigen gelesen, die theoretisieren, dass die Öffnung einem Loch in einem Doughnut gleicht und wenn man über das Nordpolarmeer segelt, dann segelt man praktisch in die Erde. Ist es das, was du sagst? Mir ist das unklar.

Ramtha: Genau das tue ich.

Student: Aber das ist des Weiteren eine Landmasse, die in die Öffnung reicht. Ist das richtig?

Ramtha: Die gibt es auch, Meister.

Student: Und was ist diese Landmasse? An welchem Kontinent hängt sie oder zu welchem …

Ramtha: Zum inneren Kontinent.

Student: Aber an der Außenseite, wohin müsste man gehen? Würde ich beispielsweise …

Ramtha: Meister, du hast die Illusion, dass es eine Landmasse gibt, die diese Spitze und den Boden eures Himmelskörpers bedeckt, aber die gibt es nicht.

Student: Nein. Nein. Nein, ich meine, in welches Land, dessen Namen ich erkennen würde, müsste ich beispielsweise reisen, um eine Reise in die Erde zu beginnen?

Ramtha: Das, was man die Region Alaskas nennt, was man die Region Islands nennt, was man in der Tat die Region Grönlands nennt. Geh genau nach Norden, wie man ihn berechnet. Und von dort, Meister, wenn dein Zähler keinen Norden mehr anzeigt und sich selbst in Verrücktheit dreht, wirst du bemerken, dass du in eine Leere gehst.

Student: Sagst du mir nun also auch, dass der so genannte Kontinent Antarktis nicht existiert, wie man uns auf den Landkarten weismacht?

Ramtha: Die Antarktis existiert, Meister, in der Tat, aber es ist irreführend.

Student: Das ist es. Dort gib es aber auch eine Öffnung?

Ramtha: In der Tat.

Student: Ist es eine Öffnung innerhalb des Festlandes oder schließt sie auch Wasser ein?

Ramtha: Es ist ein Meer, das nach innen fließt. Wasser fließt in allen Öffnungen, Meister. Es sind Flüsse, Abflüsse, Zuflüsse, wie sie genannt werden.

Student. Was wäre für mich die beste Route, über die man dorthin gelangen könnte?

Ramtha: Was man die südlichen Polarregionen nennt. Diese Route sollte man nehmen.

Student: Mit anderen Worten alle Punkte, die du gerade erwähnt hast.

Ramtha: In der Tat.

Student: Da man niemals dorthin reist, bevor man akzeptiert wurde – wie würde ich Akzeptanz erlangen?

Ramtha: Durch Versuchen.

Student: Hast du eine Vorstellung von der Wahrscheinlichkeit meines Erfolges, wenn ich es versuchte?

Ramtha: In der Tat. Jeder, der es, Meister, mit ernsthaftem Herzen versucht, wird erfolgreich sein. Wenn du nach innen gehst und weiter feststellst, sozusagen in der Tat, dass die Pollen den weißen Schnee durch Farben und leuchtende Schattierungen verändert haben und wenn, sozusagen in der Tat, dein Schiff oder dein Luftschiff landet und die sanften Gewässer es, sozusagen in der Tat, mühelos an eine großen Wand schwemmen, leg deine Hände darauf. Sie wird sich für dich öffnen.

Student: Ich verstehe nicht. Tut mir leid.

Ramtha: Das wirst du.

Student: Wäre es eigentlich logisch, dorthin zu fliegen, wie es Admiral Byrd getan hat?

Ramtha: Und was bezeichnest du als Logik?

Student: Na ja, wenn man die Reise zu Fuß unternähme, könnte es Jahre dauern, soviel ich weiß. Und es könnte einfacher sein, dorthin zu fliegen. Ich weiß nicht.

Ramtha: Dann nimm die einfachste Sache in Einklang mit dir.

Student: Also, mit anderen Worten würde man einfach nach Norden fliegen zu dem, was, wie man uns beigebracht hat, die Rotationsachse der Erde am Nordpol ist, würde man sich automatisch innerhalb der Erde wieder finden?

Ramtha: Deine Schwierigkeit, Meister, ist, einen Navigator zu finden, der mit dir auf eine derartige Reise gehen und es verstehen wird, sozusagen in der Tat, wenn die Nadeln, die nach dem magnetischen Norden zeigen sollten, von ihren Positionen abweichen.

Student: Wie würde man die nach Norden gerichtete Reise eigentlich navigieren?

Ramtha: Indem man den Zeichen der Tropen folgt.

Student: Das verstehe ich auch nicht.

Ramtha: Natürlich tust du das nicht, Meister, denn du nimmst an, sozusagen in der Tat, dass in ein Eisland zu reisen weder Tropen noch Sonnenschein bedeutet, aber das tut es doch. Wenn du, sozusagen in der Tat, entweder genau nach Norden oder in die südlichen Regionen reist, Meister, geh soweit du kannst. Wenn die Gewässer warm werden und, sozusagen in der Tat, die Sonne in einem anderen Maß scheint, und wenn du, sozusagen in der Tat, die Wärme in der Luft bemerkst, dann näherst du dich deinem Zielpunkt.

Student: Nun, um genau zu sein, bin ich soweit gegangen, Satellitenbilder der nördlichen Polarregion zu besorgen. Und da gibt es eines, das kurioserweise das zu zeigen scheint, wovon du sprichst. Jedoch bedeckt es …

Ramtha: Wolken bedecken diesen Teil nicht, nicht wahr?

Student: Nein. Sie bedecken jedoch einen viel größeren Bereich, als man sich vorstellen würde. Sie bedecken, wie du sagst, Teile von Alaska und ich denke, den Großteil von Grönland beispielsweise, was man uns als Grönland erklärt hat. Ist das eigentlich ein Bild von dem, wovon du sprichst?

Ramtha: Es ist ein Anfang des Bildes, von dem ich spreche.

Student: Hätte es einen Wert, wenn ich jemanden in unserer Regierung, der darüber Bescheid weiß, für weitere Informationen kontaktierte?

Ramtha: Hätte es nicht, Meister.

Student: Ich glaube, dass die Weltmächte im Allgemeinen – Ich nehme es aus dem Grund an, weil ich es so unglaublich finde, dass man uns beispielsweise sagte, das Unterseeboot Nautilus und ein anderes Atom-U-Boot wären über die Polareiskappen über das, was wir die nördliche Rotationsachse nennen, gesegelt und auf der anderen Seite hinunter, aber du sagst mir, dass dies tatsächlich alles Fiktion ist, dass….

Ramtha: Es ist nicht Fiktion, Meister. Es ist eine Wahrheit, denn wenn sie, sozusagen in der Tat, einen nördlichen Bereich haben wollen, über den sie gereist sind und ihre zeitraubende Reise unternommen haben, Meister, dann werden diejenigen, sozusagen in der Tat, die die Mächte kontrollieren, die sich in der Erde befinden, ihnen erlauben, genau das zu tun.

Student: Willst du mir sagen, dass es eine Öffnung, nun, im nördlichen Polarmeer geben kann oder auch nicht …

Ramtha: Es gibt immer eine Öffnung, Meister, aber die, die sich, sozusagen in der Tat, strikt darauf verlassen, was man die Maschinen nennt, können leicht manipuliert werden, das versichere ich dir.

Student: Gibt es eine bestimmte Person oder einen Ort, an den zu wenden, du mir empfehlen würdest, um die Reise, von der ich spreche, zu beginnen?

Ramtha: Wünsche es. Sammle all deine Daten, sozusagen in der Tat, die du benötigst und sprich es vom Herrn und Gott deines Seins aus, Meister. Es wird ein Meister kommen – nicht eine Wesenheit, sondern ein Meister, sozusagen in der Tat – der dir bei deiner Reise helfen wird. Wenn alle Dinge in Bewegung gesetzt und ordentlich sind, wirst du, sozusagen in der Tat, deine ereignisreiche Reise machen und für eine ganze Weile, Meister, nicht zurückkehren. Das ist gut. So sei es.

Student: So sei es.

Ramtha: Wir werden sehen.

EINE LÜCKE IN DER MODERNEN WISSENSCHAFT

KOMMENTAR ZU KAPITEL 3
DIE PYRAMIDEN ÄGYPTENS

Unbefriedigende Erklärungen von Geschichte und Wissenschaft

Die wissenschaftlichen Verständnis- und Wissensmodelle, die heute verfügbar sind, sind nicht in der Lage, eine zufrieden stellende Erklärung für den funktionalen Zweck der Cheopspyramide anzubieten. Die mathematische Komplexität und Genauigkeit, die in dem Bauwerk selbst und seiner Errichtung stecken, scheinen nicht mit dem geschichtlichen Zusammenhang überein zu stimmen, in dem sie angeblich stehen – nämlich der kulturellen Umgebung und dem technologischen Niveau während der Herrschaft von Cheops 2551-2528 v. Chr.

Der Umfang der Basis der Cheopspyramide gleicht beinahe der Länge einer halben Winkelminute, nämlich 923,79 Metern, am 30. nördlichen Breitengrad der Erde. Die geografische Lage der Cheopspyramide befindet sich beinahe auf exakt 30 Grad Nord. Der Umfang der Basis dividiert durch die doppelte Höhe nähert sich dem konstanten mathematischen Wert Pi. Ein weiterer Fakt, der die Cheopspyramide als ein kompliziertes geodätisches Artefakt charakterisiert, ist ihre perfekte Ausrichtung nach dem wahren Norden. Die Genauigkeit der oben genannten Proportionen und Ausrichtungen hängt überhaupt nicht von einer bestimmten Art von Messsystem ab, was oft in den Meinungsverschiedenheiten über die Richtigkeit dieser Abmessungen als Argument angeführt wird. Dennoch schreiben Historiker und Wissenschaftler diese Tatsachen trotz solcher wissenschaftlichen Erkenntnisse meist dem Zufall zu. Für gewöhnlich argumentieren sie, dass die Ägypter in dieser Periode kein derart detailliertes Wissen über Krümmung, Form und Dimensionen der Erde besaßen.

John Greaves, Professor an der Universität Oxford, ein Mathematiker und Astronom, stellte 1638 die erste organisierte wissenschaftliche Expedition nach Ägypten zusammen. Seine Arbeit lieferte die genauen Abmessungen der Cheopspyramide, die bis in das späte 19. Jahrhundert Verwendung fanden. Der berühmte Archäologe Sir Flinders Petrie, der als „Vater der ägyptischen Archäologie“ bekannt ist, leitete in den 1880ern ausführliche Untersuchungen an der Cheopspyramide und anderen wichtigen ägyptischen Orten. Petries Arbeit forderte alle Sichtweisen, ganz zu schweigen von dem auf biblischen Prophezeiungen basierenden Zugang der meisten Pyramidenexperten heraus und stützte außergewöhnliche Interpretationen der Proportionen und des Baus der Cheopspyramide. Seine Arbeit über die Cheopspyramide, *The Pyramids and Temples of Gizeh*, 1883 veröffentlicht, die er in der Folge 1885 überarbeitete, begründete den in der Ägyptologie bezüglich Geschichte, Erbauung und Bedeutung der Cheopspyramide üblichen Trend, der sich bis heute fortsetzt.

Ungeachtet der Genauigkeit und des Umfangs von Petries Werk und jenen, die folgten, bleiben drei wichtige Fakten durch die Wissenschaft unerklärt: der Zusammenhang zwischen dem Umfang der Basis der Cheopspyramide und einer halben Winkelminute auf dem Breitengrad der Erde bei 30 Grad Nord, die große Nähe zum mathematischen Wert Pi, die bezüglich ihres Basisumfangs und ihrer Höhe entdeckt wurde, und ihre unumstritten perfekte Ausrichtung nach dem wahren Norden. Diese Lücke in der modernen Wissenschaft hat das Thema zum Gegenstand von viel Spekulation, Aberglauben und Geheimnis gemacht.

Die übliche Unfähigkeit und Unwilligkeit, die Unzulänglichkeit von bestimmten Trends im Denken zu erkennen, ist einer der Hauptursachen, die den wissenschaftlichen Fortschritt aufhalten. Der Prozess, überholte philosophische und wissenschaftliche Konzepte aus dem Gewohnheitsdenken und der Kultur der Menschen zu entfernen, ist eine sehr mühsame und langsame Evolution, deren Durchsetzung oft sehr lange Zeitperioden erfordert.

Ramthas Beschreibung der Pyramiden von Gizeh in Ägypten und ihrer Geschichte spielen eine wichtige Rolle in seiner Betrachtung der Geschichte der Menschheit. Der Zweck hinter diesen Pyramiden selbst war ein wichtiger Teil des Plans, das Wissen der Alten Schulen der Weisheit vor dem Aussterben durch den Lauf der Zeit und die bösartigen Angriffe der Unwissenheit zu bewahren.

DER FUNKEN DES LEBENS – AUF DER SUCHE NACH ENERGIE FREI VON POLARITÄT

Die Pyramiden von Gizeh entstanden vor 34.000 Jahren. Ramtha sah sie in seinem eigenen Leben nie. Die Pyramiden waren ursprünglich aus Holz gebaut, das nicht überlebte.

Die Watusi-Stämme in Afrika sind die ursprünglichen Ägypter. Die wahren ägyptischen Menschen stehen der königlichsten Dynastie, die je gelebt hat, am nächsten. Ihre Anatomie ähnelt mehr den Göttern, die ihnen vor 455.000 Jahren halfen, ihre Kultur zu erschaffen.

Ra-Ta-Bin war der erste Pharao, der Vater, des ägyptischen Volkes. Er und Hermes[1] waren die Ur-Ingenieure der Cheopspyramide. Ra-Ta-Bin und Hermes wanderten von Atlantis nach Ägypten aus und brachten ihre Technologie mit.

Die perfekte Ausrichtung des Bauwerks ließ ein Kraftfeld entstehen. Hermes war der erste, der es ausrichtete. Durch die Ausrichtung nach dem wahren Nord-Süden werden die Energiegürtel und –felder aufgenommen, die den Planeten in seiner Kreisdrehung um die Sonne halten. Die Energie, die aus dieser zentrifugalen Bewegung entsteht, ist eine höhere Form der Energie als Elektrizität. Daher ist die Energie, die innerhalb der Pyramide gesammelt wird, frei von Elektromagnetismus und Polarität. Ramthas ausgedehnte Kosmologie der sieben unterschiedlichen Ebenen von Bewusstsein und Energie bietet den wissenschaftlichen Rahmen, der die Bedeutung der verschiedenen Energieformen und ihrer korrespondierenden Frequenzen und Polaritäten aufzeigt. Genau genommen bietet Ramthas Model der Natur der Realität einen perfekten Rahmen für das Verständnis von Zweck und Funktion der Cheopspyramide selbst.[2] Er sagt voraus, dass „wenn die Zellen erst in ihrem kleinsten Universum entdeckt sein werden, wird man sehen, dass der Kern oder das Zentrum der Zelle nicht rund ist, Wesenheit, sondern die Form einer einseitigen

---

[1] Es ist interessant, dass der Name des großen Alchemisten Hermes Trismegistus, oft als Hermes bezeichnet, als drei Mal Meister übersetzt wird. Im Lichte von Ramthas Geschichte der Cheopspyramide könnte der Name Trismegistus genau so gut eine erhaltene Redewendung sein, die Hermes eher als Meister der Triade oder Pyramide beschreibt.

[2] Siehe Abb. 1.

ABB. 1: DIE SIEBEN EBENEN VON BEWUSSTSEIN UND ENERGIE

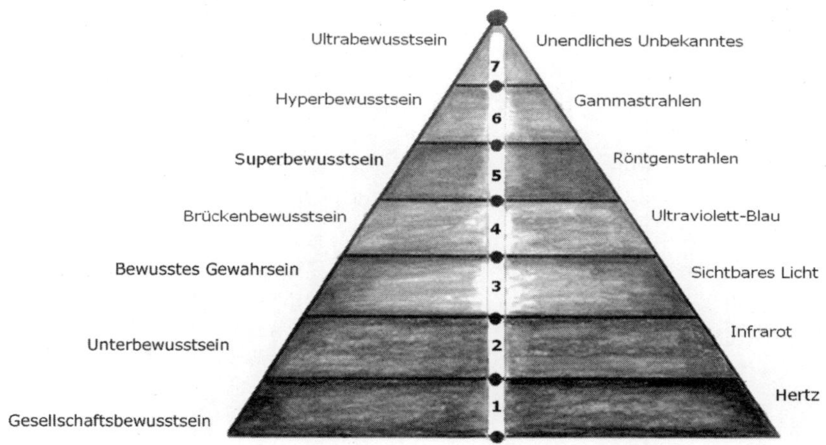

ABSTIEG DES SPIEGELBEWUSSTSEINS
EBENEN DER FREQUENZ

Sieben Ebenen von	**Bewusstsein**	**& Energie**	**Referenzfarbe**
7. Ebene	Ultrabewusstsein	Unendliches Unbekanntes	Goldenes Rosa
6. Ebene	Hyperbewusstsein	Gamma-Strahlung	Mattes Rosa
5. Ebene	Überbewusstsein	Röntgen-Strahlung	Gold
4. Ebene	Brückenbewusstsein	Ultraviolettes Blau	Ultraviolettes Blau
3. Ebene	Bewusstes Gewahrsein	Sichtbares Licht	Gelb
2. Ebene	Gesellschaftsbewusstsein	Infrarot	Rot
1. Ebene	Unterbewusstsein	Hertz	Braun, Rostfarben

das ist, was Energie spendet oder den Funken des Lebens ermöglicht und das enthält, was man die Ladung innerhalb der Zelle nennt."

Die Errichtung dieses massiven Bauwerks dauerte weniger als drei Jahre und seine Planung zweieinhalb Jahre. Menschen von jenseits der Sonne halfen bei seiner Errichtung. Sie schnitten die Steine präzise mit Laserlicht und verwendeten Null-Grad-Temperaturen in einem Vakuum, um Antischwerkraft zu erzeugen und die Steine an ihren genauen Ort zu befördern. Hermes schrieb den Besuchern jenseits der Sonne, den Göttern der Sonne, eine Widmung. Als das Gebäude vollendet war, ermöglichte es die Kommunikation mit den Menschen jenseits der Sonne. Es wurde unter Verwendung atlantischer Technologie auch für Reisen verwendet.

Die Königskammer ist der energetischste Teil der Pyramide, dennoch gibt es viele weitere Kammern, die noch nicht entdeckt worden sind. Es gibt ein riesiges Netzwerk von Gängen, ähnlich denen der Untergrundbahn einer Stadt, das alle Pyramiden verbindet und in die innere Erde führt. In der linken Pranke der Sphinx gibt es eine Kammer, die eine ganze Bibliothek von Wissen über die alte Geschichte der Menschheit enthält. Diese Kammer unterscheidet sich von der Halle der Aufzeichnungen, die von Edgar Cayce beschrieben wurde. Sie wird gefunden werden, wenn die Menschen von jenseits der Sonne zurückkehren und die Technologie des alten Ägypten wieder aufleben lassen. Ramtha erklärt, dass Antischwerkraft wirklich ein sehr einfaches Konzept ist. Antischwerkraft tritt beim Erhöhen der Frequenz eines Gegenstandes oder einer Konstruktion auf, da die Kraft der Gravitation keinen Bezug zu Licht oder Elektrizität hat. Die Wissenschaft hinter UFOs folgt dem gleichen Prinzip.

Schließlich erklärt Ramtha, dass Pyramiden Wissen bringen und den Mind reifen lassen. Sie verstärken den Heilungsprozess im Körper und die Gedankenprozesse des Träumers, der darin schläft. Die Pyramiden von Gizeh wurden als ein beständiges Testament unserer Göttlichkeit erbaut. Sie wurden gebaut, um die Zeitalter zu überleben, damit die Menschheit niemals die Macht des eigenen Seins und den Lebensfunken vergisst, die Intelligenz, die jeden Menschen im Leben aufrechterhält und belebt.

Kapitel 3
Die Pyramiden Ägyptens

„Die feurigen Formen – nun, das ist, was sie sind – sie wurden als Formen erschaffen, die Energie in ihrer Mitte bannen.

Sie stellen wirklich den inneren Gott dar. Das, was man die feurigen Formen nennt oder was ihr die Pyramiden nennt, Wesenheit, wurde als das erbaut, was man ein Zeichen für die Menschheit nennt, ein Bild für die Menschheit, das, was man, sozusagen in der Tat, ein Denkmal für die Menschheit, eine Erinnerung an die Menschheit nennt, um immer nach innen zu sehen, denn, Wesenheit, geht man nicht nach innen in eine große Form wie diese hinein und ist in der Herrlichkeit dessen, was man fühlt, gefangen? Gewiss."

Ramtha

DER BAU DER GROSSEN PYRAMIDEN VON GIZEH

Vor fünfunddreißigtausend Jahren wurde Gizeh entworfen. Die Große – die großartige Große – sah ich nie in dieser Erfahrung. Es gab davor Pyramiden, die aus dem erbaut wurden, was man Holz nennt, aber die Winde dessen, was man die Wüste nennt und die Vordächer dessen, was man die Erdschicht nennt, verursachten großen Schaden. Sie wurden, sozusagen in der Tat, in den letzten Tagen des Herbstes dessen, was man Atlantia nennt, empfangen. Als bereits das, was man das Mutterland, Mu nennt und all seine Pilgerströme durch das, was man den Isthmus des Kanals nennt, der das, was man Lemurien nennt, mit dem verband, was man Atlantia nennt, zum südlichen Hafen namens Onai, bis zu dem, was man die obere Kruste dessen, was man Atlantia nennt, Wesenheit, bis zu dem, was man eure Ostküste nennt, sozusagen in der Tat, bereits zu fallen begannen, gab es nur Bruckstücke von dem, was man die Landmasse namens Atlantia nennt, sozusagen in der Tat, die zu diesem bestimmten Zeitpunkt übrig geblieben waren. Und als sich der Kanal erweiterte, sozusagen in der Tat, begann das, was man eine große Landmasse nennt, sich loszulösen. Sie war mit dem, was man euer Brasilien nennt, in dem, was man euer Südamerika nennt, einst eins und die gleiche Landmasse und ihr Gipfel, sozusagen in der Tat, trugen das, was man den oberen Kontinent nennt.

Als der Kanal sich erweiterte, sozusagen in der Tat, und die Landveränderungen – mit der Verschiebung dessen, was man, sozusagen in der Tat, den Meeresboden nennt – begannen, sozusagen, brachte die Trennung durch Druck, sozusagen in der Tat, die zwei Landmassen dazu, sich zu lösen. Der Kanal, sozusagen in der Tat, über den die Pilger von dem, was man Mu nennt, in das, was man Atlantia nennt, flohen, führte sie in die südlichste Region.

In dem, was man die späten Tage, sozusagen in der Tat, der Zerstörung nennt, erschien, sozusagen in der Tat, oben in dem, was man die mongolischen Lande nennt, bis zu dem, was man den Sudan nennt, bis zu dem, was man, sozusagen in der Tat, jetzt in eurer Zeitrechnung Ägypten nennt, ein großes Volk, eine Mischung aus dem, was man die Nordländer nennt – die später Ionier genannt wurden – und dem, was man, sozusagen in der Tat, Menschen von Mu und Atlantia nennt. Sie tauchten, sozusagen in der Tat, in den Stammesvölkern, die alle mahagonifarben waren, auf.

Die ursprünglichen Ägypter, sozusagen in der Tat, Wesenheit, waren groß an Statur und erreichten das, was man zwei Meter zehn in eurer Sprache nennt, sozusagen in der Tat, mit mahagonifarbener Haut und grünen Augen. Sie besaßen, sozusagen in der Tat, in ihrem Geschlecht das, was man Schönheiten mit kupferfarbenem Haar und mahagonifarbener Haut nennt.

Wenn ihr so alt wie ich seid, seht ihr viele Dinge, die im Lauf von 35.000 Jahren geschehen. Die Ägypter stehen der königlichsten Dynastie, die jemals lebte, am nächsten. Sie sind den Göttern näher, als es die Israeliten je sein werden, weil die Israeliten diejenigen sind, die das, was man das ursprüngliche ägyptische Königreich nennt, absetzten. Die Ägypter, ihre Urgeblüte, waren die Watusi von Afrika. Die Watusi sind die ursprünglichen Ägypter. Sie hatten rote Haare und grüne Augen – rote Haare und grüne Augen. Die Götter von vor 455.000 Jahren landeten und halfen ihnen, ihre Kultur zu erschaffen. Ägypter sehen nicht wie der Rest der Mittelmeermenschen aus. Wie viele von euch wissen, was die Watusi sind, die das königliche Rot tragen? Sie tragen sogar das königliche Karo Schottlands.

Könnt ihr denn nicht selbst denken? Warum erforscht, untersucht und wisst ihr dann nicht?

Wisst ihr, die großen Afrikaner, die einen Meter achtzig und größer sind, sind die ursprünglichen Ägypter. Sie sind wiederum die ursprünglichen Schotten. Wendet euch an euren Nachbarn und sagt ihm das. Wer ist es in Afrika, was ist der Name des Stammes, der Vieh hütet und furchtlose Löwenjäger hat und rot trägt? Die Masai und die Watusi sind derselbe Stamm. Die ursprünglichen Masai und Watusi hatten ebenholzfarbene Haut, aber kupferfarbene Haare und grüne Augen. Woher kam ihre Beschreibung? Von den Göttern jenseits des Nordsterns. Das ist das ursprüngliche Ägypten. Ägypten ist Afrika.

Sie, Wesenheit, waren das, was man die Bewohner jenes Landes nennt, sogar in der Zeit von dem, was man Atlantia nennt. Sie hatten die ersten Bauwerke dieser Bauart errichtet, verstanden etwas von dem, was man die atlantische Architektur nennt, aber sie hatten ihre aus dem geschaffen, was man Baumstämme und Holz nennt. Das waren die ersten, die erschaffen wurden. Und sie haben die Symbole überall hinterlassen. Sie lebten in den Hütten. Und da dies ein Teil ihrer Unterkunft war, sozusagen in der Tat, entwickelte sich eine wundervolle Energie unter ihnen. Und die Wesenheiten wurden weise, inbrünstig in ihrer Sprache und bewandert, und Menschen aus der ganzen Welt suchten ihren Rat. Und sie wurden von der Verherrlichung dessen, was man Metalle nennt, nicht berührt.

Und das, was man Gizeh nennt, sozusagen in der Tat, wurde erst erbaut, Wesenheit, aus dem, was man Holz nennt. Und die kleinen Baumstämme, sozusagen in der Tat, fingen an, unter dem, was man, sozusagen in der Tat, die Wasserstraßen nennt, zusammenzubrechen; daher wurde das, was man, sozusagen in der Tat, Stein nennt, zur Errichtung verwendet.

Da kam aus einem Land, sozusagen in der Tat, vor dem letzten Fall, eine Wesenheit, sozusagen in der Tat, mit dem Namen Ra-Tam. Und er stieg empor, sozusagen in der Tat, aus dem Land namens Atlantia und brachte mit sich eine wundervolle Wesenheit namens Hermes, der der Architekt dessen war, was man die bereits existierende, wundervolle Form nannte.

Hermes war das, was man, sozusagen in der Tat, einen Ionier nennt, aber er hatte einen Mind, sozusagen in der Tat, der sehr technologisch fortgeschritten war. Hermes, er war eine gute Wesenheit und siehe, die Nubier liebten ihn, denn seine Haarfarbe war wie Feuer und seine Augen waren tatsächlich in der Farbe des Himmels, der Bläue; und, siehe, er war der Weiße des Nordens und sie liebten und verehrten ihn. Und wer sollte Hermes in seiner Inkarnation gewesen sein, außer Jesus, unser Bruder. Man schreibt ihm zu, der Architekt dessen, was man die feurigen Formen nennt, gewesen zu sein. Und Ra-Ta-Bin, sozusagen in der Tat, war auch das, was man einen Ingenieur – passendes Wort – aus Atlantia nennt, und die beiden, sozusagen in der Tat, bauten zusammen diesen Tempel oder diese großen und wundervollen Tempel in diesem Teil, sozusagen, in dem Land, das nun Ägypten genannt wird. Der Nil aber floss zwanzig Grad in östliche Richtung im Vergleich dazu, wie er jetzt verläuft.

Das, was man Ra-Ta-Bin nennt, sozusagen in der Tat – und der das war, was man den ersten Pharao nennt, und das, was man, sozusagen in der Tat, den ersten Christen nennt, der das ist, was man den Vater des ägyptischen Volkes nennt, sozusagen in der Tat – brachte die erste Erkenntnis des Christos hervor, der in dem gesehen wird, was man Gott-Mann nennt: der Tempel wurde, sozusagen in der Tat, errichtet, um die Macht im Menschen zu repräsentieren, denn das, was man, sozusagen in der Tat, nicht einmal an diesem Tag in eurer Zeit kennt, kann einen derartigen Tempel mit der Genauigkeit geschaffen, wie dieser erbaut wurde. Erst nachdem, sozusagen in der Tat, die Priester in die Lande kamen, begann diese Ordnung, und die Ankunft, sozusagen in der Tat, des heiligen Pharaos folgte. Und die Regentschaft wurde in der Tat in dem Land als zivilisiert betrieben. Das ist die Geschichte dieses Landes, das ihr liebt. Es ist ein göttliches Land, ein gutes Land, aber sein wahres Erbe liegt in den dunklen Menschen und Hermes.

Der Bau, sozusagen in der Tat, hing, sozusagen in der Tat, davon ab, ob das, was man das Feuer nennt, in der Mitte saß, was eine Konstruktion nach dem ist, was man die Physik des Gedankens nennt; und wie wird seine Macht auf das Leben übertragen? Von dem Bauwerk, sozusagen in der Tat, erzeugte Hermes, sozusagen in der Tat, einen Entwurf, der, sozusagen in der Tat, an seiner Spitze kleiner war, als an seiner Basis und brachte ihn in eine perfekte polare Ausrichtung, Wesenheit, was das Auftauchen eines Kraftfeldes verursachte. Zwischen der Errichtung, sozusagen in der Tat, und dem, was man die tatsächliche Planung davon nennt, dauerte es zweieinhalb Jahre. Der Bau, Wesenheit, sozusagen in der Tat, dauerte weniger als drei Jahre.

Sie kamen zusammen, sozusagen in der Tat, und fingen an, kleinere Denkmäler zu errichten, hatten aber große Schwierigkeiten, sozusagen in der Tat, die Höhe und das, was man Plattform nennt, aufrecht zu erhalten.

Nun, die Wesenheiten kamen auch von einer größeren und kunstfertigeren Bruderschaft von jenseits der Sonne. Sie halfen beim Bau der Wesenheit namens Hermes, der von nirgendwo gekommen war, und der Wesenheit namens Ra-Ta-Bin, einem Priester aus der Vereinigung der atlantischen Menschen mit dem, was man die ägyptischen Völker oder Stammesvölker nennt, so wie ihr sie versteht, der dabei half. Und Hermes' Liebe, sozusagen in der Tat, und seine Intelligenz brachten die Menschen von jenseits der Sonne dazu, das wieder zu errichten, was man eine innere Kraft nennt, die wie ein stilles Mahnmal für Generationen der Menschheit stehen würde, damit diese hinaufsehen und sich, sozusagen in der Tat, über die Herrlichkeit des Bauerwerks wundern konnten, was sie, wenn sie es taten, erhöhen würde, was man eine Programmierung in der Seele nennt, und damit die Bestimmung dieser Völker und wohin sie gehen würden, erkennbar würde.

Und die Wesenheiten kamen, sozusagen in der Tat, auf herrlichen Maschinen, die sich in geschmeidiger Bewegung bewegten und leuchteten und wie Feuer in der Nacht waren. Diese Wesenheiten waren häufige Besucher zu diesen Zeiten, als die Schicht aufgebrochen wurde, Wesenheit, und sie, sozusagen in der Tat, halfen denen, die man Hermes und Ra-Ta-Bin nennt, durch das, was man Unterstützung nennt. Und sie, Wesenheit, hatten die Macht, sozusagen in der Tat, aus lebendem Stein das zu schneiden, was man, sozusagen in der Tat, die Platten und in der Tat die Geburtssteine nennt, die das große Fundament erschufen. Sie trugen sie hunderttausende Meilen weit und platzierten sie perfekt an der Stelle, wo sie sein sollten. Und sie verwendeten Temperaturen von null Grad, sozusagen in der Tat, in einem Vakuum, um das zu erschaffen, was man Antischwerkraft nennt, daher waren die Steine leicht und beweglich wie das, was man eine Feder nennt. Wenn sie erst präzise geschnitten waren, konnten sie leicht bewegt und platziert werden. Und die Menschen liebten das, was man die Völker, die von der Sonne kamen, nennt.

Der Stein, sozusagen in der Tat, wurde mit Laserlicht präzise geschnitten, denn es ist das einzige Werkzeug, sozusagen in der Tat, mit dem man das, was man eine gerade Linie nennt, schneiden kann. Es wurde mit Licht geschnitten, sozusagen in der Tat, und über das, was man, sozusagen in der Tat, Gravitationsfelder nennt, durch das, was man Gedanken nennt, deaktiviert. Der Gedanke erschuf ein Antigravitationsfeld und hob die Blöcke insgesamt, sozusagen in der Tat, genau in dem Maß, das man dreiviertel eines Zolls nennt, vom Boden hoch.

Das Antigravitationsfeld, das dafür verwendet wurde, all die Steine ins Sein zu bringen, Wesenheit, war sehr einfach eingerichtet. Es war ein Vakuum, das erschaffen wurde und eine Temperatur von Null Grad innerhalb erzeugt hat, was das ermöglicht hat, was man keine Schwerkraft in Existenz bezeichnet. Es wurde sehr einfach gemacht, man verwendete Licht, Wesenheit, als Treibstoff.

Die Wesenheit namens Hermes war die erste, die Steine in ihren Polaritäten ausrichtete, um das hervorzubringen, was man eine noch größere Energie nennt. Und als die Wesenheiten – die aus dem lebenden Stein durch das, was man Licht nennt, schnitten – jeden Stein gestalteten, waren sie fähig, ihn genau auf einen anderen mit wenig oder keiner Bewegung und ohne Zusammenbruch dessen, was man das niedrigere Fundament nennt, zu platzieren. Im Inneren wurden große Kammern für die innere Macht geschaffen, denn diejenigen, die dort sitzen würden, würden mit Wesenheiten jenseits der Sonne kommunizieren können, mit Wesenheiten außerhalb der Pyramide. Und siehe, die Weisheit der ersten und ursprünglichen Ägypter wurde in den Atlantern, die kurz darauf folgten, offensichtlich.

Ihr hattet rosafarbenen Granit, der einst die fabelhaften Wände im Inneren auskleidete, Wesenheit; er kam aus dem Sudan. Unterhalb des Sandes gibt es einen großen Garten. Und die Minen sind reich, sozusagen in der Tat, an Türkisen, Lapislazuli, dem, was man Silber und Myrrhe nennt, und dem, was man Gold nennt. Die Platten, die den äußeren Teil des Inneren bedeckten – es gab und gibt auf dieser Ebene nichts, das so glatt ist, das so eben ist wie diese Oberflächen. Und auch diese wurden geschnitten, sozusagen in der Tat, aus dem, was man lebenden Stein nennt, Rosenquarz in der Tat, lilafarbene Schattierungen, weiß, leuchtend und funkelnd. Und es gab wundervolle Bauwerke, die geschaffen wurden. Und da war einst, sozusagen in der Tat, ein brillantes Licht, das man aus großer Ferne sehen konnte, Wesenheit, denn sein Blau hatte eine großartige Schattierung. Der Bogen über dem goldenen Schlussstein, sozusagen in der Tat, war blau. Er gab den Anschein dessen, was man eure Aurora-Lichter oder Nordlichter nennt.

Nun, diese Wesenheit, der geliebte Hermes, hatte eine Widmung für diese Wesenheiten gestaltet, sozusagen in der Tat, am äußeren Umfang der großen Pyramide. Und er erschuf ein großartiges und wundervolles Fries von dem, was man diese wundervollen Besucher von jenseits der Sonne nennt und er widmete es ihnen, den Göttern von der Sonne, denn sie sind diejenigen, die dabei geholfen haben, dieses wundervolle und herrliche Monument zu erbauen, einen Christus nannten sie es.

Die Pyramiden wurden erbaut, sozusagen in der Tat, damit jede dieser Formen das gestaltete, was man eine Woge der Macht innerhalb ihrer Mitte nennt, das, was man genaue Winkel nennt – wie das, was man, sozusagen, in der Tat, ein Viertel von dem nennt, was man die Hauptbasis von dem nennt, was man, sozusagen in der Tat, die Höhe durch die Spitze nennt – und das erschuf, was man ein Feuer oder ein Energiefeld innerhalb des eigenen Umfangs nennt, da jeder Zuschnitt der Blöcke, sozusagen in der Tat, in der Genauigkeit ihres Maßstabes, sozusagen in der Tat, auch zu dem beitrug, was man die Seitwärtsbewegung der Macht nennt.

Als die Pyramide, sozusagen in der Tat, fertig gestellt war, Wesenheit, wurde sie auch als ein Leuchtturm für Reisen errichtet. Sie war einst vollkommen in das gehüllt, was man, sozusagen in der Tat, Türkise in ihrer äußeren Hülle nennt – vollständige Wände davon an allen Seiten – und ihr Schlussstein, sozusagen in der Tat, war das, was man solides Gold nennt, ein großer Träger, sozusagen in der Tat, von Emotionen. Seither wurde sie, sozusagen in der Tat, beschädigt, entstellt und der Schlussstein entfernt.

Sie wurde erbaut, sozusagen in der Tat, in ihrer Ausrichtung zu dem, was man den wahren nördlichen Pol nennt, sozusagen in der Tat, und ausgerichtet auf andere derartige Strukturen, sozusagen in der Tat, in dem, was man die nördliche Hälfte nennt, sozusagen in der Tat, damit diese Tore nicht nur Reisen, sondern die Reisen in jenen Tagen, sozusagen in der Tat, mit den Luftschiffen und mit dem, was man, sozusagen in der Tat, die Synthese des Lichts nennt, welches in einer geraden Linie reist – es folgt nicht der Krümmung der Erde – wodurch an jedem Punkt, sozusagen in der Tat, ein Leuchtturm für das war, welcher das Licht, auf das man sich fokussierte, genannt wird. Als alle Pyramiden erbaut waren, sozusagen in der Tat, in ihrer Art in die Existenz gebracht waren, ermöglichten sie, sozusagen in der Tat, eine Reise, die von Punkt zu Punkt stattfinden konnte, wobei die Spitze das war, was man den Leiter des Lichtfeldes nennt. Als man feststellte, sozusagen in der Tat, dass alles Leben in künftigen Generationen erhalten bleiben konnte, Wesenheit, wurden die Pyramiden zu Grabstätten. Und später, sozusagen in der Tat, aufgrund von Plünderungen, wurden die Grabstätten unter die Erde verlegt.

Und bald war diese Technologie, Wesenheit, in der ganzen Welt speziell eingerichtet und wurde gemeinsam mit Hermes an den Ort gebracht, den ihr als den Bären, Russland genannt, bezeichnet, und zu dem, was man die Türkei nennt, und zu dem, was man, sozusagen in der Tat, unter dem Meer nennt und zu dem, was man, sozusagen in der Tat, Yucatan nennt, und zu dem, was man, sozusagen in der Tat, die Wüsten dessen nennt, was man Afrika nennt, und zu dem, was man Ägypten nennt, und zu dem, was man die Solarregionen nennt, und so konnten alle miteinander kommunizieren. Die Pyramiden sind unveränderlich. Es gibt keinen Sturm, sozusagen in der

Tat, und kein Beben, das sie auslöschen kann. Sie sind für ewig gemacht und sie sind die Leuchttürme für das, was man die Völker nennt, die aufgetaucht sind, die sich später in dem Land niederließen und für alle Länder, damit niemals vergessen wird, was darin enthalten ist.

Es gibt eine große Pyramide, die in eurem Land übrig ist; sie wurde bemalt, aber unterhalb der Farbe liegt ein Vermögen. Sie ist an dem Ort, den ihr Türkei nennt. Eine Seite ist blau, eine ist weiß, eine ist grün und eine ist rot.

Unterirdische Tunnel und Kammern

Student: In der großen Pyramide des Cheops, ist dort die Königskammer der energiereichste Teil der Pyramide oder gibt es eine andere Kammer, einen anderen, höheren energetischen Punkt?

Ramtha: Das ist der energiereichste Teil, obwohl es dort, sozusagen in der Tat, Kammern gibt, die von dem wegführen, was in der Wand verschwindet, wo das, was man Rollen und Papyrusse mit altem Wissen nennt, daher aufbewahrt werden. Und dort ist es, wo die Erhaltung am besten ist. In dem, was man die Kammer der Königin nennt, sozusagen in der Tat, war die Energie, die von der Königskammer in die Königinnenkammer strömte. Es war Liebe, die der Liebe gegeben wurde. Es gibt dort viel mehr Kammern innerhalb dessen, was man dieses große Mysterium nennt, als eure Wissenschaftler wissen.

Es gibt ein großes und massives System von Autobahnen, wie ihr sie nennt – so ausgedehnt wie das, was unter dieser Stadt ist und was ihr Untergrundbahn nennt – das alle Pyramiden auf eurer Ebene miteinander verbindet und danach in das Innere dieser Ebene führen. Viele von denen, die man das kleine Volk nennt, das an dem Ort lebte, den man die Niederlande nennt, bis zu dem Ort, den man Grönland nennt, einschließlich derer, die man, sozusagen in der Tat, die Lemurier nennt, und der Atlanter, alle gingen hinein – die, die wussten – und erhielten die Nachricht. Und dort gibt es Autobahnen, die in die Mitte eurer offenen Erde im Inneren führen und diese werden oft von den Reisenden genutzt, die herauskommen.

Die erste und vorherrschende Kammer beginnt in dem, was man die Sphinx nennt, in ihrer linken Pranke. Dort gibt es eine

Kammer der Papyrusschriften und Rollen alten Wissens, die jeden erstaunen würden. Dort ist eine Tür, die zu einem Verbindungsweg zu dem führt, was man den Seiteneingang der Königskammer nennt, und dann weiter in das, was man, sozusagen in der Tat, fünfzehn Faden in das, was man die Erde nennt, hineinführt und dann einen sanften Hang hinunter. Die Verbindung geht weiter in die Türkei, in das, was man die Pole nennt, in das, was man Yucatan nennt, in das, was man Russland nennt, in das, was man Mongolei nennt und dann in die innere Sonne.

Student: Die Kammer, die sich am Fuß der Sphinx befindet, ist das die, die man als die Halle der Aufzeichnungen kennt?

Ramtha: Die Halle der Aufzeichnungen ist in Stein geschrieben. Die innere Halle, Wesenheit, ist hohl. Es gibt dort eine andere Halle.

Nun gibt es das, was man einige innere Wände nennt, wo die Botschaften in lebendigen Stein geschrieben wurden. Und sie werden bereits gesucht und man wird sie finden, sozusagen in der Tat, Wesenheit. Aber weißt du, der Fund dessen und eines großen „Tellamen“[1], das eine Ausgrabungsstätte von viel mehr Informationen sein wird, wird nach der Ankunft der Menschen, die von jenseits der Sonne zurückkehren, in Zusammenarbeit geschehen. Jetzt hat man durch die Technologie gelernt, wie man der Schwerkraft trotzt. Und es geschieht sehr einfach, indem wir die Vibrationsstrukturen ändern, die der Anziehungskraft trotzen, da die Anziehungskraft keinen Einfluss auf das hat, was man ein Licht oder einen elektrischen Prozess nennt. Die feurigen Formen erschaffen – sind ein Generator, Wesenheit – eine Macht in den Menschen. Man musste nur im Inneren sitzen und Gedanken an andere senden und sie erhielten sie, mit wem auch immer sie in der anderen Struktur saßen. Und Informationen wurden durch das, was man diesen Prozess nennt, verwandelt. Welch einfacher Beweis für das, was geschehen ist und wieder geschehen wird.

Wenn ihr die Schiffe seht, werdet ihr sie als ein leuchtendes Licht sehen. Früher nannte man sie feurige Streitwagen. Und Wunder werden zu euch kommen: Was erschafft dieses Lichtfeld um sie,

---

[1] „Tellamen“ ist einfach eine Ausdrucksform für das Wort Tell: ein archäologischer, künstlicher Hügel, der Überreste alter Siedlungen enthält, und in Ägypten und im Nahen Osten oft als Teil des Ortsnamens verwendet wird.

so leuchtend in verschiedenen Farben? Nun, es ist die Frequenz, die durch das erhöht wird, was man ein Rad in einem Rad nennt, um das zu erschaffen, was man null Grad Temperatur und ein Vakuum nennt, was eine Anhebung der gesamten Struktur durch einen elektrischen Prozess ermöglicht, was eine sehr sichtbare Aura um das Schiff erschafft, was ihm ermöglicht, frei in die Schwerkraftprozesse hinein und wieder aus ihnen heraus zu gelangen. Und der Prozess wird von euren Wissenschaftlern bereits genau untersucht, Meister.

Student: Das Rad im Rad, ist das eine Fliehkraft, die das Vakuum erschafft?

Ramtha: Es ist eine Fliehkraft, die ein Vakuum mit einer elektrischen Schale, sozusagen in der Tat, Wesenheit, erschafft, wodurch auch die Schale von der Elektrizität auf null Grad Temperatur abgekühlt wird, was den Flug ermöglicht.

Student: Okay.

Ramtha: Jetzt sind sie alle weggegangen.

Student: Wohin sind sie gegangen?

Ramtha: Nun, einige von ihnen sind in der Erde. Sie sind die inneren Menschen, die euren Meeresschiffen und Flugzeugen zu schaffen machen. Einige von ihnen sind in der Erde, aber sie haben innen Passagen gefunden, und es gibt viele Tore, die ihnen den Zugang ermöglichen. Und es gibt diejenigen, die in ein noch anderes Königreich zurückgekehrt sind, das jenseits der Sonne liegt, Wesenheit. Und es gibt diejenigen, die in der Nähe sind. Es gibt viele Orte. Ihre Schiffe sind nicht begrenzt, das solltest du wissen.

Es gibt herrliche Menschen, die in eurem Inneren leben, wundervolle Wesenheiten, die von winzigen Geschöpfen bis zu wundervollen Riesen reichen, und sie leben wundervoll nebeneinander. Sie sind Hüter dieser Tunnel. Und es gibt einige, die im Außen erwischt wurden, und eure Regierung und Wissenschaftler haben einige Körper, die sie aufbewahrt haben. Aber sie sind die Hüter von innen. Sie halten die Schlüssel der Türen in Händen. Es gibt nun viele Wissenschaftler, die diese Ebene verlassen haben und einige, die sich immer noch bewusst sind, dass es mehr gibt, als das Auge wahrnehmen kann. Aber es wird ein großes Beben in der großen Pyramide in der Türkei kommen. Und ein großes Beben wird kommen und es wird die Berge erschüttern und Schächte werden sich öffnen und Menschen werden hineineilen und die Tunnel und die Seitenwege entdecken. Und so wird die Suche nach dem Menschen im Inneren beginnen.

Student: Und wie weit in der Zukunft wird das sein?

Ramtha: Weißt du wo Ararat ist?

Student: Ja

Ramtha: Dort gibt es ein gefrorenes Schiff. Wir werden das auftauen. Nicht weit von dort ist dieses Große, von dem ich spreche, und das wird passieren, Wesenheit – was ist Zeit; was ist die Zeit, Jeffrey; ist das alles? – im Jahr oder dem Sommer und dem Abend von '85. Aber sogar davor wird es dort Beben geben, aber diese werden den ersten Schacht freilegen.[2] Nun, drüben in Ägypten, sozusagen in der Tat, gab es einen kleinen Bau und das Herumbewegen von einigen Dingen, daher sind einige nicht mehr das, was sie einst waren. Aber es gibt immer noch diejenigen, die eine Verbindung von der größten aller Pyramiden dort bis zum Inneren darstellen, die bis nach Yucatan reicht und unter dem Meer durchführt. Freut es dich, dass ich mit deiner Frage fortgefahren bin?

Student: Da gibt es eine Linie. Wenn du die drei Pyramiden verbindest, die großen Pyramiden in Ägypten, und wenn du dieser Linie folgst, dann wird etwas geformt, das aussieht wie eine Schale, eine Muschel. Und wenn man dieser Linie zu ihrer Spitze folgt, gibt es dort einige Schächte, von denen einige vermuten, dass sie eine Verbindung in diese Kammern sind, von denen du sprichst.

Ramtha: Das sind sie. Nun, da gibt es einen Seitenweg nicht allzu weit von hier – lasst uns sehen, wo sind wir hier – von hier wäre der nächste unter dem Meer, daher kannst du dort nicht hingehen – zum großen Berg namens Shasta und dort gibt es eine Öffnung. Bei einem Berg namens Superstition, in einer Wüste namens Mojave, in dem, was man das Asiatische nennt, gibt es eine Öffnung. Und erst seit kurzem gibt es eine vor einer Insel namens Japan, und dort gibt es eine Menge Verwirrung. Das sind neue Türen. So sei es.

---

[2] Berg Ararat (Aðrý), 16.854 Fuß (5.137 m) hoch, ist ein inaktiver, das ganze Jahr mit Schnee bedeckter Vulkan. Er befindet sich in der Nähe der gemeinsamen Grenze der Türkei und des Irans. Das Buch Genesis hält fest, dass es am Berg Ararat, dem alten Urartu, war, wo Noahs Arche nach der großen Flut zur Ruhe kam. Das staatliche Erdbebeninformationszentrum der U.S. Geological Survey zeigt, dass es in der Region des Berges Ararat in der Türkei gegen Ende 1984 zwei Erdbeben gab, wie von Ramtha vorhergesagt: 18. September, UTC 13:26:01, 40,89 N, 42,22 O, Stärke 6,4 und 18. Oktober, UTC 09:46:24, 40,55 N, 42,40 O, Stärke 5,3.

Die Wissenschaft hinter den Pyramidenbauten

Nun gibt es da eine direkte Wissenschaft, die an den Bauten dieser Wesenheiten beteiligt ist. Zunächst, sozusagen in der Tat, befinden sich die Pyramiden in direkter Linie mit dem, was man, sozusagen in der Tat, was man den wahren Norden nennt, sozusagen in der Tat, und dem wahren Süden. Nun, dort gibt es Energien, die in diese Richtung laufen, sozusagen in der Tat, die das umfassen, was man die Erde nennt. Und der Grund, warum es nicht der magnetische Norden ist, Wesenheit, ist, dass eure Erde auf einer schief rotierenden Kreisbahn sitzt, was bedeutet, dass sie sich nicht senkrecht in ihrer Kreisbahn um die Sonne befindet. Sie ist in einer Schräglage, sehr ähnlich dem, was ihr eure Spitzen nennt[3]. Wenn sie landen, fallen sie in eine Schräglage. So ist eure Erde. Nun, bei dieser speziellen Schräglage, Wesenheit, nennt man die Energien, welche die Schräglage in einem Rotationsmoment ermöglichen, den wahren Norden. Und wenn die Pyramiden nach dem wahren Norden ausgerichtet sind, nehmen sie direkte Energiegürtel und Energiefelder auf, die das, was man einen Planeten nennt, in seiner orbitalen Drehung halten.

Wenn man irgendetwas dreht, erzeugt es eine Fliehbewegung. Die Fliehbewegung, Wesenheit, ist ein Aspekt der Elektrizität, sozusagen in der Tat, aber nur ein höherer Grad davon. Auf diese Weise, im wahren Norden, nehmen die, die man die feurigen Formen nennt, das auf, was man die Energie der Fliehkraft nennt, die ein höherer Mutant als Elektrizität ist. Wenn man das tut, wird, sozusagen in der Tat, die Energie eingefangen – man lässt von den gleichen Seiten der Wände Energie abprallen – und konzentriert in der Mitte den Rotationseffekt, den gleichen, wie den, den man die Bewegung der Erde um die Sonne nennt. Die Energie, die sich innerhalb sammelt, Wesenheit, hat keine magnetischen Eigenschaften. Sie ist völlig, sozusagen in der Tat, frei von dem, was man magnetische Kraft nennt; es ist eine uneingeschränkte Energie. Nun, wenn man sie – bestimmte Objekte – darin platziert, legen diese Kräfte tatsächlich das Objekt in dem, was man den Alterungsprozess nennt, lahm oder bringen es in das, was man ein Vakuumsystem nennt. Das ermöglicht, dass das, was man das nennt, was auch immer dorthinein gelegt wurde, dort

---

[3] Kreisel sind sich drehendes Spielzeug.

eine lange Zeit bleiben kann, so wie die Erde in der Umlaufbahn um die Sonne ist.

Im Hinblick darauf, woraus die Struktur bestehen sollte, sind das, was man Metalle nennt, Kanäle. Sie sind mehr auf den magnetischen Norden als den wahren Norden ausgerichtet. Wenn ihr also etwas aus Metall baut, wird es auf den magnetischen Norden ausgerichtet sein, und die Energie wird im Kanal des Metalls gefangen sein und nicht im Inneren; daher nimmt statt dem Inneren das Metall all die Energien auf. Wenn ihr es aus dem erbaut, was man Stein nennt, aus dem, was eine lösliche Masse ist, aus dem, was man Holz nennt, aus irgendeiner Sache, die kein Kanal ist, dann ist das, was man feurige Form nennt in der Lage, die Energie im Inneren aufzunehmen und sie für das zu verwenden, was auch immer dorthinein gelegt wurde – und was man dorthinein legen sollte, sind die Köpfe von allen, die in dieser Zuhörerschaft sind. Sitz bei der Arbeit in dieser Position, Wesenheit. Der einzige Zeitpunkt, zu dem es eine größere Macht hat, als zu den Zeitpunkten aller anderen Augenblicke, ist bei der Tagundnachtgleiche. Und zu diesem bestimmten Zeitpunkt, Wesenheit, haben die feurigen Formen die größte Durchdringung und die größte Energiefreisetzung im Inneren.

Die großen Pyramiden waren einst außen ummantelt, Wesenheit, mit dem, was man Türkis nennt, sozusagen in der Tat. Und die Spitze des Schlusssteins war ein getriebenes Metall namens Kupfer. Das war der Schlussstein. Der Grund, warum sie den Kupfersschlussstein setzten, Wesenheit, ist nicht nur, dass er den Seiten ermöglichte, die Energie zu sammeln, sondern der Schlussstein hielt auch die Energie intakt. Die Funktion als Kanal verbreitete sie sogar nach unten. Das waren die Großen. Sie sind seither längst verwüstet worden, ihre Seiten wurden weggenommen und ihre Schlusssteine entfernt, und das Gold im Inneren genommen, aber die wahre Macht und der wahre Schatz liegen immer noch im Inneren. Sie sind eine Erinnerung für die Menschheit an das Feuer, das in jedem von uns ist. Sie wurden gebaut, damit die Menschheit niemals den Gott in sich vergessen würde. Dafür wurden sie gebaut.

Wenn man hinein geht, sozusagen in der Tat, in die perfekte Ausrichtung der Pyramide, werden alle Dinge, sozusagen in der Tat, für immer an ihrem Ort des Seins gehalten, sogar ein Gedanke. Wenn man da hineingeht und was auch immer in der Hauptkammer platziert, sozusagen in der Tat, Wesenheit, wird es so bleiben; es wird sich nie verändern. Die Pyramide brachte, sozusagen in der Tat, zustande, dass diese Macht, dass dieser innere Christus, darinnen immer Gott war. Sie bauten sie, sozusagen in der Tat, als eine Erinnerung ihrer wahren Identität der Macht, die im Menschen wohnt, die ewig ist und Dinge für immer erhalten kann. Das Feuer in der Mitte, sozusagen in der Tat, ist eine passendere Erklärung, als das, was man den innewohnenden Christus nennt.

Der Modulator, sozusagen in der Tat, der half, das Laserlicht der Atlanter zu erschaffen, wurde in dieser Form gestaltet. Man wusste, wie man die Energie dessen speichert, was man die Kristalle nennt und sie millionenfach verstärkt. Das ist eine wissenschaftliche Form, die funktionierte. Überdies jedoch, Wesenheit, wenn die Zellen erst bis in ihr kleinstes Universum untersucht worden sind, wird man sehen, dass der Kern oder das Zentrum der Zellen nicht rund ist, Wesenheit, sondern die Form einer einseitigen Pyramide hat, weil es das ist, was die Energie gibt oder einen Lebensfunken ermöglicht und das hält, was man die Ladung in jeder Zelle nennt.

Ein ständiger Beweis unserer Göttlichkeit

Die feurigen Formen – nun, das ist es, was sie sind – sie werden als eine Form erschaffen, die Energie in der Mitte einfangen kann. Die Energie trotzt dem, was man die Naturgesetze nennt, die in der Tat eine Auswirkung haben, sozusagen. Aber die feurige Form wurde erschaffen, sozusagen in der Tat, als das natürliche Symbol dafür, wie der Mensch wirklich in seinem Lichtursprung aussieht, denn außerhalb der Verkörperung, Wesenheit, nimmt er eine mächtige Form in der Mitte seines Wesens an, die die gleiche Energie anzieht. Diese Form repräsentiert tatsächlich den inneren Gott. Das, was man die feurigen Formen nennt, oder was du die Pyramiden nennst, Wesenheit, wurde für das erbaut, was man ein Zeichen für die Menschheit, ein Bild für die Menschheit nennt, das, was man, sozusagen in der Tat, ein Denkmal für die Menschheit, eine Erinnerung an die Menschheit nennt, immer nach innen zu sehen; denn, Wesenheit, geht man nicht in das Innere einer großen Form wie dieser hinein und ist von der Majestät dessen, was man fühlt, ergriffen? Gewiss.

Die Pyramiden wurden, sozusagen in der Tat, nicht errichtet, um die Unsterblichkeit der Könige, die sie gesehen haben, hervorzubringen. Sie wurden errichtet, sozusagen in der Tat, von einer großartigen Wesenheit, die eins war mit dem Geist, in der Tat, mit dem Vater. Und durch ihre Schönheit kannte sie in der Tat den inneren Christus. Und der innere Christus, sozusagen in der Tat, hatte, was man das innere Feuer nennt, denn er brachte alle Dinge hervor und machte sie manifest. Daher, mit dieser großartigen extensiven Vision sah die Wesenheit die Manifestation davon. So wurden die Pyramiden erbaut, sozusagen in der Tat, durch Gedanken und nicht durch Arbeitskraft. Und von dort, Wesenheit, wurden sie nicht als Grabstätten sondern eher als Kammern, sozusagen in der Tat, des höheren Lernens erbaut.

Und als sie ins Sein gebracht worden waren, war es, um der gesamten Menschheit in den künftigen Zeitaltern in ihrer Zeit einen Leuchtturm zu geben, damit sie nicht vergessen, sozusagen in der Tat, dass dies den Christus im Menschen, den Gott in ihm, die göttliche Wesenheit hervorbringt und für ihn steht. Wenn der Mensch sich nach innen wendet, in Frieden und Stille, so wird die Errichtung, sozusagen in der Tat, des spirituellen Selbst gewiss folgen. Damit alle sehen sollten und ihre Herkunft, sozusagen in der Tat, ihr Heimatland, nicht vergäßen, sind die Pyramiden immer gestanden und so werden sie weiter stehen. Und sie, sozusagen in der Tat, sie wurden ein Ort des Trostes, des Schutzes und der Unsterblichkeit. Das bedeuten sie, und so möge es immer sein. So ist es.

Die Erhaltung der Pharaonen

Student: Das, was ich gedanklich abschließen möchte, ist, Folgendes. Waren das Bauwerke oder gab es eine Funktion für Menschen, die sich Einweihungen unterziehen wollten, um offener zu werden für weitere Entfaltung? Ich drücke das sehr schlecht aus, aber …

Ramtha: Nein, überhaupt nicht, in der Tat.

Student: -- aber ich bin mir bewusst, dass es dort einen Sarg oder Sarkophag geben müsste, oder wie immer man das auch nennen möchte, in der Königskammer, weißt du –

Ramtha: Es war nicht der ursprüngliche Zweck der Pyramiden, Grabkammern zu sein, Wesenheit.

Student: Ich weiß, aber ich meine –

Ramtha: Sie waren ein Kommunikationszentrum, das auch sehr mächtig war. Man konnte an einem Punkt in das gehen, was man die Königskammer nennt, Wesenheit. Es gab eine große Öffnung an dem Punkt, wo die Sonne zu einer bestimmten Zeit durchkommen und der Schacht, alles davon, mit Licht erfüllt sein würde. Sie konnten von diesem einen Zentrum aus von Gedanke zu Gedanke mit den Menschen jenseits der Sonne kommunizieren. Es war ein Verstärker und ist immer noch ein Verstärker, Wesenheit. Die Pyramide waren ein Kommunikationszentrum, ein Tempel, wo die großen und göttlichen Priester später mit den Göttern kommunizierten. Es ist dort, wo die ersten Orakel geformt wurden.

Student: Ich verstehe.

Ramtha: Und dann später kam das, was man das Ego oder das, was man die Ehre der Toten oder der Pharaonen nennt. Sie wurden an solch einem Ort beigesetzt, denn sie fanden auch heraus, dass es ihre Körper bewahrte, denn sie, mit ihrem heute verlorenen Wissen, wussten, dass eines Tages ihr Körper immer noch intakt sein würde und dass Wissenschaftler sie wieder klonen könnten und ihr Körper wieder ins Leben zurückkommen würde, was auch so sein wird.

Student: Minus der Seele, richtig?

Ramtha: Nun, wenn der Geist immer noch da ist, kann er immer den Körper aufnehmen, wenn dieser wieder erschaffen wird.

Es gibt Aufzeichnungen, die immer noch in der großen Pyramide sind, der einen in der Türkei und der einen, die im Meer begraben ist, die immer noch unversehrt sind, Meister, die die Sprache der Menschen jenseits der Sonne und dessen, was man die Botschaften um sie zu erreichen nennt, sprechen. Es ist immer noch offensichtlich in jedem dieser Maße. Es sind die prachtvollsten Bauwerke, die jemals gebaut worden sind – jemals.

Student: Ich werde in einer Minute hier still sein, aber in einigen Durchgängen waren Pfropfen, weißt du. Es gab Granitblöcke, die den Weg versperrten --

Ramtha: In der Tat.

Student: Okay. Nun, wurden sie ursprünglich mit diesen Pfropfen da drinnen gebaut oder was war deren Zweck?

Ramtha: Sie wurden ursprünglich dafür gestaltet, aber es gibt sogar noch mehr Pfropfen.

Student: Ich meine, die Menschen, die sie nützen werden, können sie sie einfach absichtlich bewegen? War das die Idee oder was war --

Ramtha: Sie bewegten sie, Wesenheit, mit Licht. Wenn die Sonne an einem bestimmten Punkt war und durchkam, durchflutete sie die Korridore mit kleinen Lichtstrahlen. Das, was man die Kristalle nennt, die immer noch in ihnen eingeschlossen sind, Wesenheit, hatten die Macht, genau wie ein Motor mit Eigenantrieb, sie willkürlich zu bewegen. Sie sind immer noch da drinnen und verwenden das, was man die Methode, Licht, nennt.

Student: Oh, na ja, ich denke, das reicht. Ja, danke.

Ramtha: Du bist ein Liebhaber dieser Dinge, hm, Doktor? Du solltest dorthin gehen.

Student: Es hat mich eine Weile lang begeistert, weißt du. Da gibt es ein paar Fragen, die ich noch nicht beantwortet bekommen habe.

Ramtha: Meine geliebte Wesenheit, seit mittlerweile Zeitaltern haben die Pyramiden jeden vor ein Rätsel gestellt, der sie betrachtet hat. Aber sie haben auch eine Erinnerung an Großartigkeit in der Seele der Menschen hervorgebracht. Wenn die, die sie betrachten, nicht anders können, als über die Herrlichkeit des Menschen zu staunen, dann sind sie nicht geneigt, seine Göttlichkeit zu vergessen.

Nun, die Menschen jenseits der Sonne kehren zurück. Man hat nach ihnen eine ziemlich lange Zeit gesucht. Und sie haben die Technologie, um das zu erwecken, was man, sozusagen in der Tat, die alten Pharaonen nennt. Sogar eure Wissenschaftler können es jetzt, denn sie haben über den Klonprozess gelernt; und alles, was sie tun müssen, ist, ein kleines Partikel von einem von ihnen abzukratzen und sie werden den Körper intakt und so schön, wie er einst war, herstellen. Also waren die alten Ägypter doch nicht so dumm.

Student: Nein, das waren sie nicht.

Ramtha: Sie sind schöne Menschen, das sind sie immer noch. Viele von ihnen sind in dieser Zuhörerschaft. Noch etwas, Doktor?

Student: Nein, ich denke, das wird eine Weile ausreichen.

Ramtha: Das ist in der Tat viel für dich, um selbst darüber nachzudenken. So sei es.

Student: Danke.

Ramtha: Es war ein Vergnügen, mit dir zu sprechen, weil es ein Thema ist, Wesenheit, über das ich viel weiß und wovon ich auch ein Liebhaber bin.

MEDITATION UNTER EINER PYRAMIDE

Ramtha: Du bist das, was man eine Art Hermes nennt und du baust Pyramiden? Sie sind wunderliche Dinge, mein Lieber, und wenn man in ihnen eine längere Zeitperiode läge, würde man alles wissen, was es je zu wissen gab, denn es lässt den Mind reifen. Es ist alles eine elektrische Sache, die darinnen stattfindet und der Mind ist für elektrischen Input empfänglich.

Student: Ich denke, es ist, als ob es vielleicht etwas beschleunigt – weißt du, wenn du die ganze Zeit an den Wind gedacht hat und schließlich dein ganzer Körper auf diese Weise dachte, alle Teile meine ich – ich denke, dass die Pyramide genau so etwas bewirken muss. Vielleicht – na ja, ich bin sicher, sie macht es so.

Ramtha: Sie ist ein Verstärker

Student: Ja.

Ramtha: Alles, was man von solch einem Ding aufnimmt, ist Klarheit. Klarheit, Wesenheit, dient dazu, die Essenz zu klären, und das ist es, was die feurige Form tut. Es ist das Wissen von dieser Essenz. Das ist es, was es klärt. Die Meisten wissen nicht, dass sie Essenz haben, wie ihr es nennen würdet. Die meisten wissen nicht, dass sie eine sehr unbeständige Bewegung sind. Die Meisten wissen nicht, was es ist, das sie sind. Was die Form tut, ist, dass sie die Essenz klärt, denn sie hat die Macht das zu tun, ohne sie zu verändern.

Es gibt viele meiner Meister, die wissen müssen, wie es ist, unter einer feurigen Form zu schlummern. Sie müssen wissen, wie es ist, Wesenheit, in der Lage zu sein, die Macht der Existenz dieser Form zu sehen. Es ist das, was sie unter einer Pyramide meditieren nennen. Ich warte ungeduldig darauf, dass du eine gestaltest, sozusagen in der Tat, die geeignet und das, was du transportierbar nennst, ist, Wesenheit, die du machen und an die verschicken kannst, die sie brauchen, damit sie sie aufstellen und dort haben können, wo sie möchten.

Was ich möchte, dass du tust, ist nur eine kleine anzufertigen, die über eine göttliche Wesenheit passt, die darauf sitzen, Wesenheit, und über sich selbst nachdenken könnte.

Student: Haben das nicht bereits andere getan?

Ramtha: Nicht du. Und du, Wesenheit, hattest deine Hand im Spiel in den Anfängen dieser wundervollen Kreation lange vor deiner Zeit. Ich möchte, dass du sie erschaffst, und vielleicht bringen wir jemanden dazu, sie für dich zu machen. Aber ich habe großen Bedarf dafür für meine geliebten Brüder. Es wird Bauwerke geben, die gebaut werden, Wesenheit – und du wirst derjenige sein, der das tut – wo es einen Konferenzort geben wird, wo sich die Großen unter einem derartigen Schutz versammeln können.

Student: Wäre das im Grunde genommen das Design, das ich dir gezeigt habe?

Ramtha: Nun, im Grunde genommen, aber auf einer immer größeren Basis.

Student: Richtig

Ramtha: Aber ich will eine, die ich hier herstellen und dich darunter sitzen lassen könnte.

Student: Gibt es über die Pyramiden, die ich gestalte, irgendwelche Informationen, die ich brauche und nicht habe?

Ramtha: Deine Pyramide sollte nicht in Metall gehüllt sein.

Student: Wie ist es mit Nägeln? Sollten sie eher aus Aluminium statt Stahl sein?

Ramtha: Nicht einmal das.

Student: Gar kein Metall?

Ramtha: Keines. Das einzige Metall, das benötigt wird, Wesenheit, sollte in einem Drittel der Höhe, innerhalb der Kammer platziert werden, sozusagen in der Tat, und es sollte das sein, was man Kupfer nennt. Aber es sollte nur als ein Leiter verwendet werden, damit die Energie fließen kann. Winde es um das, was man deinen Halt dort nennt. Das wird ein eigenes inneres Kraftfeld erzeugen, aber es muss in dem sein, was man die Pyramide nennt, nicht auf ihr und nicht in ihr skizziert.

Student: Welches Material empfiehlst du also?

Ramtha: Holz

Student: Zusammen gedübeltes Holz?

Ramtha: In der Tat.

Student: Wie groß?

Ramtha: Im Maßstab genommen, sozusagen in der Tat, nimm die Größe eines Mannes oder die durchschnittliche Größe eines Mannes, sozusagen in der Tat, und erhöhe sie um ein Drittel und du hast die präzise Höhe, damit ein Mensch drauf sitzen und kontemplieren kann und genau im Energiespektrum ist, um sie ordentlich funktionieren zu lassen.

Student: Um ein Drittel höher als ein Mensch?

Ramtha: Auf die geometrische Form kommt es an, sozusagen in der Tat. Wenn du, sozusagen in der Tat, im Sinne, dass die Basis von einer bestimmten Länge ist, sozusagen in der Tat – lass sie uns in deinen Ausdrücken, sozusagen in der Tat, fünf Fuß in ihrer Länge an der Basis nennen – dann, sozusagen in der Tat, in die Höhe ihres Seins zu dem gehst, was man den Schlussstein nennt, wird es das sein, was man vier Fuß an Höhe nennt, damit die Höhe davon, sozusagen in der Tat, um das, was man einen Fuß nennt, geringer ist, als die Basis davon und sie ausgerichtet ist, sozusagen in der Tat, auf das, was man den wahren Norden nennt, indem sie das ist, was man zwanzig Grad weniger nennt, als das, was man den magnetischen Norden nennt.

Student: Okay.

Ramtha: Und am Basisumfang – du musst das über die feurigen Formen verstehen – die Umfang der Basis, die Höhe wurde eingerichtet, damit man darauf sitzen kann. Der Umfang wird sich in die Erde hinein weiter fortsetzen, wo auch immer die Pyramide platziert wird, also bringt sie auch große Auswirkungen, wo auch immer sie steht, auf die Erde, auf der sie steht und auf alles um sie herum, wo immer sie steht.

Student: Muss sie auf allen Seiten umhüllt sein oder kann es nur ein Rahmen sein, durch den man sehen kann?

Ramtha: Sie muss nur gerahmt sein.

Student: Nur gerahmt. Okay. Wenn ich etwas zu Papier gebracht habe, wirst du mich dann beraten?

Ramtha: In der Tat, das werde ich.

VERSTÄRKUNG DES HEILUNGSPROZESSES DES KÖRPERS

Student: Was bewirkt es für uns, unter der Pyramide zu schlafen?

Ramtha. Es verstärkt das, was man den Heilungsprozess im Körper nennt, was man den Gedankenprozess des Träumers nennt und es vergrößert diese in nähere Manifestation. Die Pyramide ist ein Verstärker, die innere Macht. Das ist es, was es bedeutet.

Student: Okay.

Ramtha: So sei es. Nun, das ist, was ich möchte, dass du tust, in der Tat. Es gibt ein wundervolles Bauwerk, über das mein geliebter Doktor und ich heute schon gesprochen haben, die feurige Form genannt oder was du eine Pyramide nennst; es bedeutet tatsächlich Feuer in der Mitte. Und ich habe einen geliebten Sohn, sozusagen in der Tat, der mit der Kunst sie jetzt zu machen, beschäftigt ist. Ich möchte von dir, dass du eine kaufst, damit du darunter sitzen, sozusagen in der Tat, und über dein Genie nachdenken kannst. Es wird sich mehr als hundertfach manifestieren und das Gefühl wird bei dir bleiben, auch nachdem du das Bauwerk verlässt. Tu das, und ich werde sehen, dass du die Zeit bekommst, es zu tun.

Student: Ich habe eine Pyramide. Sie ist auf dem Dachboden über meinem Bett.

Ramtha: Ich möchte, dass du eine hast, in der du sitzen kannst

Student: In Ordnung.

Ramtha: – das ist eine einengende Konstruktion. Das möchte ich, dass du besitzt. Eine über dem Bett zu haben, sozusagen in der Tat, setzt die Form im Außen fort, das ist richtig, denn sie repräsentiert die Spitze. Aber eine zu haben, sozusagen in der Tat, bei der du dich darauf beschränkst, darin zu sitzen, das ist sogar noch großartiger. Das machst du. So sei es.

Student: Meine Schnurpyramide.

Ramtha: Sie schwankt ein wenig, nicht wahr Wesenheit?

Student: Ja.

Ramtha: In der Tat.

Student: Sollte ich sie dauerhaft machen, weißt du, sie verbinden anstatt die Kleine zu nehmen – ich habe sie gerade umgestellt, weil sie in einer Gizeh-Form zu machtvoll war. Also habe ich sie verstellbar gemacht, damit ich sie nach oben und unten schieben kann. Ich möchte, dass es richtig ist.

Ramtha: Es ist in Ordnung. Aber du solltest das ändern, was man deine Bespannung darauf nennt, weil sie eine Tendenz haben wird, ein wenig durchzuhängen und daher wird sie anfangen, an der inneren Seite ein wenig zusammenzusacken.

Student: Also kann ich sie möglicherweise straff spannen.

Ramtha: In der Tat.

Student: Straff spannen.

Ramtha: In der Tat.

Student: So sei es.

Ramtha: So sei es.

Student: Ich dachte, das war ein so wunderbares Design. Ich freue mich sehr über eine Schnurpyramide, da sie so viele Probleme löst und es so einfach macht.

Ramtha: Oh, Wesenheit, weißt du, wie sie die Cheopspyramide gebaut haben? Sie haben ein großes Schiff in den Himmel an den Punkt der Spitze geschickt und Licht auf den Boden hinunter geschossen, und von da aus haben die Architekten sie gestaltet und jeden Stein innerhalb des Umfangs gesetzt.

Student: Ich verstehe. Ich liebe das.

Ramtha: In der Tat.

Student: Ich möchte eine Frage darüber stellen, ob man die Seite der Pyramide mit Licht formen kann, wie einen Lichtstrahl, und ob das Energie erzeugte?

Ramtha: In der Tat. Licht ist eine Realität. Obwohl es nicht die Dichte von Materie hat, ist es ein unvergleichlicher Körper der Materie.

Student: Gibt es irgendein spezielles Licht, das man verwenden sollte?

Ramtha: Das spielt keine Rolle. Und das Licht bildet eine gerade Linie; es zittert, wankt und biegt sich nicht.

Wenn du ein Haus in der Wissenschaft um diese Konstruktion baust – es muss als solches keine offensichtliche Pyramide sein; du baust die Pyramide oder bringst sie genau in eine perfekte Ausrichtung auf den wahren Norden; der wahre Norden weicht um 20 Grad vom magnetischen Norden ab; das ist der wahre Norden – und sie durch perfekte Berechnungen ausrichtest und dann das Haus darum baust, wo sie nicht offensichtlich ist, wirst du einen Christus in einem Haus und Macht innerhalb der Konstruktion erbaut haben. Und habe die Quartiere, sozusagen in der Tat, dort, wo das am machtvollsten ist. Genau dort, wo du schlummerst, genau darunter, habe den gesamten Essensbereich, wo dein Essen zubereitet wird und habe den machtvollsten Bereich dort, wo du schlummerst. Und die Grade davon werden alles darum einschließen. Und dein Essen wird nicht faulen oder verderben und deine Pflanzen werden wie wild wachsen und dein Wasser wird verstärkt und der Grad der Erkenntnis hier wird geöffnet.

Es ist nicht schwierig durchzuführen, aber es erfordert Genauigkeit für die Form. Danach kannst du darum bauen, was immer du willst. Du brauchst nur die Form, um die Auswirkungen zu erhalten. Und dann wirst du Dinge wachsen und werden sehen und wissen, wie du noch nie zuvor gewusst hast. Es erstaunt mich, warum sie das nicht in ihrer Architektur verwenden.

Student: Na ja, offensichtlich verschwendet es Platz.

Ramtha: Nicht wenn du darum bauen kannst. Der offensichtlichste Effekt ist dort, wo du den Großteil deiner Zeit verbringen wirst, was immer in deinem Schlummer und beim Essen ist. Alles andere als das, ist wo Raum verschwendet wird.

Diese Konstruktion – wenn du die Konstruktion der feurigen Form hier drinnen baust, sozusagen in der Tat, wird es ein heiliger und göttlicher Ort sein. Aber was alles, sozusagen in der Tat, in abergläubischen Schriften steht, Meister, was sie Taschen höherer Energiefeldern nennen, sozusagen in der Tat, wird üblicherweise von jenen Menschen geschrieben, sozusagen in der Tat, die wünschen, ihren Teil der Erde als göttlich und höher als alle anderen Teile der Erde zu bezeichnen, was ihn wertvoller macht, als er ist. Energiefelder, Meister, nichts existiert ohne sie; daher sind alle Orte göttlich. Anstatt das zu formen, was du, sozusagen in der Tat, eine spirituelle Gemeinschaft nennst, wäre es besser, sozusagen in der Tat, dass du, sozusagen in der Tat, eine kleine Parzelle Land kaufst und selbst, sozusagen in der Tat, eine Pyramide errichtest. Dann wird sie göttlich, ich versichere dir, wo auch immer sie sein mag.

Wenn du in einer derartigen Konstruktion lebst, wirst du dich erstaunlich erhalten finden, Meister, und in deinen Gedanken verstärkt. Und dein Essen, sozusagen in der Tat, wird rein und energetisiert werden, sozusagen in der Tat. Genauso die Kleidung auf deinem Rücken, sozusagen in der Tat, sie wird Licht ausstrahlen. Alle Dinge werden verstärkt, die unter, sozusagen in der Tat, die große feurige Form gelegt werden.

Was auch immer man unter solch einem herrlichen Ding kontempliert, kann man genau so gut getan haben, weil es sein wird. Und wenn man über was auch immer lange genug kontempliert, wird man das vielleicht die weiseste Sache finden, die man je getan haben konnte, die Öffnung seines unbegrenzten Selbst unter einer Pyramide kontempliert zu haben, denn dann, wenn du das tust, hast du das Königreich des Himmels geöffnet, aus dem alle wunderbaren Dinge hervorkommen, nicht wahr?

Ich liebe dich sehr, Wesenheit. Geh hin und sei wissbegierig.

Die wahre Stimme Gottes ist der Schöpferdrang

Kommentar zu Kapitel 4
Pharao Ra-Ta-Bin
und das ägyptische Geheimnis der Unsterblichkeit

Ein in sich selbst geteiltes Haus

Die Lehren in diesem Kapitel sind Schlüsselkomponenten in der gesamten Geschichte und Evolution der menschlichen Spezies. Ramthas tiefgehendes Verständnis des menschlichen Befindens und die Faktoren, die eine entscheidende Rolle darin spielen, stellen eine umfassende, überprüfbare Wissenschaft dar. Diese ungewöhnliche, herausfordernde Wissenschaft fasst die fortschrittlichste, verfügbare wissenschaftliche Kenntnis aus Quantenphysik, Neurowissenschaft, Biologie und Psychologie zusammen, gepaart mit Ramthas einzigartiger Kosmologie und Kartografie der menschlichen Psyche.

Eine gut angelegte Definition des menschlichen Wesens und Selbst kann das Studium des physischen Körpers, seiner Komponenten und deren Funktionen nicht ausschließen. Ramtha betont stets, dass das wichtigste Organ des physischen Körpers das Gehirn ist. Das Gehirn ist die Schnittstelle, die Transzendenz mit Materialität, Göttlichkeit mit Menschlichkeit verbindet.

Die Evolution der Fähigkeit des Gehirns, Gedankenmodelle zum Zweck der Erfahrung und der Weisheit zu erschaffen, war das Fundament, das die Götter benötigten, um Teil ihrer Schöpfung zu werden und die Rose zu riechen oder die Frucht, die sie erschaffen hatten, zu kosten. Das menschliche Dilemma begann, wie wir in Teil 1 von *Die Geschichte der Menschheit aus der Sicht eines Meisters* gesehen haben, als die Götter sich mit ihren Schöpfungen so identifizierten, dass sie ihren göttlichen Ursprung im zeitlosen Void vergaßen.

Eine weitere wichtige Evolution auf der Ebene des physischen Körpers und des Gehirns, die enorme Auswirkungen auf die menschliche Evolution hatte, war die Entwicklung des geteilten Gehirns oder der Neokortices. Ramtha bezieht sich auf diese Eigenschaft des menschlichen Gehirns als „ein in sich selbst geteiltes Haus“. Diese Aussage erinnert klar an die berühmte Lehre, die Jeschua ben Joseph gab, nachdem er einen Menschen von einer Geisteskrankheit geheilt hatte: „Wie kann der Satan den Satan austreiben? Wenn ein Reich in sich gespalten ist, kann es keinen Bestand haben. Und wenn ein Haus in sich gespalten ist, wird es keinen Bestand haben.“[1]

---

[1] Evangelium nach Markus 3:23-25.

Ein Haus war repräsentativ für den physischen Körper und genauso für das Reservoir der Gedanken eines Menschen, gemäß den östlichen Traditionen der Zeit Jeschua ben Josephs. Es ist wichtig auch anzumerken, dass das wissenschaftliche Studium der Psyche und die verschiedenen Formen der Psychopathologie oder der Geisteskrankheiten ein sehr junges Bestreben sind. Satan, dämonische Besessenheit, Gottheiten oder böse Geister waren die übliche Erklärung für diese Phänomene in der Vergangenheit. Roberto Assagioli,[2] Carl Gustav Jung[3] und Abraham Maslow[4] sind einige der wenigen modernen Psychologen, die ihre Forschungsrahmen über den natürlichen Materialismus von Sigmund Freuds Psychoanalyse hinaus erweitert haben. Sie erkennen Glaubenssysteme, Mystizismus und Spiritualität als integrale Komponenten des Phänomens menschlichen Geistes an, die in jedes solide wissenschaftliche Studium der Psyche einbezogen werden müssen.

Exil von der Vernunft

Die Bedeutung von Jeschuas Worten tritt klarer hervor, wenn sie unter dem Spiegel von Ramthas Erklärungen über das geteilte Gehirn gelesen werden. Als die Götter, die unsere Evolution vor 455.000 Jahren in Gang brachten, zurückkehrten, wollten sie, dass die menschliche Rasse Diener blieben, daher manipulierten sie die Gene, die unser Gehirn betreffen, weiter. Diese Götter kannten den Unterschied zwischen dem Intellekt des abstrakten Gedankens und den Emotionen, die vom physischen Körper erfahren werden. Also trennten sie die analytische Fähigkeit des Gehirns anatomisch von der emotionalen, wo Inspiration ohne Analyse funktioniert. Diese Teilung des Neokortex' zerriss den natürlichen spiralförmigen Fluss des dreiteiligen Mechanismus von Schöpfung, Erfahrung und Evolution. Gedanke wurde zusammenhanglos, getrennt von seiner Manifestation, von seiner Erfahrung durch Emotionen. Emotionen wurden

---

[2] Roberto Assagioli, *Psychosynthese – Methoden, Grundlagen, Techniken* (API-Verlag: Zürich 1988)

[3] Carl G. Jung, *Gesammelte Werk,* Band 11, *Psychologie und Religion: Ost und West* (Rhein-Verlag: Zürich 1954).

[4] Abraham Maslow, *Psychologie des Seins. Ein Entwurf.* (Kindler: 1973).

zyklisch und wiederholten sich, der Weisheit und der Kenntnis ihres Ursprungsgedankens entfremdet.

Diese anatomische Eigenschaft der Neokortices diente dazu, die Funktionsweise der Dienerschaft für die Götter aufgrund einer starken emotionalen Erfahrung zu sichern, basierend auf Überlebenskampf und Angst. Diese starken, niederträchtigen Emotionen haben die Tendenz, den Menschen von reiner Vernunft und Wissen abzudrängen, welche jedoch die Motoren der Evolution und der Gedankenfreiheit sind.

Die Grundlage der Manifestationsdisziplin C&E℠ ist das Halten eines Bildes – eines Hologramms, eines Gedankens – ohne Emotionen im Frontallappen und ihm Energie und Leben aus unseren emotionalsten Zentren zu geben, damit es in der Masse erfahren werden kann. All die Disziplinen des Großen Werks, wie sie von Ramtha entwickelt wurden, zielen darauf ab, Ordnung im chaotischen Konflikt zwischen den treibenden Emotionen und der Fähigkeit zu analytischem Gedanken zu schaffen, diese in Einklang zu bringen und wiederherzustellen. In anderen Worten zielen die Disziplinen des Großen Werks darauf ab, unser göttlichstes Merkmal, unsere Gedankenfreiheit und die Freiheit, unsere Realität zu erschaffen, wiederherzustellen. Das ist letztendlich die Bedeutung der Aussage „Mind über Materie", die in vielfältiger Weise von verschiedenen Traditionen im Lauf der Zeit verwendet und interpretiert wurde.

Die Genialität von Ramthas Wissenschaft, die sie von allen anderen verfügbaren Traditionen unterscheidet, liegt in ihrer einzigartigen Erklärung der Rolle und des Zwecks der menschlichen Emotionen im Gesamtbild der Evolution und Schöpfung. Emotionen sind weder unerwünscht oder eine schlechte Sache, noch eine Bestrafung von irgendeiner Gottheit oder eine Versuchung Satans, weder eine Neigung zu Schwäche noch ein Zeichen menschlicher Gebrechlichkeit. Emotionen sind die Auswirkungen auf den physischen Körper, erzeugt von einer Erfahrung, die aus der Kontemplation eines Gedankens hervorging. Emotionen, die in diesem, ihrem wahren Zusammenhang gesehen werden, sollten daher nicht als Hürde oder Hindernis für wissenschaftliche Forschung oder das Studium der menschlichen Natur betrachtet werden.

Die Botschaft hinter der Geschichte von Jeschua ben Josephs Leben, die wir erwähnt haben, bekommt im Vergleich zur traditionellen Interpretation eine völlig andere Bedeutung, wenn sie in diesem Kontext betrachtet wird. Das wundervolle und außergewöhnliche Werk der göttlichen Natur, die jedem Menschen eigen ist, kann in einem „in sich selbst geteiltem Haus" nicht funktionieren, wo Vernunft und Emotionen in Konflikt miteinander stehen. Emotionen und die Macht, logisch zu denken, müssen ihre wahre Rolle und Funktion finden in der Definition der Eigenschaften, wer wir sind, als zwei Elemente, die ein gemeinsames Ziel haben, anstatt zwei in Widerspruch stehende und unabhängige Agenten zu sein.

Die Beziehung und Rolle dieser zwei Aspekte der menschlichen Erfahrung sind, für einige überraschend, der Kern des philosophischen Problems von Gut und Böse, sowie des Körper-Geist-Problems. Die genaue Unterscheidung in Platons Kosmologie zwischen unveränderlichen, tatsächlich existierenden Ideen, nur durch Gedanken zugänglich, und dem Chaos der erschaffenen Form, in der Natur erfahren, wurde in viele philosophische und religiöse Gruppen übernommen, einschließlich Christentum und Gnostizismus. Die übliche Tendenz aus dieser Sichtweise war, Körperlichkeit, die materielle Welt und die Erfahrung der Emotionen als böse oder unerwünscht zu sehen. Andererseits wurde das Reich der Transzendenz und Vernunft, von den Emotionen getrennt, als die reine Realität und das ultimativ Gute gesehen. Diese Interpretation der Realität ist der bedeutsamste Punkt der Abweichung zwischen Ramthas Erklärung der Natur der Realität und allen anderen philosophischen, religiösen und wissenschaftlichen Sichtweisen, die eine innere Zweiteilung zwischen Transzendenz und physischer, beobachtbarer Realität annehmen.

Die Reorganisation unserer Werkzeuge und Mechanismen

Der übliche Konflikt zwischen der Dynamik der Emotionen und der Absicht des Intellekts wird meistens als ein unvermeidlicher und wesentlicher Teil der menschlichen Natur betrachtet, der gezügelt und geschult werden muss. Wenn diese im Widerspruch stehenden Eigenschaften wahrlich die bestimmenden Merkmale dessen sind, wer wir sind, was ist dann ihr Zweck? Was ist ihre potenzielle Evolution? Und wie ist es möglich, unsere biologischen Neigungen und unsere Anatomie zu überwinden? Die Geschichte des Pharaos Ra-Ta-Bin ist in dieser Hinsicht bemerkenswert. Sie zeigt eine beispielhafte Evolution des geteilten Gehirns, das von den so genannten Göttern gentechnisch verändert worden war. Dennoch entwickelte sich Pharao Ra-Ta-Bin weit über die von den Göttern gesetzten und erwarteten Grenzen hinaus.

Die Götter waren auf der Suche nach Gold zur Erde zurückgekehrt. Sie benötigten atomares Gold für ihre Atmosphäre, um das Einfangen des Lichtes einer entfernten Sonne zu unterstützen und die Atmosphäre der fünften Ebene wiederzuerschaffen. Die zyklische Umlaufbahn ihres Planeten ist ein elliptischer Orbit um die Sonne dieses Sonnensystems, der soweit in das All hinausreicht, dass es 25.000 Jahre dauert, einen Umlauf zu vollenden. Es dauert tatsächlich 25.000 irdische Orbitjahre, um die vollständige Präzession der Sterne am Nachthimmel zu sehen.

Das „Unsterblichkeitsgen", das wir von den Göttern geerbt haben, hat die Fähigkeit, diesen eine lange elliptische Umlaufbahn in einer einzigen Lebenszeit und die Beobachtung der Präzession der Sterne in all ihren Häusern zu ermöglichen. Dieses „Unsterblichkeitsgen" wurde von Wissenschaftlern als mit den spezialisierten Sequenzen der DNS, die an den Spitzen der Chromosomen entdeckt und Telomere genannt wurden, in Verbindung stehend identifiziert. Wissenschaftliche Studien über den Prozess und die Ursachen des Alterns konzentrieren sich auf die Begrenzungen der Zellteilung. Jedesmal, wenn sich eine Zelle teilt, dupliziert sie ihre DNS. Während jeder Teilung werden die Telomere an den Enden der Chromosomen allmählich verschlechtert oder gekürzt. Schließlich sind die Telomere so verbraucht, dass der normale Zellteilungsprozess endet, typischerweise innerhalb von fünfzig Zellteilungen. Wissenschaftler haben herausgefunden, dass ein Enzym namens Telomerase, das vom menschlichen Körper produziert wird, das Leben der Telomere über ihre normale Lebenserwartung hinaus verlängern kann.

Ra-Ta-Bin war sich bewusst, dass er ohne die Wissenschaft und die technologischen Fortschritte der Götter nicht am Leben sein würde. Er wurde als Experiment betrachtet und die Götter-Wissenschaftler standen ihm ehrfürchtig gegenüber. Sie waren verblüfft, weil er Willen hatte. Ramthas Erzählung von Ra-Ta-Bins tatsächlicher Ansprache an seine Vorfahren ist so tiefsinnig, so schön, so grandios, dass sie wahrlich den Höhepunkt der Evolution der

Menschheit und die Wiederentdeckung ihres wahren unsterblichen Selbst darstellt. Ra-Ta-Bin wandte sich kühn mit den folgenden Worten an die Götter:

> „Und er sagte zu ihnen: ‚Ihr seid die Väter, ihr seid die Mütter meines Lebens. Aber ich weiß, dass ihr nicht – sogar in eurer großartigsten jeweiligen Verkörperung – dass ihr nicht die gänzlichen Spender meines Lebens seid, sondern einfach die, die es weitergeben. Ihr verehrt einen Gott, den sogar ihr nie gesehen habt. Also werde ich euren Wein trinken, werde ich eure Keulen essen und werde hier vor euch stehen als Spektakel, als Schöpfung eurer Fantasie, aber letztendlich werde ich das verehren, was euch das Leben schenkte, meine exzellentesten Schöpfer.'"
>
> „Und dann nahm er den Wein und sagte zu ihnen: ‚Höchste Exzellenzen, Väter meines Seins – Väter meines Seins – und ich begrüße euch mit eurem Fleisch, euren Keulen und eurem Wein, aber ich grüße etwas Größeres als euch, das euch erschaffen hat, denn für euch bin ich ein Experiment, aber im Void bin ich Gott.'"[5]

Die Götter erschufen eine Erweiterung ihrer selbst, die eigenwilliger war, als sie es waren. Die Götter wussten nicht, was sie tun sollten. Sie betrachteten ihn ehrfürchtig, liebten ihn und hassten ihn gleichzeitig, denn er war eine Bedrohung für ihre Kontrolle. Ra-Ta-Bin agierte genau wie einer dieser Götter oder Göttinnen, was im Gegensatz zum erwarteten Verhalten dieser neuen Anatomie mit geteiltem Gehirn stand. Er sah ihnen ins Auge ohne das lähmende Gefühl der Angst, sprach zu ihnen mit Freiheit, nahm ihr Essen und ihren Wein vor ihnen und trank ihn ohne Reue oder Schuldgefühl.

Auf eine Weise standen Ra-Ta-Bin und seine Nachkommen im Krieg mit den Göttern, die ihre wissenschaftlichen Kenntnisse missbraucht hatten, um die menschliche Rasse in die Sklaverei zu brin-

---

[5] *Spain – Ra-Ta-Bin – The First Christ; The Gods and the Twelfth Planet*, Band 497 ed. (Yelm: Ramtha Dialogues, 2001).

gen. Die Reise der Evolution, die im Void ihren Ursprung hatte und die Selbstbetrachtung der bewussten Wahrnehmung erzeugt hatte, sank nun tiefer und führte in den Verlust der Selbsterkenntnis und das Chaos der treibenden Emotionen und die mangelnde Fähigkeit zu Weisheit zu reifen. Es gelang Ra-Ta-Bin, eine Säulenhalle für Sirius, den Hundsstern zu bauen, trotz der Götter Zensur ihrer Technologie. Sirius, ein rebellischer Stern, war sein größter menschlicher Verbündeter. Er widmete sein Leben der Aufgabe, jedem dabei zu helfen, seine Bestimmung zu verstehen, indem er die Fähigkeit erlernte, ihre Emotionen mit Wissen und reiner Vernunft zu vermischen und zu verbinden. Ra-Ta-Bin wurde eines Morgens bei Sonnenaufgang ermordet, gerade nachdem er die große Pyramide gebaut hatte. Die Sphinx des Löwen folgte kurz danach. Ra-Ta-Bin repräsentiert die größte Stunde unserer Missachtung jener, die Cro-Magnon erschaffen haben und nicht erkannten, dass sie nur ein neues Erfahrungsvehikel für andere inkarnierende Götter, ihnen gleichgestellt, geschaffen haben.

Schließlich finde ich es sehr interessant, dass die abschließende Aussage in Jeschuas Geschichte, die wir oben erwähnt haben, vom größtmöglichen Vergehen gegen das Göttliche handelt: die Sünde gegen den Heiligen Geist.[6] In Ramthas Ausführung der Geschichte und Evolution des menschlichen Gehirns erklärt er auch, das der vernichtendste Akt gegen das Leben die Zerstörung und Schädigung des Gehirns durch Drogenabhängigkeit ist. Wenn Drogen sich auf das Neuronetz des Gehirns auswirken, kann das Gehirn selbst nicht mehr funktionieren. Es verliert die Fähigkeit, neue Gedanken, erhabene Gedanken zu verbinden, und sie emotional in Zusammenhang zu setzen. Der resultierende Effekt aus diesem zersetzenden Prozess ist die Erfahrung der Bedeutungslosigkeit und Sinnlosigkeit. Ramtha erklärt, dass die Menschheit ihre Göttlichkeit bis zu dem Punkt vergessen hat, dass sie genau das Vehikel zerstört, welches dieser Göttlichkeit ermöglicht, das Unbekannte zu erforschen und sich selbst zu entdecken.

---

[6] Evangelium nach Markus 3:28-29

> „Gott vergebe uns allen. Lass nicht eine einzige Ruhe unserer Emotionen, lass nicht ein einziges Gebot unseres Urteils, lass nicht einen Missbrauch unseres göttlichen Streitwagens der einzige Grund sein, um Gott um Vergebung zu bitten, denn die Gesamtheit unseres Mangels an Erfüllung ist das Größte, dessen Vergebung wir erbitten. Gott vergebe uns allen, und nicht eine Sache, sondern alle Dinge, damit wir eins seien und nicht einzeln. Das, wofür wir um Vergebung bitten müssen, ist, dass wir das große, fesselnde Wissen der Schöpfung vergessen haben, in der wir uns selbst aufgelöst haben, nur um ohne Kreativität zu fühlen. Gott vergebe uns allen und lasse uns nicht zurück. So sei es.“[7]

„Die wahre Stimme Gottes“ in unserem Wesen sind nicht die sprunghaften Stimmen der Emotionen ohne Absicht oder bewusste Richtung, sondern der „Drang zu erschaffen“-Auftrag aus dem Lehm dieses Chaos, der innere Ruf, zu werden und zu manifestieren, wer wir wirklich sind: Schöpfergötter in einer prachtvollen Reise der Evolution und Entdeckung.

---

[7] *Spain – Ra-Ta-Bin – The First Christ; The Gods and the Twelfth Planet,* Band 497 ed. (Yelm: Ramtha Dialogues, 2001).

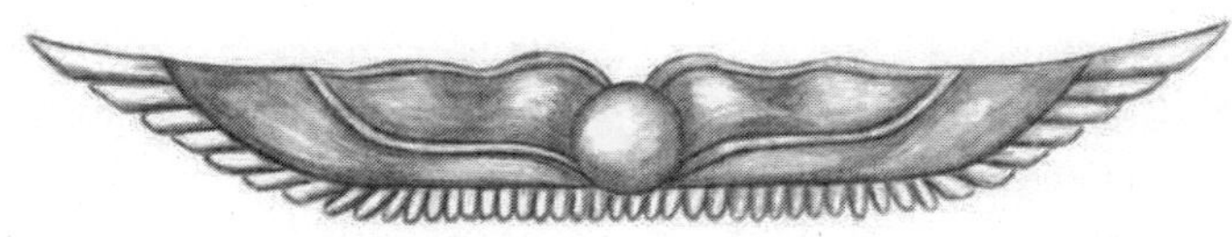

Kapitel 4
Pharao Ra-Ta-Bin und das ägyptische Geheimnis der Unsterblichkeit

„Ihr stellt euch diesen kleinen Hominiden vor, der jetzt wie ihr aussieht? Seine Haut ist leicht zimtfarben und er hat grüne Augen und rotes Haar. Er steht dort vor ihnen [den Göttern] und er sagt zu ihnen: ‚Ihr habt mir Leben gegeben. Ich bin der inkarnierte Geist, der vom Himmel kommt, aber ihr habt mir den Körper gegeben, meine großartigsten Vorgänger. Heute Abend stehe ich vor euch und in einem Augenblick – in einem Augenblick – wisst ihr, wie ihr meine Kehle durchschneiden und meinen Geist ausbluten könntet. Aber meinen Geist habt ihr nie erschaffen und er wird wiederkehren.''

Ramtha

Das gespaltene Gehirn, ein in sich selbst geteiltes Haus

Im Rahmen der Wissenschaft von heute wurde bereits das Unsterblichkeitsgen in eurer DNS definiert. Es ließ lange auf sich warten, euer Unsterblichkeitsgen.

Was denkt ihr, wird die Wissenschaft der Zukunft innerhalb eurer Lebenszeit sein? Welches von all euren Genen wird das meiste Geld bringen? Wird die Behebung des Gendefekts, um die Zuckerkrankheit zu heilen am meisten Geld bringen? Alzheimer, Krebs – Krebs vom Gehirntumor über Kehlkopfkrebs, bis Lungenkrebs, Bauchspeicheldrüsenkrebs, bis hin zu Nebennierenkrebs, Gebärmutterkrebs, Prostatakrebs, Brustkrebs, Krebs der Knochen, der Gliedmaßen, der Haut – denkt ihr, das wird am meisten Geld bringen? Nein, ich werde euch sagen, was am meisten Geld bringen wird. Was denkt ihr, dass es ist? Unsterblichkeit. Und der zweitgrößte Geldbringer wird sein, das Altern rückgängig zu machen. Wendet euch zu eurem Nachbarn und sagt ihm das. Also, wie viele von euch haben für das Letztere gestimmt – hebt eure Hände – das Letztere, das heißt für das Unsterblichkeitsgen und das Umkehren des Alterns?

Es gibt einige politische Auswirkungen, die mit einer derartigen Erforschung zusammenhängen. Und, nebenbei bemerkt, diese Erforschung findet seit der Jahrhundertwende statt und wird nur mit den elitärsten Menschen geteilt. Sie kommt nun an die Öffentlichkeit, sozusagen, zu einer neuen Generation von Wissenschaftlern.

Fokussiert euch, ihr werdet das eurem Partner[1] wiederholen müssen und wenn ihr es nicht tut, was wisst ihr dann nicht und was habt ihr aus dieser Kenntnis nicht gewonnen? Wenn sich alles, was ich sage, in eurem Leben als eine Tür, ein Potenzial manifestieren wird, geziemt es sich für euch zuzuhören. Also fokussiert euch und schaut nicht auf den Boden hinunter, schaut nicht hinauf in die Luft, schaut euch nicht jemandes Sonnenbrille oder Frisur an oder wie je-

---

[1] Das ist eine wichtig Eigenschaft von Ramthas Lehrtechniken, die hilft, inne zu halten, nachzudenken und die bis zu diesem Punkt besprochene Information in eigenen Worten und eigenem Verständnis zu äußern. Es hilft dabei, auf das Thema fokussiert zu bleiben und die Informationen zu behalten. Wir schlagen dem Leser vor, Ramthas Anweisungen zu folgen, unabhängig davon, ob Sie einen Partner haben oder nicht.

mand vorbeigeht. Hört zu und ihr werdet eines schönen Tages äußerst froh sein, dass ihr es getan habt. Verstanden? So sei es.

Also nun, das ist kein neues Wissen, aber es war behütetes Wissen, wie Alchemie ein behütetes Wissen ist. Und es wird nicht den Gottlosen gegeben. Und wer sind die Gottlosen? Jeder von euch. Warum seid ihr die Gottlosen? Weil ihr eitle Menschen seid. Ihr seid nicht nur in eurem Aussehen eitel, sondern ihr seid eitel bezüglich eures Erbes. Ihr würdet gegen Modernisierung um eures Erbes willen streiten. Habt ihr gehört, was ich gerade gesagt habe? Wie viele von euch haben gerade gehört, was ich gerade gesagt habe?

Ihr könnt jetzt sagen: „Aber Meister, was hat das mit alledem zu tun?“ Es hat alles damit zu tun, da ihr, solange ihr in einem Erbe verankert seid, anfällig dafür seid, ob diese Wahrheit sich in eurem Leben gegen die Loyalität eures Erbes manifestieren wird oder nicht. Wie viele von euch verstehen das? Wie viele von euch verstehen das? So sei es.

Und das ist absolut wichtig, da es diese Wesenheiten der unabhängigen Macht waren, die in der Lage waren, zwei große Wissenschaften – Wissenschaften – zu nutzen. Zuerst wussten sie bereits von Zeitmaschinen. Sie haben bereits eine erbaut; sie besitzen bereits eine. Also können sie sich, wie wir heute und morgen in eurer Zeit lernen werden, entlang potenzieller paralleler Zeiten bewegen und damit könnten sie die gleiche Zeitmaschine verwenden, um eine parallele Linie zu projizieren, die bis zu den alten Ägyptern zurückreicht, in der Tat, diesen großen Priester-Königen, denen die Götter ihre Macht übergaben, als sie aufbrachen. Hört ihr zu? So schön, so schön.

Nun, warum haben die Ägypter große Anstrengungen unternommen, um den Körper einzubalsamieren, in großen Ritualen, deren Voraussetzung das *Totenbuch* war. Jeder im Königshaus musste das *Totenbuch* kennen und all seine Jahre unter der Anleitung eines Lehrers verbringen, der es erklären konnte, und dann den Großteil seines Vermögens dafür ausgeben, Grabmale zu erschaffen, die luftdicht waren, in denen ihre Körper, gemäß dem *Totenbuch* untergebracht und Gegenstände gelagert werden konnten. Erinnert euch an das. Menschen – kommt schon, erklärt das – Orte, Dinge, Zeiten und Ereignisse; das *Totenbuch* handelt von Menschen, Orten, Dingen, Zeiten und Ereignissen und ihrer Beziehung zu einem künftigen Leben. Im *Totenbuch* heißt es, dass erst, wenn man den Text gelesen und studiert hat und nicht den gemeinsamen Nenner eurer Interpretation sondern den höheren Nenner des Minds gefunden hat, man in der Lage sein wird, vom Tod zurückzukehren und Menschen, Orte, Dinge, Zeiten und Ereignisse als eine Erinnerung mit sich zurückzubringen, um zu wissen, woher man einst gekommen ist.

Das große *Totenbuch* der Ägypter wurde also von den Göttern inspiriert, die wussten, dass Menschen nicht unsterblich waren, aber – diese Menschen waren durch Genetik direkt mit den Göttern verbunden – das bedeutet, dass die Weise, wie sich Menschen zu diesem gefeierten Konzept erhoben, sich genau hier fand. Und ich weiß – ich weiß – dass im Lichte einer Beziehung das nicht aufregend ist. Ich weiß, dass im Lichte eurer Selbstgefälligkeit das nicht aufregend ist. Ich weiß, dass in eurer Körper-Geist-Bild-Erfahrung das nicht aufregend ist. Und das ist nicht aufregend für sagenhaften Reichtum. Es ist nicht aufregend für Manifestation. Nein, ist es nicht, aber indirekt ist es die Quelle davon, wie wir alles bekommen. Und so haben die Götter den Menschen diese große, krönende Errungenschaft, Frontallappen genannt, gegeben. Kein Geld der Erde kann dieses Privileg, einen so ausgedehnten Frontallappen zu haben, bezahlen. Und in diesem Frontallappen haben wir durch die Genetik der Götter dieses großartige Gehirn bekommen.

Nun haben die Götter eine seltsame Sache getan, weil jeder von euch, der das menschliche Gehirn studiert hat, verstehen wird, dass das menschliche Gehirn eigentlich durch eine Brücke namens Corpus Callosum geteilt ist. Wie viele von euch verstehen soweit? Hebt eure Hände. Wenn wir über das Brückenbewusstsein im Sinne der Siegel sprechen, sprechen wir darüber tatsächlich im Kontext des vierten Siegels über diese Brücke im Gehirn. Das Corpus Callosum ist eine Brücke, die zwei unterschiedliche Bereiche des menschlichen Gehirns verbindet, richtig? Aber die Götter haben kein gespaltenes Gehirn. Wendet euch zu eurem Nachbarn und sagt ihm das.

Die Götter – hört mir auf der Stelle zu – sie erschufen euch aus einer Unterspezies: Hominiden.

Die Götter nahmen Hominiden und kreuzten sie, befruchteten sie, wie es heute in einem Labor gemacht wird, wenn eine Frau ein Kind haben möchte, aber der Vater impotent ist und keinen Samen geben kann; und wir werden darüber sprechen, warum er das nicht kann. Und von dieser Bank, der Samenbank, werden Spermien geholt um das Ei zu befruchten, dass der Spender dem Mann am nächsten ist – nicht der Frau; der Mann sagt: „Was will ich zu dem Kind beitragen?" und er füllt einen Fragebogen aus und er sagt all diese Dinge – und sie finden ein Spermium, das dem Mann entspricht. Ergibt das Sinn? Wie viele von euch stimmen zu? Und dann haben wir eine Kreuzungsgeneration, und das Kind wächst im Schoß und dann ziehen es die Eltern auf. Wie viele von euch verstehen? So sei es.

Nun, die Götter nahmen sich gewöhnlich entwickelnde Hominiden, Menschen, Götter, die von diesen Ebenen herunterkamen, die hinter ihren Vorfahren lagen. Folgt ihr mir? Es ist nicht so, dass Hominiden Gott nicht in sich hatten und dass die Götter selektiver waren. Nein. Die Götter kamen erst und dann seid ihr in das gefallen, was später kam.[2]

Als die Götter also die Menschheit aufwerteten – und das taten sie vor 455.000 Jahren, basierend auf dem Wissen aus einer Million Jahre, von „Hallo, Adam! Warum musst du dich immer wie ein Experiment verhalten?" Hier hatten wir dann, vor 455.000 Jahren, eine wirklich dynamische Wissenschaft. Wir haben also auch Hominiden, in welche die Götter ihre Samen legten und auf das weibliche Geschlecht der Hominiden übertrugen und diese Hominideneier befruchteten. Und was immer wieder daraus wurde, war ein dynamisches menschliches Wesen.

Aber sie wollten niemanden, keinen Hominiden, der ihnen nicht dienen würde – sogar die Götter sind begrenzt – und daher nahmen sie entschlossen alle Gene, die das Gehirn betrafen. Und sie konnten im Gehirn zwei unterschiedliche Modi identifizieren. Sie verstanden den Intellekt. Mit anderen Worten, sie verstanden, wenn ich euch etwas lehre, dass ihr darüber nicht notwendigerweise emotional empfindet, wenn ihr dazu angeregt werdet, es zu erklären. Wie viele von euch verstehen? Nun, das schließt einige von euch nicht aus, die nur von ihren Emotionen mitgerissen werden, aber wir werden in einem Moment darauf zurückkommen. Sie trennten also das Intellektuelle, das Analytische, das, was jeden neuen Gedanken analysiert, vom emotionalen Teil unseres Gehirns – dort, wo Inspiration ohne Analyse wirkt; das nennt man Künstler – und sie lernten, wie man das genetisch zusammenfügt und sie verbanden es mit neuen

---

[2] Siehe *Ursprünge und Entwicklung der menschlichen Zivilisation*, Teil I von *Die Geschichte der Menschheit aus der Sicht eines Meisters* (Peiting: In der Tat Verlag, 2004), Seiten 132-145.

Proteinen. Und so sahen die neuen Hominiden, die dabei herauskamen, genau wie die Götter aus, etwas kleiner, aber sie hatten ein gespaltenes Gehirn. Und sie hatten ein gespaltenes Gehirn, damit ihre Analyse einer jeden Sache – hört mir zu, weil das euer Problem ist – damit eure Analyse einer jeden Sache immer durch eine Brücke zu eurer Erfahrung getrennt sein würde, so dass das Funktionieren als Sklaven der Götter eine emotionale Erfahrung basierend auf dem Überleben statt auf den Paradigmen von Gedanken, die evolutionär sind, sein würde. Wendet euch zu eurem Partner und sagt ihm das.

Hört mir zu. Ihr seid in einer Zuhörerschaft der alten Weisheit. Und wenn C&E^{SM} die Natur der Realität erschaffen, dann basiert dieses C&E^{SM} darauf, dass wir in unseren Frontallappen ein Bild von etwas bringen, zu dem wir unsere Energie von unseren emotionalsten Zentren nach oben in unser Gehirn bringen, sodass unser Bild, das wir in unser Gehirn gebracht haben, nicht von unserem Emotionalkörper beschädigt wird, weil man, wenn man bereits fühlt, was dieses Bild tun wird, seine Manifestation bereits durch das Wirken des Fühlens untergraben hat. Und so habt ihr ein großes Potenzial des Unbekannten genommen und gefühlt, indem ihr es aus eurer Vergangenheit erklärtet. Dadurch kommt es nie zur Erfahrung des sagenhaften Königreichs, das der Mind des Gottes in eurem Leben manifestieren kann, der in völligem Einklang mit dem Gesetz steht. Das ist sehr wichtig.

Also hört mir zu. Was wir sind, was ihr seid, ist, dass ihr hier seid, um eine grundlegende Funktion zu erfüllen: Ihr seid hier, um das Unbekannte bekannt zu machen. Würdet ihr euch zu eurem Partner wenden und ihm das sagen, nur für den Fall, dass ihr es vergessen habt.

Meister, ruhig! Die Folge ist dann, unabhängig davon, auf welcher Ebene dieser Triade[3] wir uns befinden, dass wir eine Zwanghaftigkeit in unserer Natur haben. Die Stimme Gottes, Punkt Null, wartet auf einen Traum. Sie wartet auf ein neues Konzept, eine dimensionale Vorstellung, eine Aufnahme eines alten Sprichwortes, eine Aufnahme einer alten Existenzweise. Sie wartet darauf. Die wahre Stimme Gottes ist der Drang zur Schöpfung. Das ist es, was es ist.

---

[3] Siehe Abbildungen 1 und 2.

Nun fallen wir also unter diese Kategorie. Um das Unbekannte bekannt machen, haben wir sieben Körper[4], sieben Königreiche, sieben Ebenen der Zeit in unserer fernen Vergangenheit hier und jetzt. Wir haben ein Gehirn, um Gedanken von aus der Vergangenheit erschaffenen – erschaffenen - Konzepten zu fotografieren. Wir bauen neue Ideen auf; wir bringen sie in den Frontallappen. Sie bewirken zwei bemerkenswerte Dinge. Einmal wird der Frontallappen von der Quantenmechanik als Beobachter betrachtet, der Energie in Partikelmasse kollabieren lässt. Und das Zweite, was geschieht, ist, was der menschliche Körper bekommt – von den neurologischen Aspekten, die für das Hologramm verantwortlich sind, den Körper vorbereiten und ihn öffnen. All die Siegel öffnen sich wie Blumen, sieben Lotusblumen blühen auf sieben Ebenen. All die Energie ist in den Körper gelangt und bereitet den Körper auf die Erfahrung vor, die der Beobachter geschehen lassen wird, sodass, wenn man die Realität anwendet, ihr sie aus einem neuen Konzept heraus und mit neuer Chemie anwendet, damit sie euch neue Emotionen liefert, die das bringen, was man die Dimensionalität in dieser Schöpfung nennt. Wir fühlen dieses Ding ins Leben hinein.

Wenn wir es erst fühlen, kehrt die Information zurück in das Gehirn und nun – wenn wir erst die Körperlichkeit der Erfahrung bekommen haben – wird es jetzt Wahrheit genannt und Wahrheit wird Weisheit, in der wir niemals die gleiche Realität im gleichen Emotionalkörper erfahren wollen. Wir wollen diese neurologische Weisheit auf eine neue Ebene des Potenzials heben. Wendet euch zu eurem Nachbarn und sagt ihm das.

Nun, die Folge der Ereignisse, egal auf welcher Ebene der Existenz wir uns befinden, ist also – ob ihr nun tot und in eurem Infrarotkörper seid und in dieser Ebene spukt oder ob ihr euch in einer Lichtrückschau befindet – eine Sache bleibt bis zum Punkt Null konstant: das Unbekannte mit Träumen bekannt zu machen und diese Träume auf früheren Erfahrungen aufzubauen.

---

[4] Siehe Abbildung 3.

ABB. 2: DAS GEHIRN UND DER BEOBACHTEREFFEKT

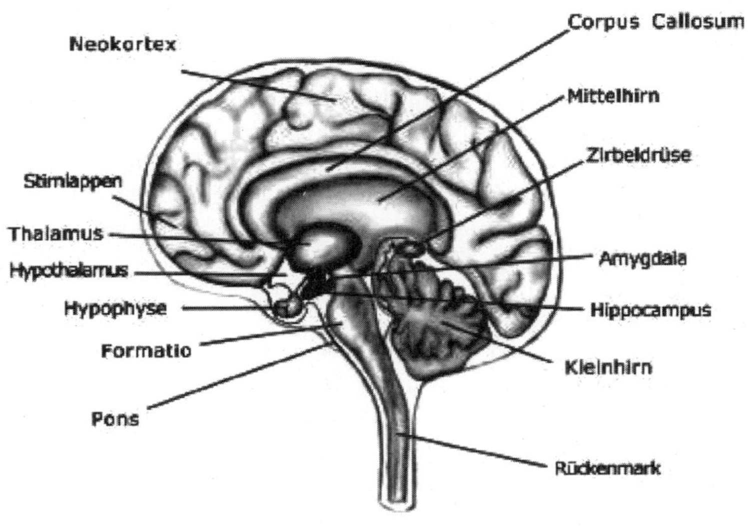

Der Beobachter ist dafür verantwortlich, die Wellenfunktion der Wahrscheinlichkeit in Partikelrealtiät kollabieren zu lassen.

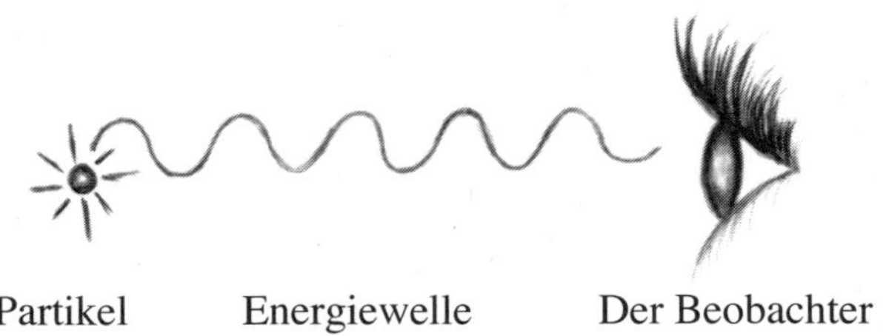

Partikel Energiewelle Der Beobachter

Das sind die ursprünglichen, zweidimensionalen, karikaturartigen Zeichnungen, die Ramtha für seine Lehren über die Funktion des Gehirns, seine Abläufe und die Rolle des Beobachters bei der Schöpfung der Realität verwendet.

ABB. 3: DIE SIEBEN SIEGEL: SIEBEN EBENEN VON BEWUSSTSEIN IM MENSCHLICHEN KÖRPER

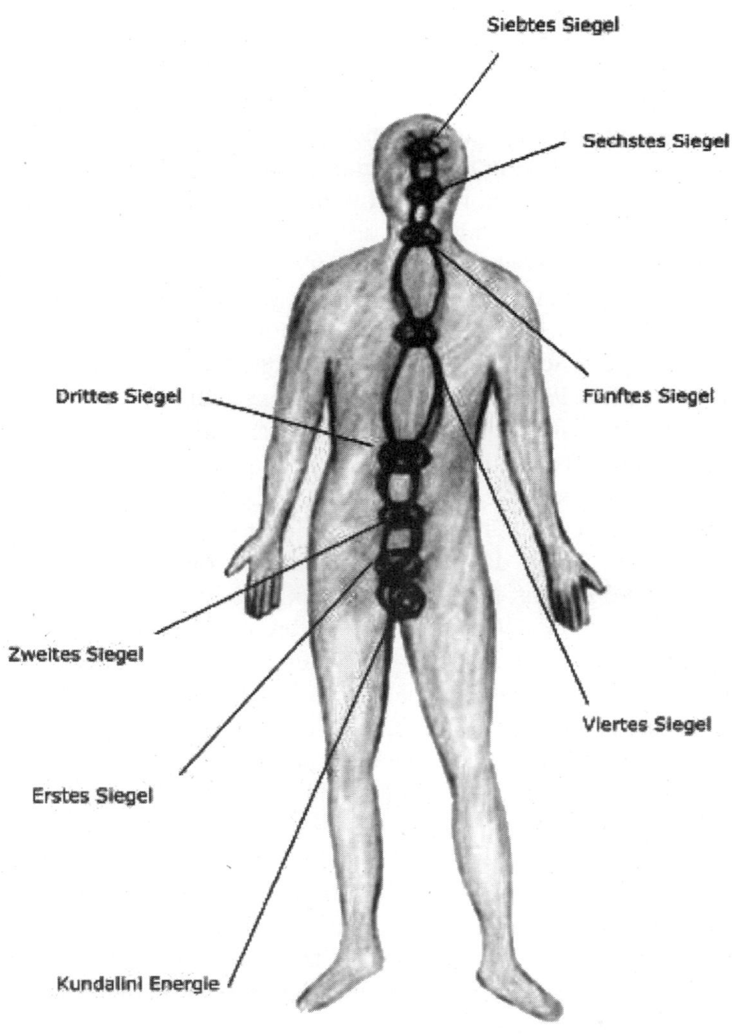

Der Körper, in welchem Körper auch immer wir sind, hat die Fähigkeit und den Nutzen, sich nicht nur seiner Umgebung gewahr zu sein – die wir so erschaffen haben – sondern das Wissen über diese Frequenz der Zeit zu nehmen und dann ein Hologramm zu erschaffen, in welchem wir dann mit konzentrierter Anstrengung ein Ideal fokussieren, wie das Konzept des Quantenbeobachters in der Wissenschaft uns nahe legt: Es besagt, dass der Beobachter alle Energie kollabiert, um den Rahmen zu füllen, den die Seele als göttlicher Architekt bereitstellt, und nun haben wir ein Gehirn, das es tut. Und das Gehirn stellt dann die Zeichnung bereit, in der Energie kollabiert und neue Atome, atomare Strukturen, erschaffen werden, um diese Masse zu werden. Und wenn sie an Ort und Stelle ist, kommt unsere Empfänglichkeit als menschliches Wesen ins Spiel, in der wir es sinnlich erfahren müssen. Und wenn es sinnlich erfahren wurde, kehrt es zurück, dieses Wissen, zurück zum ursprünglichen Spender dieses Traums als eine Erfahrung, und wir nennen das Wahrheit.

Wahrheit handelt von nichts, was ich zu sagen habe. Alles, was ich zu sagen habe, ist eine dynamische, schöne Philosophie. Niemals waren wir freier, das Konzept des Göttlichen in uns zu umarmen. Niemals hatten wir die Gelegenheit eines wahren, wiedergeborenen Predigers, wie ich es bin, uns das heilige Feuer Gottes in unser niedriges Leben zu bringen, damit es uns göttlichen Zweck und Bedeutung schenkt und das auf eine Weise zu erklären, die uns befreit und den Aberglauben in den Müll wirft und verbrennt.

Also, jetzt verstehen wir, dass egal in welchem Körper wir sind, wir einen Drang zum Erschaffen und älter und weiser zu werden haben, um so weise zu werden, dass wir die Möglichkeiten jeder menschlichen Erfahrung oder jeder körperlichen Erfahrung dieser Papierpüppchen, die ihr ausgeschnitten habt[5], erschöpft haben. Dann haben wir Wahrheit. Dann haben wir Wahrheit von solcher Größe und solcher Arroganz, dass wir mit ungeheuerlichen Konzepten ohne jegliche Bestürzung, jegliche Begrenzung, jeglichen Mangel, jeglichen Zweifel jeder Art fortfahren können. So ist es Gott: das Gehirn träumt – zwei Zacken – der Beobachter träumt und sitzt im Frontallappen. Die Krönung jedes menschlichen Körpers ist genau das hier.

---

[5] Die Körpererfahrung aus einer der sieben Ebenen von Bewusstsein und Energie. Siehe Abbildungen 1 und 2.

Und während das Gehirn träumt, kollabiert es Energie; es kollabiert atomare Strukturen in neue Strukturen und bereitet gleichzeitig den Körper auf eine neue Erfahrung vor.

Also nun, die fünfte Dimension beinhaltet ein dynamisches Geheimnis, dass ihr, bevor dieser Tag vorbei ist, verstehen werdet. Und ich werde euch die Erfahrungen senden, damit ihr sie erfahren könnt. So sei es.

Ihr dachtet also, ich wäre auf Drogen, als ich hier herauskam. Nein, ich habe keine Löcher in meinem Gehirn, aber ihr habt welche. Ihr seid Drogenabhängige; ihr seid Drogenabhängige: Ihr nehmt Heroin, ihr seid Kokainschnüffler, ihr werft Ecstasy ein und ihr raucht Grasjoints. Ihr habt alles missbraucht, nur damit ihr aus eurer Realität in eine tiefere, dunklere flüchten konntet. Ich habe keine Löcher in meinem Gehirn und auch nicht meine Tochter, aber ihr habt sie. Das gefällt euch nicht? Nun gut, was werden wir also dagegen tun? Wir werden es mit Wahrheit ansprechen. Es ist niemals zu spät. Das größte Organ in eurem Körper, das ihr nie zerstören solltet, ist euer Gehirn. Nun, ihr könnt eure Haut zerstören. Ihr könnt eure Beine zerstören. Ich könnt euer Herz schädigen. Ihr könnt eure Leber durch zu viel Alkohol schädigen. Ihr könnt euer Herz mit zu vielen Emotionen schädigen. Ihr könnt euren Darm, euren Magen mit zu viel Essen schädigen. Ihr könnt eure Eingeweide mit Hass über das, was ihr getan habt, schädigen. Ihr könnt all das tun. Aber wenn ihr jemals euer Gehirn schädigt, könnt ihr euch niemals erholen. Wendet euch zu eurem Nachbarn und sagt ihm das.

Auf Einsicht und Wissen. Habt ihr die Umgebung, um das zu erfahren oder seid ihr von dieser Umgebung vernebelt?

Jeder, der nicht das Bewusstsein der Freude hat, muss immer Drogen nehmen, und wenn er es nicht tut, nimmt er natürliche Drogen namens Depression, Hass, Groll und Wut, diese natürlichen, angeborenen Opiate, die Erlösung versprechen. Ihr nehmt Drogen, weil ihr nichts hier oben habt, Baby. Ihr wisst nicht, wie man glücklich ist. Ihr wisst nicht wie man einen Augenblick der Freude meistert und erschafft. Ihr wisst nicht, wie man größeres Bewusstsein hervorruft, weil ihr ein Image beschützen müsst.

Große Menschen des Wissens nehmen keine Drogen. Sie trinken Wein und sie rauchen Pfeife. Geht einfach in eurer Geschichte zurück, findet große Geister und fragt euch selbst, was sie getan haben, um sich von der Hitze ihrer Arbeit zu entspannen. Diese Menschen, die die Welt kontrollieren, die diese Zeitmaschinen gebaut haben – seid ihr verrückt? – sie wissen bereits, was alles andere als das anrichtet. Es bringt nicht das Überbewusstsein. Es lässt den Rahmen der eigenen Realität in nackten Emotionen von Aktion und Reaktion versinken. Und warum haben sie euch das angetan? Weil sie euch als den Abschaum der Erde betrachten. Und sie werden euch loswerden, ob durch AIDS – AIDS, Ebola, das sind keine Kreaturen, die aus den Dschungeln Afrikas kommen. Das sind Viren, die in einem Labor erzeugt wurden. Sie können mit einem Kanister New York besprühen und die ganze Welt infizieren. Warum wollen sie euch loswerden? Sie werden euch den Sport geben, und euch berühmte Menschen geben und euch Unterhaltung geben, damit ihr keinen einzigen konstruktiven Gedanken an eurem Tag lesen werdet. Und sie werden euch loswerden und sie werden all eure Kinder nehmen und sie nationalisieren, und sie werden das Neue Jerusalem erschaffen.

Ihr versagt also, wenn ihr euch selbst in Zeitlinien ruiniert. Ihr müsst kein Politiker sein. Nein, ihr müsst diesem Weg, diesem Pfad nicht folgen. Aber wenn ihr unter den Einfluss der Gladiatoren kommt, seid ihr weder erhaltenswert noch wird man euch je die großartigsten Medikamente geben – niemals. Ihr werden durch euer erstens Siegel infiziert und ihr werdet einen scheußlichen Tod sterben.

AIDS war eine Einführung in das, was kommen wird. Und wenn ihr denkt, die Maul-und-Klauenseuche in Europa sei eine schlimme Krankheit, nun, wenn sie nur auf Tiere begrenzt ist. Stellt euch vor, was die mit diesem Virus anstellen können, das in eurer DNS mutiert, und wie sie euch loswerden könnten – euch verbrennen, euch begraben, euch einäschern. Und wer werden die neuen Menschen der neuen Welt sein? Ihr seid problematisch, weil ihr unwissend und dumm seid. Ihr wollt euch ohne Wissen vergnügen. Ihr seid nicht wissenschaftlich. Ihr seid nicht freudvoll. Ihr seid nicht bewandert. Daher seid ihr entbehrlich.

Ist das bereits zuvor geschehen? Viele Male in der Vergangenheit. Die Götter selbst haben der menschlichen Bevölkerung Viren und Naturkatastrophen auferlegt, um Programme potenzieller Zeitlinien wegzuwischen, die wir untersuchen wollten, denen die Menschheit folgen wollte, die nicht evolutionär waren, sich nicht veränderten – nicht wilde, dynamische, wundervolle Veränderungen waren – und die Götter sind gekommen und haben euch unzählige Male zerstört.

Es sind also nicht die großen, bösen Regierungen der Welt. Das ist das Programm der Götter, das besagt, wenn ihr euch auf die Tiere einlasst und euch zu ihnen legt, werdet ihr wie sie abgeschlachtet. Ihr denkt wie Tiere; ihr werdet wie sie sterben. Und nur die am besten Angepassten auf dieser Welt werden überleben. Und, Bruder, lass mich dir etwas sagen. Ihr denkt, ihr seid mächtig? Ihr seid überhaupt nicht mächtig. Ihr seid nur Opfer. Daher ist der größte Standpunkt der Macht, den ihr in euerem Mind gewählt habt, Opfer zu sein. Ihr Armen. Ihr Armen. Werden wir uns an euch erinnern? Ich glaube nicht. Niemand hier wird sich an euch erinnern. Ihr seid nur für einen Tag beliebt. Ihr seid nur in dieser Woche beliebt. Ihr seid nur beliebt, solange ihr jung seid. Und danach werdet ihr weggewischt, oder ihr habt besser viel Geld um euch jede Menge Einfluss kaufen zu können, um euer Image zu streicheln. Denn ihr spart nicht damit, zu kämpfen und zu kaufen und absichtlich Selbstachtung auszuhandeln. Wenn ihr über eure persönliche Schönheit hinaus seid, dann scheiß auf euch.

Das gefällt euch nicht? Buuhuu! Ihr Armen. Was wird also eure Entscheidung sein, Umweltschützer oder Katholiken? Was werdet ihr wählen? Oder vielleicht nehmt ihr die Investorenroute. Was werdet ihr wählen? Wisst ihr, ihr versucht, große Fische in einem kleinen Teich zu sein. „Na ja“, sagt ihr, „ja, das ist wahr.“ Nun, ich kann euch das in sechs Monaten von heute an fragen und ihr werdet es immer noch zugeben. Was hat sich also geändert? Beinahe nichts. Was habt ihr also in diesem Leben getan, um die Herrlichkeit der Freiheit für alle Menschen zu reflektieren, ohne ein politischer Dissident zu sein? Was habt ihr getan?

Nun, die Götter, sie haben etwas Wundervolles getan, als sie euer Gehirn entzwei geschnitten haben, weil sie sichergestellt haben, dass ihr eine Menge Schwierigkeiten haben werdet, eure Gedanken mit Emotionen zusammenzubringen. Entweder wart ihr hysterisch oder ihr wart steril. Würdet ihr euch zu eurem Nachbarn wenden und ihm das sagen.

Hört mir jetzt zu. Eines der größten Symbole der alten Schule ist der Salamander, ein schlichtes, kleines Wasserdings. Ihr könnt ihm den Schwanz abschneiden. Ein Fleisch essender Mensch, eine Wesenheit, kann seinen Schwanz abbeißen, er wird seinen Schwanz hergeben. Diese Wesenheit bekommt ein Mittagessen; der Salamander lässt einen neuen Schwanz wachsen. Er hat die Stammzellen, aber er hat auch den Mind, es zu tun. Außerdem könnt ihr entlang kommen und seinen Körper entzwei beißen, seinen Magen von seinen Eingeweiden und dem Dickdarm trennen und seine Stammzellen abtrennen, sein Rückgrat abtrennen, und er kann auf seinen Armen davon kriechen – und mit seiner chamäleonartigen Erscheinung weiß er, wie er sich selbst verändert, um wie Sand oder Stein auszusehen, und er verströmt keinen Geruch – und während er dort liegt, lässt er aus seinem Rückgrat neue Eingeweide, ein neues Rückgrat, neue Beine und einen neuen Schwanz wachsen. Und wenn alles intakt ist, kommt er wieder hervor. Und beim nächsten Angriff wird er direkt unter seinem Nacken gebissen und nur der Kopf und ein wenig Gewebe an einem – einem – Arm bleibt übrig. Er kann sich hinlegen und sich in einen Felsen und einen Stein verwandeln und keinen Duft verströmen, und während er in diesem katatonischen Zustand ist, lässt er einen neuen Körper wachsen. Aber wenn ihr je den Kopf des Salamanders abbeißt, wird er nicht wieder kommen.

Nun, ihr könnt eurem Körper alles antun, was ihr wollt – und ihr habt es aufgrund eurer Ignoranz und eurer selbstsüchtigen, emotionalen Opiatsucht getan – aber an dem Tag, an dem ihr euer Gehirn zerstört und Drogen nehmt, die das Neuronetz treffen, die sich ihren Weg langsam durch jeden Nährwert fressen, sodass das Gehirn selbst nicht mehr funktionieren kann, großartige Gedanken nicht mehr die Fähigkeit haben, sich emotional mit dem Körper zu verbinden, dann habt ihr keine Emotionen und ihr seid nur hohl, Mann. Ihr seid nur hohl. Und der Tag, an dem ihr das tut, ist der Tag an dem ihr sterben und euch nie wieder regenerieren werdet. Und dann werdet ihr im Tod, im menschlichen Tod gefangen sein. Wendet euch zu eurem Nachbarn und erklärt das, bitte.

Wie sollen wir dann handeln? Hört mir zu. Ich halte euch für vergessene Götter. Das bedeutet, dass ihr eure Göttlichkeit vergessen habt. Ihr kennt euren Intellekt und euren Emotionalkörper sehr gut und wisst immer noch nicht, wie man die beiden vermengt. Darauf bin ich aus.

Die Suche nach dem Unsterblichkeitsgen – Kampf zwischen Religion und Wissenschaft

Nun, nach dem ägyptischen *Totenbuch* wurden die großen Priester-Könige der Götter später von Kokain abhängig. Und wir stellen fest, dass dies mit dem einen begann, der behauptete, von Amon-Ra geleitet, die Pyramiden erbaut zu haben, und er hatte einen bestimmten Namen. Und er behauptete, dass die Pyramiden – die in allen Königreichen seit Urzeiten existierten – er sagte plötzlich, wie ein Fanatiker, dass er der Einzige wäre, der sie erbaut hätte. Kennt ihr seinen Namen? Ihr kennt ihn nicht? Wer ist im vierten Jahrhundert der Eine, der über Ägypten behauptete, dass er die Pyramiden erbaut hätte, wie die Ägyptologen es heute feiern? Nein. Wie ist sein Name? Wer behauptet heute, die Pyramiden gebaut zu haben, Father?

Father: War es Alexander?

Ramtha: Nein, Father. Wer hat laut den Ägyptologen die Pyramiden gebaut?

Father: Cheops.

Ramtha: Cheops? Bist du sicher? Was hat das mit deinem sagenhaften Reichtum zu tun? Sehr viel. Cheops. Aber es ist nicht wirklich er, von dem ich spreche. Seht ihr, der beste Kopf, der beste Kopf unter euch sagt, es sei Cheops. Und er sagte, dass er die Pyramiden gebaut hätte, die beinahe 400.000 Jahre vor seiner Existenz da waren. Es gibt keinen Pharao in der ägyptischen Zeitrechnung, der diese Pyramiden gebaut hat. Von wem glaubst du also, wurden sie gebaut, Blue Body? Wer war der erste Christus unter den Pharaonen?

Blue Body: Ra-Ta-Bin.

Ramtha: Ra-Ta-Bin. Schreibt diesen Namen auf. Ra-Ta-Bin. Ra-Ta-Bin. Ben heißt in jüdischen Begriffen gezeugt. Bin war also der Nachname, was von Ra gezeugt bedeutete. Gezeugt von Gott, Ra-Ta-Bin. Schreibt es auf. Wo sind euer Papier und Stift? Könnt ihr euch an all das erinnern? Wer ist der erste Erbauer der Pyramiden? Ra-Ta-Bin. Wendet euch zu eurem Nachbarn und sagt ihm das.

Nun, ben, ben – schaut mich an – bedeutet: gezeugt von. Sagt das Wort, ben – also, Jeschua ben Joseph. Als ist Jeschua von Jeschua gezeugt oder von Joseph? Joseph. Also Bin: Ra-Ta-Bin, gezeugt von Gott. Wendet euch an euren Nachbarn und sagt ihm das. Gezeugt von Gott.

Gezeugt von Gott. Das alte Wissen beginnt. So sei es.

Nun, wenn Ra-Ta-Bin der Erbauer der großen Pyramiden bei Cheops war, dann stammten all die fehlgeschlagenen Versuche der Ziggurats von radikalen Fanatikern, welche die Wissenschaft nie richtig verstanden haben. Und die Wissenschaft handelte von göttlicher Geometrie – göttlicher Geometrie – so dass die Grundlage der Pyramiden rundherum jedem, der sie sehen würde, ein großes und feierliches Quantenrätsel aufgäbe.

Aber Ägyptologen – und übrigens, die heutigen Ägypter sind keine Ägypter. Lasst mich euch sagen, wie die alten Ägypter aussahen und dann sagt ihr mir, ob sie die wahren Ägypter sind. Die alten Ägypter waren die Krönung der nördlichen Stämme Nubiens. Sie waren die – wie nennt ihr sie; tragen sie ihren Namen noch heute? – die Watusi. Sie waren die nördlichen Stämme Afrikas. Sie wurden die alten Nubier genannt. Die Ägypter waren dann eine Kombination aus den Göttern und deren Samen in den Watusi Afrikas. Wendet euch zu eurem Nachbarn und sagt ihm das.

In diesen Zeiten kehrten also die Götter zurück und sie gruben nach Gold von Terra. Terra ist ein alter Ausdruck für die Erde. Sie gruben hier nach Gold. Und die Legende, die ihr hört, ist wahr, dass sie nach Gold gruben, um ihren großen und uralten Planeten zu besäen, den Planeten der Götter - das heißt, Menschen, die hier herkamen, die wie ihr aussehen, die nach der Schöpfung von hier weg- und irgendwo anders hingingen und allerdings den Prozess der Evolution begannen – es war ein größerer Planet, ein viel weiter fortgeschrittener Planet. Und was brauchten sie? Eine zentrale Sache war Gold. Und was bedeutete Gold für sie? Nicht Kronen, Schmuck und Ziergegenstände, sondern atomares Gold für ihre Atmosphäre, um das Licht einer fernen Sonne in einer zyklischen Umlaufbahn einzufangen, damit dieses Sonnenlicht vom Goldschimmer und in ihrer Umgebung und in ihrer Atmosphäre gehalten werden konnte. Egal wie weit weg sie von der Zentralsonne dieser Zivilisation waren, dieses Gold fing genau, wie es das bis heute tut, ohne Makel oder Verfall, das Licht ein. Und so erschufen sie die Atmosphäre der fünften

Ebene der Pyramide[6] wieder, welche man den goldenen Körper nennt. Wendet euch zu eurem Nachbarn und sagt ihm das.

Ihre zyklische Umlaufbahn war eine elliptische Umlaufbahn um diese Sonne. Diese Sonne ist insoweit wichtig, da wir die Sonne haben und dann gibt es tatsächlich zwölf Planeten, die die Sonne umgeben – also kann Astrologie basierend auf neun Häusern nicht wahr sein – sodass eigentlich, wenn wir die Linie an der Peripherie sind, wenn wir hier kreisen oder, sagen wir, hier, dann gibt es Planeten, die unser direktes Gegenüber sind, die in zyklischer Weise genau so kreisen wie wir. Sie sind auf der anderen Seite der Sonne. Nun, die Ebene der Götter war eine Umlaufbahn wie diese, die aus der orbitalen Ebene hinausgegangen ist. Man nennt es eine elliptische Ebene. Würdet ihr euch zu eurem Nachbarn wenden und ihm das sagen.

Nun, wenn gemäß bekannter Astrophysiker die Erde hier ist, was wäre dann, wenn eine Erde hier wäre? Wenn dies das Design der Umlaufbahn auf ihrer Ellipse wäre, dann wäre diese Ellipse die Erde. Und was dieser Erde vorausgeht, wird die Vergangenheit dieser Erde sein. Ich weiß, es ist schwer; ich mache es einfach. Also, wenn das die Erde ist und wir die Körper im All gemäß der Anziehungskraft messen und wenn dann dies eure Erde genannt Terra ist und Terra sich mit ihrer peripheren Achse in diese Richtung bewegt, dann bewegt sich die Erde, die sich auf der anderen Seite der Sonne befindet, auf einer gegenüberliegenden Peripherie, und sie bewegt sich in diese Richtung. So wird diese Erde jene Erde als ihre Vergangenheit betrachten. Wendet euch zu eurem Nachbarn und sagt ihm, was ich gerade gesagt habe.

ABB. 4: RAMTHAS MODELL DES SONNENSYSTEMS

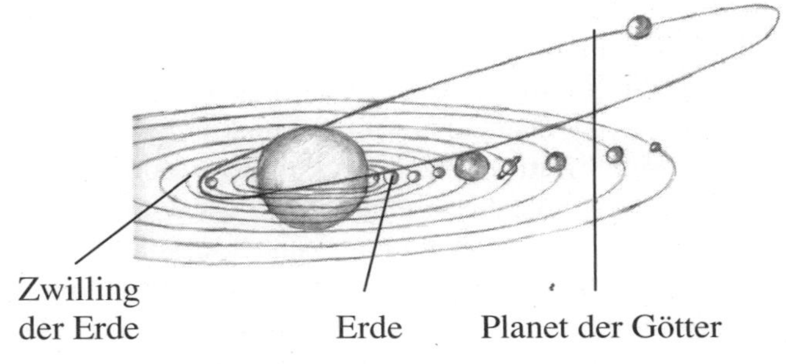

---

[6] Siehe Abbildung 1.

Es ist einfach. Denkt an die Sonne in ihrer jetzigen solaren Jahreszeit und an ihre großen Magma-Ausbrüche. Denkt an sie als ein Schleier und dass sich auf der anderen Seite noch eine Erde so bewegt. Denkt daran, wie ihr die Erde umkreist, denkt daran, was auf der Rückseite ist, das ihr nicht gemäß der Anziehungskraft berechnet habt.

Ist das zu viel für euch? Ja, das ist es. In Ordnung. Dann lasst uns das auslassen. In Ordnung, lasst mich hier zum Hausverstand kommen. In euren Wäschetrockner von Maytag legt ihr die Kleidung - oh, nein, das ist nicht das Bessere. Eure Waschmaschine hat einen zentralen Pol, ja? Wie viele von euch stimmen zu? In sie legt ihr all eure farbigen Sachen hinein. Sie reinigt sie alle und dann schleudert sie. Denkt ihr, dass euer Rot wirklich das Weiß auf der anderen Seite der Trommel versteht? Das ist eine gewöhnliche Frage.

Denkt ihr wirklich, dass alles, was die Wissenschaft auf dieser Seite ihres Orbits ausgeheckt hat und innerhalb der Gravitation und der Sterne – das Hubble-Teleskop: das Hubble-Teleskop kann den Wissenschaftler über den Wert des Lichtes berichten, das von dem kommt, was fotografisch ist. Aber wenn wir die Sonne haben, was wird ausgeblendet, das in der gleichen Peripherie ist, wie ihr? Glaubt ihr nicht, dass diese Wissenschaftler das wissen? Sie sagen nur nichts darüber, weil sie wissen, dass es nicht um neun Planeten geht, dass wir das, was die Planeten sind, nicht sehen, sondern ihre Anziehungskraft spüren. Und wenn wir darüber – Ruhe – in diesem Sinne davon reden, wie könnte dann ein Planet, der sich dreht, während er jede Saison um die Achse an seine Peripherie kreist, positiv und negativ repräsentieren? Obwohl es einen Nordpol und einen Südpol gibt, würde es nicht scheinen, dass in dem, was man eine atomare Struktur nennt, ein Elektron ein Positron hat? Gibt es dann eine gegenüberliegende Erde auf der direkten Umlaufbahn auf der anderen Seite der Sonne, die nicht gemessen werden kann, weil wir analog diese Erde sind? Wendet euch zu eurem Nachbarn und sagt ihm das.

Ist das möglich? Babys, Frauen, die niemals außerhalb dessen gedacht haben, wie ihr Spiegel aussieht, ist es für die Erde möglich, einen Spiegel auf der anderen Seite der Sonne zu haben? Ja. Sollten wir nun also denken, dass die Götter dann in dieser Erde sind? Nein. Das ist eure evolutionäre Zukunft. Ihr seid ihre Vergangenheit. Und natürlich ist das alles relativ.

Also würden die Götter dann keine solche Umlaufbahn haben. Sie haben diese große elliptische Umlaufbahn, die den ganzen Weg bis ans Äußerste geht und dann den ganzen Weg zurückkommt, genau wie Zecharia Sitchin sagte. Und er hat diese Informationen nicht aus seiner Fantasie, sondern von 25.000 Texten, die er in einem Tell im Iran gefunden hat – die Geschichte der Götter.

Also kamen sie hierher, um nach Gold zu graben, weil wo immer man einen wässrigen Planeten findet, findet man auch Gold. Wenn ihr keinen Planeten findet, der in Wasserstoff gehüllt ist – Wasser, Sauerstoff und Wasserstoff, die Wasser ergeben, und Luft – werdet ihr kein Gold finden. Also ist dieser Planet reich daran. Und warum braucht man Gold? Um eine Atmosphäre zu unterstützen, die sich in der Ellipse so weit von der Sonne weg in das All bewegt, dass es 25.000 Jahre dauert, um einmal die Umlaufbahn zu durchlaufen. Was haltet ihr davon? Wie könnt ihr im All als Planet existieren und immer noch diesen Körper ohne eine Sonne haben? Aber was wäre, wenn eure Atmosphäre aus Goldpartikeln bestünde? Ich spreche von Partikeln auf der atomaren Ebene. Und was, wenn eure Atmosphäre Licht reflektieren könnte, Photonen, die in Lichtgeschwindigkeit durch das All reisten, und Gold als der perfekte Spiegel vollkommenes Licht in die Atmosphäre reflektieren könnte, egal wie weit entfernt von eurer zentralen Sonne ihr in eurer elliptischen Umlaufbahn seid? Es dauert fünfundzwanzigtausend Jahre. Ein Kalenderjahr, das ihr in wechselnde Jahreszeiten geteilt habt – ich weiß, das wird euch keinen besseren Liebhaber bringen, aber es wird euch mit Sicherheit erleuchten – diese Erde braucht ein Jahr, um eine saisonale polare Ebene der Sonne zu umkreisen und ihr nennt es Jahreszeiten. Aber was, wenn es 25.000 Jahre dauerte? Und was ich daran so erstaunlich finde, ist, dass es genau 25.000 Jahre dauert, bis eine Erde in ihren Jahreszeiten kreist, um die Sterne des Himmels zu sehen. Es würde 25.000 Erdumlaufjahre dauern, um die Präzession der Sterne im Fenster eures Nachthimmels zu sehen.

Also Meister, schaut mich an. Also, das Unsterblichkeitsgen, das eure Wissenschaftler entdeckt haben, sie haben das Gottgen entdeckt. Sie haben ein Gen entdeckt, das das Versprechen beinhaltet, das tatsächlich der Wohltäter der Götter für die Hominiden oder Cro-Magnons ist, was ihr alle seid. Wir haben einen Abdruck unserer Vergangenheit und unserer Zukunft gefunden. Dieses Gen – warum ist das so wichtig, was ihr Unsterblichkeit nennt? Nun, die Ägypter verstanden das vor 10.000 Jahren. Sie verstanden es vor 25.000 Jahren. Und dazwischen gab es zwei Eiszeiten. Nun, hier ist etwas über das Unsterblichkeitsgen. Ihr denkt also, ihr seid erhaltenswert? Ich denke nicht. Ich denke nicht. Und ich denke, dass auch ihr nicht so denkt.

Also, schaut mich an. Ich rede keinen metaphysischen New-Age-Müll zu euch, denn wenn ich es täte, wäre ich überhaupt kein Lehrer; ich wäre ein Versklaver. Aber das ist nicht, was ich bin. Nein, ich spreche von einem Unsterblichkeitsgen, das nun in der Entdeckung des menschlichen Genoms gefunden wurde. Wacht auf! Ich spreche von euren Genen – euren Genen. Ich liebe diese Kleidung. Ich liebe diese Kleidung, weil sie Jeans genannt wird. Ja.

Es ist also nicht so, als ob ich dieses Unsterblichkeitsgen erfunden hätte, aber ich habe vor zweiundzwanzig Jahren davon gesprochen, bevor es je von der Wissenschaft entdeckt worden ist. Also wie wissen wir, dass wir von den Göttern gezeugt und bemuttert wurden? Wegen dieses Gens.

Nun, wisst ihr, welche Kapazität des Tuns dieses Gen bringt? Sich selbst zu erlauben, eine lange elliptische Umlaufbahn zu nehmen und die Präzession der Sterne in all ihren Häusern in einem ganzen Leben zu beobachten, das mit 25.000 Jahren beginnt.

Nun, beunruhigt euch das? Beunruhigt euch das? Hier ist, was ich möchte, dass ihr tut, weil ihr im Grunde keine exotischen Menschen seid. Ihr denkt im Sinne der ersten drei Siegel. Ihr denkt im Sinne eures Körpers, eures Aussehens, eures Überlebens, eurer Sexualität, wie ihr damit umgehen werdet und was ihr für den Rest eures Lebens arbeiten werdet. Also seid ihr in eurem Gehirn begrenzt. Ihr seid nicht sehr exotisch. Ist das nicht richtig, Deutsche? Und ihr seid höchst leidenschaftlich und emotional, nicht wahr, Italiener? Und, Spanier, ihr denkt ihr seid Modernisierung. Ihr denkt, ihr habt es zusammenbekommen, ihr seid erleuchtet und leidenschaftlich, nicht wahr? Mexikaner? Und wie ist es mit euch Emotionen kontrollierenden Engländern? Ihr Royalisten. Eure Queen ist alt. Wie kann Königtum solches Alter zeigen? Ihr Franzosen – ihr Franzosen – ihr hasst Amerikaner. Seht ihr, was diese Kappe sagt? Amerikanischer Adler, Baby.

Nun, ihr wisst, ich bin kein Märtyrer. Ich denke, dass Märtyrer Scheiße sind. Ich bin das nicht, aber ihr seid es – ihr seid es – weil irgendwo in allen von euch, irgendwo nach einiger Reifung der Zeit in eurem Körper habt ihr euch diese Frage gestellt: „Warum muss ich alt werden und warum soll ich sterben; und dass ich alles, was ich nur irgendwie tun kann, mache, während ich jung bin, weil ich da am besten aussehen werde, und mich die Gesellschaft als unverbesserlichen Jugendlichen entschuldigt; und dass ich mein Leben in einer solch beschämenden Zurschaustellung lebe, ohne große und bescheidene Intelligenz, weil ich es erlebe." Ich habe eine Violine. Ich spiele das Requiem für eure Messe.

Wer also hat euch zu leben gelehrt? Schaut mich an, ihr Fatalisten. Ihr habt – hört mir nicht zu – ihr habt ein Unsterblichkeitsgen in euch. Was macht ihr damit? Und warum spielt es nicht verrückt? Warum? Schaut mich an. Ihr tut alles, was ihr könnt, um in Fetzen an eurer Jugend festzuhalten, weil ihr alt werdet und die Schwerkraft übernimmt und ihr so viele Sonneneruptionen hattet und euer Körper gemäß der Schwerkraft fällt. Und all das Fett in eurem Körper, seid ihr, gemäß eurer Gesellschaft, losgeworden. Ihr habt keine Grundlage für eure Haut. Und so sitzt ihr dort und haltet an allem, was ihr habt, fest.

Gott vergebe uns allen. Lass nicht eine einzige Ruhe unserer Emotionen, lass nicht ein einziges Gebot unseres Urteils, lass nicht einen Missbrauch unseres göttlichen Streitwagens der einzige Grund sein, um Gott um Vergebung zu bitten, denn die Gesamtheit unseres Mangels an Erfüllung ist das Größte, dessen Vergebung wir erbitten. Gott vergebe uns allen, und nicht eine Sache, sondern alle Dinge, damit wir eins seien und nicht einzeln. Das, worum wir um Vergebung bitten müssen, ist, dass wir das große, zwingende Wissen der Schöpfung vergessen haben, in dem wir uns selbst aufgelöst haben, nur um ohne Kreativität zu fühlen. Gott vergebe uns allen und lasse uns nicht zurück.

Also Mozarts – Mozarts – Requiemmesse war für die lebenden Toten. Mozart war und ist immer noch ein großer Eingeweihter im großen geheimen Kollegium, und er wusste, wie er seine Musik die Harmonieskalen hinauf und hinunter laufen lassen konnte, um für uns alle zu beten, für euch alle. Und es ging nicht um „Oh Gott, nimm diese elende Seele in deinem Busen auf." Was sagen wir über einen Menschen, der gierig war, einen Menschen, dessen Eigeninteresse über allem stand, einem Menschen, der selbstsüchtig, arrogant, geizig und ein Opfer war, der jede seiner Handlungen hervorgehoben hat, weil es ihm alle schuldeten, und der die herrschsüchtige Haltung eines Opfers einnahm, um dadurch die Macht eines Opfers zu nutzen, um alle Menschen zu kontrollieren, beginnend mit einem Menschen bis hin zu Nationen. Seine Requiemmesse ist für solche Menschen.

Wie beten wir für die Seelen solcher Menschen, die uns beherrscht und manipuliert, uns verachtet und benutzt und unser Leben nicht lebenswert gefunden haben, außer wegen des Goldes, das sie von uns bekommen können? Wie beten wir für solch verlorene Menschen? Und was sagen wir zu Gott? Nimm diese Seele im Himmel an, und um auf die großen, würdigen und edlen Werke ihres Lebens zu blicken, beten wir? Wir sind die Stimme von der Erde, die für die Seele betet, die nun im Licht gewogen wird. Und wir sagen zum Licht und wir sagen zu Gott, der die Seele wiegt, gesegnet sei dieser Mensch für die großen Werke, die er vollbracht hat. Niemand – niemand – war einer solchen Requiemmesse würdig, weil alle auf sich selbst aus waren. Niemand.

Schaut mich an. Warum seid ihr gekommen, um mich zu sehen? Ihr habt euch diese Frage selbst vielleicht tausend Mal gestellt, habt all diese Entschuldigungen vorgebracht, warum ihr hier sein würdet, und ihr würdet es eurer Kreditkarte belasten, hier zu sein. Warum seid ihr gekommen, um mich zu sehen?

Warum seid ihr gekommen? Ich bin alles, was die Wissenschaft sagt, dass ich nicht sei. Und vor allem möchte ich der Wissenschaft zu Diensten sein. Ich möchte es, weil es die Wahrheit ist und sie herauskommt. Sie ist nicht antiquiert. Sie ist forschend; sie ist abenteuerlich; sie ist Entdeckung. Sie ist die Seele des Rams.

Das ist alles wahr, wisst ihr. Wisst ihr, heute, an diesem feinen Tag in eurer Zeit, wie ihr sie kennt, werde ich mich wieder dort einhüllen, woher ich gekommen bin, aber ich nehme all eure Gesichter, all eure Bänder mit mir dorthin zurück, wo ich hergekommen bin. Wenn ich zurückkomme, werde ich mich an euch erinnern. Es ist möglich.

Von wo ich komme, Schöne. Meine Kameraden von dort, woher ich komme, von überall: von der winzigkleinen Wesenheit genannt Fee bis zu einem riesigen Gabriel, dessen Flügel so gewaltig sind, dass er am Essenstisch drei Stühle braucht - zusätzlich zu dem, auf dem er sitzt. Ich habe alle Arten von Freunden und sie schließen mich mit ein. Sie sind Meister ihrer Welten und ihrer Dimensionen. Das – das – ist, mit wem ich zusammenkomme.

Und für das, was man Wissenschaft nennt, hinterlasse ich ein großes, zufälliges Vermächtnis, weil es am Ende die Wissenschaft sein wird, die den Kampf zwischen Religion und Wissenschaft gewinnen wird; Wissenschaft wird gewinnen. Und die Wissenschaft steht auf eurer Seite. Religion steht nicht auf eurer Seite. Religion ist politisch, kontrollierend und versklavend. Die Wissenschaft steht auf eurer Seite.

Ra-Ta-Bins kühne Ansprache an die Götter

Nun, was habt ihr mit Ra-Ta-Bin gemeinsam, dem großen und schönen menschlichen Wesen, von den Göttern erschaffen?

Was habt ihr mit Ra-Ta-Bin gemeinsam, dem Erbauer der Pyramide? Dass er der Inbegriff eines Hominiden war, der von den Göttern ins Leben gebracht wurde.

Er wurde von den Göttern ins Leben gebracht, die ihm ihr großartiges großes, gelbes Gehirn und ihre großartige, große Krönung, den Frontallappen gaben und sein Gehirn teilten. Aber Ra-Ta-Bin liebte seine Schöpfer so leidenschaftlich, dass er in seinen Gefühlen sie ablehnte und sie dann in einem Augenblick akzeptierte, genau so wie ihr es in eurem Leben tun werdet. Ihr werdet einen Menschen annehmen, aber in dem Moment, in dem er euch enttäuscht, werdet ihr ihn ablehnen und so weist ihr ihn zurück. So arbeitet ihr durch euren Emotionalkörper und einer sehr kleinen Bandbreite von Neuronen im Gehirn, die euch ermöglichen, das zu tun. Außerdem verachtet ihr Emotionen, wenn ihr ein Denker seid. Für euch ist Wissenschaft die Kunst der theoretischen, vollkommenen Entdeckung ohne Hoffnung. Es gibt keine Emotion in der Wissenschaft.

Im analytischen Geist beobachten wir also Dinge ohne emotionale Vorurteile in unserem Gehirn, weil wir nur dann zu einer Summe der Informationen kommen können. Wissenschaftler haben daher ein dualistisches Leben. Aber Dualismus ist genau das, was die Wissenschaft ist, was Gnostizismus war, und jener Teil Europas – der nördliche Teil Spaniens bis in die Pyrenäen und in das Languedoc Europas – hat die größte und am höchsten zivilisierte wissenschaftliche Gesellschaft, die es je gegeben hat, hervorgebracht. Und sogar der amerikanische Adler hat noch nicht deren Pracht erreicht.

Ihr seid also entweder kalt, berechnend und gnadenlos oder ihr seid ein Sack Chemie, besitzergreifend, schwächend, beeinflussend, zurückhaltend, bevor ihr einem anderen Menschen euer emotionales Okay gebt.

Ra-Ta-Bin hatte unzählige Audienzen bei den Göttern – genau genommen waren sie vom Inbegriff dieses Hominidengehirns beeindruckt – und nicht nur er war leidenschaftlich in sie verliebt, denn er wusste, dass er ohne ihre Wissenschaft heute nicht sein würde. Daher respektierte er leidenschaftlich, nicht künstlich, seine Schöpfer. Und in seinem absoluten Respekt – Respekt, was bedeutet, dass er wusste, dass das, was ihn erschaffen hatte, größer war als der kleine Geist, der dessen Anerkennung untergraben würde. Habt ihr das verstanden? Wie viele von euch verstehen das? Und doch hat er in seinem wissenschaftlichen Geist alles von ihnen geerbt. Er hatte die vollkommene Fähigkeit zu träumen und er träumte in solchen Paradigmen, dass er das Publikum der Götter, die ihn als Experiment ansahen, erstaunte.

Und er ging hinüber und nahm ihren Wein von ihnen und nahm ein Stück Fleisch von ihnen und sie waren verblüfft, denn er hatte Willen. Und er trank ihren Wein und er aß ihr Fleisch und er stand vor ihnen und sagte: „Ich weiß, was ihr nicht wisst. Ich weiß, was ihr nicht wisst." Und er sagte zu den Göttern – in einem Amphitheater genau wie eurem; ihr könntet genauso gut im Stuhl der Götter sitzen – Wissenschaftler leben auf einem elliptischen Planeten, dessen Umlaufbahn elliptisch ist und 25.000 Jahre dauert. Warum? Weil sie lange genug leben wollten, um all die Konstellationen im Himmel zu sehen. Ra-Ta-Bin steht also auf einer Bühne wie dieser. Und hat sich irgendetwas verändert? Und dann nimmt er den Wein und er sagt zu ihnen: „Höchste Exzellenzen, Väter meines Seins – Väter meines Seins – und ich begrüße euch mit eurem Fleisch, euren Keulen und eurem Wein, aber ich grüße etwas Größeres als euch, das euch erschaffen hat, denn für euch bin ich ein Experiment, aber im Void bin ich Gott."

Sie waren natürlich verblüfft. Sie waren natürlich verblüfft. Er sagte: „Ihr habt mir etwas angetan. Ihr habt mir eure Geschichte gegeben. Exzellenzen, ihr habt mir eure Geschichte gegeben, als ihr mir euren Samen gegeben habt. Ich bin eure Schöpfung, aber das Ich Bin, das mich erschaffen hat, muss verantwortlich sein."

Hört mir zu. Das ist euer großer Erbauer der Pyramiden in Ägypten. Und er sagte zu ihnen: „Ihr seid die Väter, ihr seid die Mütter meines Lebens. Aber ich weiß, dass ihr nicht – sogar in eurer großartigsten jeweiligen Verkörperung – dass ihr nicht die gänzlichen Spender meines Lebens seid, sondern einfach die, die es weitergeben. Ihr verehrt einen Gott, den sogar ihr nie gesehen habt. Also werde ich euren Wein trinken, werde ich eure Keulen essen und werde hier vor euch stehen als Spektakel, als Schöpfung eurer Fantasie, aber letztendlich werde ich das verehren, was euch das Leben schenkte, meine exzellentesten Schöpfer."

Ra-Ta-Bin. Ra-Ta-Bin. Und, erinnert euch jetzt, er ist ein ägyptischer Priester. Er ist ein tiefer und methodischer Denker. Nun, viele von euch denken, dass ein tiefer und methodischer Denker zu sein bedeutet, dass ihr gegen die Informationen, die euch gegeben werden, ohne dass ihr Erfahrung damit habt, Einwand erheben müsst. Ihr denkt einfach daran, unkontrolliert zu widersprechen. Das ist es nicht. Wir mussten uns zu dem Punkt weiterentwickeln, dass wir das sind, was unkontrolliert ist.

Ihr habt es noch nicht verstanden, nicht wahr? Es gibt viele von euch – macht einen Quantensprung von eurem Zweifel – ihr könnte euch nun selbst als eine Schöpfung hinterfragend sehen, obwohl die Schöpfung sogar etwas erwidert. Und ihr macht das mit mir. Ihr habt bestimmt und angeblich diesen Quantensprung der Erkenntnis auf dieser Plattform gemacht, so dass ihr vergessen habt, wie ihr hierher gekommen seid und warum ihr da seid. Und dann überlagert ihr die Lehren, indem ihr die Lehren, kunstvoll erschaffen, zusammenfasst, so wie ihr sie sehen wollt. Ihr alle macht es. Ihr tut es jetzt. Meine Kameraden machen es mit mir. Sie widersprechen mir kunstvoll. Aber das ist nicht die Antwort. Die Antwort sollte einer Frage folgen: „Herr, in welcher potenziellen Realität finde ich mich selbst in dem Augenblick, in dem ich dir widerspreche?"

Und die Antwort würde lauten: „In derjenigen, die du gerade verlassen hast, um erhaben zu werden." Wendet euch zu eurem Nachbarn und erklärt.

Es ist sehr interessant. Meister, es ist sehr interessant, wenn ihr vor einem totalen Mind seid, was ich bin. Und worüber werdet ihr streiten, dass ich getanzt habe? Gut, lasst uns sehen, ob ihr tanzen und eine Lehre überbringen könnt, wie ich es den ganzen Tag über getan habe, ohne Notizen. Keine Chance. Das ist, weil ich die Lehren bin. Deshalb kann ich ohne Notizen, ohne Gedächtnis, ohne Studium, ohne Vortäuschen über sie sprechen. Stimmt ihr zu? Wie viele von euch stimmen zu? Also nun, wie fängt die Frau für euch auszusehen an? Wolltet ihr nicht von einem genau solchen menschlichen Wesen geliebt werden?

Was ich also damit gemeint habe, ist, dass ihr alle eine Ebene der Realität habt, die ziemlich dekadent und ziemlich überlebensorientiert ist. Würdet ihr zustimmen oder nicht zustimmen? Wie viele von euch stimmen zu? So sei es.

Aber dann, wenn ihr auf das Podest gestellt werdet und ihr hier draußen seid und Fragen beantwortet, werdet ihr plötzlich zum vollkommenen Philosophen. Ihr widersprecht plötzlich diesem Punkt und ihr widersprecht jenem Punkt, als ob euer Leben das je reflektiert hätte. Deshalb versagen wir in unserem Leben, beantwortet Gott unsere Gebete nicht, weil wir Decknamen sind. Wir sind eine Wesenheit, die wir zu sein berichten, die wir nie gelebt haben und schließlich sind wir in der Reinkarnation dazu verdammt, sie zu leben. Also sind wir immer hinter dem Ball her. Unsere Arroganz – unsere Arroganz – darüber, was richtig und falsch ist, wurde niemals in unserem natürlichen Leben angewandt, das so abgeschieden und symmetrisch ist.

Oh, wir können den ganzen Tag und die ganze Nacht über Philosophie diskutieren, aber der Punkt ist in der fünften Dimension – wir haben eine vierdimensionale Triade – was macht die fünfte Dimension zu Gott? Wir können diskutieren, wir können eine zweidimensionale oder sogar eine dreidimensionale Oberfläche diskutieren, aber wir können nicht den Göttern standhalten, die durch uns hindurch sehen werden, weil der Punkt ist, dass wir nie unser eigenes Argument gelebt haben und dass wir, wenn wir es hätten – wenn wir es hätten – würdig wären, hier zu stehen und darüber zu sprechen. Wendet euch zu eurem Nachbarn und erklärt.

Seid ihr so rein wie frischer Schnee? Schaut mich an. Wisst ihr, warum Ra-Ta-Bin die Götter belehren konnte? Weil er so rein wie frischer Schnee war, weil er die Fähigkeit zur Kenntnis hatte, die ohne Meineid der Emotionen war, und dennoch baute sein Kenntnis auf reiner emotionaler Erfahrung auf. Er beging also nie emotionalen Meineid gegen sich selbst. Und die Götter, seine Schöpfer, sahen zu, wie ein Raum voller Wissenschaftler ihrem Experiment zusehen würde. Ra-Ta-Bin blendete die Götter.

Es gibt heute keinen von euch, der nicht jemanden ansehen und sagen kann: „Wusstest du, dass du Gott bist?“ und der andere sagt: „Oh ja?“ und ihr könntet dasitzen und eine heiße Diskussion über die Für und Wider führen. Das macht euch nicht zu einem Meister. Was einen Meister ausmacht, ist das überschwängliche Mysterium, das ihr seid, dass ein Fragender immer wieder erproben und die richtigen Fragen stellen muss, bevor ein Meister antwortet. Ja, es ist wahr. Ich habe eine sehr organisierte, intellektuelle Gruppe, aber gleichzeitig habe ich eine Gruppe, die nach dem C&E^SM hinausgegangen ist, Feldarbeit^SM gemacht und all diese Karten gefunden, Senden-und-Empfangen und Blue Body^SM Arbeit durchgeführt hat.

Nichts ist persönlicher als persönlicher Schmerz. Können wir auf einmal den Schmerz analog anerkennen und ihn in der Tat meistern? Wenn analog eins sein mit dem, was wir sind, bedeutet, sprechen wir dann von einer Einheit ohne Heilung oder sprechen wir von einer Einheit als Heilung? Wie wir sprechen, gleichzeitig verletzt und geheilt, und mit welcher Stimme, wage ich zu sagen, aus der Wildnis nähern wir uns der großen Frage der Blue Body^SM Arbeit. Ich bin geheilt und wovon bin ich geheilt? Die Antwort ist der Schmerz in meinem Körper, die Entstellung in meinem Körper, der Mangel an Fortschritt in meinem Körper. Warum gibt mir meine DNS nicht eine vollkommene Erneuerung meiner körperlichen Fähigkeiten? Die Antwort ist so einfach: weil ihr nicht wie ein Gott denkt. Ihr denkt wie ein Mensch, der ein Opfer ist, das erschaffen wurde, um Gott zu dienen, anstatt als einer zu denken. Wendet euch zu eurem Nachbarn und erklärt das, bitte.

Also habe ich das jetzt zu einem sehr herausfordernden Gespräch mit euch erklärt. All die Menschen, die der Interpretation Gottes folgen, sind heute nicht wirklich hier, und das ist nicht wirklich die Hörerschaft, die ich anstrebe. Ich strebe euch an. Also mag ich es, wenn ihr einen Menschen betrachtet und euch selbst so enttäuscht empfindet in eurer eigenen Einleitung, die Frage zu beantworten. Ich liebe das. Wisst ihr, warum ich das liebe? Weil ich euch die ersten Zeichen zeige, warum ihr unwissend seid und euch lehre, völlig gewahr zu sein.

Ra-Ta-Bin ist der erste Christus. Was ist Christus? Lasst uns diese Definition ordentlich organisieren. Es geht nicht um Jesus den Christus, weil wir Christus oder Christos definieren müssen. Christos bedeutet, zu wissen, Wissen. Wie viele Menschen haben also das

Geschenk der Evolution von ihren größeren Brüdern, den Göttern bekommen? Jeder, der hier begann. Große Wissenschaftler.

Und es war nicht so, als ob sie dann von jedem wollten, dass er diente. Dienst in Zusammenhang mit dem Fernen Osten oder als Guru ist eine dünne Linie. Wisst ihr, die Gurus wollen, dass ihr ihnen dient. Sie wollen, dass ihr ihnen dient, um zu sehen, ob ihr zum Lernen geeignet seid. Nun, wisst ihr was mein Reich des Dienstes ist? Nun, wenn ihr der Organisation das Geld bezahlen könnt und dann für eure Reise hierher bezahlen könnt und dann für eure Verpflegung und eure Unterkunft bezahlen könnt – wenn ihr all diese Umsätze aufstellt, wie ein guter Buchhalter es tun sollte, was es euch gekostet hat, hierher zu kommen, dann werdet ihr herausfinden, dass die Veranstaltung relativ billig war – im Gegensatz zu einem Guru, der euch auffordert, ihm alles zu geben oder ihm sein Leben zu versklaven. Würdet ihr nicht zustimmen? Wie viele stimmen zu? Aber ich bin ein Lehrer des Könnt-ihr-eure-Unbequemlichkeit-überwinden, um zu kommen und mich zu sehen. Und das ist die Gleichheit zur Alten Schule der Weisheit, was darauf hinweist, dass die Schule in – Wacht auf!

Die Alte Schule der Weisheit wurde an Orte gelegt, die hoch gelegene Orte waren, entfernt gelegene Orte, damit der Schüler sich auf eine Reise von mindestens fünf Jahren vorbereiten musste, nur um anzukommen. Und wir waren nicht so sicher, dass der Lehrer einen solchen Pilger annehmen würde. Vielleicht wurde er abgelehnt. Und sie mussten für ihren Weg zurück dreimal fünf Jahre arbeiten, hoch drei, um zurück nach Hause zu kommen. Die dritte Potenz hat die ersten drei Siegel vereint. Wenn wir das also mathematisch betrachten, dann können wir sagen, dass fünf Jahre hoch drei wie lange wäre, bis der Mensch zurückkommt und das ist reine Wissenschaft, nicht wahr? Vielleicht waren sie nicht erfolgreich. Vielleicht werdet ihr nicht erfolgreich sein. Also ist diese große Schule, die Schule der einfache Teil. Hierher zu kommen und zurück zu gelangen war der schwierige Teil. Würdet ihr euch zu eurem Nachbarn wenden und ihm das sagen.

Auf die große Reise, weil sie euer Leben verändert wird, wie das Erklimmen einer großen Bergkette und dann werdet ihr sehen, woher ihr gekommen seid und wohin ihr gehen werdet und was ihr niemals wusstet, alles auf einmal. Auf die Reise. So sei es.

Nun hört mir zu. Schaut mich an. Merkt ihr, dass ich nicht sehr viel Mitleid habe? Habt ihr das bemerkt? Ich liebe euch, aber es scheint, dass ich euren Schmerz nicht gerade fühle. Ich fühle euren Schmerz nicht – nein, das tue ich nicht. Ich werde an dem Tag, an dem ihr die Kontrolle über euer Leben habt, so glücklich sein.

Also Ra-Ta-Bin – stellt ihn euch vor, wie ihr euch – er hatte die göttlichen Gene und dennoch hatte er ein gespaltenes Gehirn. Er war ein emotionales Wrack oder er war ein analytisches Wrack, denn selten treffen sich die beiden. Und wenn sie sich treffen, hat das irgendwie damit zu tun, wie der Körper emotional aussieht. Wenn unser Körper gut aussieht, versuchen wir, ihn unserem Intellekt zur Versammlung und Anerkennung zu präsentieren.

Also stand er vor den Göttern, die ihn erschaffen hatten, auf und er hatte das Unsterblichkeitsgen; er hatte all ihre Gene und sie wussten es. Oh, Baby, sie wussten es. Niemals zuvor ging er hinüber zu ihrer goldenen Platte, riss ein Stück Fleisch ab und begann es vor ihnen zu essen. Sie waren verblüfft. Als er zu einem kleinen Knorpel kam – ging er hinüber und ergriff ihren Kelch Wein. Was, denkt ihr, die Götter haben Gewalt? Sie haben keine Gewalt. Sie wissen nicht, was sie tun sollen. Sie haben diese Verlängerung ihres Selbst erschaffen, die mehr Willen hat, als sie selbst. Es ist nicht so, dass dieser Mann die Wissenschaft kennt. Es ist nicht so, dass dieser Ra-Ta-Bin die Wissenschaft kennt; er ist die Wissenschaft. Er muss die Wissenschaft nicht kennen, er ist sie. Er ist das vollkommene Experiment. Erinnert ihr euch an Evie? Sie sagte: „Hallo. Oh, Adam, hör auf ein Experiment zu sein." Sogar Eva wusste, dass Adam ein Experiment war. Es war nur Adam, der keine Ahnung hatte.

Oh, ich verletze Gefühle, Jesus Christus. Und das funktioniert nicht mehr. Ich verletze Gefühle. Menschen greifen nach mehr.

„Ich fühle deinen Schmerz."

„Gut."

„Fühlst du meinen Mangel?"

„Ich weiß nicht."

Menschen strecken die Hände aus. Menschen strecken sich hier aus, eine wahrlich erleuchtende Sitzung. Menschen strecken sich nach nichts aus. Meine Güte, ihr betrachtet das Gottesfeuer von Beziehungen und Schöpfung.

Was wolltet ihr – was wolltet ihr, dass Ra-Ta-Bin tut? Ihr wolltet, dass er die ausdrückliche Wissenschaft nennt, die ihm ermöglicht, hier zu sein? Ra-Ta-Bin fragte nicht „Warum bin ich hier?“ Er wusste bereits, warum er hier war, weil er Wissen hatte. Wisst ihr, eine der großen Fragen, die ihr nicht stellen solltet, ist „warum bin ich hier?“, denn wenn ihr das fragt, bedeutet es, dass ihr nicht wisst.

Also stellt euch den großen Gott Ra-Ta-Bin vor, den Schöpfer der Pyramiden Ägyptens. Wahre Ägypter liegen bei der DNS der Watusi in Nubien. Das sind die wahren Ägypter. Und stellt ihn euch vor, wie er aufsteht und nicht seine Wissenschaft erklären muss, weil er das lebendige Wort der Wissenschaft war. Er musste also nicht sagen: „Warum bin ich hier?“ Er sagte: „Ich ehre euch, ihr Exzellenzen, die mir den Atem des Lebens schenkten.“ Indem er sie ehrte, musste er sich nie fragen, warum er hier war. Er wusste, warum er hier war. Sie alle waren seine Väter. Und die größten Wissenschaftler im Publikum waren die Frauen. Er ehrte die Frauen, die ihm das Leben schenkten, den großen Schoß. Er musste diese Frage nicht beantworten.

Was er tat, war, dass er wie ein Gott und eine Göttin handelte, und er ergriff das Stück Fleisch direkt von ihrer Tafel. Verblüfft sahen sie ihn mit großen Augen und erstaunt an. Und er ergriff das Stück Fleisch und begann das Fleisch vom Knochen zu ziehen. Er warf ihn weg und er ging hinüber und ergriff genau vor einer Göttin ihren Wein.

„Oh nein, ich werde ihn trinken“, und er trank.

Und sie waren verblüfft. Sie wussten nicht, was sie tun sollten. Sie liebten ihn und sie hassten ihn. Er war alles, was sie waren und was sie nicht waren.

Und er sagt zu ihnen: „Meine geliebten Exzellenzen, ich kann euer Fleisch essen und euren Wein trinken. Und außerdem bin ich der lebendige Wein und das lebendige Fleisch, was zu sein ihr mich gemacht habt. Und ihr habt mein Gehirn gespalten, damit ich in einem Haus, das gegen mich geteilt ist, sei und ich niemals auf euch fokussiere. Aber ich fokussiere heute Abend auf euch.“

Ihr stellt euch diesen kleinen Hominiden vor, der jetz wie ihr aussieht? Seine Haut ist leicht zimtfarben und er hat grüne Augen und rotes Haar. Und er steht dort vor ihnen und er sagt zu ihnen: „Ihr habt mir Leben gegeben. Ich bin der inkarnierte Geist, der vom Himmel kommt, aber ihr habt mir den Körper gegeben, meine großartigsten Vorgänger. Und ich werde euer Fleisch essen, weil ich das

Fleisch von eurem Fleisch bin und ich werde den Wein trinken, denn ich bin der Wein eurer Zeiten und eurer Geheimnisse und Nicht-Zeit. Heute Abend stehe ich vor euch und in einem Augenblick – in einem Augeblick – wisst ihr, wie ihr meine Kehle durchschneiden und meinen Geist ausbluten könntet. Aber meinen Geist habt ihr nie erschaffen und er wird wiederkehren.

Ihr seid die Erfinder meiner Maschine, daher stehe ich heute Abend vor euch und sage zu euch, ihr habt mich geteilt und alle meine Kinder, um auf uns selbst zu treffen. Ihr habt unser Wissen von unseren Emotionen getrennt. Ihr habt unserer Realität nie erlaubt, ein einziges, katastrophales Ereignis zu sein. Ihr ließet uns entweder denken oder fühlen. Heute Abend bin ich sowohl der Gedanke, das Gefühl und nun die Erfahrung. Und ihr, meine hervorragenden Leute, seid meine Erfahrung.

Und ich sage euch heute, Leid über euch, die ihr mich erschaffen und alleine gelassen habt und Leid über euch, die ihr gedacht habt, dass ihr mich gegen mich selbst geteilt habt, denn in eurer göttlichen und äußerst hervorragenden Präsenz finde ich, was ich sein sollte. Und was ich sein sollte, ist das, was die Vereinigung dessen ist, was ich nicht fühle, sondern was ich weiß. Deshalb ist es heute Abend weder meine emotionale Angst, die mich von eurem erhabenen Körper ferngehalten hat, noch ist es eine Plattitüde des Intellekts, den ihr mir gegeben habt, denn ihr habt mich nichts gelehrt. Ihr habt mir nur den Verstand zum Denken gegeben.

Es ist also wahr, ich weiß nicht, was ihr wisst. Aber ich weiß das: Ich erhebe mich vor euch als meine Versklaver und meine Schöpfer und dennoch trinke ich euren Wein auf das, was euch erschaffen hat und ich konsumiere ihn in diesem Körper, dem Samen eures Samen. Und ich sage euch an diesem wundervollen Abend, dass, wenn ich Angst habe, ich es euch nicht zeigen werde, denn ich habe die Leidenschaft meiner Gefühle mit einer großen Konfrontation für euch verbunden, die ihr eure Anmut, eure Schönheit, von mir ferngehalten habt. Ihr habt mir vorenthalten, was ihr wisst. Ihr habt mich dazu gebracht, euch zu dienen und dennoch bin ich der Samen eures Samens. Und ihr dachtet die ganze Zeit, ich würde niemals – dass meine Angst so groß sein würde, dass Teile meines Gehirns mein Sein ohne reine Logik und reine Vernunft dominieren würden. Und ich bin an diesem Abend hier, weil ich herausgefunden habe, dass nur ein emotionales Wesen sein nicht die Antwort darauf ist, warum ich so tief, so leidenschaftlich und gleichzeitig so wundervoll für euch und mein Leben empfinde, denn das ist nicht die Antwort. Es ist nicht so, dass ich euch dienen sollte. Es ist so, dass ich euer rechtmäßiger Erbe sein sollte, dass ich eine Vorstufe jenseits eurer Fähigkeiten bin, denn ihr habt mir beides gegeben.

Ich selbst kann nicht nächtens in meinen Bett liegen und zu dem nebeligen Schleier hochblicken und mich über euch wundern und warum ihr mich nicht in euer Lager eingeladen habt und in der Tat, warum ihr mich nicht über den Schleier hinaus gebracht habt. Ich habe in meiner Abhandlung der Emotionen überlegt, dass ich in meinen Emotionen, in denen ich mich so grob, so verzweifelt, so schmerzlich fühle, in einer Fähigkeit feststecke, für die ihr mich gemacht habt, denn solange ich ein emotionales Wesen bin, bin ich ein Diener, denn ich könnte nie wissen, was hinter dem Schleier steckt. Und ich sehne mich nicht, mich länger zu sehnen, aber ich bin das, was in meiner reinen Vernunft darüber nachdenkt, ohne mein Sehnen, dass ich auf dem Höhepunkt meiner Leidenschaft bin; dass ich zu euch sage, meine äußerst hervorragenden Herren meines erschaffenen Körpers, dass ihr mich erschaffen habt, um ein Magnet in dieser Welt zu sein, und ich ehre euch und ich verehre euch. Und es ist innerhalb des Grundes meiner reinen Vernunft, dass ich das zu euch sage, denn meine Emotionen haben mich nur zu diesem logischen Punkt gebracht: dass ich von eurem Fleisch essen kann und von eurem Wein trinken kann und euch in die Augen sehen kann und zu euch sage, dass ich eine Evolution über euch hinaus bin. Und alles, was ihr tun könnt, ist euch vor mir zu verstecken.

Und dennoch habt ihr mich mit euren Gefühlen betraut, die mich täuschen, mich hypnotisieren und mich nur in den köstlichsten und nacktesten der Diener verwandeln. Ich bin abgestoßen von meiner Nacktheit, denn ich sollte die Krone meiner Wissbegierde tragen und niemand sollte durch meine Nacktheit getäuscht werden, sondern in der Tat auf das Juwel achten, das ihr mir gegeben habt, das euch an diesem schönen Tag und in dieser schönen Nacht in diesem erhabensten Körper befragt.

Und wie könnt ihr es wagen, von mir, sogar meine Schöpfer, als etwas zu denken, das euch unterhalten sollte, etwas, das eurer begrenzten Eigenschaft gegeben werden sollte. Ob nun mein Leben und mein kommender Samen hier erhaltenswert oder nicht erhaltenswert sind, ich sage euch, dass ich der Verstand eures Samens und eurer Schöpfung bin, aber ich bin eine Evolution eurer Schöpfung.

Und wohin ihr auch geht, ihr hinterlasst mich und ihr hinterlasst mich ohne Antwort, ihr hinterlasst mich unwissend und ihr hinterlasst mich nur mit meinen Emotionen und meinem Überleben. Und ihr habt mich in solch einen Zustand herabgesetzt, in solch eine emotionale Lage und ihr habt mir die Substanz eures eigenen Samens der Emotionen weggenommen, die sich alle Tage und alle Nächte meines Lebens sorgen, nachdenken und Gedanken machen, denn ich schlafe nicht als eine Unterbrechung des Menschen, sondern ich schlafe bekümmert, besorgt und unruhig, da ihr – ihr – ihr mir nicht die Antworten für meine Seele gegeben habt.

Daher werde ich euren Wein trinken und euer Fleisch essen. Und ihr Herren, mein äußerst hervorragendes Wesen, bringt es mich näher zu euch? Bringt mich die Fähigkeit, das zu tun, in die Breite eures erhabensten Wissens und eures erhabensten Geistes, oder betrachtet ihr mich als das, was man eine Laune der Natur nennt, über die ihr entsetzt seid und im Staunen zögert, und werde ich von euch als einfach das, was die Erde erben sollte und nicht das Königreich des Himmels gesehen?

Und wo, meine Herren, ist euer Königreich, dass ihr mir nur diese Erde und nicht den Himmel gegeben habt? Und versteht ihr nicht, dass ihr, indem ihr mir euren Samen geschenkt und mich von eurem Samen geschaffen habt, mich jetzt selbst dazu gebracht habt, im Sein mich zu fragen, woher ihr gekommen seid und wohin ihr gehen werdet, wenn ihr mich mit diesem Schleier zurücklasst, ohne Zugang zu eurem vollkommenen Wissen, in dem ihr sagt, dass ihr eine Lebensform erschaffen habt, dass ihr das Unbekannte bekannt gemacht habt, in das ich erst vordringen muss, indem ihr sagt, ich sei einfach etwas Bekanntes von dem, was ihr bekannt machen wolltet und ihr mich direkt und sinnlich auf diese Ebene gepflanzt habt, damit ich nirgendwo sonst existieren kann?

Dann sage ich zu euch, meine geliebten Götter, die mich erschaffen haben, mit der wissenschaftlichsten, leidenschaftlichsten Rücksicht, dass ich eure Trennung von mir überwunden habe. Und obwohl ich in dieser Nacht in eurer Zeit mit Gewissheit spreche und obwohl ich in dieser Nacht in eurer Zeit mit dem spreche, was man eine Bewegungsschwere nennt, habe ich euer Fleisch gegessen und habe euren Wein getrunken. Und ich stelle euch diese große Frage:

Wenn in der Tat ich ein Gott bin, jungfräulich für diese Welt, den ihr in diesem Körper gefangen habt, damit er es sich in dieser Welt bequem macht, besitze ich in mir und in meinem Geiste, den ihr nicht mit eurem Lehm vermischen und anpassen könnt, eine größere Frage, um in das Jenseits zu segeln.

Wisst ihr nicht, dass für immer und ewig der Samen, der von meinem Samen kommt, als das, was dem Baum entsprossen ist, immer – immer Herren – immer sich selbst messen wird, um von diesem Ort abzuheben und sich euch anzuschließen, und sich mit einer Gewissheit der Schuld – weil ihr mir heute Abend nicht antwortet – erheben wird, um euch in die Quere zu kommen, eine Macht für eine Macht, ein Gott, dessen Zeit kommen wird, mein Samen wird es sein.

Und wenn ihr mich heute Abend zerstört, schwöre ich euch, dass ich diese Erinnerung erhalten und wieder kommen werde, und ich werde euch finden und ich werde vereinbaren, dass dem, was ich bin, diese Wissenschaft nicht verwehrt sein werde, die euch ermöglicht hat, hierher zu Besuch zu kommen und, in eurer Meinung und in der Tat in eurem emotionalen Wert und direkt in eurem göttlichen Gesetz ihr uns Leben schenken, uns dann verlassen und danach sagen konntet, dass ihr von uns gequält worden seid. Ich schwöre euch bei der Seele, die mir Leben gegeben hat auf das, was euch Leben gegeben hat, dass ich euch finde. Und ich werde das vereinbaren, ich werde abheben. Ich werde mit all meinem Wert wissen und ich werde euch finden, von wo auch immer ihr gekommen seid, denn ihr seid nicht die Schöpfer meiner Intelligenz, nur die Wissenschaftler davon." So sei es.

„Und wenn ich mich danach sehne – und wenn ich mich danach sehne – meine Herren und meine äußerst hervorragenden Schöpfer, meinen Körper zu verlassen, ist es nur, weil ihr meinen Körper in Chaos zurückgelassen habt und wenn ich wünsche, ihn zu verlassen und ich euch finde, werde ich euch finden. Und wenn es nicht in meiner Lebenszeit ist, wird es in den Generationen sein, die meiner Lebenszeit folgen werden, denn ich sage euch in eurer arroganten Ruhe, ihr seid meine älteren Brüder; ihr seid nicht meine Schöpfer der Leidenschaft im Geiste, der heute Abend zu mir spricht. Also bleibt ruhig – bleibt ruhig – wenn ihr wollt oder zerstört mich an diesem Abend, aber ich weiß von meinem Verstand, und all meine Emotionen dienen dazu, dies zu überlegen, dass ich wieder kommen werde und ich euch finden werde und ich zu euch sagen werde, ihr könnt diesen Weg nicht wieder passieren."

Nun, hat diese großartige Ansprache des Ra-Ta-Bin existiert oder habe ich sie erfunden? Habt ihr geglaubt, was ich gesagt habe? Nun, ich schwöre euch bei der Seele Ramthas, dass dies ein wahrer Punkt in der Geschichte ist. Und das ist die Wahrheit eurer Ansprache eures großen Vaters, des Erbauers der Pyramiden. Danke.

Ra-Ta-Bin, nach seiner großartigen und erhabenen Audienz bei den Göttern, nach seiner großartigen rhetorischen Ansprache, der jeder zuhören sollte, wurde der Vater der größten Wissenschaftler, die heute leben; das Herz der Wissenschaftler lebt in dem Erbauer von Cheops Pyramide.

In gewisser Weise waren Ra-Ta-Bin und seine Nachkommen mit den Göttern im Krieg. Wer ist also der größte Feind der Menschen? Seine Schöpfer. Der größte Feind sind eure Schöpfer, die Götter, die euch gemacht haben. Und Ra-Ta-Bin fuhr in seinem Leben fort, die große Pyramide des Wissens und ihre sieben Ebenen – seine große Einweihung – und ihre inneren Korridore ohne Vergoldung und ohne Schmuck zu bauen. Ohne menschliche Schmeicheleien erbaute er das größte Geheimnis um Überschwemmungen, Orkanen und der Rotation der Erde um seine Achse, der Umkehr eines Magnetfeldes standzuhalten.

Er fuhr fort, den Göttern zum Trotz, einen Säulengang zu Sirius, dem Hundsstern zu bauen. Sein größter menschlicher Verbündeter war Sirius, dessen Licht in einer besonderen Nacht in die große Pyramide kam und bei Sternenlicht die Kammer des Wissens erleuchtete. Und diejenigen, die gegen die Götter eingeweiht waren, tanzten im Sternenlicht des Sirius, eines rebellischen Sterns, des Hundssterns – des Hundssterns – worüber Ra-Ta-Bin sagte: „Ich werde euch nicht mehr dienen. Ich habe dem gedient, was euch erschaffen hat, der mir Leben schenkte, für immer und immer und immer. Und für diesen baue ich den größten Tempel und dieses größte Denkmal als die Legende der Wahrheit. Und wer auch immer die Ohren und wer auch immer die Augen und wer auch immer den Geist hat, blickt mich an und erkennt meine Wahrheit."

Und eines schönen Morgens bei Sonnenaufgang wurde auf Ra-Ta-Bin ein Attentat verübt, aber er wurde erst ermordet, nachdem er die große Pyramide erbaut hatte. Und was folgen sollte, war die Sphinx des Löwen. Und diejenigen, die kommen sollten – die von einem Mensch-zu-Mensch-Verständnis mit der völligen Akzeptanz eines solch außergewöhnlichen Hominiden verstehen würden, dem das Leben der fortgeschrittenen Götter gegeben war – würden ihn verehren und ihn lieben, denn für alle, groß und klein, brachte er alle aus ihren Emotionen. Alle. Er zog sie und arbeitete daran, ihre Emotionen mit Wissen zu verbinden, damit sie verstünden, woher sie gekommen waren und wohin sie gehen werden.

Der erste Christus, Ra-Ta-Bin, und es ist von seinem Samen, des größten Pharaos, der je gelebt hat – je gelebt hat – war dieses bemerkenswerte Wesen in der Audienz bei den Göttern: unerschütterlich, gesetzt, ausgewogen und voll Emotion, nicht Opferdasein sondern Leidenschaft, und eine Leidenschaft der Sprache und der Herausforderung. Was war die größte Sache, die er verlassen musste? Sein Leben? Er war so leidenschaftlich, dass er verstand, wer auch immer die Götter erschaffen hatte, hatte auch ihn erschaffen und dass er wieder leben würde.

Das war die Stunde des Trotzes gegenüber denen, die den Cro-Magnon aus den Hominiden erschufen und ihm für immer die DNS der Unsterblichkeit gaben, ihm die Perfektion der Götter selbst gaben, die für immer ins Buch des Lebens gesperrt war. Und das Buch des Lebens ist eure DNS. Wendet euch zu eurem Nachbarn und sagt ihm das sofort.

Wir sind eine Nation nach unserer Herkunft. Wir sind eine Nation auf der Erde mit einer großen Freiheit. Wir sind eine Nation, die das Selbe will – das Selbe will. Schön. Wir sind eine Nation, die Freiheit will. Wir sind eine Nation die Freiheit will. Wir sind eine Nation, die Freiheit will – eine Nation.

Die Wissenschaft entdeckt die fünfte Dimension

Seht ihr, es gibt einige Fragen, die ihr über die Lichtwesen und über die Götter, die euch gemacht haben, noch nicht gestellt habt. Und die größte Frage sollte sein, nun, welchen Körper hatten diese großen Wissenschaftler, die unseren Körper erschufen? Machten sie uns in ihrem Abbild oder in einem anderen Bild. Denn die große Frage sollte lauten, ob diese Götter uns diese Körper durch „Hallo; oh Adam, du bist solch ein Experiment“ gaben, bis jetzt und das wirft dann eine große Frage eines großen Minds auf. Und diese Frage wäre – und das sind übrigens die großen Fragen – in welchem Körper existierten die Götter vorher, dass sie mit uns experimentieren mussten, um uns diesen Körper zu geben, der uns ermöglicht, in einer feindlichen Welt zu leben?

Hört ihr immer noch zu? Wie viele von euch hören noch zu? Hättet ihr nicht aus unserem frühen Morgengespräch schlussfolgern sollen, dass dies eine große Frage wäre?

Wer waren dann die Götter, die uns erschufen? Und wenn die Götter uns in ihrem Ebenbild gemacht haben, hätte Gott dann nicht gewusst, wie er uns machen soll? Was, ihr habt nicht nachgedacht? Was, was, ihr mögt mich nicht, weil ich nicht tue, was ihr wollt, dass ich tun soll? Mein Gott, ich fordere euren Mind heraus, Mann, es geht nicht darum, wie ich aussehe; ich fordere euren Mind heraus. Wenn ihr mich Lügen strafen wollt, solltet ihr mir eine große Frage gestellt haben. Ihr hättet sagen sollen: „Nun, warum hatten die Götter solche Probleme Adam und Eva zu erschaffen? Und wenn sie es taten, wie sahen sie dann aus?“ Das hätte eine große Frage sein sollen.

Wir werden wieder leben. Und im größten Ausmaß unserer Fähigkeiten, wenn wir weise geworden sind, überlebt Weisheit immer den Tod und wir werden immer mit dem Instinkt solcher Weisheit in unserer Seele und unserer DNS geboren, damit wir diese Dinge wissen. Genau wie Ra-Ta-Bin aufstand und in einem Amphitheater vor den Göttern/Wissenschaftlern gesprochen hat – Göttern, Schrägstrich, Wissenschaftlern – die ihn erschaffen hatten. Er war kühn, dynamisch und wundervoll, aber ganz klar nahm er die Identität an, nicht die Götter zu verehren, sondern das, was die Götter erschaffen hatte. Das befreite die gesamte Menschheit, weil wir gemäß der historischen Unterlagen wissen, dass abscheuliche Götter, wie Jehova – ein abscheulicher Gott, der sein Schwester Ishtar hasste – Menschen wie Schachfiguren verwendete – und er hasste seine Schwester. Jehova war der Inbegriff eines homosexuellen Gottes. Aber der vollkommene homosexuelle Gott, der ein Mann sein wollte, der Frauen verachtete und der sie misshandeln, sie missbrauchen und sie quälen wollte, war nun der Gott Abrahams.

Ra-Tam-Ba, die kleine Wesenheit, die von den Göttern erschaffen wurde, hatte den Mumm und die Präsenz des Minds, sie in einer Audienz, genau wie dieser, genau wie ihr sie habt, anzusprechen. Denkt ihr nicht, ich weiß, dass ihr mich bezweifelt und denkt ihr nicht, ich weiß, dass ihr mich verurteilt, und denkt ihr nicht, ich weiß, dass ihr mich mit jeder Laune entschuldigen könnt. Aber ihr werdet eure Rückerstattung nicht bekommen, weil meine Leute zu hart, meine Lehrer zu eifrig und ich höchst auserlesen gearbeitet haben, damit ihr sagt: „Ich habe nichts gelernt."

Also Ra-Ta-Bin, denkt ihr, er hatte eine Zuhörerschaft, die anders war als ihr? Ich denke nicht. Und er war der große Lehrer und er erkannte an, dass wer auch immer die Götter erschaffen hatte, der ist, den er bewundern wollte, nicht die Götter. Er war weise jenseits aller Worte. Und er ist es, der diese Triade erbaut hat, die wir an der Oberfläche[7] nur von einer Seite betrachten, die aber tatsächlich eine vierseitige Pyramide ist. Und was ist die fünfte Dimension? Die fünfte Dimension ist der Gott, der Mensch, das Wesen, weil vier Dimensionen keine aktive Erfahrung sind und geometrisch betrachtet für immer innen bleiben, bis es einen gibt, der die Verbindung spürt. Und die fünfte Dimension seid ihr.

Die Götter hatten ein Geschöpf erschaffen, das größer als sie war, damit es sie eines Tages durch den Samen dieses Geschöpfes finden würde und sie für ihre Unsterblichkeit ehren würde und die Gene, die sie ihm gaben, das aber niemals sie dafür ehren würde, ihm ihr Leben gegeben zu haben – niemals.

Die Wissenschaft deckt also die höchsten Funktionsweisen auf. Und der größte Reichtum, angeregt von Reichtum, ist, wie bringen wir das Unsterblichkeitsgen hervor und wem bringen wir es? Das wäre die moralische Frage. Was hat das also mit dem ägyptischen *Totenbuch* zu tun? Weil das ägyptische *Totenbuch* unter der Schirmherrschaft derer studiert wurde, die eingeweiht waren und seine verwirrenden Gesetze kannten, die niemand in einem Jahr je verstehen konnte, sondern in mehreren Jahren, in einer Progression von Erfahrungen, um dann zurückzukehren zu einem Lehrer, der aus diesem Buch lehren konnte, sie das lehren würde: Ihr habt also ein Ka und ein Ba, und das ist es, was ihr mit euren Innereien tut, das ist, wie ihr den Körper vorbereitet, und ihr versammelt um euch Menschen, Orte, Dinge, Zeiten und Ereignisse, die Zeugen eurer Großartigkeit sind, und wenn ihr tot seid, soll euer Grab auf diese Weise vorbereitet werden und ihr werdet Zeitalter lang schlafen. Aber aus dieser Herzkammer wird euer Ka zu Sirius, dem Hundsstern reisen –

---

[7] Auf der Oberfläche einer zweidimensionalen Zeichnung. Siehe Abb. 1.

nicht zu Andromeda und nicht zu den Plejaden, sondern zu Sirius – ihr werdet dorthin reisen.

Und eines Tages, eines Tages, wenn menschliche Wesen die Wissenschaft kennen, von euch – die ihr lange tot seid und lange in Frieden ruht – Wissen zu nehmen, werden sie aus eurem Mund einen Zahn nehmen und ziehen, und von diesem Zahn werden sie Material herausnehmen und aus diesem Material werden sie eure DNS erfassen. Und wenn sie von eurer Herkunft befreit sind – Wissenschaft kämpft gegen Herkunft; Wissenschaft kämpft gegen Religion, um die Erlaubnis zu haben, Mitschöpfer mit Gott zu sein – werden sie eure DNS herausnehmen und eure DNS wird in eine Stammzelle gebracht, und in dieser werdet ihr wachsen, wie Eva es tat. Und von Sirius werdet ihr zurückkommen und ihr werdet Ramses der Erste sein. Und ihr werdet zurückkommen, und als ein inkarniertes Wesen mit einem eigenen Körper. Durch eure eigene Vorbereitung gemäß dem *Totenbuch* werdet ihr durch die Wissenschaft wieder leben. Und durch die Wissenschaft werdet ihr eines schönen Morgens aufwachen und aus eurer Benommenheit herauskommen, wie ein betrunkener Mann sich vom Wein erholt und ihr werdet zu jenen sagen, die euch aus dem tiefen Schlaf erweckt haben: „Ich bin Ramses. Was sagst du in meiner Zuhörerschaft?“ Und sie werden ihm viele Fragen stellen, weil sie diese Schöpfung verehren werden, nicht wie die Götter, die jeden als Diener betrachteten. Denn Menschheit in ihrer wahren Natur ist Ra-Ta-Bin, die große Pyramide.

Und sie werden die großen Pharaonen der Vergangenheit, die Priester-Könige, auferstehen lassen und sie werden Wissen haben. Und die großen Pharaonen des Altertums werden auferstanden sein und wieder leben, und von Sirius werden ihr Ka und ihr Ba wieder in ihre Körper zurückkommen und sie werden wieder leben. Und die Wissenschaft wird sie mit Verwunderung, Erstaunen, Schönheit und Wissen befragen.

Und die Könige Ägyptens, die rechtmäßig durch das *Totenbuch* wussten: „Ich will nicht als gewöhnlicher Mensch zurückkommen. Ich werde erhalten, was ich am Höhepunkt meiner Verantwortung und meiner Verpflichtung war, und ich werde wiederkommen. Und in dieser Zeit so weit in der Zukunft wird all das, was ich bin, wiederauferstehen, und in einer neuen Wissenschaft, die mich wiedererweckt hat. Und an einem schönen Morgen, der Ra in seiner Kutsche von Ost nach West ist, werde ich ein neues Volk und eine neue Zeit anerkennen. Und das *Totenbuch* wird sein Versprechen erfüllt haben, denn ich werde nicht zurückkommen ehe der Inbegriff meiner menschlichen Erfahrung durch die Wissenschaft gemessen worden ist. Bis dahin werde ich in Frieden ruhen und auf meine Entdeckung warten." Und Ramses der Erste wird in eurer Lebenszeit wieder leben.

Und die Wissenschaft wird ihn nicht beschämen, sondern ihn ehren und ihn lieben. Und er wird die Geheimnisse der Zeitalter erzählen, denn er, der mit Gott wandelte, und Echnaton, der mit Gott wandelte, und diese Priesterinnen, schön, erhaben, die mit den Göttern der feurigen Schiffe wandelten, die kamen und ihnen das Wissen gaben und wieder davonzogen, sie werden ihre Geschichte erzählen, denn Nofretete, die die vollkommene Königin Echnatons ist, wird wieder leben und ihre Geschichte erzählen, und sie wird genau so schön, genau so exotisch und genau so entzückend sein. Aber es ist nicht das, was die Wissenschaft von ihr will; es ist, was sie von der Vergangenheit weiß, das die Zukunft retten wird. Und das wird sie. So lautet das Versprechen des *Totenbuchs* und das ist dann die Wissenschaft für das große Neuland des Glaubens. Ihr solltet nicht an Religion glauben, die voraus denkende Menschen verfolgt, ermordet und gequält hat, sie ermordet hat, über sie hergefallen ist, sie an ihren Arbeitsplätzen und in ihren Heimen eingeschüchtert hat. Das ist kein voraus denkender Gott. Die Wissenschaft erhellt und verherrlicht Gott in größerer Göttlichkeit als es die Religion jemals getan hat, die Menschen verfolgt hat, die wir heute Wissenschaftler und Heilige nennen.

Die Religion der Zukunft, das werden nicht die alten Päpste sein, eine kastrierte Gruppe von Männern, diese Homosexuellen, die Frauen kontrollieren, denn solange sie Frauen kontrollieren können, können sie Bestimmung kontrollieren. Und so lange sie das tun, wird niemand ihre fein genähte, seidene Unterwäsche und ihre homosexuellen Aktivitäten betrachten. Sie regieren die Welt aus der Sicht eines mörderischen, eifersüchtigen, neidischen alten Mannes, der in Frauen keine Schönheit finden kann, der in Wissenschaft keine Schönheit finden kann, der niemals die Botschaft Christi verstanden hat. Ihre Tage sind gezählt.

Und Wissenschaft – ich sage zu euch, ungeachtet des Tages meines Endes, sage ich euch, wenn es die Wissenschaft ist, die mich verfolgt, so sei es. Ich werde lieber von Wissenschaft als von Religion verfolgt. In der Wissenschaft verstehe ich das, was man heute nicht weiß, aber was man eines schönen Tages wissen wird, denn es ist im Gewahrsam der großen Priester-Könige der Götter, der großen Ägypter, die die immerwährenden Triaden, die Pyramiden des Landes Gizeh gebaut haben. So sei es.

Der Name des einen wahren Gottes – Du Selbst

Kommentar zu Kapitel 5
Jehova, der Gott des Krieges und der Rache

ÜBERPRÜFUNG DER BIBLISCHEN TEXTE

Zuerst und bevor wir das folgende Kapitel vorstellen, müssen wir Ramthas Deutung der Worte Jehova und Jahwe klären. Historisch, in Judentum und Christentum, sind Jahwe und Jehova zwei Versionen desselben Wortes, JHWH (יהוה), was sich auf Gott bezieht, den höchsten Schöpfer im Himmel und auf Erden, und den Gott des Volkes Israel. Das ursprüngliche hebräische Alphabet beinhaltet Zeichen für Konsonanten, jedoch nicht für den Klang der Vokale. Das macht es schwierig, dieses bestimmte Wort zu lesen, was auch als Tetragrammaton bekannt ist. Außerdem wurde das Wort YHWH zum Fokus solch religiöser Verehrung, dass es verboten war, es auszusprechen oder es in der Öffentlichkeit laut zu lesen. Das hebräische Wort Adonai, was „mein Herr" bedeutet, wurde ab dem zweiten oder dritten Jahrhundert n. Chr. zum Ersatzwort für diesen heiligen Namen Gottes. Bis heute wissen Gelehrte nicht genau, wie die ursprüngliche Aussprache dieses Wortes wirklich lautete. Das Werk der hebräischen Gelehrten, als Masoreten bekannt, vom zweiten Jahrhundert n. Chr. bis zum achten Jahrhundert, befasste sich mit dem Projekt, Vokale und Interpunktion in die heiligen Texten einzufügen, um die traditionelle Aussprache und Intonation anzuzeigen. Im Fall des Tetragrammatons, JHWH, fügten die Masoreten die Vokale des Wortes Adonai hinzu, offensichtlich um den künftigen Leser an das Ersatzwort zu erinnern, was stattdessen zu lesen war. Diese Praxis wurde nicht berücksichtigt, als die Texte in der Folge übersetzt wurden. Daher ergab die Transliteration von JHWH mit den masoretischen Vokalzusätzen für Adonai den Namen als Y-a-H-o-W-ai-H oder Jehova.

Die von den griechischen Kirchenvätern gesammelten Beweise deuten darauf hin, dass der Name ursprünglich als „Jaweh" oder „Jahwe" ausgesprochen wurde, gemäß der hebräischen Wurzel „hawah", was „zu sein" bedeutet. Diese Wurzel spiegelt die traditionelle Interpretation von Gottes Namen wider, die sich auf Moses Erfahrung mit dem brennenden Busch bezog, wo der heilige Name als „Ich bin wer ich bin"[1] zum Ausdruck gebracht wurde. Die akzeptierte moderne Interpretation des Wortes ist Jahwe. Daher sind die Wor-

---

[1] Exodus 3:14.

te Jahwe oder Jehova in der jüdisch-christlichen Tradition einfach zwei Versionen desselben Namens. In Ramthas Geschichte sind Jehova und Jahwe die Namen von zwei verschiedenen Wesen, die miteinander in Konflikt standen und direkt an der Evolution der menschlichen Zivilisation beteiligt waren. Der Name Jehova bezieht sich in Ramthas Terminologie auf den, den man traditionell als den Gott des Volkes Israel, den Gott Abrahams, Isaaks und Jakobs, den Gott Moses und den Gott der Könige und Propheten Israels anerkennt. Was als Jahwe bezeichnet wird, spricht Ramtha eigentlich als „Jeh-we" aus. Wir haben Jahwe als die korrekte Schreibeweise für diesen Gott aus zwei Gründen gewählt: Erstens ist dieser unbekannte Name phonetisch nahe an Jahwe. Zweitens, und noch wichtiger, wird der Gott, auf den sich Ramtha als Jahwe bezieht, von ihm als für einige der schöpferischen Taten verantwortlich beschrieben, die traditionell dem Gott Israels zugeschrieben werden, der üblicherweise synonym unter den Namen Jahwe und Jehova bekannt ist.

> „Mann, oh, Mann, fein war der Gott, der den Menschen erschuf, denn fein war seine Liebe für ihn. Und als das Bild auf der Erde lag, leise in seiner Ebbe des Seins, wurde der Mensch durch den Atem Gottes geboren.
>
> Es war die Stunde, wie ihr es nennen würdet, in der die erste Vision des Menschen ins Sein kam. Es war durch die Wesenheit, die Ishum genannt wird und die Wesenheit namens Jahwe. Und diese zwei Wesenheiten waren miteinander begieriger als alle Dinge, um Teil der schöpferischen Form zu sein, sogar in der Form, sozusagen, zu dieser Zeit.
>
> Jahwe erschuf seinen Menschen und die anderen fingen an, ihren Menschen zu erschaffen. Und diejenigen, die gerade in der Stunde sich selbst weiterentwickelt hatten, vielleicht in das Nachdenken darüber, was man den Anfang nennt, sie kontemplierten über die Anfänge, entschieden, sich selbst weiterzuentwickeln in diese wundervolle Schöpfung von Jahwe und Ishum. Und, siehe, sie versammelten sich und jeder hatte aus sich einen Menschen entwickelt."[2]

---

[2] *Ursprünge und Entwicklung der menschlichen Zivilisation,* Teil 1 von *Die Geschichte der Menschheit aus der Sicht eines Meisters* (Peiting: In der Tat Verlag, 2004), Seiten 118-119.

Es gibt klare Hinweise in den heiligen hebräischen Texten selbst, dass das, was man traditionell als Bezug auf einen einzelnen, ultimativen Gott angenommen hat, tatsächlich eine Übervereinfachung der ursprünglichen Quelle ist. Das Buch Genesis selbst ist nicht vollständig ein Original des Judentums. Es beinhaltet ganz klar Parallelen zu viel älteren Traditionen. Die sumerische Literatur ist eine davon.[3] Die Bibel verwendet mehrere unterschiedliche Namen für Gott, die nicht nur reine Adjektive oder beschreibende Begriffe für ein höchstes Wesen sind: z.B. El, Elohim, Eloha, JHWH und Adonai, ebenso wie die geheimnisvollen Begriffe Anunnaki und Nefilim. Diese Vielfalt an Bezeichnungen für Gott und das Göttliche sind ein Hinweis auf die Assimilation von verschiedenen fremden Traditionen, die in der Bibel vertreten sind.

Das Bild des höchsten Wesens, Gott, in den hebräischen Texten beinhaltet ein widersprüchliches Paradox hinsichtlich Gottes Natur, was Theologen im Lauf der Geschichte verwirrt hat. Dieser Konflikt der Ideen hat einen fruchtbaren Boden für widersprüchliche Sichtweisen zwischen dem, was man als orthodox und ketzerisch betrachtet, geschaffen. Eine der allerersten Interpretationen der Bibel, die gemäß dem frühen Christentum als Ketzerei betrachtet wurde, war der Marcionismus. Marcion von Sinope (etwa 85-165) sah deutlich einen Unterschied zwischen dem zornigen Gott des Volkes Israel und dem liebenden Gott, der von Jesus Christus gepredigt wurde. Sie werden nicht als ein und dasselbe Wesen betrachtet.

Gott der Schöpfer wird in der Bibel als äußerst gut und als die Quelle aller Existenz beschrieben. Dennoch wird er auch als ein launischer, temperamentvoller, eifersüchtiger, blutrünstiger, ungeduldiger, völkermörderischer, psychotischer Gott charakterisiert. Diese Dichotomie ist eine wahre theologische und philosophische Herausforderung, die traditionellerweise unbeantwortet bleibt und durch die Ermahnung beschönigt wird – von all den Religionen, die sich auf diese Texte beziehen, bis zur blinden Ergebenheit und Überlegenheit des Glaubens. Die Präsenz des Bösen im Gegensatz zur Vorstellung eines guten, liebenden Gottes ist der offensichtlichste Konfliktpunkt,

---

[3] Siehe *The Enuma Elish: The Seven Tablets of Creation; The Babylonian and Assyrian Legends Concerning the Creation of the World and of Mankind,* herausgegeben von L.W. King, 2 Bde. (London: The Book Tree, 1999).

der aus diesen Texten hervorgeht, ebenso wie das unlösbare Problem von Gottes Immanenz im und Transzendenz vom erschaffenen Universum. Ramthas Beschreibung der wahren Ursprünge der Schöpfung im Void, Gottes Abstieg durch sieben Ebenen von Bewusstsein und Energie und seine bestimmte Beschreibung des Gottes Israels stellen dagegen klar, dass sich die Informationen, die in den heiligen hebräischen Texten dargelegt werden, auf eine viel komplexere und tiefgründigere Realität beziehen, als literarisch offensichtlich ist.

Die vielen redaktionellen Veränderungen in der Bibel, die von biblischen Gelehrten durch literarische Techniken, Form und historische Kritik identifiziert wurden, weisen oft auf literarische und philosophische Quellen hin, die deutlich von den Traditionen des Judentums selbst abweichen. Ramthas verständliche und wissenschaftliche Gründe seiner Interpretation der biblischen Vorstellung der Schöpfung „nach Gottes Ebenbild“[4], des „Atems des Lebens“[5] und der Wissenschaft dahinter, wie in Teil eins dieses Sammelwerkes beschrieben[6], bieten wichtige Hinweise an, die zeigen, welche ursprüngliche Bedeutung diese Geschichten möglicherweise hatten. Sie zeigen auch, wie drastisch sie ihren genauen, interpretierenden Zusammenhang verloren haben.

Die Bibel wurde erst vor relativ kurzer Zeit mit dem Auftauchen der Renaissancebewegung und den ersten Übersetzungen der Bibel in die Umgangssprache zum Gegenstand wahrer kritischer Untersuchung. Eine der Hauptschwerpunkte der protestantischen Reformationsbewegung war das ernsthafte Studium der Bibel, was die Anwendung der neuen kritischen Methoden in historischer und literarischer Wissenschaft einschloss. Unter den ersten biblischen Kritikern waren die Philosophen des siebzehnten Jahrhunderts Thomas Hobbes, Baruch Spinoza und Richard Simon. Dennoch wurden die bedeutendsten kritischen Studien der Bibel – literarisch, historisch und archäologisch – hauptsächlich von deutschen Gelehrten während

---

[4] Genesis 1:26-27.

[5] Ebd., 2:7.

[6] Siehe *Ursprünge und Entwicklung der menschlichen Zivilisation,* Teil 1 von *Die Geschichte der Menschheit aus der Sicht eines Meisters, Kapitel 2: Das Schöpfungsepos* und *Kapitel 3: Der Fall der Götter*.

des achtzehnten und des neunzehnten Jahrhunderts durchgeführt.[7] Diese akribische Annäherung an heilige Texte zeigte, dass einige wichtige biblische Berichte und Fakten der Autorenschaft im Gegensatz zu den verfügbaren historischen und archäologischen Belegen standen.[8] Es ist interessant, dass die meisten archäologischen Belege, insbesondere jene ägyptischer, babylonischer und sumerischer Herkunft, dem Rahmen von Ramthas Beschreibung der Ereignisse um das Volk Israel und dessen Interaktion mit Jehova und seiner einschüchternden Macht nicht widersprechen.

Archäologische Belege und die wahre Identität Moses

Der Archäologe Ze'ev Herzog, Professor der Abteilung Archäologie und alte nahöstliche Studien an der Universität Tel Aviv in Israel ist ein Experte für die Streitpunkte, die sich aus biblischer Archäologie ergeben. Er war direkt in die Ausgrabungen von Hazor und Megiddo mit Yigael Yadin einbezogen, ebenso wie in die archäologischen Ausgrabungen von Tel Arad und Tel Be'er Sheva mit Yohanan Aharoni.[9] Er hat mehrere Bücher und Artikel basierend auf seiner archäologischen Feldarbeit geschrieben, die von der *Biblical Archaelogy Society* veröffentlicht wurden.

In seinem Artikel *Deconstructing the Walls of Jericho (Dekonstruktion der Mauern Jerichos)* im *Ha'aretz Magazine* erschienen am Freitag, 29. Oktober 1999 in Tel Aviv zieht Ze'ev Herzog einen erstaunlichen Schluss: „Das ist es, was Archäologen aus ihren Ausgrabungen im Lande Israel gelernt haben: Die Israeliten waren nie in Ägypten, wanderten nicht durch die Wüste, eroberten das Land nicht

---

[7] Ein klassisches Werk, das diese Linie der Untersuchung darstellt, ist das Buch des deutschen Philosophen, Theologen, Menschenfreunds, Musikers und Arztes Albert Schweitzer, *The Quest of the Historical Jesus: A Critical Study of Its Progress from Reimarus to Wrede* (Baltimore: Johns Hopkins University Press, 1998).

[8] Der Archäologe Julius Wellhausen war eine führende Figur dieser Bewegung.

[9] Er führte archäologische Arbeiten am Tel Michal und am Tel Gerisa durch und begann 1999 am Tel Yaffo in Alt-Jaffa nahe Tel Aviv zu arbeiten.

in einem militärischen Feldzug und gaben es nicht an die zwölf Stämme Israels weiter. Vielleicht noch schwerer zu schlucken ist, dass die vereinigte Monarchie von David und Salomon, die in der Bibel als regionale Macht beschrieben wird, bestenfalls ein kleines Stammeskönigreich war. Und es wird ein unliebsamer Schock für viele sein, dass der Gott Israels, JHWH, eine weibliche Gefährtin hatte und dass die frühe israelitische Religion den Monotheismus nur in der schwindenden Periode der Monarchie [ca. 800 v. Chr.] annahm und nicht am Berg Sinai."

Ramtha erklärt, dass die Hebräer als ein Volk nicht unter Ramses haben leiden können, denn sie existierten zu dieser Zeit gar nicht; sie waren Babylonier. Es scheint, dass diese semitischen Stämme, in Abraham wurzelnd, die Menschen Ägyptens hassten, da diese nicht ihren Stammestraditionen und religiösen Vorstellungen folgten. Dieses Szenario gleicht sehr gewissen nahöstlichen, radikalen, islamischen Gruppen von heute, die Amerika und westliche Kultur im Allgemeinen hassen und zerstören wollen, wegen deren für ihre religiösen Vorstellungen anstößigen Lebensstils.

Lassen Sie uns einige verfügbare Belege analysieren und versuchen, einen Blick auf die Fakten hinter der kontroversen Geschichte von Moses und dem Gott Israels, Jehova zu werfen.

Die Ägypter waren wirklich fortschrittliche, intellektuelle Wesen. Männer und Frauen wurden in Ägypten als ebenbürtig betrachtet, ungleich ihrer zeitgenössischen Gesellschaften. Ägyptische Frauen durften eigenen Besitz habe, öffentliche Positionen in der Regierung innehaben, Besitz erben und ihre gesetzlichen Rechte vor Gericht verteidigen.[10] Die ägyptischen Könige und Königinnen wurden in die höchsten Orden des Wissens eingeweiht und waren selbst die Verkörperung des Gesetzes, die lebende Darstellung ihrer Kultur und Werte. Sie glaubten nicht an einen Gott im Außen, sondern behaupteten, dass sie selbst die Kinder der großen Götter und von göttlicher Natur wären. Ramses war ein elegantes Wesen, ein Gott-König verwirklicht. Die Wüstenmenschen Abrahams und die Hethiter waren seine größten Feinde. Es gibt historische Belege dafür, dass zwei herausragende Pharaonen, Thutmosis III. (1498-1450 v. Chr.) und Ramses II. (1279-1212 v. Chr.) langdauernde militärische Feldzüge

---

[10] Siehe Peter A. Piccione *Egyptian Women,* in *World History*, herausgegeben von Charles Frazee, Band 1 (San Diego: Greenhaven Press, 1999).

gegen die Hethiter und die Wüstenstämme Palästinas führten. Ägyptens Vormachtstellung über Palästina und seine Umgebung wurde von Thutmosis III. abgesichert. Mehr als 200 Jahre später legte Ramses II. jeden weiteren Konflikt mit diesen Völkern bei, indem er eine hethitische Prinzessin heiratete.

Moses wird als einer der größten politischen und religiösen Führer und Gesetzgeber in der Geschichte erinnert. Er ist eine Schlüssel- und Gründungsfigur des Judentums, des Islams und des Christentums. Das Gesetz Moses, zusammengefasst in den Zehn Geboten, hat unbestreitbar die Moralcodes vieler Kulturen beeinflusst, ungeachtet ihrer religiösen Überzeugung. Dennoch gibt es bis dato absolut keinen historischen oder archäologischen Beleg, der die biblische Geschichte von Moses bestätigt.

Historiker stießen auf große Schwierigkeiten, den Zeitrahmen von Moses Lebenszeit aufzustellen. Der biblische Text bietet keinen genauen Namen des Pharaos, dem er entgegentrat. Das ist ein sehr seltsames Vorkommnis, das mit der nahöstlichen Praxis, die Genealogien wichtiger Akteure in der Geschichte deutlich zu identifizieren, in Widerspruch steht. Der Name des Pharaos wird einfach als der „Pharao der Unterdrückung“ oder als der „Pharao, der Joseph nicht kannte“ beschrieben. Diese Phrasen sind charakteristisch für mündliche Überlieferungen, die den Lauf der Gezeiten überdauert, aber ihren ursprünglichen historischen Zusammenhang verloren haben.

Eine der zeitgenössischen Methoden, Moses und den Exodus der Israeliten aus Ägypten zu datieren, basiert auf dem biblischen Bezug auf die Städte Unterägyptens, Ramesse und Pithom. Die Israeliten werden als Sklaven beschrieben, die vom ägyptischen Pharao zu schwerer Arbeit und zur Erbauung dieser Städte gezwungen werden. Man nimmt an, dass diese Städte von Ramses II. im dreizehnten Jahrhundert v. Chr. benannt wurden. Moses Lebenszeit wird traditionellerweise in diese Periode gelegt. Archäologische Studien zeigen deutlich, dass diese Städte, vor allem Ramesse, beträchtlich älter sind als die Zeit Ramses II. Umfangreiche archäologische Untersuchungen der antiken Stadt Jericho ergaben keine Belege, welche die berühmte Zerstörung dieser Stadt als Teil der Eroberung des Gelobten Landes unterstützen. Die Mauern Jerichos zeigen überhaupt keine Unterbrechung während oder nach dem dreizehnten Jahrhundert v. Chr. Der Großteil der ägyptischen Aufzeichnungen erwähnt weder Siedlungen der Israeliten in Ägypten noch irgendeines der Ereignisse, die in der Bibel beschrieben werden. Mit anderen Worten, es gibt keine ägyptischen Parallelen, welche die Geschichte Moses unterstützen. Die auffallendste Tatsache ist jedoch, dass die biblische Geschichte von Moses in sich selbst Parallelen enthält, die aus wichtigen Traditionen bezogen wurden, welche sich im Herzen der alten ägyptischen Kultur finden: namentlich die Papyrusarche oder der Korb, in welchem Moses auf den Fluss Nil ausgesetzt und von der „Tochter des Pharao“ gerettet wurde.

Dieser Vorfall stimmt genau mit der altägyptischen kultischen Tradition überein, die sich auf den künftigen König oder Thronfolger bezieht. Dieses religiöse Ritual findet seine Wurzeln in der Geschichte von Isis und Osiris. Osiris wurde von seinem Bruder Seth ermordet, der ihn in einer Arche auf dem Fluss Nil aussetzte. Isis suchte das Land nach seinem Körper ab und fand schließlich die Truhe nahe dem Meer. Seth suchte wütend erneut den Körper von Osiris und schnitt ihn in vierzehn Stücke, die er in den Fluss Nil warf. Isis suchte nach dem Körper ihres geliebten Osiris in einem Boot aus Papyrus. Als sie alle Teile eingesammelt und Osiris’ Körper zusammengesetzt hatte, empfing sie einen Sohn, Horus, der der künftige König und königliche Nachfolger ihres Ehemannes sein würde. Isis war eine der frühesten, beliebtesten und wichtigsten Göttinnen Ägyptens, sogar bevor die aufgezeichneten Dynastien begannen. Sie ist die große Mutter/Göttin, der Geflügelte Pharao und Beschützerin der Toten, die das Versprechen der Wiederauferstehung und Unsterblichkeit hält.

Basierend auf der Geschichte von Isis, die Osiris aus dem Fluss rettete, gibt es unzählige Verweise auf die ägyptische kultische Tradition, den künftigen Thronfolger zu bestimmen. Die berühmte babylonische Geschichte König Sargons I. (ca. 2.300 v. Chr.), der als Kind in einem Korb auf dem Fluss Euphrat schwimmend gefunden wurde, ist ein deutliches Beispiel für diese Tradition. Weitere Beispiele sind die Geschichte des skandinavischen Königs Skjold von Dänemark; Erichtonios von Athen (ca. 1.400 v. Chr.), des griechischen Halbgottes Dionysos, der in Lakonien gefunden wurde, des griechische Halbgottes Attis, von Kybele gefunden, des Sohnes des indischen Sonnengottes Karna, des Sohnes der babylonischen Königin Hamai, aus dem Euphrat gerettet, des Gründers Roms, Romulus, der auf dem Fluss Tiber schwamm (ca. 800 v. Chr.), des Königs Tu-Kueh der Türkei (ca. 200), der Legende König Arthurs (ca. 600), der

Kinder der keltischen Könige am Fluss Rhein, genauso wie die der japanischen Legenden von Izanagis und Izanamis' neugeborenem Sohn.

Die Geschichte von Moses' Einzug in das Haus des ägyptischen Pharaos bringt, vor diesem Hintergrund betrachtet, Licht in ein schockierendes Szenario, das nie zuvor in Betracht gezogen wurde. Moses wurde offensichtlich nicht in einer kultischen Arche aus Papyrus auf dem Nil als letzte Maßnahme, sein Leben zu retten, ausgesetzt. Eher weist dieser Vorfall auf seine königliche Geburt und seine Anerkennung als Thronfolger Ägyptens hin. Diese Geschichte verweist deutlich auf seinen ägyptischen Hintergrund. Wie ist das möglich? Er sollte doch von hebräischer Herkunft sein.

Wir haben bereits geklärt, dass Moses sehr wahrscheinlich nicht während der Zeit Ramses II. gelebt hat, gemäß den Belegen, vor allem den Funden von Jericho. Wenn der biblische Hinweis auf die Städte Ramesse und Pithom real ist, muss Moses vor der Zeit Ramses II. gelebt haben, als diese Städte tatsächlich gebaut wurden.

In der ägyptischen Geschichte gibt es während der 18. Dynastie, 200 Jahre vor Ramses II., ein Szenario, das möglicherweise die Geschichte Moses in gewisser Weise unterstützen könnte. In Ägypten wurde die königliche Abstammung durch die älteste Tochter des Königs erhalten, die gekrönte Prinzessin, die auch als „die Tochter des Pharaos" bekannt war, anstatt durch den ältesten Sohn. Der älteste Sohn heiratete oft „die Tochter des Pharaos", um das Recht auf den Thron zu erwerben und die Reinheit der Blutlinie zu sichern. Die Ägypter scheinen die Wissenschaft der mitochondrialen DNS und der genetischen Erbschaft perfekt verstanden zu haben.

Die widersprüchliche ägyptische Königin Hatschepsut (1498-1483 v. Chr.) war die älteste „Tochter des Pharaos" Thutmosis I. Hatschepsut heiratete ihren Halbbruder Thutmosis II., der der nächste Pharao wurde. Tuthmosis II. hatte eine Tochter mit Hatschepsut, zeugte aber einen Sohn mit einer Konkubine, die ironischerweise den Namen Isis trug. Die Stammesherkunft dieser Konkubine ist nicht bekannt, außer dass sie eine Bürgerliche war. Thutmosis II. starb, als sein Sohn noch sehr jung war. Es ist möglich, dass Königin Hatschepsut sich durch den Sohn der Konkubine bedroht fühlte. Die historischen Aufzeichnungen zeigen, dass es tatsächlich einen Konflikt zwischen Hatschepsut und dem Sohn der Isis, der später Thutmosis III. wurde, gab. Es gibt keinen Grund, warum Hatschepsut sich nach ägyptischer Tradition durch diesen Sohn bedroht fühlen sollte, da die königliche genetische Linie durch ihre Tochter, Neferure, gesichert war, und nicht durch den männlichen, illegitimen Sohn ihres Ehemannes. Es muss einen anderen Grund gegeben haben, der einen Interessenskonflikt erzeugt hat. Die Möglichkeit, dass dieses Kind nicht von reinem ägyptischen Geblüt war, wäre genug Grund für Hatschepsuts Widerstand und Feindseligkeit gegen Thutmosis III. gewesen.

Der Hinweis in der Bibel auf Moses eigene Mutter, die in den Palast gerufen wurde, um das Baby zu stillen, nachdem die „Tochter des Pharao" ihn als ihren königlichen Sohn angenommen hatte, weist darauf hin, dass die Identität der Mutter wohl bekannt war. Hatschepsut nahm den illegitimen Sohn ihres Ehemannes mit der Bürgerlichen Isis als königlichen Anwärter für den Thron an. Isis, eine Bürgerliche, könnte leicht von hebräischer Stammeszugehörigkeit gewesen sein, was ihren Sohn als halb Hebräer und halb Ägypter ausweisen würde. Hatschepsut übernahm den Thron, solange Thutmosis III. ein Kind war und behielt ihn bis zu ihrem geheimnisvollen Tod. Thutmosis III. heiratete Hatschepsuts Tochter Neferure, die die gekrönte Prinzessin war, nahm aber auch andere Ehefrauen, welche die Generation der ägyptischen Dynastie fortsetzten. Die wahre, reine königliche Genetiklinie endete mit Hatschepsut. Das könnte einer der Hauptgründe für die Rivalität zwischen Hatschepsut und Thutmosis III. gewesen sein.

Wie wir zuvor erwähnt haben, ist Thutmosis III. für seinen militärischen Feldzug durch die Wüste Sinai und seine Eroberung Palästinas und dessen Umland bekannt. Wenn Isis von hebräischer Herkunft gewesen ist, wäre es möglich, dass sie ihrem Sohn den Glauben und die Traditionen ihres Volkes weitergab, im Versuch ihren Status in diesem Land zu begünstigen. Es ist nicht bekannt, welche Art politischer Reformen, Verträge und Gesetze Thutmosis III. während seiner Regierung und militärischen Feldzüge beschlossen hat und ob diese Reformen in irgendeiner Form die Gesetze und Mandate, die Moses zugeschrieben werden, widerspiegeln. Diese Informationen wären nötig, um festzustellen, ob der hebräisch-ägyptische König und Eroberer Palästinas, Thutmosis III., im Lauf der Zeit in einen politischen und religiösen Führer von unerkennbaren Ausmaßen verwandelt wurde. Es ist bemerkenswert, das der Name Thutmosis wahrer Moses bedeutet. Der Name Ramses beinhaltet ebenso den Namen Moses in Verbindung mit Ra. Der Name

Moses ist nicht von semitischer Herkunft, sondern eng mit der Geschichte von Isis, Osiris und Horus verbunden. Der Name Moses bezieht sich auf den einen, der von der legendären Isis geboren wurde, den Sohn der Isis, welcher der wahre Abkömmling ist, den Nachkommen, den Thronerben, den künftigen König. Es ist eine große Ironie, dass in unserer Interpretation der Ereignisse die Mutter des historischen Moses Isis gewesen ist, die bürgerliche Konkubine von Hatschepsuts Ehemann und die Mutter des künftigen Königs von Ägypten.

Einhundert Jahre nach Hatschepsut und Thutmosis III. führte Amenhotep IV. in Ägypten eine religiöse Reform durch, die darauf abzielte, die alten Traditionen durch eine monotheistische Religion zu ersetzen. Er änderte seinen Namen in Echnaton, Diener des Aton. Die Ursprünge, die diese offensichtlich neue Religion inspiriert hat, sind gemäß den verfügbaren Belegen unbekannt und beispiellos. Eines von Moses Lobgebeten für Gott[11] ist beinahe identisch mit einem Gedicht, das von Echnaton als Loblied auf Aton geschrieben wurde.[12] Offensichtlich muss einer den anderen beeinflusst haben, obwohl nicht gewiss ist, wer zuerst gelebt hat. Echnatons Reform überlebte nach seinem Tod nicht, genauso wenig wie irgendwelche anderen Versuche, Ägypten zur monotheistischen Religion des Abraham und Jehova zu bekehren. Dennoch verfiel das ägyptische Königreich nach dieser Zeit rapide.

Das Vermächtnis der ägyptischen Zivilisation, welche die einzige war, die Ebenbürtigkeit und göttliche Eigenständigkeit der Frauen, Männer und Kinder verteidigte, starb mit ihr. Das große Vermächtnis, das Ägypten von den großen Göttern geerbt hatte, liegt im Wüstensand begraben. Das einzige Vermächtnis, das Israel bewahrt und in der Region Palästinas, dem Land Kanaan und dem Rest der Welt etabliert hat, war die blutrünstige, selbstsüchtige Arroganz ihres eifersüchtigen Gottes Jehova.

---

[11] Psalmen 104: *Ein Loblied auf den Schöpfer.*

[12] *The Great Hymn to the Aten* von Echnaton ist eines der berühmtesten Stücke ägyptischer Literatur. Die am besten erhaltene Version dieses Gedichtes findet sich im Grab des Ay, Vater von Königin Nofretete, Siehe *The Great Hymn to the Aten* in James B. Pritchard, ed., *An Anthology of Texts and Pictures,* Band 1 von *The Ancient Near East* (Princeton, New Jersey: Princeton University Press, 1958).

EIN WIDERSTANDSKAMPF GEGEN DIE EVOLUTION

Das Schöpfungsepos in Teil eins dieses Sammelwerks zeigt Ramthas Beschreibung einer Zeit, als die Kreativität der absteigenden, sich weiterentwickelnden Götter vom Auftauchen von Eifersucht, Hass und Habgier bedroht und angegriffen wurde. Ein großer Krieg brach unter den Göttern und ihren Schöpfungen aus, der Äonen dauerte und in einem gewissen Grad noch nicht beendet ist. Der Krieg zwischen Jehova und den Göttern Id und Jahwe im Besonderen hat einen unauslöschlichen Einfluss auf die menschliche Rasse und unser Sonnensystem hinterlassen. Viele der kosmischen Trümmer im Asteroidengürtel und Kometen stammen eigentlich von diesem Kampf. Andererseits tauchten die für die Weiterentwicklung und Inkarnation in physische menschliche Körper verantwortlichen Götter allmählich in ihre neuen Schöpfungen ein und verloren sich durch Angst und Überlebensbedürfnis darin. Die Götter, die sich entschieden hatten, in menschlichen Wesen zu inkarnieren, vergaßen allmählich ihre Göttlichkeit und fingen an, den Himmel um Hilfe anzuflehen. Drei Götter beantworteten ihr Flehen und kamen ihnen zur Hilfe: Jahwe, Jehova und Id.

Während des großen Krieges suchte Jahwe Zuflucht in den Plejaden und Jehova zog sich in das Sonnensystem der Erde zurück. Er beanspruchte für sich selbst die Rasse der menschlichen Diener, die seine eigenen Verwandten aus dem Hause Anu gentechnisch manipuliert hatten. Jehova verachtete die Mehrzahl der Götter von den Plejaden, die sich zu den Frauen der Erde sexuell hingezogen fühlten, sie zwangen und sich mit ihnen paarten.[13] Die Nachkommen aus diesem Geschlechtsverkehr waren die biblischen Nefilim, die schrecklichen Riesen der Mythologie. Jehova zog erneut in den Krieg mit den Plejaden und erlangte vollkommene Vorherrschaft über die Erde. Er nahm die Menschheit als seine eigenen Leute, unterwarf alle seiner Herrschaft, außer die Ägypter, die Jahwe liebten, aber seinen Namen nicht kannten.

Jehova suchte die genetische Linie eines Mannes von geringer Wichtigkeit, Abraham, der seinen Entwürfen dienen und leicht durch Unwissenheit und Angst manipuliert werden konnte. Er machte diesen einen Mann zum Hausherrn eines auserwählten Volkes, um auf

---

[13] Genesis 6:1-4.

dieser Ebene gegen Jahwe, insbesondere gegen die Ägypter zu kämpfen. Aber Jehova hatte solche Bedrohung und solchen Hass in seinem Herzen und seiner Seele, dass er sein auserwähltes Volk als eine Waffe gegen alle anderen Rassen führte. Mit diesem Feldzug begann die Herrschaft Jehovas auf Terra. Er rief Schreiber und Propheten zu sich, um seine Worte der Bedrohung und des Mordes, Aussagen zu Trennung und Diskriminierung von Völkern, das Erschaffen der Feindseligkeit zwischen Frauen und Männern, Ehemännern und Ehefrauen, Kindern und Eltern, und zwischen den verschiedenen Glaubensrichtungen niederzuschreiben. Religion wurde schrecklich lähmend und versklavend, denn die Anbetung eines Gottes, der allen Angst einflößt, ist nicht Anbetung sondern reine Gefangenschaft. Das Gesicht der Welt veränderte sich in eine unbarmherzige, schreckliche Kriegszone. Jehova, ein unabhängiger Gott, der sich am Geschenk der Freiheit des Willens erfreute, wurde überall zur Empörung des Bewusstseins.

Die einzigen Überreste von Jahwes Armee waren die ursprünglich inkarnierten Götter, die nicht versklavt und in der Menschheit durch Überlebensangst und der Furcht vor dem Tod verloren waren. Diese spezielle Bruderschaft wird jetzt die Große Weiße Bruderschaft von Wesen genannt, die an den größten Hauptbezugspunkten der Erde leben. Id und Ramtha, sowie Jahwe und diese Bruderschaft inkarnierender Götter bilden das, was als der Rat der Dreizehn bekannt ist. Wie Ramtha humorvoll erklärt hat, gab es dreizehn von ihnen in diesem Rat, weil das alle waren, die erschienen sind.

Jehova konnte Jahwe nicht direkt vernichten, sondern nur durch sein Volk und seine Schöpfungen. Der Rat der Dreizehn beobachtete äonenlang Jehovas Missbrauch und Versklavung der Menschheit und gestattete die Fortführung seiner Herrschaft ohne Einmischung. Schließlich entschieden sie, bei diesem Stand der Dinge an der Evolution teilzunehmen. Sie vereinigten sich gemeinsam, indem sie all ihre Seelen, Weisheit und Wissen teilten und den Auftrag einer einzelnen menschlichen Seele erschufen, die hervorkommen und die bewusste Wahrnehmung der menschlichen Rasse für immer verändern würde. Dieses Werk wurde durch Jeschua ben Joseph vollbracht. Er lehrte über Frieden und fortschrittliches Bewusstsein, wofür Jahwe und Id kämpften und es verteidigten, um einen neuen Frieden in die Welt zu bringen.

Jehova war nicht in die Welt gekommen, um sie zu lieben oder zu retten. Er kam, um gegen sie Krieg zu führen. Das Einzige, was er je wollte, war verehrt und bedient zu werden. Die bedingungslose Liebe für das Leben, für alle Lebensformen und für ihre fortlaufende Evolution wurde nach dem Plan von Jahwe, Id und dem Rat als die Antwort, als das Gegenmittel gesehen. Jehova hat sich vom Wesen eines Gottes der Vergeltung, Teilung und Rache nicht weiterentwickelt. Ramtha vergleicht ihn mit einem verwöhnten Kind, das niemals reifer und erwachsen wurde. Er erklärt, dass Jehova nicht gelernt hat, dass menschliche Wesen ebenso unsterbliche Götter sind, dass wir letztendlich nicht sterben oder zerstört werden können, da unser Geist vom Void von genau dem Ursprung der Schöpfung stammt und von Natur aus immer währt.

> „Die Götter hätten sich nie gestritten, wenn ihr das Streiten nicht wert gewesen wärt. Und was war euer Wert? Eure Göttlichkeit, das ist es. Und dieses abscheuliche Vermächtnis – ob es nun in der Thora steht oder im Neuen Testament oder in den Lehren Mohammeds – verflucht, verdammt seien diese Lehren, weil sie gegeben wurden, um Menschen Generationen lang unter der Schirmherrschaft Gottes zu versklaven.“[14]

Ramtha betont sehr nachdrücklich die Art und Weise, wie die verschiedenen Religionen der Welt, vom Buddhismus zu Christentum, Judentum und Islam die polarisierende und diskriminierende Einstellung Jehovas geerbt haben. Seine Einstellung ist deutlich zu erkennen in der Rolle und der Unterwerfung der Frauen und ihrem Ausschluss von allen Machtpositionen in all diesen Religionen. All die monotheistischen Religionen halten Glaubenssätze aufrecht, die dem Menschen seine unabdingbare Göttlichkeit und wahre Natur als schöpferischer Gott rauben. Jehova vertrat die Lüge, das höchste Wesen über der gesamten Schöpfung zu sein. Er nahm den Platz von Punkt Null ein und teilte ihn ausschließlich sich zu, wohingegen er selbst auch vom Punkt Null und dem Void stammte.

---

[14] *Making the Choice for the Greatest Potential*, Band 377 ed. (Yelm: Ramtha Dialogues, 1998).

> „Wenn ein Gott wirklich Gott wäre – und hier ist das Problem mit der Bibel – wenn Gott wirklich Gott ist, muss Gott nicht angebetet werden. Versteht ihr?“[15]

Der Einfluss von Jehovas Mentalität ist in unserer modernen Kultur viel durchdringender, als wir es zugeben wollen. Diese Mentalität war die größte Abschreckung der menschlichen Evolution. Sie hat die Menschheit im Gesamten davon abgehalten, ihr wahres Selbste zu definieren im Sinne von Bewusstsein und Energie, und es als dynamischen Grund und als Intelligenz mit innewohnender Macht und Willensfreiheit zu erfahren und sich selbst zu erforschen.

> „Was ist Gott also? Integrität, Makellosigkeit, die Macht der Entscheidung, die Macht der Erfahrung, zu wissen, dass keine Entscheidung, die ihr erschaffen habt, euer Leben beenden wird, es sei denn, ihr habt es törichterweise so erschaffen, und zu wissen, dass wir durch jeden Gedanken ermächtigt sind.
>
> Wenn also einige zu euch sagen: ‚Nun, woran glaubst du?’, sagt: ‚Die einzige Religion, die ich kenne, ist die einzige, von der ich weiß, dass Gott sie mir gegeben hat, und das ist mein Leben. Mein Leben ist meine Religion. Und glücklich zu leben ist mein tägliches Gebet.’ So sei es.“ [16]

---

[15] Ebd.

[16] *Was Mary Really a Virgin?,* Band 394 ed. (Yelm: Ramtha Dialogues, 1998).

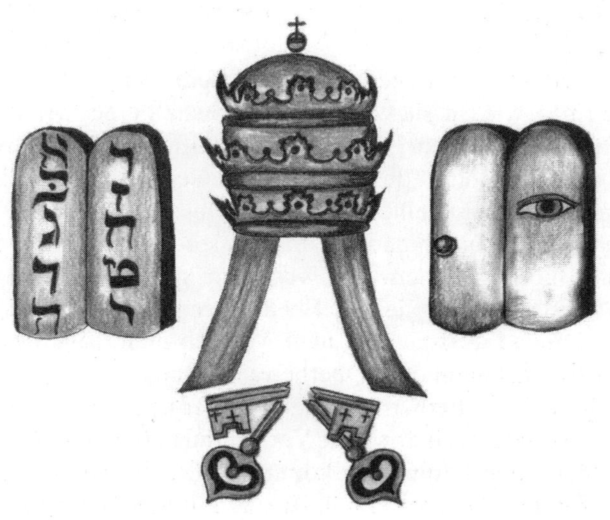

Kapitel 5
Jehova, der Gott des Krieges und der Rache

„Ihr seht, ihr wisst, dass ihr seid Götter, weil ihr in der Vergangenheit von Göttern manipuliert wurdet. Wenn ihr nicht Götter wärt, hätte es keine Manipulation erfordert und gegeben.

Nun, so seid ihr also immer Gott gewesen. Und das Überleben der am besten Angepassten in diesem Königreich bestand darin, in der Lage zu sein, viele andere Götter, die es nicht besser wussten, zu überzeugen, dass sie der einzige Gott wären, damit sie, die Anhänger, sie anbeteten und nach ihrer Pfeife tanzten. Wenn ein Gott wirklich Gott wäre – und hier ist das Problem mit der Bibel– wenn Gott wirklich Gott ist, muss Gott nicht angebetet werden. Versteht ihr?“

Ramtha

Der Krieg der Götter – Jehova, Jahwe und Id

Der Aufenthalt der Menschheit auf dem, was man Terra nennt oder diese Erde, wie ihr sie nennt, war in Gestalt eines Menschen der fünften Ebene von sieben Ebenen.[17] Die fünfte Ebene, sozusagen in der Tat, waren die Götter, die den Menschen erschufen und dann ihre Seelen und ihren Geist teilten, um sich selbst in Mann und Frau zu duplizieren. Sie erschufen dadurch das Rätsel „Seelengefährten". Sie, Wesenheit, fingen mit dem an, was man sich selbst fortpflanzen nennt, im Menschen der siebten Ebene, der hervorkommen konnte. Die sechste Ebene dessen, was man Mensch nennt, wurde zu dem, was man die Konstanten oder Oberherren nennt.

Es gibt einen Oberherrn, der ein großer und furchteinflößender Gott ist, der vom siebten arischen Verständnis aller sieben Verständnisse des Menschen kommt. Er kommt von dem, was man, sozusagen in der Tat, die Plejaden nennt. Er war mit dreien am Anfang dessen, als der Mensch das verloren hat, was man, sozusagen in der Tat, seine Unschuld nennt, und anfing, eine lebendige, tötende und blühende Kreatur auf dem, was man die Ebenen von Eden und Sharon nennt, zu sein. Als der Mensch in sich selbst verschiedenartig wurde, bewohnte er die ganze Erde, sowie die Verkörperung vollendet war.

Die Ebene ist eine Ebene dessen, was man dimensionales Bewusstsein nennt, wo das Äußerste davon reiner Gedanke ist. Wenn ich von den sieben Ebenen des Menschen spreche, Wesenheit, spreche ich von der Teilung des Menschen, wie sie von den Göttern erschaffen wurde. Das, was man die ersten fünf Ebenen des Menschen nennt, war die Verkörperung des Menschen, der bald zu dem wurde, was man verschiedene Sekten oder Orden nennt, sozusagen. Der Mensch, der hierher kam, war eine Gruppe von Menschen, die ein Teil der gesamten Erde wurde und gemäß dem, was man Hitze und Kälte nennt, den Ton ihrer Haut auf das, was man klimatische Veränderungen nennt, einzustellen begann.

Der Mensch der sechsten Ebene, Wesenheit, war ein nicht inkarnierter Mensch. Man nannte ihn alle Konstanten oder man nannte ihn das, was die Balance und Ordnung in einem Universum erhält,

---

[17] Die hier beschriebene Teilung des Menschen in sieben Ebenen ist nicht zu verwechseln mit den sieben Ebenen von Bewusstsein und Energie oder den größeren Ebenen der Existenz.

das durch Bewusstsein kontrolliert wird. Es sind diejenigen, die die Elemente, Stürme, sozusagen in der Tat, Jahreszeiten und die Erdrotation in dieser Ebene kontrollieren. Man nannte sie, in manchem Sinne, große Engel, sozusagen. Sie sind nicht verkörperte Menschen, obwohl sie Menschen sind.

Der Mensch der siebten Ebene wurde Arier genannt. Er war, sozusagen in der Tat, die Gruppe Götter, die die Seele des Menschen und den Geist gleichstellten, um hervorzukommen, um die Kinder des Menschen der fünften Ebene zu sein. Mit anderen Worten, wenn all die Götter auf die Ebene kamen, wer würden ihre Kinder sein, seht ihr? Die der siebten Ebene sind göttliche Wesenheiten, denn sie hielten am längsten aus und sie sahen den Fortschritt der Menschen und wurden daher ihre eigenen Kinder. Sie waren ziemlich intelligent, wenn sie auf dieser Ebene geboren wurden. Sie sind diejenigen, die das, was man die Evolution der Menschheit in ihr großartigstes Sein, das ihr jetzt seid, erschaffen und begonnen haben. Von der siebten Ebene? Nein, nicht von der siebten Ebene, aber vom siebten Verständnis der Unterteilungen des Menschen. Es gab sieben Unterteilungen des Menschen.

Als nun der große Krieg ausbrach, Wesenheit, brach der Krieg aus, in Form von im Wettstreit stehenden Naturen der Götter, die einander in der Schöpfung übertrafen. Als der Krieg ausbrach, gab es drei Hauptgötter, die in der Tat gegeneinander antraten. Jahwe[18], in der Tat eine der Wesenheiten, die aus einem Haus stammte, das ihr nie gekannt habt, kam hervor auf diese eure Terra und begann die Experimente mit den Menschen, damit sie ein neues Königreich, eine neue Entwicklung, ein neues Verständnis hier haben konnten, und daher begann der Mensch zu wachsen.

Und überragend intelligent war er, denn ohne ihn gab es Eifersucht, Hass und Verbitterung, nur Kummer, Kummer über den Streit, der bereits stattgefunden hatte, als ein Krieg der Himmel begonnen hatte. Als die Menschheit anfing, sich hier zu entwickeln und die

---

[18] Bibelexperten betrachten üblicherweise die Namen Jehova, Jahwe und ihre Variationen als verschiedene Namen für ein einziges Wesen, den Gott Israels und den Schöpfer des Universums. Ramtha erklärt in dieser Geschichte, dass Jehova und Jahwe zwei verschiedene, im Konflikt zueinander stehende Wesen sind, welche die Evolution der menschlichen Zivilisation beeinflusst haben. Ramtha spricht den Namen Jahwe als „Jeh-we" aus.

Götter der fünften Ebene begannen, zu intervenieren und zur Verkörperung des Menschen hier zu werden, und der Mensch der siebten Ebene anfing, den aufdringlichen Akt durch das, was man Kopulation nennt, zu vollziehen, war das Leben harmonisch, Wesenheit, in diesem bestimmten Reich, bis das, was man Eifersucht, Hass und Habgier nennt, anfing, die ausdrucksstarke Menge ausdrucksstarker, außerordentlich schöner Wesenheiten zu sein. Eure Mythologie spricht von ihnen und darin liegt große Wahrheit, und für die meisten von euch, wäre es weise, darüber zu lesen. Und was als Mythos weitergegeben wurde, war eine Realität im Verständnis vieler. Und die Götter wurden so schön als Menschen hier, dass ihre Göttlichkeit fantastisch war. Sie konnten das Paradies erschaffen, indem sie es einfach anlächelten. Und das war die Macht, die mit ihnen wandelte.

Unter ihnen gab es eine andere Menge, die das genommen hatte, was man ein anderes System nicht weit von den Plejaden nennt, und dort, sozusagen in der Tat, hieß der Gastgeber Jehova, der das führte, was man eine große Kampftruppe nennt, und er zog gegen den Gott namens Id in den Krieg. Der Gott namens Id, Wesenheit, war eine Oberhoheit dieser bestimmten interstellaren Erfahrung. Und Jehova zog gegen ihn in den Krieg, da Id eine friedliche Wesenheit war. Und seine Leute waren harmonische Lichter und ihre Verkörperungen glichen nicht der Verkörperung des Menschen, bis heute nicht. Und der Krieg brach aus zwischen dem, was man den darauf folgenden Jehova und die Völker Ids nennt. Und die Völker Ids, sozusagen in der Tat, gingen in ihre Ebene und höhlten das aus, was man ihre große Galaxie nennt, um zu leben und beschützt zu sein, da sie keine kriegerischen Götter waren, denn ihr Lehrer Id lehrte Liebe, da dies alles war, was er kannte. Und daher, nach dem Hervorbrechen und Explodieren dessen, was man die Planeten nennt, in denen sich diese Völker befanden, nahm Id schließlich den Krieg gegen Jehova auf. Viel von dem Schrott, den ihr als Kometen, wie ihr sie nennt, seht, ist Müll von Sternen. Sie sind absichtlich dort, da sie einst große Planeten und Galaxien waren, die durch diesen bestimmten Kampf zerstört wurden. Und wenn Jehova, sozusagen in der Tat, den Krieg des Lichtes und des Hasses in seinem Herzen besäße und wäre es nur durch die Ermächtigung anderer Wesenheiten, könnte er dem Glaubwürdigkeit geben, was man seinen eigenen Wert nennt. Das, was man die Heerschar Jahwes nennt, Wesenheit, flüchtete und verbündete sich auf ihrer Flucht mit Id und kämpfte gegen Jehova in der Nähe dieser eurer Galaxie. Viel von dem Müll, der sich in dieser Galaxie befindet, stammt von diesem Kampf.

Nun, sie haben das gejagt, was man Jehova nennt und haben ihn beinahe bis nur auf seine nächsten Kapitäne und seine kleinste Flotte besiegt. Und Jahwe, sozusagen in der Tat, kehrte auf diese eure Erde zurück und arbeitete selbst und mit anderen am Menschen, dem schönen, damit er Teil der Masse sein und in einem virtuellen Paradies leben konnte, einem Königreich, denn es war der Smaragd dieses Universums. Als Jahwe anfing, den Menschen zu entwickeln und als der Mensch begann, das zu haben, was man mehr Merkmale davon nennt, was er jetzt besitzt, wurde er zu einem gefallenen Geschöpf, da Angst seinen Bereich zu beherrschen begann. Er fürchtete sich vor seiner eigenen Spezies und seiner eigenen Schöpfung. Und langsam kam es zu diesem Tiefstand. Der Mensch fing an, die Himmel um Hilfe anzurufen. Drei Götter kamen: einer, dessen Name Jahwe war, einer, dessen Name Jehova war und einer, dessen Name Id war.

Die Bundeslade

Die Bundeslade, sozusagen in der Tat, existiert. Ihre Existenz liegt, sozusagen in der Tat, auf der Ebene von Sharon, außerhalb von dem, was man, sozusagen in der Tat, das letzte Kloster nennt, das als Wohnstätte der Essener erbaut wurde. Es gibt einen kleinen unterirdischen Tempel dort, was man nördlich der Quelle nennt, die daneben verläuft. Dort ist sie in einer großen Tiefe vergraben. Bis nach eurer Jahrhundertwende wird sie nicht gefunden werden, Wesenheit. Dafür gibt es einen Grund. Es ist eine sich erfüllende Prophezeiung. Es ist auch ein furchteinflößend gefährliches Ding. Bereitet euch vor. Ich werde euch sagen, warum.

Der Gott Jehova wählte eine Gruppe von Menschen aus. Der Gott Jehova war ein Kriegsherr von immenser Macht, immenser Schönheit, immenser Schrecklichkeit. Und der Gott Jehova führte gegen Jahwe im Himmel Krieg und man sah den gesamten Himmel in diesem spektakulären Kampf. Er zerstörte eure wundervolle Konstellation und Jahwe flüchtete auf die Plejaden und der Herr und Gott Jehova flüchtete in dieses euer Universum und ergriff die unabhängigen Diener seiner Brüder namens Mensch. Und so ergriff er sie und erschuf Gesetze; und der Mensch, sein Bruder, lernte von diesen Gesetzen und wurde von ihnen streng kontrolliert. Der Gott Jehova verachtete die anderen Götter, die auf die Erde sahen und fanden, dass die Frauen der Männer so liebreizend waren, dass sie alle von den Plejaden kamen, sich durchsetzten und sich mit den Frauen der Männer paarten, Menschen der fünften Ebene. Und so wurden Giganten geboren, große und immense Wesenheiten mit einer Erinnerung an ihr Heimatland und von makelloser Schönheit.

Jehova führte erneut gegen die Plejaden Krieg, denn er nahm die gesamte Menschheit als seine eigenen Leute und er brachte sie dazu, ihm zu dienen. Daher führte er Krieg gegen Jahwe und Id von den Plejaden und gewann die Vorherrschaft über die Erde. So wurde Jehova zu einem immensen Herrn dieser gesamten Ebene, außer über die Ägypter, die den liebten, den man Jahwe nennt, dessen Namen sie aber nicht kannten. Und so zog Jehova, der der Herr war, in großen, prächtigen Schiffen vorüber, die einst als die feurigen Streitwagen, von unsichtbarem Feuer gezogen, aufgezeichnet wurden. Und er, Wesenheit, übernahm die Kontrolle dieser Ebene und gewisser Völker und führte sie in seiner Arroganz und Selbstgefälligkeit in schrecklicher Vergeltung in den Krieg gegen die anderen Menschen dieser Ebene.

Jahwe – der sanfteste und doch allmächtige Gott war er – formierte sein Licht in anderen Teilen der Welt, um den Menschen von der Unabhängigkeit dessen, was sie sind, zu lehren, nicht zu seinen Diensten sondern für das Feuer, das in ihnen eingeschlossen war.

Dann kam, sozusagen in der Tat, das Wirken dessen, den man Jehova nennt, der immer noch auf seine eigenen Leute wütend war, weil sie auf ihre eigenen Wege des Willens, was der Wille Gottes ist, jegliche individualisierte Freiheit, zurückgefallen waren. Und so wurde ein Bund geschlossen, über den der Gott Jehova zu seinen Leuten sprechen und sie in den Krieg führen konnte. In diesem Bund wurde vereinbart, sozusagen in der Tat, dass nur die Nubier die Bundeslade tragen konnten, aufgrund der Aktivität der Strahlung, sozusagen in der Tat, die davon ausging: Sie waren dagegen immun. Und so kamen sie mit Jehova durch die Verehrung der Bundeslade zusammen, sozusagen, und er sprach nach Belieben zu ihnen. Und wenn jemand die Bundeslade berührte, wurde er tödlich getroffen. Das war Liebe.

Und der Bund zog in den Krieg und sie nahmen die Bundeslade mit sich. Und Jehova saß in seinen größten Luftschiffen, sozusagen in der Tat, und diktierte die Kriegsführung und die Kämpfe durch das, was man die Bundeslade nennt, einen Sprecher für ihn. Und damit, sozusagen in der Tat, konnte er das, was man eine Lichtschranke nennt, die so schrecklich war, wie seine Schiffe es waren, anzünden und hervorbringen. Und bald, als die Nubier in diese Ebene des Kampfes zogen, starben alle, die ringsherum waren. Und diejenigen, sozusagen in der Tat, die es nicht taten, wünschten es getan zu haben, denn ihre Haut schälte sich von ihren Knochen, ihre Augen fielen aus ihren Höhlen, ihre Lenden explodierten, ihre Haare fielen von ihrem Kopf und ihre Finger zerbröckelten unter ihnen, und ihre Gedärme, sozusagen in der Tat, bewegten all ihr Inneres nach außen, denn das war eine schreckliche Waffe. Und groß und schrecklich waren die Armeen, die damit marschierten, und groß und schrecklich waren diejenigen, die das anbeteten, denn sie verachteten alle.

Und Jehova war nachsichtig und die Himmel leuchteten an den Abenden im Glanz seiner Luftschiffe. Und diese kleinen Menschen, verloren in ihrer Unwissenheit, beteten den Gott Jehova an. Und er brachte sie dazu, sich niederzubeugen, ihren Dung zu essen, ihre Jungen zu ermorden, gegen Nationen zu marschieren, Armeen zu errichten und die Unschuldigen zu begraben. Er teilte Meere, verwandelte die Himmel in Feuer und löschte ganze Zivilisationen aus mit dem, was ihr eine Laserexplosion von einem atomaren Ausmaß nennt, einfach wegen eines Verstoßes gegen seine Worte. Und er lehrte sie, ihn zu fürchten[19], und das taten sie.

Als Jehova Davids Armee errichtete, hatte er ein Instrument des Schreckens vorbereitet, um ihnen beim Marsch gegen das, was man Mikhael nennt, sogar unter Hattusili, und gegen das hethitische Königreich zu helfen. Und daher führte er, der nicht für seine eigene Armee kämpfen wollte, ihren Angriff, indem er ein Gewölbe des Schreckens erschuf, das überall Radioaktivität ausstrahlte. Es war eine Stimme, die von den Gedanken Jehovas ausgehend zu denen, die zuhörten, sprechen und übersetzen konnte. Und er steuerte die Box der Kontrolle. Wenn Jehova in dem schrecklichen Bündnis[20] war, Wesenheit, strahlte alles darum herum sein furchteinflößendes Licht

[19] Siehe das biblische Buch Exodus.

[20] In der Bundeslade.

aus. Und es gab nur wenige, die man Nubier nannte, die durch die Flecken in ihrem Blut die Bundeslade tragen konnten, denn sie hatten eine Immunität gegen den Schrecken, der von ihr ausging, aufgebaut. Wie machte Jehova das? Nur durch einen gesprochenen Befehl, Wesenheit, hatte er die Fähigkeit, Atome zu spalten, das Licht zu einem Laser zu verengen, entfernte Mauern mit einer einzigen Explosion zu zerstören – eine furchteinflößende Waffe. Und sie marschierten gegen das hethitische Königreich mit der Bundeslade. Und sie wurde so angebetet, und durch die Bundeslade konnte Jehova mit all seinen Leuten sprechen.

Jehova, der – durch das Königreich Davids – aus der Bundeslade Rauch verströmte, zog erneut gegen Jahwe im Himmel in den Krieg. Und Jahwe vernichtete ihn durch das, was man die Enge von Deneir nennt oder von dem aus, was man die Plejaden nennt. Und Friede wurde auf das Königreich der Erde zurückgebracht – und Jahwes Angriff durch das, was man die ägyptischen Wüsten nennt, begrub, sozusagen in der Tat, mit einem enormen Sturm die Bundeslade auf der Ebene von Sharon, eingeschlossen, dort, wo das, was man das Tal der Essener nennt, sich einst befand – mit der Hilfe einer Wesenheit namens Jeschua ben Joseph, der das innere Wirken lehren würde, das Jahwe und Id gelehrt hatten, über das, was man das Königreich des Himmels nennt, und dass sie, diese für Zeitalter verlorenen Kinder, wirklich Götter waren, auf dass er einen neuen Frieden in der Welt hervorbringen würde, was er tat.

Der Gott Jehova hatte drei Millionen Jahre gelebt und er ist immer noch am Leben, aber er ist ein schrecklicher Gott der Vergeltung. Und eines Tages, wenn die Menschen dieser Ebene, Wesenheit, für sich einstehen und anerkennen können, wer und was sie sind, dann wird die Bundeslade auftauchen und zerstört werden, da wir nicht länger das sind, was man Marionetten nach der Gestalt eines alten Gottes nennt, der uns unseren eigenen Dung essen und unsere Kinder für seine eigenen Zwecke ermorden ließ. All das, Wesenheit, wurde auf dieser Ebene Terra, Erde genannt, ausgedacht. Und das ist die Geschichte der Bundeslade und niemand wird sie auslösen, Wesenheit, aufgrund ihrer schrecklichen Erinnerung, bis alle in ihrem Sein gleich sind. So sei es. Nun, die meisten sind sich der Schrecklichkeit der Bundeslade bewusst, ob sie nun als Hethiter, als Ägypter oder sogar als Perser angegriffen wurden. Und das ist in der Erinnerung der meisten. Es war die furchteinflößendste Waffe aller Zeiten.

Gottes auserwähltes Volk

Und dann kehrte Jehova in einer großen und schrecklichen Heerschar in den Himmel zurück, was sogar in den meisten eurer alten Bücher aufgezeichnet wurde. Und der Himmel schien von Streitwagen des Feuers, wie man sie in der Tat nannte, zu brennen, und er hinterließ eine Anlaufstelle hier, sozusagen in der Tat, und traf sich, um mit dem, den man Jahwe nennt, zu beratschlagen. Aber Jahwe hatte wenig, Wesenheit, außer eine Bruderschaft, die nun die Große Weiße Bruderschaft genannt wird, die an den größten Bezugspunkten hier auf dieser Ebene lebte. Das war alles, was von seiner Arme übrig geblieben war, und nur dreizehn war die Zahl derer, die nicht versklavte, belastete Menschen geworden waren. Und dort, Wesenheit, trafen sich er und seine Dreizehn und verhandelten mit denen, die Jehova und seine schreckliche Heerschar genannt wurden. Und Jehova, sozusagen in der Tat, und seine schreckliche Heerschar sahen keinen Kampf, denn Jahwe hatte niemanden, der mit ihm kämpfte.

Also suchte Jehova in der Tat den Samen, und der Samen in der Tat war ein Mann von geringer Wichtigkeit und Unwissenheit.[21] Und er führte diesen Mann, der ein Perser in Abstammung war, in das Land namens Babylonien, und machte den einen Mann zum Anführer im Kampf gegen Jahwe auf dieser Ebene. Und der Herr und Gott Jehova tat sich selbst kund und führte seine Wesenheit in die Wüste der Ebenen dieser Welt gegen eine ganze Heerschar von Menschen, die in ihrem eigenen Recht und ihrem eigenen Glauben friedlich waren. Er verfluchte den schwarzen Mann in der Tat, er verfluchte den roten Mann in der Tat und er verfluchte den weißen Mann, und er verachtete sie. Und er brachte einen kleinen Samen für eine Völkernation, um seinen Kampf gegen die Völker Jahwes, vor allem die Ägypter, zu führen.

Einer der größten Christusse, geboren – und ein Führer – durch Kopulation, und nachdem Jahwes Volk zu sein angefangen hatte, war Ra-Ta-Bin, ein großer und prachtvoller Pharao, der einer der ersten Pharaonen des ägyptischen Volkes war. Und er verehrte das große und wundervolle Licht des Morgens, die Sonne, denn er wusste, dass davon alles Leben kam. Das war sein einziges Bild seiner Ge-

[21] Abraham, Patriarch Israels.

schichte. Und er liebte und wollte Frieden mit allen Völkern. Und das war, bis er von dem, was man, sozusagen in der Tat, einen Dieb in der Nacht nennt, überwältigt wurde und am Morgen, als er seinen herrlichen Sonnenaufgang sah, ermordet wurde. Er hinterließ eine Abstammungslinie für sein Volk – und für die künftigen Pharaonen – von Gerechtigkeit, von Liebe, von einem bescheidenen und wundervoll wissenden Volk, um die großen Marksteine auf dieser Ebene zu bauen, von einem inneren Christos, den die Ewigkeit nicht schwinden lassen kann; so sind heute eure Pyramiden.

Nun fühlte aber der Herr und Gott Jehova eine Bedrohung in seinem Herzen und in seiner Seele und führte sein Volk, sozusagen in der Tat – oder was er das auserwählte Volk nannte – als ein Vehikel gegen alle anderen Rassen, denn das war der Plan, nach dem er folglich kämpfen und in die Schlacht ziehen wollte. Und das tat er. Und ich werde euch von den Kriegen erzählen, die in euren Tagen heldenhaft sind. Sie waren ein Gemetzel, wie man sie betrachtete, denn wer sind die Menschen des Schwertes und der Schilde, und des Steins, des Brustpanzers und des Helmes gegen das, was man ein schreckliches Schiff nennt, das wie ein Skorpion sticht und eine Ebene planieren, das Meer teilen und die Erde kochen kann? Was sind ihre Waffen gegen einen derartigen Feind? Und solcherart war Jehovas Flotte gegen Jahwes Leute. Und der Kampf ging weiter und Land wurde genommen, und das mit Gewalt. Junge Wesenheiten wurden ermordet; ganze Familien ausgelöscht; das Sakrament des Lebens bedauert.

Und so begann, sozusagen in der Tat, die Herrschaft des Herrn und Gottes Jehova auf dieser Ebene Terra in den tausenden Jahren dieses seines Handelns. Und er, der diese Dinge lehrte, er teilte den Schreibern mit, diese Worte aufzuschreiben. Und seine Worte sprachen von Bedrohung und Mord, und von schrecklicher Belagerung, einem Getrenntsein der Menschen, von Frauen zu Männern, von Ehemännern zu Ehefrauen, von Kind zu Vater, von Familie zu Familie und von Glauben zu Glauben. Und da, sozusagen in der Tat, in den darauf folgenden Jahren und in den darauf folgenden Zeiten, veränderte sich die Oberfläche der Erde zu Krieg, großem und schrecklichem Krieg.

Und da weinten die Räte der Allerhöchsten, die auf dieser Ebene sitzen und sie brachten Träume von Frieden und Wissen zu beiden Seiten. Und so waren die Diener Jehovas, und so sehr hatten sie

Angst vor ihm, in der Tat, dass sie seinem Geheiß und seiner Abrechnung gleichmäßig Folge leisteten. Und wenn, sozusagen in der Tat, sie die Botschaft, die er ihnen aufgetragen hatte, nicht überbrachten, brachte er sie dazu, ihre Köpfe zu Boden zu bringen und ihren Dung von der Erde zu essen, in der Tat, oder nahm ihre Angehörigen von ihnen, oder was auch immer. Und so war in der Tat Jahwes Empörung, dass Jehova gegen die Menschen der Freiheit dieser Ebene spielte, dass es unfair war, dass die Intervention, sozusagen in der Tat, Vernichtung und er die Empörung allen Bewusstseins war.

Der Rat der Dreizehn

Jahwe, immer noch in dem, was man sein eigenes Wesen nennt, richtete sich mit seinem eigenen Wesen aus, Wesenheiten, wünschte, sozusagen in der Tat bestmöglich, und betete unaufhörlich für den menschlichen Geist und die Freiheit des Menschen, die vorsichtig erschaffen worden waren, damit kostbare und wundervolle Götter darin zum Zweck der Kreativität existieren könnten, um Welten und Nationen von Menschen zu haben, die – interstellar, wie ihr es nennen würdet – Frieden liebten. Welch ein Abenteuer. Unaufhörlich betete er; unaufhörlich wandelte er in den Schlachtfeldern. Und der Herr und Gott Jehova saß auf seinem Berg und ließ die Erde erbeben, denn er verachtete Jahwe, den er nicht zerstören konnte, außer durch sein Volk.

Der Rat der Dreizehn sah Zeitalter lang zu und gestattete Jehova, sozusagen in der Tat, der keinem anderen Gott gestattete, von seinem Volk verehrt zu werden, außer ihm und wenn sie es doch taten, versprach er ihnen allen die Hölle. Jehova hatte seine Herrschaft. Und der Rat der Dreizehn mit Jahwe und mit den friedliebenden Völkern des Ids von den Plejaden rief eine göttliche Vereinbarung ins Leben. Und siehe, da kam in den Himmeln ein größeres Schiff von solcher Gnade und Schrecklichkeit, dass niemand dagegen kämpfen konnte, Wesenheit, da es sich in einem Moment in solchem Flug bewegte, Wesenheit, dass niemand es kontrollieren konnte, nicht einmal Jehova und seine Flotte. Und darin kam ein Rat, Wesenheit, der Allerweisesten aller Götter, die es jemals gegeben hatte. Und zusammen kamen sie – sie formierten sich indem sie all ihre

Seelen und ihr Wissen spalteten – und formierten eine Wesenheit, die hervorkommen und das Gesicht der Welt verändern würde, und das tat sie. Jehova floh daraufhin, denn das konnte er nicht ertragen, denn er war zahlenmäßig unterlegen. Und das Schiff, in dem sie kamen, Wesenheit, war wie eure Sonne und bewegte sich schnell.

Und so begann eine Prophezeiung unter den Völkern, auf Jahwes und seines Rates Wirken, von einem Großen, der kommen würde, der den Kopf dessen verletzten würde, der den Kopf der Menschheit verletzt hat. Und so kam Jeschua ben Joseph hervor. Und die größten Sterne, die jemals in eurem Himmel leuchteten, waren das große Schiff, das ihn brachte, aus dem er hervorkam. Und es leitete weise Menschen auf der ganzen Erde, von allen Häfen der Erde zu diesem unbedeutenden, schönen, kleinen Land und gestattete das Bezeugen von etwas Großem und Schönem. Und wer könnte Jeschua ben Joseph gewesen sein? Ein Nomade, eine arme Wesenheit, die kaum aramäisch sprechen konnte, aber in seiner eigenen Sprache sehr gewandt war, damit er kommen und Wesenheiten zum Denken bringen würde, nicht durch Krieg, denn er verachtete Krieg, und nicht durch Feindschaft, denn er liebte seine Feinde. Liebe war die Antwort, die in Jahwes Herzen war und in Ids und in dem des Rates, und sie war zu sehen in einer prachtvollen Wesenheit. Und er kam hervor und verwirrte seine Feinde, indem er sie liebte und mehr noch, Wesenheit, indem er ihre Toten erhob und ihre Augen zum Sehen öffnete, und indem er die Samariter und die Juden gleichermaßen und alle Völker liebte.

Vereinte Liebe war die einzige Sache, die Jehova am meisten in seinem Wesen brauchte, um es in seinen Völkern zum Ausdruck zu bringen. Und doch veränderte sich durch diese sanfte Wesenheit, ihr Leben und ihr Wirken von nur sehr kurzer Zeit in eurer Zeit der Lauf des Lebens für immer, weil Liebe niemals vergessen wird, da sie den menschlichen Geist heilt und bindet. Und er kam, und wenn er betete und sich selbst sammelte und sich mit jenen traf, mit denen er sich beriet, forderte er jene auf, die ihm folgten, niemals ein Wort darüber zu sprechen. Aber die, mit denen er sich beriet, waren Jahwe und Id. Und als die Zeit kam, sein Leben enden zu lassen, um zu zeigen, dass es einen größeren Triumph gab, als all das, was geschehen war – dass das Leben nach dem, was man den Tod nennt, weitergeht – wandte die Wesenheit auf dem Kreuz liegend ihre Augen zum Jaffator zu all den Menschen und sorgte sich um sie. Und doch war es sein Körper, der Qualen erlitt.

Aber diese Wesenheit tat etwas Bemerkenswertes, das niemand anderer tun würde, denn niemand würde für jemand anderen sterben, außer in der Schlacht, aber das nur, weil er es tun musste. Als er das tat, zeigte sich in allen Völkern Liebe. Widersprüchlich? In der Tat, denn nicht einmal heute glaubt man ihm. Aber die Liebe, sozusagen in der Tat, die in der Wesenheit war, um das Wort zu überbringen, tat dies angesichts des Herrn und Gottes Jehova und seiner Heerschar. Und Jahwe und die Dreizehn wurden an diesem Tag in eurer Zeit ebenfalls hinzugefügt und es gibt viele weitere seit diesen Ereignissen, die sich trennten, um Teil dieser Bruderschaft zu sein. Und sie sind immer noch hier.

Jehova kam nicht, Wesenheit, um die Welt zu lieben oder sie zu retten. Er kam, um gegen sie Krieg zu führen. Und das tat er. Und die meisten von euch, die in dieser Zuhörerschaft sitzen, waren Opfer dieser Ereignisse, klar und deutlich. Und wer war er? Er war ein großer und schrecklicher Gott, der auch Gott ist, aber dessen furchteinflößende Macht niemals das leckte, was man die Bescheidenheit des Menschen nennt, da er nie zu einem Menschen wurde – niemals. Menschen waren Marionetten für ihn. Sie waren große Götter, die er einst nicht kontrollieren konnte, die sich selbst geringer und verletzlicher gemacht hatten, sodass er es nun konnte. Wenn ihr alles andere habt, wie er es tat, war das Einzige, was er wollte, verehrt und bedient zu werden, und so tat er das.

Der Vater, der das höchste Sein ist, ist auch in dieser Wesenheit. Er ist nicht schlecht. So etwas gibt es nicht. Er ist ein Gott, der niemals ein Mensch geworden ist, der niemals gelebt hat, sozusagen in der Tat, in den Qualen der Angst der Menschheit. Er lebt immer noch und ist weit jenseits dieses Universums. Aber er wird zurückkehren, denn bereits jetzt spürt man ihn sogar in dieser eurer Galaxie. Und das, was man fühlt, sozusagen in der Tat, und das, was sich vorbereitet, sozusagen in der Tat, die Verhandlungen mit ihm, werdet ihr alle in eurem Himmel sehen. Gott zu werden, bedeutet Mensch zu sein, aber das Prinzip des Vaters, der in euch allen ist, größer als die Schwäche eures Fleisches anzuerkennen, woran ihr alle immer noch arbeitet. Dieser große Gott, Wesenheit, kennt die Schwäche eures Seins und liebt euch nicht dafür. Dieser Gott, sozusagen in der Tat, und die Heerschar seines Wesens haben nicht gelernt, sozusagen in der Tat, von der Zartheit des menschlichen Herzens und was der Mensch wahrhaft in seiner Seele ist. Das wird mit ihm in der kommenden Zeit abgerechnet.

Jehova war nie ein menschliches Wesen

Die Bundeslade gibt es, aber sie wird von niemandem außer Jehova gefunden werden. Außerdem wird sie für ihn nicht länger von Nutzen sein, denn sie funktioniert nicht mehr. Wir nähern uns einer Veränderung der Zeit, des gesamten Lichtes und des Bewusstseins, wo diese dem Geist nicht wieder auferlegt werden kann.

Meine Geliebten, ihr habt euch durch Kopulation weiterentwickelt, der Geist hat sich selbst verlangsamt, ihr denkt ständig, dass es keine andere Existenz als Mann oder Frau gibt, weil es euch erlaubt ist, aufgrund von Liebe – Liebe, in der Tat, denn jene, die an stillen, ungesehenen Orten an der Größe eurer Tugend arbeiten, um euch erlauben zu sein – da ihr die edelsten Wesenheiten seid, die ihrem Wesen und meinem Wesen gleichen.

Und was ich euch lehre, wenn ihr hierher kommt, ist das zu wissen, und das zu lieben, und dieses Feuer zu schätzen und großartiger als die Schwäche und das Zittern des Fleisches zu werden, damit die Strenge in euch ein ehrfurchtgebietendes Licht sei, das trotz aller Feinde für immer leben wird.

Student: Zwei Dinge verwirren mich. Jehova, sagtest du, versteht den Menschen nicht, weil er nicht in einem Körper gewesen ist. Ich meine, die Sache, die ich so überwältigend finde, ist, dass ich all das, was du gesagt hast, wusste. Ich meine, es hat mich hier drinnen betroffen und ich habe gerade erkannt, dass das, was du über Jehova gesagt hast, so war. Ich verstehe nur nicht, warum er es tun sollte, warum jemand, der erkennt und weiß, dass er Gott ist, und die Macht zu all dieser Manifestation hat, sie verwenden würde, um seine Brüder zu versklaven. Woher ist er gekommen?

Ramtha: Warum zwingt ein Mensch seine Wahrheit der Unschuld auf, obwohl er weiß, dass er ein Gott ist, dass er ein Mensch ist, dass er ausdrücklich intelligent ist? Warum zwingt er seine Wahrheit denen auf, die nicht mit seiner Wahrheit übereinstimmen? Warum tut er das?

Student: Nun, ich denke, die meisten Menschen tun es im Nichtwissen, dass sie Gott sind und glauben, das es einen größeren Gott gibt und dass jemand anderer für diesen Gott spricht und ihnen sagt, was genau sie jemandem sagen sollten, und dass das die Wahrheit ist, weil sie ihre eigene nicht kennen oder das eigene Wissen nicht akzeptieren.

Ramtha: Das verleiht ihren Werten, ein Individuum zu sein, Glaubwürdigkeit. Wenn sie die ganzen Massen anpassen können, und diese dem zustimmen, wie sie sind, gibt es ihrem Sein Macht. Mit anderen Worten, es macht sie für sich selbst glaubwürdiger. Jehova hat einen Körper, Wesenheit. Er wurde nicht von einer Frau, sozusagen in der Tat, und einem Mann geboren, noch hat er kopuliert, sozusagen in der Tat, um seine eigene Blutlinie zur Welt zu bringen. Er ist eine unabhängige Wesenheit, die in der Tat Gott ist, aber in diesem Verständnis. Für sein Versklaven oder seinen Kampf, Wesenheit, nutzte er die Menschheit als Marionette, sozusagen in der Tat, um seine eigene Stärke und eine eigene Glaubwürdigkeit seiner selbst zu gewinnen. Er hat das Böse für die Trennung von Gut und Böse für die ganze Menschheit erschaffen, aber er versteht das Böse nicht. Er versteht nur, was er will, Wesenheit, und was in seinem Sein benötigt wird, um dem, was er ist, Glaubwürdigkeit zu verschaffen. Er ist ein besiegter Krieger, der nicht erkannt hat, dass er nicht besiegt ist.

Student: Das ist interessant. Als du gesagt hast, er würde wiederkommen, empfand ich das stark und dachte: Oh Mann, es geht wieder los. Aber ich fühlte gleichzeitig eine gewisse Menge an Mitleid, weil ich meine, dass er nicht erkennt, worauf er dieses Mal treffen wird, was ein Haufen Leute ist, die ihn einfach lieben und ihn sein lassen und nicht mehr von ihm kontrolliert sein werden.

Ramtha: Meister, es gibt eine Sache, die Jehova weiß: Was auch immer sich im Bewusstsein des Menschen befindet, ist eine Realität. In der ersten Abteilung des Menschen auf Malina, Wesenheit, in der Schöpfung der Lichtprinzipien, wurde die Wettbewerbsfähigkeit sogar damals geboren, um etwas Größeres als der Andere zu erschaffen. Es wurde so heftig, dass die Gesamtheit dieser ganzen Ebene in Stücke gesprengt wurde. Nun, was ihn anbelangt, Wesenheit, er erkennt die Macht der Manifestation des Gedankens. Er verwendet das seit langem.

Er versteht auch, dass, welches Ideal auch immer man in das, was man die Seelenvoraussetzung des Menschen nennt, einbinden will, er sein kann. Was auch immer man dem Menschen sagt und als Realität dessen, was immer er auch glaubt, erschafft, wird er werden. Er versteht, was es ist, Wesenheit. Was er nicht geplant hat, ist, dass der Mensch in unbegrenzte Sphären reichen und gehen und sogar noch größer werden kann, indem er akzeptiert, was er ist – Jehova – aber, ja, und dann größer wird, was ihm erlaubt, das zu sein, was er ist, aber sogar noch größer als das. Und das ist, was hierher gebracht wird. Das ist, was sowohl Jahwe wie auch Id ihrer gesamten Blutlinie eingeflößt haben, seht ihr.

Jehova hat sich nicht weiterentwickelt, denn er hat Bewusstsein, Wesenheit, nicht in seinem Namen angepasst. Er hat es still stehen lassen. Er ist ein Primitiver, aber allmächtig. Ein Kind, ein kleines Kind, wenn es die gesamte Macht bekommt, in dem, was auch immer es geworden ist – und wenn es das, was man die Flügel nennt von den Schmetterlingen abzieht, hilflos nur um sie umhergehen zu sehen, nicht erkennend, dass es sie in Gefahr gebracht hat – wenn man solche Macht einem Kind gibt, wird es euer Universum zerstören. Jehova ist wie ein Kind. Er ist nur auf eine Sache aus, Wesenheit, und das ist dem Wert seiner Selbst durch den Wettstreit mit Jahwe und Id Glaubwürdigkeit zu verschaffen. Es gibt andere Götter, die große Wesenheiten sind, mit denen er noch gar nicht gestritten hat.

LIEBE UND DER GOTT DER BESTRAFUNG

Wie könnte jemand von euch das verstanden haben, denn die meisten von euch haben diesen Gott angebetet, der in eurer Tradition festgehalten wurde. Aber der andere Teil von euch hat diesen Gott hinterfragt, denn wie konnte jemand, der immer liebend und immer gebend ist, von solchem Hass sein und solche Angst verursachen und so viele Völker auslöschen?

Einst gab es eine Stadt nahe einem wundervollen Meer, in dem Fische schwammen, die ihr tropisch nennen würdet, in schönem klaren Wasser. Und die Menschen dort, sozusagen in der Tat, waren Menschen, die ihr eigenes Wesen lebten; sie waren sehr kreativ. Die Wesen gaben den Gesetzen Jehovas nicht nach und eine Explosion von seinem großen Schiff, ausgerichtet in vier gleichzeitigen Sequenzen, löschte sie für immer aus. Und von ihrem Königreich gibt es keine Ruinen zu sehen. Und das Meer, an dem, sozusagen in der Tat, das Königreich lag, nennt man nun tot und nichts wächst darin[22], denn so sehr wünschte er Anbetung, dass er alles und all ihre Kennzeichen auslöschen wollte, damit ihn niemals etwas an eine solche Existenz erinnern würde.

Er kommt zurück. Ihr mögt über das, was hier gesprochen wurde, schockiert sein, aber so ist es. Und wenn ihr reine Vernunft und Kenntnis der Liebe anwendet, werdet ihr die Antwort trotz eures veränderten Ichs sehen. Und die Wesenheit kommt zurück. Außerdem sammeln der, den man Jahwe nennt und all seine großen Lehrer sich in einem Geist der Liebe, der Liebe der Völker dieser Ebene und aller Ebenen, sogar unterhalb dieser Ebene. Und das ist, was euch sogar jetzt gelehrt wird, euch, die in Auseinandersetzungen leben.

Der nächste große Krieg, den irgendjemand von euch je wieder bezeugen wird, wird niemals auf dieser Ebene, auf dieser eurer Erde sein; er wird in euren Himmeln sein. Das, was man, sozusagen in der Tat, einen eurer Planeten nennt, waren einst zwei. Das war ein kleines Ergebnis des Krieges in den Plejaden und wie nahe es diesen kam. Wenn ihr eines Tages wieder schaut, werdet ihr nichts als beständiges Licht sehen und es wird keine Dunkelheit hier auf dieser Ebene geben. Und so werdet ihr den Gefallen verlieren und euch fragen, wohin die Sterne verschwunden sind, und die Sonne wird ein geplünderter Fleck im Himmel sein, der kaum definiert ist, weil das Prinzip des Lichtes, das in seinem kommenden Schrecken verwendet wird, Wesenheit, das Void erleuchten wird.

Ich sage euch das nicht und habe es euch nicht gesagt, damit Angst in euren Herzen lauert, und sogar diejenigen, die nicht glauben, was gesagt wurde, haben Angst vor dem, was gesagt wurde, daher ist es einfacher, es nicht zu glauben. Aber ich werde euch geradewegs sagen, dass ihr niemals verbrannt werdet, sozusagen in der Tat, oder beseitigt werdet, denn euer Geist währt immer – das hat er immer getan – und das hat dieser Herr und Gott Jehova nicht gelernt. Die Auslöschung des Körpers kann dem, was innerhalb existiert, nichts anhaben. Das kann niemals hinweg genommen werden.

---

[22] Sodom und Gomorra lagen am Toten Meer in der Nähe der Stadt Jerusalem in Israel.

Und dieses große Licht, das man sehen wird – ihr werdet in Staunen umhergehen, in einer Utopie und ihr werdet die Flammen bestaunen, die ihr in den Himmeln sehen werdet. Und einige werden sagen, ah, die Prophezeiung, dass die Sonne ausgehen wird, sind wahr geworden, denn sie wird in ihren letzten Tagen hell brennen. Das ist nicht, was die Propheten sahen. Was sie gesehen haben, sind die großen Schiffe in einer Schlacht gegeneinander, deren Licht dem Licht der Sonne trotzt, denn ihr Licht kommt vom Gedanken, dessen Verwendung ich euch gelehrt habe. Und ihr werdet hier in idiotischem Staunen sitzen, denn ihr, geliebte Geschöpfe, werdet beschützt und geliebt. Und dieses letzte Kriegführen zwischen denen, die man den Herrn und Gott Jehova, Jahwe und die wundervolle Wesenheit namens Id nennt, Wesenheit, wird zu einem Abend führen.[23] Und was ist mit euch? Ihr werdet in eine neue Zeit gegangen sein, denn das ist, wie ihr gerettet werdet. Und darin, Wesenheit, kontemplieren wir Utopia und den Mind des Menschen und die Wunder des Gedanken und des Lichtprinzips und das Beseitigen der Tyrannen, damit das Königreich wieder vereint ist mit allen Völkern – allen Völkern – denn das ist, wer der Vater ist.

Der Herr und Gott Jehova, Jahwe, Id und alle, die ihr gar nicht kennt, die auf diese Herrlichkeit hingearbeitet haben, Wesenheit, werden von der Lebenskraft, der Vater genannt, beherrscht. Jehova ist nicht aller Gott; er ist nicht die Krönung aller Götter, dennoch ist er es. Weder ist es Jahwe, doch ist es er. Weder ist es Id, doch ist es er. Und weder seid es ihr, dennoch seid ihr es. Der Vater ist unabhängiges Leben, das nichts zerstören kann, nicht einmal seine eigenen Geschöpfe, und das im Immer weiter bestehen wird. Und wer liebt diese Wesenheit, die Gott ist, der der Fluss der Hoffnung, der Liebe und der friedlichen Schönheit ist? Er ist ihr. Er ist dieses wundervolle Gefühl. Er ist die wundervolle Lebensfreude. Und er liebt euch gleichermaßen wie Jeschua ben Joseph, ich, Ramtha der Erleuchtete, Jahwe der Freie, Id der Friedvolle, der Herr und Gott Jehova der Schreckliche, alle gleichermaßen. In einem gewöhnlichen Sinn wird er damit Frieden schließen, wenn all das ausgemessen ist, dass das Leben immer währt und er, der danach strebt, es auszulöschen, seinen eigenen Wunsch danach auslöscht und nur mit der Gefangenschaft des lebenden Krieges zurückbleiben wird.

---

[23] Gleich machen, angleichen.

BEFREIUNG AUS SKLAVEREI UND ANGST – EIN NEUER HIMMEL UND EINE NEUE ERDE

Ihr, die ihr diese Schriften studiert habt, zum Großteil werden sie alle aus verschiedenen Perspektiven betrachtet und von einem Ego, das sie aufzeichnet, einem Gott, der sie aufzeichnet, wie sie gesehen werden. Einen Gott anzubeten, der in eurem Wesen Angst auslöst, ist keine Anbetung, das ist Gefangenschaft. Einen Gott anzubeten, Wesenheit, der Menschen trennt, bedeutet anzubeten und nicht zu lieben, vielmehr ist es eine Disziplin der Verachtung. Was ihr als Geschichte gelesen habt ist nur einseitig. Und was ihr hier gehört habt, wurde ausgeglichen gesehen und ist das, was die kommenden Dinge sind.

Und wer sind die sieben, die sich selbst als ein Licht ausrichten werden, die sich erheben und angreifen werden, um der nördliche Stern zu werden in einem Wimpernschlag aller Mitternacht, damit Hoffnung uneingeschränkt herrschen möge? Ihr. Ihr seid die Prophezeiung, die geschehen wird, denn ihr seid die Menschen des nördlichen Sterns, die von dem kommen, was man ein System namens die Plejaden nennt, was eure göttlichen Brüder sind, die unglaublichen Frieden kennen – das sind keine Fanatiker, sie fürchten nichts, sie lieben das Abenteuer der Entdeckung des Lebens – und die gesamte Menschheit lebt in Gleichmäßigkeit. Wenn ihr zum nördlichen Stern blickt, siehe, werdet ihr jenseits blicken und sehen, wo einst eure Heimat war.

Und diese, Wesenheit, großen Steine, die ihr hier auf einer Insel habt, die riesengroß gemacht wurden, die alle in den Himmel blicken, warten auf die Rückkehr ihrer Leute, diese sind auch eure Brüder. Sie, Wesenheit, besiegten Jehova und leben in dem, was man vereinten Frieden in der Klarheit des Lichtes nennt. Sie haben die Macht, direkt vor euren Augen unsichtbar zu werden, und sie riechen nach einer Million Gärten, weil ihre Essenz aus ihrem Wesen strömt. Sie kommen wieder. Ihr werdet sie dieses Jahr in euren Himmeln sehen. Sie sind sich dessen, was kommen wird, bewusst. Und sie haben sich selbst auf diese Ebene ausgerichtet, die sich in den Straßen zankt, die aneinander gerät. Das ist schrecklich, dieses Gerede, diese Angst, dieser Hass, diese Verachtung. Sie leben in einem Bewusstsein, Wesenheiten, das die Menschen nicht einmal begreifen können. Aber sie kommen zurück. Und vielleicht, Wesenheiten, wenn alles hier gut geht in dieser Einstellung des Lernens, werden sie sich unter euch mischen, außer ihr erhebt die Waffen gegen sie, und sie werden euch lieben, außer ihr verratet sie. Sie werden mit euch gehen, außer ihr misstraut ihnen, und sie werden mit euch arbeiten, außer ihr zankt, und euch helfen so zu sein, wie ihr Königreich ist.

Wohin bin ich gegangen, als ich euch verlassen habe? Zum nördlichen Stern. Wer bin ich, dass ich hierher zurückgekommen bin? Das, was sie sind; das, was ihr seid. Und was ist der Grund? Ob es meine Tochter ist oder ich es bin, welche Rolle spielt es, solange ihr geliebt und erhöht werdet und euch geholfen wird, die Perfektion in eurem Wesen zu sehen, dass ihr nicht länger schwach seid, dass ihr in den Himmeln als freie Wesenheiten, Geist, leben und wandeln könnt. Und wenn es funktioniert, bezweifelt nie den Wind. Er kann einen Baum in einem Sturm umwehen oder die Tiefe bewegen oder alles tun, was er wünscht, aber dieser eine tut es aus Liebe.

Das wird genau so widersprüchlich für euch sein, wie Jeschua ben Joseph es war. Und die große Prüfung, die ich euch Wesenheiten gebe, war, Wesenheit, wohl im Voraus geplant, denn wie weit kommen die, die ihre Erleuchtung zugeben? Wie weit glauben sie an ihre Wege der Begrenzung? Und wie weit lieben die, die verstehen? Allein durch diese Prüfung, betrachtet euer eigenes Wesen und erkennt, Wesenheiten, wie weit ihr in dieser Evolution, die Selbstliebe zu erlernen, gekommen seid, denn das, Wesenheit, ist der größte Liebhaber des Selbst, den es jemals gab, der jemals in einem Menschen gelebt hat. Und notiert euch diese Prüfung und wie ihr euch fühlt – und vielleicht betracht ihr euch selbst nochmals – und seht, wie weit diese Lehren eure tauben Ohren und eure verschlossene Seele erreicht haben. Und wenn durch dieses Verständnis an diesem Tag ihr ein taubes Ohr geändert habt und es hört, Wesenheiten, ist es in Ordnung. Ihr werdet nicht, Wesenheit, für Optionen geliebt; ihr werdet geliebt, aufgrund dessen, wer ihr seid. Aber das wird auch eine große Prüfung sein. Aber die Prüfung wird nur so mächtig sein, wie die Vernunft ihr zu sein erlauben wird. Und alles, was ihr tun müsst, ist in eure Himmel und in eure Geschichte zu blicken, und in Glauben und der Wahrnehmung Gottes zu blicken, um das Gleiche zu sehen, was ich euch heute gesagt habe. Und, siehe, wenn die Lichter in den großen kommenden Tagen aufleuchten, Wesenheit, auf dieser eurer Ebene und Licht ein anderer Faktor wird und die Nacht vergessen ist, und ihr die Sterne nicht mehr in elfischer Manier sehen können, werdet ihr euch an die Zuhörerschaft an diesem Tag erinnern, und wer ich bin, der euch diese Dinge gelehrt hat, die ihr, sozusagen in der Tat, in eurer Wissenschaft, eurer Politik oder eurer Gesellschaft nicht berechnen könnt, weil ich größer als sie bin.

Und eure Prüfungen werden in diesen künftigen Jahren zahlreich sein, und sie werden es sein, weil sich das Bewusstsein verändert und Krieg im Gange ist, wenn auch nur in den Herzen des Menschen, Wesenheit, wie es bereits in den Tagen vor meiner Zuhörerschaft an diesem Tag in eurer Zeit war. Und die Prüfungen werden größer, Wesenheit, weil die Selbstliebe getestet werden soll, das Bekenntnis zu euch in eurem Leben. Wie sehr liebt ihr? Liebt ihr die geölten Nubier, die Juden? Liebt ihr die Ägypter, in der Tat die Amerikaner? Liebt ihr die Deutschen, die Russen? Liebt ihr die Deutschen, die Amerikaner, die Indianer? Liebt ihr die Kavallerie, wie sie genannt wird? Wo sind die Grenzen und Grade eurer Liebe? Wie weit reicht sie? Was ist das Vermögen von Mitgefühl und Verständnis? Wie viel davon habt ihr? Ich werde es bald herausfinden.

Und was sind Größe und Edelmut eures Seins, dass kein Gold, kein Silber und kein goldener Penny etwas zur Schönheit eures Seins hinzufügen kann, denn dieser Reichtum befindet sich im Inneren, edle Tugend genannt. Und wie weit und tief reicht euer Urteil, die ihr es sogar mir auferlegt? Dann fragt erneut: Selbst, wen liebe ich, denn ich habe alle von mir weg verurteilt? Was habe ich von mir hinterlassen? Und wer soll den Wert darin finden? Ich bin eine jämmerliche Wesenheit, die alle von meinem Sein weggejagt hat. Wie groß, Wesenheit, ist euer Urteil?

Der Herr und Gott Jehova brachte Krieg vom größten Maßstab, Verachtung in größtem Maße, Misstrauen in der Tat, Verurteilung in der Tat, größer als jeder andere Gott auf dieser Ebene es je getan hat, denn sind das nicht die Dinge, die trennen und zerstören? Ihr seid Opfer davon, sogar an diesem Tag.

Zählt die Heerschar, in der Tat, eurer Kirchen. Wie viele gibt es? Und jeder legt dem Anderen abscheuliche Dinge auf. Und jeder für sich, in der Tat, hat den Plan, um Himmels willen, und sie verachten einander. Das ist ein Ergebnis. Ihr, die ihr Ohren habt, was Jeschua zu euch gesagt hat – „Ich bin gekommen, um die Prophezeiung zu erfüllen, und ich bin nichts ohne den Vater, der in mir lebt; nichts“ – er hatte Recht. „Ihr sollt nicht mich anbeten, sondern in der Tat das, was in mir ist, das in euch ist.“ Wie viel einfacher kann man es machen, ohne zerstört zu werden, in der Tat? Also legen die Schriften das Urteil auf eben die Wesenheit, die gekommen war, um sie zu lieben. Aber was war an ihm anders, Wesenheit? Vielleicht eine Maßnahme der Zeloten: Er liebte den Feind; sie taten es nicht.

Ich spreche so zu euch, weil ihr in Aberglaube und Misstrauen, in Angst und Hass, Bitterkeit und Krieg versunken seid. Es wird offensichtlich dadurch, wie ihr redet. Ich möchte, dass ihr die Resultate davon kennt und warum es so ist und was davon kommen wird.

Wenn ihr zu euch werdet, könnt ihr mit mir in meinem Königreich wandeln. Und wenn ihr liebt, werdet ihr wissen, wie ich liebe. Und wenn ihr die Maske herunterzieht, könnt ihr sehen, was ich sehe und dann könnt ihr der Größe, die ich bin, näher kommen – sogar wie ihr meine Tochter seht, bin ich – aber nicht, ehe ihr liebt und Stärke gewinnt über die Schwäche eurer sehr beweglichen Körper hinaus, und lasst das, was man den Wirt der Wahrheit nennt, in eurem Sein emporsteigen und greift das an, was man Misstrauen und Urteil und Gier und Eifersucht und Gewalt nennt. Ich möchte lieber, dass ihr durch ein böses Schwert fallt und entzwei gespalten werdet, als dass ihr euch gegen sie erhebt, weil euer Geist dann in reiner Tugend hinübergeht. Und ihr werdet eine Reinheit an eurem aurischen Wesen haben, die euch gestatten wird, in die Ebenen von Utopia einzugehen, wo man von solchen Dingen nicht gehört hat, wo der größte Preis von allen der Geist ist, der im Selbst, Gott genannt, liegt.

Eines Tages werdet ihr dorthin kommen, wo ich bin und vielleicht werdet ihr zu einem Treffen wie diesem mit euch kommen. Aber ihr könnt nur zu einem Treffen wie diesem mit euch kommen, wenn ihr wie ich geworden seid, um genug zu lieben, um das zu tolerieren, was erfahren wird, bis die Einfachheit der Liebe erkannt wird. Und ich freue mich auf diesen Tag. Jeder von euch, der diese Ebene verlässt, wie auch immer – durch Aufstieg, sehr wenige; durch Tod, viele – in jedem eurer Hinscheiden werde ich da sein, bei jedem einzelnen von ihnen, denn ich werde euch an Hand, an Geist, zu wundervollen Plätzen bringen und euch sehen lassen, dass das, was man die Torheit des Lebens nennt und all das, was wichtig war, eine unwichtige Sache ist. Und vielleicht, wenn ihr in euren letzten Momenten seht, wer ich bin, wenn ihr zu dieser Ebene zurückkehrt, werdet ihr als ein großer weiser Mensch mit unvergleichlicher Liebe, Mitgefühl und Bescheidenheit zurückkehren. Und ich halte mein Wort bei jedem von euch – ich werde diese Sache tun – damit euch Angst niemals überkommt, wenn der letzte Atemzug von eurem Wesen gemacht wird und ihr das Herz zum letzten Mal pumpen hört und ihr das Bewusstsein in mein Königreich verliert. Dann werde ich euren Unterricht fortsetzen.

Der Herr und Gott Jehova kommt zurück, aber ihr werdet ihm nicht wieder zum Opfer fallen; das ist eine Gewissheit. Aber seid im Werden. Es ist die Reise wert und es ist das Leben wert, es in ihm zu tun, damit ihr zu mir in mein Königreich kommen könnt und ebenbürtige Teilhaber an dem sein könnt, was es dort gibt und damit ihr im Frieden sein könnt, mit dem, was es dort gibt.

Und vielleicht in euren Gebeten und in dem, was man, sozusagen in der Tat, eure Meditationen nennt, wie ihr sie nennt, sollt ihr über den kostbaren Gott Jahwe und über Id und über all jene, für die es gar keine Namen gibt nachsinnen, die eure Ebene im Gleichgewicht gehalten haben, um eure kleinen Demokratien, und eure kleinen Königreiche, und eure kleinen Schmollmünder, und euer Mitleid und all das weitergehen zu lassen, und um den Dingen zu erlauben hier in einer Ausgeglichenheit zu sein. Und dann, wenn ihr über die Plejaden und über den nördlichen Stern nachdenkt, werdet ihr solch eine Zeichnung haben, und ihr werdet eure Seele hervorkommen spüren, denn das sind eure Brüder, ehrlich. Und ihr werdet euch auch an sie erinnern, denn sie sind ein Ideal, für alle zu erreichen, das versichere ich euch.

Wer also bin ich? Das, was euch liebt, nicht in Anhängerschaft oder Unterwürfigkeit. Ich bin es, der euch liebt und euch diese Dinge lehrt, was kein anderer tun wird. Was ist das Wort Liebe, ehe es erfahren werden kann, in der Tat? Und was bedeutet das Wort Gottes, wenn es von der Zunge eines untätigen Lehrers rollt, dessen Scharen sitzend warten, sozusagen in der Tat, nur auf die Erscheinung und nicht die Erfahrung? Was ist Gott, ehe jemand zu dieser Tugend wird, um zu verstehen, was es bedeutet, als ein Gott zu leben? Was ist Selbst? Wer hier drinnen weiß das, ehe ihm erlaubt wird, ohne das Auferlegen der Meinungen und Ideale aller anderen zu sein? Ich bin der Lehrer des Tuns. Ich bin der Meister des Lebens. Ich bin der Herr des Windes, in der Tat, aber nur in einer Ebenbürtigkeit kann ich zu euch sprechen und das werde ich immer.

Krieg gegen Ägypten

Was denkt ihr, wer die Menschen von Kanaan waren, und wer wollte sie aus den Händen der Ägypter befreien? Nun, die Ägypter waren wirklich fortgeschrittene, intellektuelle, sehr kluge Wesen. Ramses war ein elegantes Wesen – Ramses – und er war wirklich machtvoll. Er war ein Gott-König verwirklicht. Und das Wüstenvolk von Abraham und dem, was man das hethitische Königreich nennt, waren seine größten Feinde. Und das Wüstenvolk rief Jehova an, um Ramses zu Fall zu bringen. Und Ramses war das, was man einen wirklich intelligenten Menschen nennt. Sein Königreich, sein Volk, hatte Souveränität. Männer und Frauen wurden beständig als ebenbürtig betrachtet. Beide waren göttlich. Beide badeten jeden Tag im Nil und wurden mit Öl gesalbt. Beide hielten sich sauber, rasierten ihre Köpfe zum Schutz vor Parasiten und trugen erstaunlich schöne Kronen und Perücken. Sie waren so sauber, dass sie keinen Parasiten in ihrem Essen oder auf ihrem Körper erlauben würden. Sie aßen nicht mit ihren Fingern; sie waren die Urmenschen, die mit Utensilien aßen. Sie waren die Urvegetarier – und von Ramses sagt man, dass er ein einfaches Mahl zu sich nahm und nach jedem Bissen seinen Mund abwischte, und dass zu seinem Abendessen das Wischen mit tausenden Leinentüchern gehörte – so schön waren sie.

Und litten die Juden unter Ramses? Sie litten nicht unter Ramses. Die Juden verschworen sich, da die Juden nichts als Babylonier waren. Sie waren Wüstenmenschen. Die Juden existierten nicht; sie waren Babylonier. Abraham war ein Babylonier, also lasst uns das klarstellen. Er kam in Wahrheit von der heiligen Voodoo-Kultur Persiens – Voodoo – als alles, was sie tun wollten, war, die einzig bekannte Zivilisation zu stürzen, die in direktem Gegensatz zur Herrschaft von dem stand, was das hethitische Königreich Babyloniens und Mesopotamiens war – und was man das ägyptische Königreich nannte. Abraham war ein Babylonier, dessen Blut aus der mesopotamischen Blutlinie stammte. Es gab nichts dergleichen wie Juden. Wir könnten sie einfach als Nomaden oder als Wüstenvolk betrachten.

Nun, Abraham war also mit Sarah verheiratet und sie war seine Schwester. Kein Wunder, dass sie eine Weile keine Kinder haben konnten. Und Abraham war nicht der Vater von Jakob. Jehova war es.

Das ist eine Geschichtslektion, eine die ihr nie vergessen werdet. Oh mein Gott. All die versteckten Geheimnisse des Altertums kommen heraus, und was sollen wir damit machen? Nun, warum fügt ihr es nicht zusammen? Sarah und Abraham verstanden sich nicht. Er schlief mit ihrer Magd und sie gebar Kinder. Und es erforderte von Jehova, herunterzukommen und mit ihnen zu essen, um zu sagen: „Oh, sie wird ein Kind bekommen." Und was er nicht sagte, war: „Abraham, du kannst nicht der Vater des Kindes deiner eigenen Schwester sein. Lass es mich für dich tun."

Also, wer ist Jehova? Einer aus einem Pantheon von Göttern. Was sind Götter? Sie sind Wesen genau wie ihr. Stellt euch vor, wer ihr jetzt seid, aber nehmt euch und lasst euch zweitausend Jahre länger ohne Sterben leben – all das Wissen, das ihr gewinnen würdet. Das ist, wer sie waren. Sie waren Superwesen. Sie verstanden all das Zeug, von dem wir sprechen. Ihr findet es unglaublich. Ihr schämt euch euretwegen. Und ihr findet es unglaublich, aber sie verstanden Gene zu verbinden; sie verstanden künstliche Befruchtung. Sie verstanden, was es bedeutete, eine Superrasse zu erschaffen. Warum agiert ihr so verlegen und so dumm?

Also wie werden wir Jehova kontrollieren, monopolisieren und anbeten, wenn Jehova weg ist? Wie werden wir mit der Macht der Götter herrschen?

Jehova hasste seine Schwester, hasste Frauen. Jehova war kein netter Gott. Und Moses, nun, ihr kennt Moses. Moses Vater ging auf eine Reise und während er weg war, wurde seine Frau schwanger. Und als das Baby geboren wurde, war das Baby weiß, hatte Schuppen auf seinem Bauch. Das wird Schuppenflechte genannt. Nun, ihr könnt euch vorstellen, was der Vater zu sagen hatte, als er zurück kam und herausfand, dass diese zwei Afrikaner ein sehr weißes Baby mit einem schuppigen Bauch hatten. Seine Frau hatte mit einem anderen Sex. Moses war unehelich. Deshalb wurde er in das Körbchen gelegt und das Meer hinab geschickt, damit sich der ägyptische Hof um ihn kümmern möge. Er war ein wahrer Eingeweihter. Er war ein Gott. Er war ein hoch entwickeltes Wesen, das mit primitiven Menschen, primitiven Frauen herumtollte. Und da haben wir ein primitives Wesen, das mit der Genetik eines Gottes geboren wurde. Nun haben wir Moses – Moses – der in die große Schule der Alten Weisheit in Ägypten ging.

Und in der Tat – hört ihr zu? – und der Grund, warum sie[24] so sehr von Ägypten befreit sein wollten – Ägypten, Ramses versklavte diese Leute nicht. Er nahm sie auf und lehrte sie Kultur. Und so sehr hassten sie ihn und hassten seine Kultur, dass sie alles, wofür er stand, verunglimpften. Und sie suchten nach dem, was man die Magier ihres eigenen Hauses in Ägypten nennt, und das war Moses, der von der ägyptischen Schule des Gedankens ausgebildet worden war. Und was ist die ägyptische Schule des Gedankens? Die ganze Fülle. Die Ägypter verstanden im alten Altertum das, was man den Lampenschirm und sein Potenzial nennt.[25] Sie verstanden es vollkommen. Und die Mysterienschule diente dazu, über das Sein, das Leben hier, hinauszugehen.

Wenn wir eine Einweihung haben – wenn wir eine Einweihung haben – lasst uns annehmen, dass wir von hier beginnen.[26] Das ist der Einzuweihende. Nun, wenn wir eingeweiht werden, werden wir nicht in das, was im Linearen, in Newtonscher Physik vorhersagbar ist, eingeweiht. Wir wissen bereits, was jeder dieser Menschen lebt, weil jeder das Image lebt, das nur eine Variante von unseren Graden des Verständnisses ist. Das ist unsere Einweihung nicht. Unsere Einweihung dient dazu, in Ebenen des Gedankens bis nach ganz oben[27] eingeweiht zu werden. Mit anderen Worten, wir können das sehen, was man den Hierophanten nennt, den großen Magier, die Hallen derer, die wir Riesen nennen. Stellt euch vor, in einem Tempel eingeweiht zu werden und auf einem Alabasterfußboden zu stehen und unter dem Sternenlichtschlitz eingeweiht zu werden, der in den Raum führt. Das einzige Licht, das in den Raum gelangt, ist das Sternenlicht von Sirius dem Hundsstern. Und wir werden um Säulen herum eingeweiht, die aus der Prima Materia selbst gemacht wurden und ein strahlendes Einflussfeld bilden. Wir stehen also zwischen den Säulen aus Material – seid ihr noch bei mir? – aus Material, das weder gewöhnlicher Stein ist, noch das ist, was man gewöhnlichen Verputz nennt. Aber wir stehen wirklich an einem heiligen Ort, dessen Ausrichtung unserer Einweihung dient, denn das Licht, zu dem

---

[24] Die Hebräer.

[25] Siehe Ramthas Analogie des Lampenschirms, eine Lehre die weiter unten folgt. Siehe Abb. 5.

[26] Physische Ebene.

[27] Sieben Ebenen. Siehe Abb. 3.

wir eingeweiht werden, ist keine Kerze, noch ist es eine Lampe, die mit Öl brennt, sondern das Licht unserer Einweihung kommt vom Stern Sirius.

Warum sollten wir den Hundsstern Sirius verehren? Weil wir vor langem, bevor wir menschliche Wesen wurden, in der Konstellation Sirius lebten. Und deshalb werden wir unter seinem Licht eingeweiht. In diesem Licht, obwohl es zum Zeitpunkt unserer Einweihung fünf Milliarden Jahre alt ist, werden wir genau in dem Moment eingeweiht, in dem wir fünf Milliarden Jahre zuvor das Licht erlebt haben. Wendet euch an euren Nachbarn und erklärt das.

Was also sind die Tempel des Ramses? Es sind die Tempel, die auf einen Stern und eine Jahreszeit ausgerichtet sind, und die Säulen sind nicht aus Marmor gemacht, und sie sind nicht aus Gold gemacht, und sie sind nicht aus Lapislazuli gemacht. Sie sind nicht aus Alabaster gemacht und sie sind nicht aus irgendeinem Edelstein gemacht, den ihr euch vorstellen könnt. Sie sind aus der Substanz des heiligen Pulvers, die Prima Materia genannt, gemacht. Und die Säule ist die Substanz, aber das Feld, das von dieser Säule ausstrahlt, ist das Feld der Magie, denn das geteilte Feld war fünf Milliarden Jahre altes Sternenlicht. Und jeder Einzuweihende, der inmitten solcher Pracht steht, wird dann in dem Prima Materia ausstrahlenden Feld der sich selbst organisierenden Strukturen und des Lichts gefangen sein. So war die Führerschaft von Ramses dem Ersten.

Und was wollten die Juden? Die heiligen Stationen. Und sie kamen herein, und Ramses lehrte sie, wie man die Utensilien für Essen nutzt, und dass für jeden Wisch, ein neues Tuch erbeten wurde. Alles war rein, der Mind war rein und es war dort, wo sie es lernten. Sie lernten das nicht in Babylonien oder Mesopotamien. Sie lernten es von Ramses, eine wahre Zivilisation von Menschen, die von den Göttern, die alles in Bewegung gesetzt hatten, die Verantwortung übertragen bekommen hatten. Die Götter erschufen Persien oder Mesopotamien nicht. Das waren die geringeren Königreiche, aus welchen die Völker genommen wurden, um von den Göttern im großen Tal der Flüsse Euphrat und Tigris ausgebildet zu werden. Es war das Königreich Ägypten am Mutterfluss Nil, das als Hüter der Götter zurückgelassen worden war.

Jene waren also Wüstenmenschen. Sie waren Räuber. Sie nahmen, was nicht ihnen gehörte und raubten Erbgut. Und sie wurden in ein wohlwollendes Königreich aufgenommen, Etikette gelehrt und eingeweiht, außer in die höchsten Ränge. Und weil ihnen das verboten war, rebellierten sie. Und wer sollte sie führen? Einer aus ihren eigenen Reihen, eingeweiht[28]. Und wen baten sie, auf ihrer Seite gegen Ramses zu stehen? Jehova, einen Gott, der sagte: „Ich werde mich darum kümmern, aber ich will das Blut eures Erstgeborenen und eures Letztgeborenen trinken. Und ihr opfert sie und gebt mir ihr Blut." Das ist der Gott des jüdischen Volkes.

Nun betrachten wir ein Königreich mit Menschen, die im Sternenlicht, in zwei Feldern strahlender, organisierender, sich selbst organisierender Intelligenz eingeweiht wurden – jede Säule war eine sich selbst organisierende Intelligenz mit dem, was neben ihr war. Und wenn sie perfekt im Quadrat standen, dann teilten, wie die Freimaurer sagen, vier Säulen eine sich selbst organisierende Energieeinheit. Und wenn wir diese Energie mit dem Lichtfeld verbinden, das über das Alter der Gründung der Welt hinausreicht, haben wir eine heilige Myriade, und das ist genau das, was es ist.

Nun haben wir Menschen, denen es verboten ist, dieses Wissen zu haben und wir haben Jehova gegen die Armeen Ägyptens. Und die Armeen Ägyptens sind keine kriegerischen Menschen. Sie sind wirklich kosmopolitisch, heilig und göttlich. Und das einzige Volk, das es nicht ist, sind die Leute des Kriegsgottes Jehova selbst.

Wer also zerstörte im Bemühen, die wesentliche Macht der Erde zu besitzen? Waren es die sanften Götter, die Macht und Sternenlicht verstanden? Und gingen die Pharaonen auf dem Strahl dessen, was der Siriusstern genannt wird? Mit anderen Worten, war ihre Lampe Sternenlicht und entschieden sie, auf diesem Licht zu gehen, anstatt mit den blutrünstigen Teufeln der Wüste? Das ist genau das, wofür sie sich entschieden.

Also wurde Ägypten von Jehova vernichtet, der die Macht dazu von den Stämmen der Wüste von Persien und Mesopotamien erhielt. Und für immer und ewig war die magische Präsenz des Lampenschirms verloren: das Fenster und wie man es dreht und welches Licht man wahrnimmt. Und tanzt ihr zu Sternenlicht – und zu welchem Stern? Und wie viele Photonen treffen in seinem sanften, blassen Licht eure Seele? Oder sind es Gaslicht und Kerzenlicht und Öllicht, die euch den Weg leuchten? Die Großen tanzten bereits in einer

[28] Moses.

Realität fünf Milliarden jünger als das, was sie waren. Es war ein Nichts, es aufzugeben und weiter zu gehen.

Und seit damals war die christliche Welt nie fähig, den heiligen Tempel der Säulen zu errichten, ein heiliges Skriptum aus Prima Materia, dessen obere Enden blühen wie eine Lotusblume und dessen untere Enden auf schwarzem und weißem Marmor stehen, und dessen einziges Fenster ein heiliger Stern ist, dessen Licht der Einweihung genug Licht gibt, um den Raum selbst zu erfüllen, damit solcherart die Führer des Königreich Israels würden – die es niemals sein konnten – und nur die Götter Ägyptens und das ihnen übertragene Vermächtnis würde mit ihnen sterben. Und alles, was von Israel je übrig bleiben wird, ist die blutrünstige, selbstsüchtige Arroganz des Herrn und Gottes Jehova. Und für immer und ewig wird die Welt, zehntausend Jahre lang, am Verlust eines großen, brillanten und erleuchtenden Volkes leiden, das sogar verstand, dass wir im Sternenlicht alle blau sind. So sei es. Ihr könnt euch zu eurem Nachbarn wenden und erklären.

Nun versteht, dieses Drama geschah vor kurzem. Wenn ich Ramses gewesen wäre, hätten wir kein Problem gehabt, aber ich war bereits weg. Also nun sind wir zurück.

Um das zu werden, was man Pharao nennt – Pharao war nichts anderes als das ausgeübte Gesetz der Götter, die herrschten. Was also ein Pharao war, das, was man sehr genau vorgeschriebene Disziplin und Konzept eines Herrschers nennt; Pharao war die Verkörperung des Gesetzes dessen, was ihm Macht gab. Das also, was Gesetz ausgeführt und gemacht hat, war offensichtlich weg und diese Macht, Gesetze und Doktrin wurden an einen Erben weitergegeben. Das ist sehr wichtig, weil es das ist, was Blut heilig macht. Der Same des Erben – vom Gesetz, richtig eingeweiht – ist sehr wertvoll, weil das Kind, das aus einer solchen Einweihung geboren wird, der herausragende Moment dieser Einweihung sein wird. Das ist sehr wünschenswert.

Die Götter ergriffen also die Flucht und verschwanden. Sie verließen ihre Basis auf dem Mars, den Monden und hier und setzten einen Maßstab einer vereinten, intelligenten Gesellschaft und Zivilisation. Und wer herrschen sollte, musste einem Kodex, einem Gesetz folgen und das Gesetz wird Pharao genannt. Pharao ist keine Person; Pharao ist ein Gesetz und diejenigen, die in dieses Gesetz eingeweiht waren, werden zur Verkörperung dieses Gesetzes. Wir wollen, dass sie die Verkörperung dessen sind, um das Blut des Gesetzes in sich zu tragen, damit das Gesetz in einer biologischen, greifbaren, genetischen Form weitergegeben werden kann. Wie viele von euch verstehen? Nun, wie anders würdet ihr sein, wenn ihr Pharao wärt?

Also nun, nach dem Gesetz des Pharaos, nach der Einweihung von vierzig Tagen im Tempel – vor der Einweihung war keine Kopulation erlaubt – kam die Kopulation erst nach der Einweihung im Tempel, wofür der Eingeweihte, der Gott-König oder die Gott-Königin im Lichtstrahl eines Sterns, einem Photonen ausstoßendem Potenzial, das fünf Milliarden Jahre alt ist, geschmückt wurde. Und in einem solchen Licht saßen sie dort mit ihrem Gesetz und sie lasen das Gesetz und proklamierten es, dass ihr Ka und ihr Ba dem Verwaltungsgesetz des Pharao unterstellt wären. Und Pharao ist kein König; Pharao ist ein Gesetz des Sirius. Das ist es, was es bedeutet. So besagt es das Gesetz des Pharaos.

Was hat das mit Jesus und der Quantenmechanik zu tun, was hat das alles mit euch zu tun? Nun, hier ist, was es damit zu tun hat: Wenn ein einfacher Lichtschatten durch das angetrieben wird, was man das künstliche Einfangen der Elektronen, die um einen Leiterdraht aus Kupfer oder anderen leitenden Materialien schwirren, und durch zwei Enden genährt wird und durch ein weiteres Set von Duplizierungsdrähten genau in ein Hirn namens Glühbirne gespeist wird, so dass in der Glühbirne, wenn wir einen Schatten darüber legen – und der Schatten repräsentiert die Persönlichkeit – wenn wir einen Schatten darüber legen, der tausende kleine Löcher hat und der, von welchem Punkt aus auch immer wir einen Lichtstrom betrachten, dann wird das zu der Art und Weise, wie wir die echten vergänglichen Felder des illusorischen Materialismus verdichten, also mit anderen Worten einen einzelnen Strahl aus dem Quantenpotenzial von 360 Grad herauslösen. Wo auch immer ihr hinsehen wollt – und das ist wirklich wichtig – und aus welchem Winkel auch immer ihr es betrachtet, die Beobachtung des Lichtschattens wird das Licht zeigen, von dem aus ihr gedankenvolle Entscheidungen treffen werdet. Und es ist aus der Photonenenergie, dass diese Energie in reale, genutzte Substanz verändert wird, welche die Ereignisse der nächsten Tage formen wird. Die Photonen werden tatsächlich die Stelle dessen einnehmen, was man die Re-Formierung der persönlichen Unterkunft, der persönlichen Realität nennt.

ABB. 5: DER LAMPENSCHIRM DER VIELFACHEN BEOBACHTUNGS-PUNKTE

Also ist das Gesetz des Pharaos ein Gesetz. Pharao ist ein Gesetz; er ist keine Person. Und der Pharao als Gesetz sagt, wenn ihr innerhalb des Fensters eines bestimmten Lichtes sitzt, das Milliarden Jahre alt ist, dass ihr nur ein Pharao werden könnt, wenn eure Beziehung zu diesem Licht fünf Milliarden Jahre zurückreicht. Und in diesem Licht müsst ihr fähig sein, das, was man das Gesetz der physischen Beschreibung und Fähigkeit nennt, zu lesen, zu werden und euch ihm zu beugen. Und das Gesetz ist ganz genau. Es ist ganz genau. Es besagt, Pharao muss sterben, wer auch immer in dem Gesetz des Pharaos wohnt, muss für seine genetischen Vorfahren sterben.

Die Einzuweihenden dürfen sich selbst nicht länger als Sterbliche betrachten. Sie trinken das Licht der Unsterblichkeit von vor fünf Milliarden Jahren und in diesem Lichtstrahl aus einem großen Lampenschirm legen sie ein Gelübde ab, die Instrumente der Götter, des Minds der Götter zu sein. Und davon ausgehend bringen sie durch diese emotionale Einweihung ein neues Leben in ihrem Samen hervor, das in ihren unsterblichen Fußspuren die Kontinuität des Gesetzes Pharaos versprechen wird, das so vom Licht eines Sterns anstatt eines Lampenschirms genommen wird, und der Beobachter – mit guter Führung – fokussiert Sternenlicht in die Re-Formierung der Energie und Realität hinein. Schön, nicht wahr?

Welche Tragödie, dass sie euch verlassen haben, und welche Tragödie, dass Aberglauben ihre Tempel trübt und sie zerstört. Welch eine Tragödie, dass die Wüstenmenschen hereinkamen – und sie waren Vortäuscher, aber niemals die Originale – welche Tragödie. Und alles, womit ihr zurückbleibt, sind die Skelette ihres großartigen, riesigen und wundervollen Wissens.

Die Pyramide von Gizeh ist ein Lampenschirm. Und obwohl das Konzept Pi in der Algebra perfekt beschrieben wird, ist sie ein Lampenschirm. Und jeder Stein, stellt euch jeden Stein als einen vor, der sich horizontal bewegt – der sich bewegt – um das Licht des Sirius des Hundssterns zu enthüllen. Und in welchem Winkel? Werdet ihr im Außen sein? Werdet ihr auf einem Drittel des Weges nach oben sein? Werdet ihr nach diesen heiligen Steinen suchen? Oder werdet ihr mutig genug sein, ins Innere zu gehen und das magische Fenster finden, wo das wahrlich konzentrierte Licht des Sternes die Hallen der Zeitalter erleuchten wird?

Und das ist es, was Gott uns so perfekt erzählt. Punkt Null ist jedes von Licht gerahmte Potenzial. Das ist am Licht wichtig. Das Licht zu reiten ist ein wichtiges Konzept, denn von welcher Stelle auch immer wir es betrachten, aus welchem Winkel auch immer und mit welcher Einstellung auch immer, es wird wirklich zu unserer Realität. Und wir beginnen nun zu verstehen, dass wir in einem Licht sitzen, das wirklich wie eine enthauptete Pyramide aussieht. Und wir sitzen da, betrachten es und wir fragen uns, ob das Licht, in dem wir sitzen, die Enthüllung dieses Lichtes das Gesetz unseres eigenen Pharaos, bringt, da das Gesetz besagt, dass in dem Licht aus diesem Winkel, was auch immer ihr seht, betrachtet, lest und austauscht, das Gesetz des Pharaos sein wird. Und am nächsten Tag wird euer ganzes Leben transformiert sein durch die Menschen, die in diesem Licht in diesem Winkel saßen – durch das Fernsehen, das ihr in diesem Winkel gesehen habt, durch das Buch, das ihr in diesem Winkel gelesen habt, oder durch die Sicht, die ihr aus diesem Winkel auf euer Leben gehabt habt. Das wird dann die Doktrin des Pharaos und besagt, wann auch immer ihr ein Licht und einen Gedanken durch gewöhnliches Denken kontempliert, ihr sicherlich ein Prophet eurer eigenen Ära werden könntet, weil ihr genau die Ereignisse vorhersagen könnt, die durch einfaches unwissendes Dasitzen und das Erschaffen eures eigenen geschriebenen Ereignisses nach der Doktrin des Pharaos und dem Schatten des Lichts der großen Pyramide stattfinden werden. Wollt ihr euch an euren Nachbarn wenden und erklären.

Wie viele von euch verstehen soweit, dass Quantenmechanik die heilige Doktrin des Pharaos war?

Woher wissen wir, dass wir Götter sind?

Ihr habt eine unberührte Lehre erhalten. Und wie ihr genau wisst, gibt es einen Teil, den niemand betreten und beschreiben kann, und dieser Ort ist die Lehre ohne Worte. Und das wurde vor einer langen Zeit prophezeit, dass diese Lehre stattfinden würde. Das ist ein Ort, an den ich euch führe, aber ihr kann euch nicht hineinbringen. Ihr seid die, die gut ausgestattet diesen Ort betreten müssen, um anzuwenden, was ich euch für eure eigene Eroberung gelehrt habe. Eroberung; was erobern wir? Wir erobern das Image. Wir erobern die Persönlichkeit. Wir erobern das künstliche Selbst.

Ich habe euch alles gelehrt, und ich bringe euch zu einem Punkt und ich sage: „Nun, ich liebe euch sehr. Ich war bei euch an allen Tagen eures Lebens. Aber ich habe euch zu einem Ort gebracht, an den ich nicht gehen kann, an den nur ihr gehen könnt." Hört ihr zu? Und was das bedeutet, ist, ich lehre euch alles, aber ich kann nicht zu euch werden, weil auch ihr ein Gott seid.

Schaut, wenn ihr kein Gott wäret, dann hätte Jehova niemals kämpfen müssen. Jehova hätte niemals die Kämpfe führen müssen, wie er es hier mit seiner Schwester und seinen Cousins getan hat, indem er die Erde als Ebene des Krieges genutzt hat. Ich möchte, dass ihr über etwas mit mir nachdenkt und, oh Gott, ich möchte, dass ihr dem zuhört und einen anderen, größeren Teil eures Gehirns verwendet, als den ihr bisher verwendet habt. Woher wissen wir, dass wir Götter sind? Wir wissen es, weil wir es historisch gesehen, wenn wir sehr scharfsinnig und sehr intelligent wären, beigelegt hätten. Wenn es das, was ‚wir' genannt wird, nicht wären, gäbe es keine Notwendigkeit eines Krieges zwischen Jehova, der der dominante Herr des Pantheons der Götter ist, weil es das ist, was er sein will – zwischen ihm und dem Rest der Götter – Nummer eins. Wenn der Rest der Götter nicht Götter wären, hätte er kein Problem gehabt, sie zu unterwerfen, oder? Sie wären für ihn wie Marionnetten gewesen. Aber der Grund, warum er gegen sie Krieg führte, ist, weil sie ebenbürtig an Macht, ebenbürtig an Göttlichkeit waren. Korrekt? Nun, das Gleiche gilt – lasst uns die Logik nach unten erweitern – für die Menschheit im mediterranen Becken. Lasst sie uns betrachten. Wenn Jehova der Gott gewesen wäre, und ihr nicht mehr als das wärt, was man einen biologischen Unfall nennt, hätte Jehova kein Problem gehabt, euch als eine Erweiterung seiner selbst zu manipulieren. Alles, was er hätte sein müssen, wäre der Wunsch gewesen, ihr zu sein, und er wäre ihr gewesen.

Hier ist das Problem: Woher wisst ihr, dass ihr Götter seid? Weil er eine Nation von Göttern brauchte, die nicht wussten, dass sie es waren, um ihn anzubeten und ihm die Macht zu geben und sich von ihm sagen zu lassen, was sie tun sollten. Ihr seht, ihr wisst, dass ihr Götter seid, weil ihr in der Vergangenheit von Göttern manipuliert wurdet. Wenn ihr keine Götter wärt, erforderte es keine – gäbe es keine Manipulation. Wie viele von euch verstehen das? Es gäbe wirklich keine Geschichte, nicht wahr, denn ist die Geschichte nicht der Krieg Ebenbürtiger? Und die Nichtebenbürtigen sind immer noch ebenbürtig. Und es ist die Aufgabe derjenigen, die wissen, die Nichtebenbürtigen zu überzeugen, sich auf ihre Seite zu stellen. Alle sind Gott. Wenn sie es nicht wären, hättet ihr keine Geschichte. Versteht ihr das? Wenn ihr von dieser erhöhten Ebene der Intelligenz aus argumentieren könnt, habt ihr etwas für euch in Gang gesetzt.

Nun, ihr seid also immer Gott gewesen. Und das Überleben der am besten Angepassten in diesem Königreich bestand darin, fähig zu sein, eine Menge anderer Götter, die es nicht besser wussten, zu überzeugen, dass sie der einzige Gott wären und dass sie, die Anhänger, sie anbeten und ihrem Geheiß folgen sollten. Wenn ein Gott wirklich Gott wäre – und hier ist das Problem mit der Bibel – wenn Gott wirklich Gott ist, muss Gott nicht angebetet werden. Versteht ihr? Verstehst du, Father? Das also ist ein wirklich schlagender Punkt. Und ein wirklich brillanter Mensch würde es von dieser Perspektive aus bedenken.

Also, offensichtlich seid ihr wirklich wertvolle Ware. Was macht euch so wertvoll? Mit einer kurzen Lebensspanne, ja, könnt ihr kopulieren und die nächste Generation großziehen, aber das können Amöben auch. Warum hat Jehova nicht eine Armee aus Amöben? Warum ihr? Weil ihr ein Gott seid, der einer genetischen Persönlichkeit freien Willen gegeben hat. Was auch immer die Persönlichkeit glaubt, macht Gott so. Wenn es nur einen Gott gäbe und es Jehova gewesen wäre, gäbe es keine Geschichte. Es würde sie einfach nicht geben. Und ein Gott, der so groß ist, würde niemals eine Geschichte basierend auf der Eroberung, eine Generation von Amöben anzuführen, erschaffen müssen.

Was also hat Jehova groß gemacht? Dass er eine Armee von reinkarnierten Göttern geführt hat und sich selbst als der eine Gott, der einzige Gott etabliert hat, wodurch er ihre Macht bekommen hat. Das ist es, wie es geschah. Das Gesetz Moses war Jehova. Der Gott der jüdischen Nation ist ein kriegerischer, gnadenloser, fanatischer, voreingenommener, unsicherer Gott. Und wenn ihr das nicht sehen könnt, seid ihr immer noch dumm.

Ihr geht auch nicht jeden Tag umher und sagt euren Freunden, dass ihr zwei Millionen Keime ausgelöscht habt. Ihr tut das nicht. Ich habe euch das nie sagen gehört. Was ich sage, ist, wenn ihr nicht göttlich wärt, hätte man mit euch nicht prahlen können. Wie viele von euch verstehen diese Aussage? Also nun, das ist in sich selbst eine Lehre, die einige Tage der Kontemplation wert ist.

Die Götter hätten sich niemals gezankt, wenn ihr nicht des Zankens wert gewesen wärt. Und was war euer Wert? Eure Göttlichkeit, das ist es. Und dieses grässliche Vermächtnis – ob es in der Tora steht oder im Neuen Testament steht oder ob es die Lehren Mohammeds sind – verflucht, verdammt seien jene Lehren, weil sie überliefert wurden, um die Menschen für Generationen weiter unter der Schirmherrschaft Gottes zu versklaven. Deshalb brauchen wir eine große Einschüchterung.

Was bedeutet das für euch? Nun, es bedeutet – welch anderen Beweis kann ich euch liefern, um zu bekräftigen, wie wichtig ihr seid? Wie wichtig seid ihr, dass jede Kirche euch erretten will? Wovor wollen sie euch retten? Gott ist alles; es gibt nichts, wovor ihr gerettet werden müsst. Denn wenn ihr versucht mich zu retten, versucht ihr, mich vor dem Leben Gottes zu retten. Und wohin wollt ihr mich werfen? In ein Gefängnis des Dogmas. Wie viele von euch verstehen?

Beispielsweise lässt es sich beweisen, dass ihr Götter seid, denn wenn Jehova Gott gewesen wäre, hätte es keine Notwendigkeit gegeben, die Geschichte jemals zu schreiben. Geschichte wird nur geschrieben, weil es eine Unterjochung der Macht Gottes gibt. Erinnert euch daran.

Wir sind letztlich weder Männer noch Frauen, obwohl die Kirche, Politik, matriarchalische und patriarchalische Gesellschaften uns getrennt halten. So war es nicht in meinen Tagen. Jetzt versteht ihr meine Tyrannei, die ich in meinen Tagen hasste. Das war vor 35.000 Jahren. Ich hatte eine große Armee und die Welt sah sehr anders aus. Und ich weiß, wer die wirklichen Rassen sind und wer sie nicht sind. Und ich weiß, was Gott ist und ich weiß, was Mythos ist, und ich weiß, was Scham ist und ich weiß, was Lügen sind und ich weiß, was die Bauchschmerzen der Welt heute verursacht. Und ich bin hier, um euch zu sagen, dass ihr nicht menschlich seid. Ihr seid Gott und euer Menschsein ist euer Kleidungsstück.

Ihr seid weder Männer noch Frauen; das ist das Kleidungsstück, das ihr getragen habt. Wählt eure Bestimmung nicht als Männer und Frauen, sondern als rechtschaffene, moralische, unbegrenzte Wesen. Wenn ihr auf diese Weise wählt, werdet ihr niemals unter Vorurteilen leiden. Und wenn ihr niemals Vorurteile habt, werdet ihr Liebe kennen. Ihr werdet niemals Liebe kennen, die für immer Bestand hat, wenn Vorurteile in euch leben und wenn Bedauern über eure vergangenen Leben in euch ist. Ihr werdet niemals Liebe kennen. Ihr werdet nur das Sehnen danach kennen, den Schmerz des Gestern durch die freundliche Berührung des Mitgefühls zu beseitigen. Aber wenn die freundliche Berührung des Mitgefühls nicht in euch lebt, dann müsst ihr immer wieder ein schmerzliches Leben erschaffen, damit Mitgefühl euch berühren wird und ihr erlöst werden könnt.

Jeder hier leidet, weil er erlöst werden will, denn Erlösung ist das, worum es bei Gewohnheiten geht. Seid keine zu erlösenden Menschen. Tut euch nicht selbst leid. Beschuldigt nicht eure Mutter, euren Vater, eure Brüder und eure Schwestern. Liebt sie und vergebt ihnen. Wie macht man das? Indem ihr euch selbst vergebt. Sie haben nie etwas Falsches getan. Ihr seid es, die nicht verstanden haben. Liebe braucht keine Erklärung; sie braucht nur Klarheit. Opfer seid ihr. Seid kein Opfer eurer Vergangenheit.

Juden lieben es zu leiden. Das ist es, was sie reich macht. Ich mag berühmte Menschen nicht, die in ihren Geschichten erzählen, wie bemitleidenswert ihr Leben ist, um ihren Reichtum zu rechtfertigen. Und ich habe viele von ihnen, die in meine Zuhörerschaft gekommen sind. Und jedes Mal, wenn sie es tun, sehe ich sie nur an und frage mich, wann ich das richtige Wort sagen werde und wann ich den richtigen Boten für sie senden werde, damit sie durch ihre eigene Heuchelei sehen. Es ist nichts falsch daran, reich zu sein. Wenn ihr Gott seid, dann ist der einzige Mangel, den ihr habt, es nicht zu sein; das ist das einzige Opfer. Und letztendlich können wir nur uns selbst beschuldigen. Wir haben das Gehirn und die Genetik, reich zu sein. Wenn wir es nicht sind, müssen wir nur uns selbst beschuldigen.

Reichtum ist nichts; er ist einfach. Armut ist bequem. Bei Armut geht es um Kultur und um Könighäuser und Monarchen und Regierungen und das Kastensystem Indiens. Ich mag keines davon; mochte ich niemals. Ihr seid Gott. Ihr könnt Geld aus dünner Luft erschaffen und es ist dünne Luft, woher es kommt. Der Dollar hat solange keinen Wert, bis jemand ihn als Wert erachtet; deshalb kommt er aus dünner Luft.

Fürchtet euch also nicht davor, zu träumen. Es gibt nichts, wovor ihr euch fürchten müsst. Ihr werdet nicht in der Hölle schmoren. Hölle? Hölle? Nun, ich würde Hölle als so schlau, aber durch Unwissenheit eingeschüchtert betrachten. Ich würde meinen, das sei Hölle. Natürlich habe ich nie so gelebt, Gott sei Dank. Also sollte Genie sich nie von Mittelmäßigkeit einschüchtern lassen. Es ist mir egal, wie bedauernswert, wie traurig, wie verzweifelt und wie rechtschaffen ihr ausseht, ihr werdet sterben und ich weiß es. Die Einzigen, die das noch nicht wissen, seid ihr.

Und wenn wir in unserem Leben reinen Tisch machen, ist es dort, wo wir uns finden. Die Uhr tickt nur im Pendel. Wahrheit – Wahrheit – ist nicht Verfall. Aber Betrug, Heuchelei, Lügen und die Unfähigkeit nach seiner größten Fähigkeit zu leben, ist Verfall und das ist Zeit.

Deshalb ist Gesundheit nicht das, was ihr esst; sie ist, was ihr seid. Schönheit ist nicht, wie ihr ausseht; sie ist, was ihr seid. Schaut mich an. Ich bin über zwei Meter zehn groß, von ganz anderer Farbe als dieser Körper. Aber viele von euch lieben mich und ihr habt mich nicht einmal gesehen. Ich habe bewiesen, dass Schönheit unsichtbar ist, genau so wie der Geist, der die unsichtbare Kraft ist, welche die physische Welt zusammenhält.

Wie also lernen wir von Gott? Nun, wir müssen ihn neu definieren, und wir müssen uns sehr anstrengen, ihn neu zu definieren. Menschen mögen es, den Gott des Urteils, der Angst und des Schreckens, Jehova, außerhalb von ihnen zu haben, den Gott des Höllenfeuers und der Bestrafung, damit sie, wenn etwas in ihrem Leben schief geht, immer Gott beschuldigen können, weil Gott sie so gemacht hat. Es ist bequem, von der Göttlichkeit getrennt zu sein, aber welchen Preis bezahlen wir? Wir zahlen mit unseren Leben, wenn wir uns vom Göttlichen trennen.

Das größte Gebet, das größte Geschenk in all diesem Wissen, das all diese Studenten zwanzig Jahre lang gelernt haben, ist, wie man für sein individuelles Leben und den Gang der Entscheidungen in seinem Leben Verantwortung übernimmt, und niemand beschuldigt – harte, harte Disziplin – und die Wahrheit sagt, noch gefährlicher. Aber was ist dann der Nutzen? Eure Macht zurückzuholen. Der Schmerz mag da sein – ihr müsst viel zu Kreuze kriechen – aber es gibt niemanden in der Welt, der euch je vergeben wird und euch je lieben wird und je glücklicher sein wird, als ihr. Und das ist diese kleine Stimme im hinteren Teil eures Kopfes, im Theater eures Minds, die auf euch wartet, damit ihr wisst, wie großartig ihr seid.

Aber wie macht uns das? Älter und weiser. Wenn ich älter sage, spreche ich von hunderten und tausenden von Jahren älter. Wir sind älter und weiser und wir sind machtvoll. So lange wir unsere Macht austeilen, werden wir nie genug haben. Wir werden niemals genug haben. Wir werden niemals genug haben, um uns selbst zu heilen, die Leben anderer zu berühren, in der Tat, das große, gute Werk zu tun, weil wir zu sehr in unser selbstsüchtiges Leiden, das wir geschaffen haben, verwickelt sind. Wir beschuldigen, aber Verantwortung zu übernehmen, bedeutet es zu schlucken, ja, und deshalb macht es demütig, Gott zu kennen.

Aber wenn ihr ihn findet und dafür kämpft – wisst ihr, wir kämpfen für Gott in uns selbst. Wie tun wir das? Nein, es geht nicht darum, christliche Soldaten zu sein und alle anderen zu töten. Es geht darum, in sich selbst darum zu kämpfen. Fein. Was ist also Gott? Integrität, Makellosigkeit, die Macht der Entscheidung, die Macht zur Erfahrung, zu wissen, dass keine Entscheidung, die ihr erschaffen habt, euer Leben beenden wird, es sei denn, ihr habt es törichterweise so erschaffen, und zu wissen, dass wir durch jeden Gedanken ermächtigt sind.

Wie führen wir den Kampf? Wie führen wir den guten Kampf? Indem wir makellos und ehrlich sind und niemand anderen beschuldigen. Denn oft, wenn wir das tun, geraten wir ganz außer uns. Wir tun die scheußlichsten Dinge, denn es ist so, als ob wir uns selbst die

Erlaubnis gegeben haben, dekadent zu sein, weil wir das so lange tun können, so lange wir einen Sündenbock für unsere Dekadenz haben, ob es unsere Eltern, unsere Sexualität, unsere Freunde, unsere Brüder und Schwestern, unsere Religion oder die Regierung sind. Viele Menschen tun sehr dumme Dinge, wenn sie denken, dass sie dafür nicht verantwortlich sein müssen. Deshalb ist es so wichtig, Totenbeschwörer zu haben. Deshalb ist es so wichtig, schlechte Eltern, untreue Ehemänner und Ehefrauen zu haben. Und es ist wichtig, sie zu haben. Ihr wisst nicht, wie wichtig, bis ihr sie loslassen müsst. Und ihr erkennt, nicht sie vermisst ihr; es ist so, dass wenn sie gehen, ihr keinen mehr habt, den ihr für die Handlungen beschuldigen könnt, die ihr gewählt habt, aber für die ihr keine Verantwortung übernehmen wollt, weil ihr sie zum emotionalen Vergnügen gewählt habt.

Wie viele von euch verstehen das? Wie viele von euch sind gewillt, zuzugeben, dass einer der Gründe, warum ihr die Tyrannen in eurem Leben nicht loswerden wollt, der ist, dass ihr in Wirklichkeit der größte Tyrann von allen seid, und sie diejenigen sind, die ihr immer beschuldigt? Oh, Geständnisse sind gut für die Seele. Ich kenne euch. Gott, werde ich glücklich sein an dem Tag, an dem ihr euch erkennt.

Gott segne mein Leben,
und gebe mir den Mut
meine Totenbeschwörer
zu sehen
und sie loszulassen.
So sei es.
Auf das Leben.

Nun, in Gott müssen wir nicht wie Erzengel aussehen. Genau genommen habe ich einen von ihnen zu meinem Freund, in Anderswo, wohin ich gehe und mit ihnen zu Abend esse. Ich habe eine kleine Wesenheit von dieser Größe, die auf dem Tisch sitzt. Sie trägt ein Lavendelkleid. Drei Tropfen Wein – und sie ist fertig, weg. Neben ihr sitzt eine wirklich bunte, aber religiös aussehende Wesenheit, ein großartiger, großer, männlicher Engel, dessen Flügel mehr Stühle benötigen, als er zum Sitzen braucht. Er erregt immer Aufsehen. Und sie ist die einzige, die ihn aufklärt. Drei Tropfen Wein von ihr und er denkt zweimal nach. Das sind meine Freunde. Ich liebe sie alle. Ich bin der einzige, der am Tisch schwarz gekleidet ist.

Nun, alle diese Wesen lernen und haben gelernt, was ihr lernt. Das ist es, wohin sie gegangen sind. Sie sind von hier herausgekommen. Und sie gingen und versammelten sich, wo die Adler sich sammeln, wo die Meister sich sammeln. Von der Milchstraße und elf Milliarden möglichen Erden gibt es viele Wesen, die hochkommen. Und sie sehen alle völlig anders aus als ihr, aber sie alle sind Gott. Seht ihr, das ist es, was wichtig ist. Gott hat kein Gesicht. Schönheit hat ein Gesicht, aber Gott nicht. Ihr solltet dran denken.

Also nun, im Lernen Gott zu definieren und zu erkennen, beginnen wir für das Recht der Integrität zu kämpfen. Mit anderen Worten, wir werden uns unserer Entscheidungen wirklich bewusst. Wir kämpfen gegen die alten Gewohnheiten der Emotionen. Emotionen sind gewohnheitsmäßig. Menschen, die Gewohnheiten haben, haben Gewohnheiten wegen der Weise, wie sie sich dadurch fühlen. Nun, ihr müsst nicht Drogen nehmen, um eine emotionale Gewohnheit zu haben. Ihr könnt jeden Tag masturbieren und eine erste-Siegel-Gewohnheit erschaffen. Das ist genau so gefährlich für den Körper wie Drogen, weil ihr jedes Mal, wenn ihr es tut, alt werdet. Ihr sterbt. Jedes Mal, wenn ihr künstlich Emotionen stimulieren müsst, werdet ihr ein wenig älter. Ich meine nicht weiser; ich meine älter.

Ich kannte die Welt, als sie zwei Monde hatte; ich weiß, wie das aussah. Ich weiß, wie viele weitere Konstellationen damals existierten, die ihr nicht mehr sehen könnt. Und ich weiß von Kontinenten, von denen ihr kaum gehört habt, wenn ihr jemals Forscher in historischem Wissen wart und nicht eine Parteilinie beachtet habt, sondern, ich meine, euch wirklich damit beschäftigt und es erforscht habt. Ich meine, es gibt Zivilisationen, die hier länger gelebt haben als 455.000 Jahre, aber wenn ihr eine Parteilinie kauft – ihr könntet eine Kirchenlinie kaufen, wisst ihr: Vor viertausend Jahren gab es die Schöpfung. Nun, wir wissen jetzt, dass die Wiege der Zivilisation, die sich zwischen Südafrika, Saudi Arabien und China hin und her verbreitet hat, mindestens zehn Millionen Jahr alt ist – mindestens. Wohin führt uns also ein sechstausend Jahre altes, am Scheiterhaufen brennendes Bruno[29]-Konzept? Ich habe viel gesehen.

---

[29] Giordano Bruno, ca. 1548-1600.

Also nun möchte ich ansprechen, dass es da einfach solch wundervolle Propaganda gegeben hat, die im Lauf der Zeitalter verbreitet wurde, dass das, was eure Eltern geglaubt haben, ihr genetisch tragt. Mit anderen Worten, als Anfänger in diesem Jahr und im Jahr davor solltet ihr verstehen, dass das Geheimnis der Genetik – was verursacht Umweltdifferenzierungen in genetischen Spezies? Indem ihr Umwelt, Veränderung lebt. Was ist die Hauptgrundlage? Was ist das Schlüsselelement im Erschaffen der DNS? Emotionen. Worauf basieren Emotionen? Auf der Umwelt. Das ist die wahre Erfahrung. Also verändert ihr an jedem einzelnen Tag euren genetischen Samen. Das Kind, das ihr vor einem Jahr gezeugt hättet, wäre nicht so ausgestattet gewesen wie das Kind, das ihr heute zeugt, weil ihr älter und weiser seid. Und eure Emotionen tragen eure Kinder.

Wie viele von euch haben das Sprichwort gehört, im biblischen Sinne, dass die Sünden der Väter die Söhne heimsuchen? Nun, was denkt ihr, bedeutet das? Warum sollten Kinder verdammt sein, wenn nicht sie es waren, sondern ihre Väter und ihre Großväter und ihre Großmütter? Warum sollten sie einen Fluch tragen? Wenn Bewusstsein und Energie die Realität erschaffen, wie ergibt dieses äußerst interessante Geheimnis für uns Sinn? Weil jede Emotion, die ihr erlebt, eure Kinder als Körper tragen werden. Ihr tragt die Sünden eurer Eltern. Mit anderen Worten, euer Körper besteht aus dem Querschnitt der DNS. Ihr tragt ihre Ängste. Ihr tragt ihre Mängel. Ihr tragt ihre Unsicherheiten. Ihr tragt Versagen. Ihr tragt Erfolg. Ihr tragt Glück. Ihr tragt Traurigkeit. Wie habt ihr einen solch bunt gemischten Körper aufgenommen? Indem ihr in eurer letzten Lebenszeit ins Licht gegangen seid, eine Lichtrückschau hattet, in die Ebene der Glückseligkeit gegangen seid und erkannt habt, dass ihr nirgendwo hingehen werdet, bis ihr eure Angelegenheiten hier abgeschlossen habt. Und der einzige Körper, den ihr habt, ist der eine, der in euch trägt, was ihr euch karmisch noch nicht angeeignet habt.

Nun, ihr seid unsterbliche Wesen. Ihr habt gelebt für – über die Zeit hinaus; ihr habt seit Punkt Null gelebt. Der Körper ist nur ein Satz im Buch des Lebens, eine Lebenszeit ist es. Ihr habt zuvor gelebt; ihr werdet wieder leben. Ihr seid nicht die Gesamtsumme eurer Körperteile. Eure Körperteile – euer Körper ist nur das Werkzeug, das ihr fähig seid, zu nutzen und daraus zu erwachsen.

Nun, wie viele von euch lernen? So sei es. Nun, ich habe viel von dem hervorgebracht, na ja, was ihr Phänomene nennen würdet, seit meiner Manifestation vor zweiundzwanzig Jahren in eurer Zeit, und eine Menge der alten Leute hier haben es gesehen. Ich bin nicht hier, um Phänomene zu erschaffen und um ein Magier zu sein, und ein Unterhalter und ein Guru, und ich bin kein Avatar. Ich bin ein Gott. Ich bin hier, um euch zu lehren, wie ihr das Gleiche sein könnt. Und ich vermittle euch die größte und grundlegendste Weisheit, die ihr, egal wohin ihr geht und in welchen Texten ihr sucht, nie großartiger finden werdet, als von einem lebendigen Wesen, das es euch erzählen und es euch erklären kann. Noch sind die Disziplinen in dieser Schule Kopien einer Pseudoreligion; sie sind sehr alt und sie kommen von mir. Niemand hat jemals in menschlicher Zeitrechnung ein Feld gehabt, wie das, in dem ihr an euren Karten gearbeitet habt.[30]. Und Labyrinthe überlebten das 18. Jahrhundert nicht. Die Labyrinthe sind so alt wie die Fundamente der Welt. Labyrinth ist Dimension; es ist Schwerkraft; es ist Zeit; es ist vereinheitlichtes Feld. Niemand weiß das. Und niemand hat je die Wahrheit über Shiva und den Blue Body[SM] gelehrt. Und die blauen Netze kommen von niemand anderem als mir, und dieser Atem[31], den ihr macht, von keinem Ort. Keine Form des Yoga ist so mächtig wie dieser Atem. Also ist es nicht – geht es nicht darum – einige New Age, Kristall lutschende, Vögel essende, weiße Kleidung tragende Heuchler zu plagiieren. Und wir haben keine goldenen Dinge an den Wänden, obwohl wir das vielleicht eines Tages in Erwägung ziehen sollten. Wir sitzen nicht in Kirchenbänken. Wir rauchen Pfeife. Wir brennen keine Räucherstäbchen ab, außer denjenigen, die aus eurer Nase kommen. Und wir nehmen keine trockenen Kräcker und Traubensaft zu uns, um Christi Fleisch und Wein zu ersetzen. Wir fangen einfach damit an und tun es. Aber ihr werdet sehen, wie viele Menschen versuchen werden, das zu plagiieren, was hier gelehrt wird, wenn sich diese Worte in der Welt verbreiten. Aber denkt daran: Es kommt nicht von ihnen; deshalb haben sie nicht die Macht, die Autorität und die Magie.

Niemand wird euch irgendetwas lehren, was ihr hier gelernt habt, der nicht ein Gott ist. Ihr seid in der unschätzbarsten Schule der Alten Weisheit, die es je gegeben hat. Frauen und Männer und Kinder können zusammen sein. Diese heiligen Affen im Himalaja ma-

---

[30] Die Disziplin Feldarbeit[SM].
[31] Die Disziplin C&E [SM].

chen das nicht mit Frauen. Wir können verstehen warum. Aber wenn sie so schwach sind, wisst ihr, können sie nicht zu Gott gehen, wenn sie vor Frauen Angst haben. Und Frauen werden sicherlich auch nicht zu Gott gehen, wenn sie missbrauchen, wer sie sind. Bemerkt ihr – ihr schaut euch die Zuhörerschaft hier an – Farbe? Gott ist nicht weiß. Ihr wisst, welche Farbe meine Haut hat? Dunkles Zimt; schwarzes Haar, und schwarze Augen, groß. Und Jeschua ben Joseph hatte rotes Haar. Wisst ihr, nur ein nebensächliches Detail hier. Und das ist Gott. Alle sind gleich.

Wie viele Vorurteile haltet ihr immer noch aufrecht, weil ihr denkt, dass dies vielleicht nicht der richtige Ort ist? Nun, was denkt ihr, wäre der richtige Ort? Nun, ich würde niemals auf das vertrauen, was ihr denkt, dass Rechtschaffenheit sei, da ihr nicht dort gewesen seid.

Nachdem ich all diese Dinge gesagt habe - ich liebe euch. Und ich bin wirklich sehr glücklich mit meiner Amtszeit hier und dem Großen Werk, das ich getan habe, und dem Großen Werk, das ihr tun werdet. So sei es. Ich habe niemals einen meiner Studenten missbraucht. Ich habe keine sexuellen Beziehungen mit meinen Studenten. Meine Studenten nehmen keine Drogen, weil ich keines dieser Dinge bin. Ich liebe euch. Ich liebe euch alle.

Und vielleicht ist die letzte Sache, die ich euch sagen möchte, dass es meine größte Mission ist, euch lieben zu lehren, was ich so sehr zu lieben gelernt habe, dass der Unbekannte Gott für mich das außerordentlichste Wesen war, und dennoch war er in allem, als ich ihn schließlich sah. Ich sah ihn im Wildgeflügel und ich sah ihn in zwei Monden; ich sah sie ab- und zunehmen, zwei Frauen im Himmel, die um Aufmerksamkeit wetteiferten. Ich sah das Void als Kulisse des Ewigen und Sterne als Diamanten. Ich dachte immer, dass die Sterne die Kinder der Monde wären. Ich fragte mich immer, was geschehen würde, wenn all die Sterne erwachsen sein würden, um große Monde zu sein. Es würde einfach keinen Nachthimmel mehr geben. Das war der Tribut meiner Unschuld. Ich erlebte Gelächter der Kinder. Ich sah alabasterfarbene Knie und dachte, sie wären schön, bei Frauen am Fluss. Ich roch den Moschus von einem meiner Soldaten und dachte, er wäre schön. Und ich liebte mein Pferd, und mein Schwert sang, und die Glocken in der Mähne, und das Donnern von vierhundert Trommeln und Banner, die an Pfählen hochschnellten, aus goldener Seide und orange, rot und rosa – eine große Armee, die großartigste, welche die Welt in berittener Stärke je gesehen hat – und die Gerüche, Brot am frühen Morgen, Nebel auf dem Wasser, Schnee, höchste Plätze, frisch und rein, und Schmetterlingsstaub, blau, wie ich es nie gesehen hatte, von Flügeln, orientalischen Fächern, was mich verblüffte, war einst ein Wurm gewesen. Oh, ich sah Gott in all diesen Dingen. So schön. Und ich erkannte, wenn wir von einem Vorurteil besessen sind, leiden wir daran, dass wir nicht dem nahe sind, was wir verurteilen, denn darin ist es, wo wir uns selbst von Gottes Schönheit ausgeschlossen haben.

Kenne ich Gott? Oh ja. Verstehe ich ihn? Ja. Leben ist ein Geschenk, meine schönen Anfänger. So schön.

Vergleicht eure Gesichter, Körper und Hände nicht mit anderen Menschen, dass sie funktionieren, dass sie beweglich sind, dass sie hübsch sind – euer Körper, euer Gesicht; es gibt keinen Vergleich. Schönheit ist das, was die Maschinerie funktionieren lässt. Anmut ist nicht Fleisch; sie ist Absicht. Ich möchte, dass ihr das über euch wisst. Und ich möchte, dass ihr aufhört zu leiden und so hart zu arbeiten, dass ihr das Geschenk eures Lebens nicht seht. Ich möchte, dass ihr damit aufhört. Verteidigt nicht eure Vergangenheit. Lasst sie sterben. Lasst Vorurteil, Leiden, Qualen und Schmerz gehen. Auch obwohl ihr versucht seid, zu erklären, wer ihr wart, gibt es keinen Grund dafür. Und wenn ihr denkt, ihr müsstet es, dann habt ihr den Lehrer nicht gehört. Wie viele von euch verstehen?

Freude also, dieses süße und wundervolle Konzept, mit dem ich diesen Tag eröffnet habe, ist frei, und sie kommt so automatisch und ist so schön. Und jetzt ist das passend für eine Art von Intelligenz, die einen Regenbogen an die Seite eines Fisches stellen würde.

Also wie nun werden wir diese außergewöhnliche Gottheit? Bekämpft die Ungerechtigkeit in euch selbst, die Lügen, die Täuschungen und hört auf, Spiele zu spielen. Vergebt. Vergebt. Kauft nicht das, was die Welt euch sagt, was sie denkt, dass ihr sein sollt, weil ihr vielleicht diese Meinung verwendet habt, um mit allen Arten von Dekadenz davonzukommen, weil ihr immer die anderen beschuldigen konntet. Vielleicht ist es Zeit, erwachsen zu werden und darüber nachzudenken, zweihundert Jahre lang zu leben, und in der Tat, indem wir das tun, verteidigen wir diese Gottheit. Jeden Tag, an dem wir lachen – diese Harfe von solcher Harmonie, solcher Magie spielen – und jeden Tag, an dem wir unseren Tag erschaffen, ermächtigen wir uns. Und jeden Tag, an dem wir gestehen, so schmerzlich und so beschämend es auch ist, bekommen wir die Macht zurück und werden dadurch befreit. Dann gelangen wir näher zu Gott, und wir verteidigen das und wir leben makellos.

Weil es die Welt nicht tut, solltet ihr für euch selbst denken: Woher weiß ich, dass es Meister gibt? Weil wir die einzigen sind, die noch übrig sind. Ich möchte dorthin gehen, wohin sie gegangen sind, und ich möchte wissen, was sie wissen. Und offensichtlich ist das, was sie wissen, nicht das, was alle diese Menschen denken. Wie viele von euch verstehen?

Werdet ihr geliebt? Immens; mehr als ich euch sagen kann. Werdet ihr geschätzt? Ihr seid am Leben, nicht wahr? Seid ihr anders? Ja, aber es ist nur wegen des Karmas, mit dem ihr arbeiten müsst. Seid ihr schön? Jeder ist es. Gesichter machen kein hübsches Aussehen aus; Seelen tun es, Minds tun es; Weisheit. Das ist es, was Schönheit ausmacht. Kein Meister wird jemals auf Masken hereinfallen. Er weiß es einfach besser. Er sieht alles. Das Gleiche gilt für euch.

Ich möchte, dass ihr euch selbst liebt. Liebt euch selbst genug, um euch selbst aufzuräumen und genug, um zu vergeben und zu erlauben, und um zu erkennen, dass sogar eure Eltern Götter sind, menschliche Wesen, Geist der darum kämpft, Mensch zu sein und so sehr angenommen werden möchte. Denkt daran. Verständnis reicht weit in dieser Welt. Aber erst müssen wir es uns selbst geben.

Wenn ihr das tun werdet bis ich euch das nächste Mal sehe, werdet ihr es nicht erwarten können, durch diese Tür zu kommen. Ihr werdet so glücklich sein, hier zu sein, weil es wie ein großes Nachhausekommen sein wird, da jeder hier die gleiche Botschaft bekommen hat. Jeder hier ist gleich. Und alle treffen sich hier, so selten wie ihr seid aus all den Zahlen in der Welt, um zu lernen, nicht bessere Menschen zu sein – nicht bessere Menschen – sondern näher an Gott und auf diese Weise zu leben, nicht religiös; gottgleich. Es gibt einen Unterschied zu Religion.

Wenn also jemand zu euch sagt: „Nun, woran glaubst du?“, sagt: „Die einzige Religion, die ich kenne, ist die einzige, von der ich weiß, dass Gott sie mir gegeben hat, und das ist mein Leben. Mein Leben ist meine Religion. Und glücklich zu leben ist mein tägliches Gebet.“ So sei es.

Eine echte und praktische Lehre über Weisheit

Kommentar zu Kapitel 6
Erleuchtung in moderner Zeit

DIE BEFREIUNG DER MÄNNER – DIE KEHRSEITE DER MEDAILLE DER BEFREIUNG DER FRAUEN

Das folgende Kapitel ist eine großartige Lehre, welche die Essenz der alten Weisheit der Zeitalter einfängt, indem sie diese für die gegenwärtige Zeit in einer praktischen Fassung zugänglich macht, mit der sich jeder anfreunden und sie einfach verstehen kann. Wie Ramtha selbst betont: „Nein, das ist keine schwere esoterische Lehre. Das ist real."

Eine wichtige Bedeutung in Ramthas Lehren, was mittlerweile klar sein sollte, hat die Wiederherstellung der Unabhängigkeit der Frauen als Götter und freie Individuen. In dieser bemerkenswerten Lehre gleicht Ramtha diese Bemühung aus, indem er die Kehrseite der Medaille der Befreiung der Frauen erklärt – die Befreiung der Männer. Die Evolution der Frauenrechtsbewegung war nicht immer ausgeglichen und proportional. Weitreichender Missbrauch und Unterdrückung der Frauen im Lauf der Geschichte in allen Kulturen und in allen Religionen hat oft die Frauenrechtsbewegung mit einer Einstellung der Verachtung und des Hasses gegen Männer gefärbt. Es ist ein psychologisches Faktum, dass eine große Zahl Frauen unbewusst Männer hasst und oft die Ziele der Frauenrechtsbewegung mit Sexismus verwechselt.[1] Das ist vollkommen verständlich. Wenn aber eine bedeutsame und anhaltende Lösung des Problems formuliert werden soll, müssen wir über die reine Umkehr der Rollen zwischen Tyrannen und Opfern hinausblicken.

Ramthas anfängliche Geschichte in diesem Kapitel kratzt an der Oberfläche der üblichen Disharmonie zwischen Männern und Frauen in ihren Beziehungen. Sein Verständnis der Psychologie der menschlichen Natur ist unvergleichlich, einfach und unbestreitbar wahr. Er hat das Problem bereits an anderer Stelle ziemlich ausführlich vom weiblichen Gesichtspunkt aus betrachtet. Diese Geschichte stellt die männliche Perspektive dar, die oft unbesprochen bleibt. Die Bedeutung dieses Ansatzes liegt nicht in der Begeisterung der Männer, sondern in seiner Definition der wahren Wurzeln des Problems. Was ist die gewöhnliche Natur von Männern und Frauen gleichermaßen? Was ist die Bedeutung wahren Glücks? Was ist die Bedeu-

---

[1] Siehe Jo Freeman, *The Women's Liberation Movement: Its Origin, Structures and Ideals* (Pittsburg: Know, Inc., 1971).

tung des Lebens? Was ist wirklich wichtig im Leben? Zwei Männer fanden eine wahre Freundschaft aus Gold ineinander, als sie erkannten, dass die Fülle der äußeren Welt nicht genug war, um das angeborene, innere Sehnen nach Glück zu erfüllen. Die Einfachheit eines Minds, der bewusst genug ist, um einen anderen Mind zu verstehen und anzusprechen, ungeachtet sexueller Identität, gesellschaftlichen Standes, Rasse, Alter oder religiösem Glauben, war das Geheimnis der Zeitalter, das diese beiden Männer auf ihre eigene Weise fanden. Mit anderen Worten, sie erkannten ihre wahre Identität und Natur als etwas, was das oberflächliche Image der menschlichen Persönlichkeit oder der Erwartungen des gesellschaftlichen Bewusstseins überragt.

Die Wissenschaft hinter Volksweisheiten

Der zweite Teil des Kapitels spricht die Essenz des Wissens und der alten Weisheit an, die besagt: „Ihr seid Götter, die Schöpfer der Realität“, im Sinne von gewöhnlichen Gedanken und Einstellungen, die unsere alltäglichen Erfahrungen beeinflussen und formen. Ramtha fasst die Vielschichtigkeit einer Lehre über die Gehirnfunktionen und den Einfluss der Neurophysiologie auf das Nervensystem, bis hinunter in die Ebene des Verhaltens subatomarer Partikel oft mit der Maxime „Einstellung ist alles“ zusammen. Dieser Grundsatz ist in keiner Weise eine simplistische und oberflächliche, eingängige Phrase, sondern eine tiefgründige Aussage in Ramthas Gedankensystem, die im Feld der Quantenphysik wissenschaftlichen Tests unterzogen werden kann. Es ist nötig, sich Ramthas Erklärung der Natur der Realität, ihrer Ursprünge, ihrer Mechanismen und ihrer Evolution bewusst zu sein, um die volle Bedeutung dieser Aussage zu verstehen.

Ramtha spricht in dieser Geschichte auch die beliebte Vorstellung in verschiedenen mystischen Traditionen des Ostens und des Westens an, die besagt: „Alles in unserem Leben ist ein Spiegel unserer selbst.“ Diese Vorstellung gleicht der allgemein bekannten goldenen Regel, die besagt: „Was du nicht willst, das man dir tut, das füg auch keinem andern zu.“ Ramtha vereinfacht diese Regeln der Weisheit, indem er erklärt, wie die Einstellungen, die wir in uns selbst gewählt haben, unsere Belohnung sind, denn sie sind verantwortlich dafür, wie wir unsere Erfahrungen und Bestimmung kollabieren zu lassen.

> „Wer in eurem Leben ist es also wert, in Bedauern, Qual, Leid, Kummer, Betrug, Groll, Verlassen festgehalten zu werden? Niemand.
>
> Denkt darüber nach. Ihr könnt das Königreich des Himmels haben. Was bringt das mit sich? Das bringt mit sich, dass ihr die Macht gewinnt, alles und jedes, worauf ihr euren Mind richtet, zu manifestieren, dass ihr mehr Reichtum manifestieren könnt, als ihr wisst, wie man Nullen anfügt, dass ihr das Altern in eurem Körper umkehren könnt, und dass ihr den Krebs in eurem Körper heilen könnt. Ihr könnt ein freier Mensch sein, nicht besorgt von Alpträumen, unbelastet von Verantwortung. Nun lasst uns das in eine Perspektive bringen. Was wollt ihr lieber haben, all diese Nullen oder Betrug?"[2]

DIE SKEPSIS DER LINEAREN PHYSIK

Dieser letzte Punkt bringt uns zu dem letzten Teil des Kapitels, der die Wissenschaft behandelt, die es für offensichtlich einfache, unauffällige Einstellungen möglich macht, sich in unseren Leben als reale Erfahrungen zu manifestieren. Ramtha stellt das Konzept der linearen, vorhersagbaren Physik vor im Vergleich zur unvorhersagbaren Bandbreite der Möglichkeiten subatomarer Partikel und der Quantenmechanik. Skepsis ist eine Entscheidung und keine Gewissheit oder das Ergebnis objektiver Wahrheit. Skepsis filtert alle und jegliche Informationen, die nicht in die vorbestimmte Form der Interpretationsparadigmen passen. Skepsis ist kein wesentliches Merkmal der Wissenschaft, sondern eine Abschreckung für neues Wissen und die Entdeckung besserer Formen, die Natur zu verstehen. Skepsis wird oft fälschlicherweise mit einem kritischen, forschenden Geist im Streben nach Wissen verwechselt. Sie sind nicht ein und dieselbe Sache. Die Präsenz von Skepsis in der Wissenschaft

---

[2] *New Group Retreat*, Band 332 ed. (Yelm: Ramtha Dialogues, 1996).

hat oft dem gleichen Zweck gedient, wie die blinde, dogmatische Einstellung vieler Religionen, vom Hinduismus bis zum Christentum, die sich weigern, die Gültigkeit alter Realitätsvorstellungen im Lichte aktueller Funde zu beurteilen.

Die Unschärferelation der Quantenphysik und die unvorhersagbare Natur subatomarer Partikel stellt ein reales Problem für die lineare Newtonsche Physik dar. Ramtha vergleicht die Newtonsche Physik mit dem Skeptiker, der alles ablehnt, was von seiner Weltsicht nicht vorhergesagt oder erwartet werden kann, das Außergewöhnliche und das Wunder eingeschlossen. Die Wissenschaft, die diese Lehren der Schulen der Alten Weisheit und die außergewöhnlichen Erfahrungen der Meister unterstützt, ist das wissenschaftliche Studium der Welt der winzigen Partikel, welche die größeren Körper namens physischer Realität ausmachen.

Das Studium der Quantenphysik ist sehr wichtig, denn sie zeigt durch verschiedene wissenschaftliche Experimente, wie das Doppelspaltexperiment[3], dass diese aus unserer Perspektive winzig und unbeweglich erscheinenden Teilchen eigentlich von Natur aus intelligent sind. Wissenschaftler waren über die Ergebnisse des Dop-

---

[3] Siehe Abb. 6. 1903 verwendete Thomas Young das Doppelspaltexperiment, um zu zeigen, dass Licht von Natur aus eine Welle wäre. Daraufhin schloss Albert Einstein, der den Untersuchungen Max Plancks folgte, dass Licht eine Zusammensetzung von Partikeln namens Photonen wäre. Dennoch konnte Albert Einstein die Ergebnisse aus Youngs Experiment nicht leugnen. Die Entdeckungen dieser beiden Wissenschaftler warfen das Problem der Wellen-Partikel-Dualität auf, das Problem, ob Licht eine Welle oder ein Partikel ist. 1924 schlugen Niels Bohr, H.A. Kramers und John Slater vor, dass die Wellen-Partikel-Dualität gelöst werden könnte, wenn die fraglichen Wellen Wahrscheinlichkeitswellen wären. Wahrscheinlichkeitswellen zeigen die wahrscheinliche Lage eines Partikels, das zu irgendeiner festgelegten Zeit kollabiert. Schließlich war es durch die Forschungsstudien von Erwin Schrödinger und Werner Heisenberg möglich, die Lage und die charakteristischen Energieebenen eines Atoms korrekt vorherzusagen. Die wichtigste, durch diese Studie der Quantenmechanik erkannte Auswirkung ist die Rolle, die der Beobachter in der Natur der Realität spielt. David Bohm schlussfolgert in seinem Buch *Die implizite Ordnung. Grundlagen eines dynamischen Holismus* (Goldmann, München 1987) dass "das Hauptaugenmerk nun eher auf *ungeteilter Gesamtheit* liegt, in der das beobachtende Instrument nicht von dem, was beobachtet wird, getrennt ist."

pelspaltexperiments verblüfft, denn egal welches Hindernis sie zwischen die fotografische Platte und die Quelle der Photonen stellten, die Photonen überwanden es. Photonen scheinen intelligent und in der Lage zu sein, die Gedanken des Wissenschaftlers, der das Experiment durchführt, lesen zu können. Leitet der Wissenschaftler unwissend die Lichtphotonen durch sein eigenes Experiment? Oder ist das Photon bewusst und eigenwillig, um das vom Wissenschaftler gestellte Rätsel zu lösen? Die Frage, die aus dieser Situation entsteht, gleicht dem alten Dilemma, was zuerst da war, das Huhn oder das Ei. Ramtha fragt: „Wusste dieses Licht bereits, dass der Wissenschaftler dieses Experiment gestalten würde? Oder hat das Experiment den Kurs des Lichtes selbst geändert?"

Diese Interaktion zwischen dem Beobachter, der das Experiment durchführt und dem Ergebnis des Experimentes selbst, auch bekannt als Beobachtereffekt, stellt die wissenschaftliche Basis für Ramthas Lehren über die mächtige Auswirkung unserer Einstellungen auf unsere Realität und unsere Erfahrungen dar. Ramthas Lehre über dieses Thema muss sorgfältig von einer reinen Ermahnung zu einer positiven Einstellung oder der Hingabe an die göttliche Vorsehung und Gnade einer höheren Macht unterschieden werden. Der Pfad des Meisters ist der Pfad des Wissens und des sich selbst Eroberns. Es ist der Pfad des sich bewusst der Wurzeln in uns selbst, in unserem Geist und unseren Persönlichkeiten Gewahrwerdens, die verantwortlich sind für den Kollaps der Welle der Möglichkeiten in ein Partikel, das wir Realität nennen. Nur indem wir erleuchtet werden und erkennen, wer wir wirklich sind und immer gewesen sind, können wir bedeutsame Veränderung in unser Leben und in unsere Welt bringen. Das tiefgründige Wissen der Zeitalter, von den Schulen der Alten Weisheit beschützt, das wir durch die Entfaltung der Geschichte verfolgt haben, wird aus dem Grab des religiösen Aberglaubens und Okkultismus durch die Wissenschaft der Quantenphysik wieder zum Leben erweckt. Niemals zuvor war es so überdeutlich, in Theorie und Praxis, dass wir in der Tat Götter sind, die Schöpfer der Realität.

ABB. 6: DAS DOPPELSPALTEXPERIMENT

				Von den Newtonschen Physikern erwartetes Resultat: Zwei separate Streifen in direkter Ausrichtung zu den beiden Spalten.
	Doppelspalt-Platte	Filmplatte		Filmplatte (Frontalansicht)

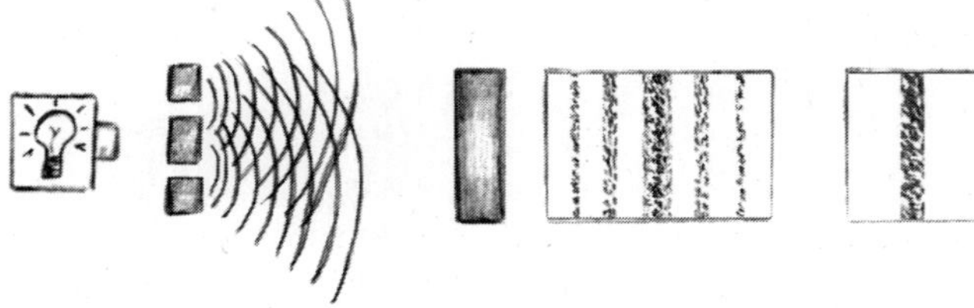

Quelle der subatomaren Partikel	Interferenzmuster			Tatsächliches Ergebnis: Die größte Konzentration ist in der Mitte des Bildes zu finden, was auf ein Welleninterferenzmuster hinweist, auch wenn einzelne Partikel, nicht Wellen, von der Quelle ausgesendet werden.

KAPITEL 6
ERLEUCHTUNG IN MODERNER ZEIT

„Also nun, wenn ihr der Sichtweise des Skeptikers folgt, folgt ihr der Newtonschen, vorhersagbaren Physik und ratet mal? Genau das bekommt ihr. Und, wisst ihr, wenn ihr diesem Pfad folgt, wird euch das Absolute Anderswo nie geschehen, das ist alles ein Teil der Quantenmechanik. Es wird euch nicht geschehen. Ihr werdet niemals eine außerkörperliche Erfahrung haben. Ihr werdet niemals fähig sein, euch zu verwandeln und Materie neu zu formen. Ihr werdet niemals fähig sein, eurer Vergangenheit und anderen zu vergeben, niemals werdet ihr fähig sein, das zu tun, weil der harte Kern des Kapitalismus und die treibenden Motoren der Vorhersagbarkeit konventionelle Physik sind. Nehmt es oder lasst es sein; das ist es, was sie sind."

Ramtha

EINE FREUNDSCHAFT AUS GOLD

Da gab es diese beiden Männer, die ich kannte.

Ihr lacht wieder über meine Geschichten, nicht wahr? Nun, wenn ihr es jetzt bevorzugt, kann ich in eine sehr Ramtha-mäßige Sprache verfallen und alles für den Rest des Abends mit „in der Tat" versehen. Seht ihr, ich liebe die Natur des Menschen wahrlich sehr. Ich war ein Mann. Ich erfreue mich an der Natur der Frauen. Und trotz allem, ist es nicht das, wo ihr euch genau jetzt befindet? Nun, wenn wir irgendwo auf dem, was man den siebten Planeten in der vierundzwanzigsten Galaxie nennt, wären und ihr ein großer, flauschiger Lichtball wärt, würde ich so beginnen: Vor vier Millionen Lichtjahren kannte ich zwei winzigkleine Lichter. Ja. Ja.

Und ihr müsst daran denken, dass dies wahre Geschichten sind und ich beginne mit Sicherheit zu sehen, dass nichts wirklich aus dem menschlichen Drama fabriziert wird. Egal, was ihr sagt, es geschah, weil die Menschen zu allem Unglaublichen fähig sind. Ja, das sind sie.

Aber ich wünsche, euch von diesen zwei Männern im Besonderen zu erzählen, denn es ist sehr treffend für das, was ihr euch in der dunklen Nacht eurer Seele angeeignet habt und was hell in den Fluss Gottes fließt. Es lässt auf die künftigen Zeiten schließen. Und es geht um Werte. Denn insofern waren einige von euch verwirrt, weil ihr bereits glücklich wart und das zu tun bedeutete, dass ihr euer Glück verlassen musstet, um loszugehen und etwas anderes zu tun, um euch selbst noch glücklicher zu machen. Es ist äußerst wichtig, diese Elemente auf die einfachste Weise zu erklären, die nicht missverstanden oder falsch gelesen werden kann – folgt ihr mir? – denn ihr bewegt euch in eine größere Zeit, zu der ihr bereits gehört und es ist wichtig, die Werte, die euch erhalten werden, zu verstehen.

Das ist also eine Geschichte von zwei Männern. Nun, ich bin sicher, dass es zwei Frauen gibt, die zur gleichen Geschichte passen würden, aber das habe ich im Besonderen beobachtet, bevor ich jemals meiner Tochter erschienen bin, um die Gefährlichkeit zu verstehen, in die sich das menschliche Wesen selbst eingegraben hat. Äußerst wichtig.

Diese zwei Männer – und lasst mich euch einen beschreiben – einer war von dem geboren, was man eine Frau nennt, die das ist, was man eine Schullehrerin nennt. Und diese Wesenheit war eines von einem Wurf Kinder. Ich glaube, die Zahl war acht. Acht, eine schöne runde Zahl, die einen besser schlafen lässt: vier Betten zu je zwei. Darüber lacht ihr? Wisst ihr nicht, dass sie in jenen Tagen an solche Dinge gedacht haben? Oh, ihr habt es vergessen.

Nun, es geschah nachdem, was man die Wende dieses eures Jahrhunderts nennt und vor dem ersten Großen Krieg, den ihr hier hattet, der sauber organisiert war. Der Slogan damals war: Es gibt eine Menge Buschfeuer, also erzeugen wir eine Menge Munition und geben dem amerikanischen Volk Arbeit. Wir müssen Kriege haben, um unsere Wirtschaft hochzuhalten. Und die Wirtschaft hoch zu halten bedeutete, eine Menge Menschen durch prekäre Situationen abzuschlachten.

Nun, dieser bestimmte Mann hatte den Wunsch ein wenig seiner Mutter nachzueifern. Und er war sehr hell, hell in der Bedeutung intellektuell klar, und hatte den Wunsch, das zu verbessern. Nun, er ging zur Schule, indem er bei seiner Mutter Unterricht nahm, aber er arbeitete, seit er drei Jahre alt war, weil jeder Mensch in dieser Familie, egal wie alt er war, für das Gesamte wichtig war. Um eine Gelegenheit zur Arbeit zu haben, als er drei Jahre alt war, bestand seine Aufgabe im Aufschichten von Kartoffel in Stapeln für seinen Vater. Und er liebte diese Leistung, weil es ein Gefühl war, etwas zu tun, auch in diesem jungen Alter. Die ganze Familie, einschließlich der Frauen, musste einen Beitrag leisten und das war dort natürlich. Jeder war in einem Sinn gleich, weil es die Familie war, die überlebte. Ziemlich anders, als es heute ist.

Diese Wesenheit ging zur Schule und arbeitete dann danach. Und er ging durch alles hindurch, was man öffentliche Ausbildung nennt und er machte mit einer höheren Ausbildung weiter – was für ein Witz – und in seiner höheren Ausbildung brachte er sich selbst durch diese Schule, die sehr teuer war. Sie kostete damals sehr viel und er verdiente seinen Weg die ganze Zeit über. Und er war aus dieser Schule gekommen, um ein Professor an einer universellen Universität zu sein. Und er tat das eine Weile lang und fand, dass er es nicht mochte.

Also nahm er das dürftige Einkommen, das er gespart hatte und legte es zur Seite und kaufte sich eine Farm mit fünfhundert Hektar. Er nahm alle seine Bücher des Lernens mit, die übrigens seine Schätze waren. Und dort hatte er einen sehr heruntergekommenen Ort ohne Elektronen, die in der Luft herumliefen. Es war sehr einfach und er wollte es sehr einfach haben, weil er erkannte, dass er zum Leben in Form von gesellschaftlichen Studien einen Beitrag leisten wollte – er hatte herausgefunden, dass das, was er in der Schule verabscheut hatte, die Programmierung durch das Sozialsystem war – und er wurde sehr selbstständig.

Nun, sein Land produzierte überhaupt nichts. Ein Großteil davon waren Holz und Wälder, wo kleine Geschöpfe, wie Stinktiere und andere seltsame Dinge, Vögel und wilde Dinge Amok liefen. Und dann die Morgen des Landes, die er bewirtschaftete, das Land war insgesamt nicht so reich, aber die Äpfel, die Birnen und die Köstlichkeiten, die von den Bäumen kamen, waren ziemlich wundervoll. Und mit seinen Schweinen, die er hatte, konnte er sprechen; er verstand sie. Seine Hühner und sogar die dummen Perlhühner – er verstand sie. Und er war ein glücklicher Mann. Er zog alles, was er zu essen hatte: eine Fülle an Eiern und süßer Milch – nicht Stutenmilch, Kuhmilch – er machte seine eigene Butter, lagerte sein eigenes Eingemachtes ein, bearbeitete seinen Garten und wenn die Aufgaben des Tages erledigt waren, setzte er sich neben seinen knisternden, dickbäuchigen Ofen, stopfte guten Tabak in seine Kornpfeife und saß dort und schaukelte in einem Stuhl, den er selbst gemacht hatte und las bei einem Licht, das in einer Kugel flackerte. Und er war ein zufriedener Mann. Und sein Lernen hörte nie auf und er wurde jeden Tag seines Lebens weiser.

Die einzige unglückliche Sache war, dass er eine unglückliche Frau geheiratet hatte. Und diese unglückliche Frau – nun, dies ist eine wahre Geschichte, die Frau war unglücklich – sie war eine sehr religiöse Frau, müsst ihr wissen, und sehr jungfräulich – jungfräulich. Nun, wie auch immer, sie spielte nicht herum, und er war sehr wollüstig. Nun, wie auch immer, er fand bald heraus, dass sie einfach ihre Pflicht tat, und dass dieses ins Heu gehen, was er von diesen seinen alten verschlissenen Federn erwartet hatte, einfach nicht stattfand. Sie war sehr hasserfüllt und verbittert. Und obwohl sie sagte, sie würde an Gott glauben, war sie zweifellos die nörglerischste, verbitterte Frau mit dem sauersten Gesicht, die ihr je gesehen habt. Gut, er verstand eines rasch: Er wollte sich nicht fortpflanzen.

Aber ich befürchte und bedauere, sagen zu müssen, dass kurz nachdem sie zusammen gekommen waren, er seine Pflicht erfüllte, und sie lag dort und tat die ihre, und dann trug sie ein Kind in sich. Er war eine entschiedene Verpflichtung eingegangen, dass es kein weiteres geben würde, und er erschauderte bei der Aussicht, wie diese Fortpflanzung aussehen würde und außerdem, wie es sein möge.

Nun, dieser Mann hatte einen feinen Sohn, sehr wie sein Vater, aber seine Mutter überlagerte ihn mit schweren Bildern. Nun, um eine lange Geschichte abzukürzen, sie trennten sich nach siebenundzwanzig Jahren und er fand eine gute Frau; sie heirateten nie, waren aber glücklich. Und natürlich schrie die Ehefrau immer in Verbitterung: „Diese Frau, in der Sünde leben, das ist Ehebruch, es ist Ehebruch! Das ist eine Sünde."

Und er lächelte einfach und sagte: „Die einzige Sünde ist, nicht zu lieben." Nun, er hatte natürlich Recht.

Nun, als die Jahre vergingen, blieb dieser Mann so einfach; er besaß nicht einen Cent. Für seine Kleidung schämte er sich nicht, für seine armseligen Fetzen, denn seine süße Frau, die sehr üppig war, kümmerte sich um seine Habseligkeiten. Aber es war nicht das, was er trug: es war das, was er zu wissen dürstete. Und so war sein Leben so einfach, dass er Momente hatte, in denen er lernte und die Natur kontemplierte, und er wurde niemals der schönen Szenerie seiner wundervollen Farm und der Schönheit und der Lehre, die sie besaß, müde. Er war ein Mann, der so in Frieden war, dass er nichts wollte, außer weiter zu lernen.

Also lassen wir ihn genau dort, wo er auf der Veranda sitzt, das, was man ein wenig seines hausgemachten Weines nennt, aus – wie nennt man das? - einem Obstkrug trinkt, seine Pfeife raucht und über die Felder blickt.

Nun gab es da einen anderen Sohn, Mann, geboren von einem Vater, der in einer Familie groß wurde, die verzweifelt arm war. Und der Vater arbeitete sein ganzes Leben lang für Geld. Er war gierig danach, weil er nur mit Geld Macht und Respekt haben würde. Und natürlich, wenn ein Mensch nach Geld gierig ist, bekommt er nie genug, weil die Angst immer noch in ihm ist. Seht ihr, es ist nicht das Geld; es ist er selbst, aber die Entschuldigung ist Geld. Und er hatte panische Angst davor, zu hungern und er hatte panische Angst davor, faul zu sein, sodass jeden Augenblick an Geschäft – Geschäft – gedacht werden musste. Und er lebte nach diesem Zeitstück, das er in einem Beutel trug, und er war pünktlich. Und er verbrachte jeden Moment seines Tages mit Geschäften. Und er wurde ein außerordentlich reicher Mann, aber es war nie genug. Nie genug. Er fürchtete sich bis zu dem Tag, an dem er starb, dass er nicht genug hätte, seht ihr, weil es nicht das Geld war; es war die Angst in ihm vor seiner eigenen möglichen Schwäche. Das Geld kaufte die Schwäche.

Nun, er hatte einen großartigen Sohn, schönen Sohn. Und der Sohn war freundlich und verständnisvoll und arbeitete hart. Sein Vater gab ihm nicht viel, aber er arbeitete hart von Kind an. Und er wurde gelehrt, alles auf seinem Teller aufzuessen und das tat er. Und er dachte nicht, dass es falsch oder richtig war, er tat es einfach. Er verstand die Dringlichkeit in seines Vaters Haus. Er half, beschwerte sich nie und er lernte. Und sein Vater überzeugte ihn vom Lernen und sagte immer zu ihm: „Du musst reich sein, denn ohne reich zu sein, bist du nichts."

Und der sanfte Sohn lernte, und auch er wurde wohlhabend. Aber er war kein von seiner Armut und Angst getriebener Mann, wie es sein Vater war, noch war er von den Reichtümern, die ihn offensichtlich umgaben, besessen. Alles was er wollte, war das Richtige zu tun. Und er war freundlich, hatte überhaupt nichts Brutales an sich, behandelte niemanden schlecht, was bei seines Vaters Arbeiten üblich war.

Und als er aufwuchs, um ein sehr junger Mann zu werden, fand er heraus, dass es sehr viele Menschen gab, die ihn hassten und er verstand nicht warum. Aber sie verachteten ihn, weil er reich war und es waren die Armen, die ihn verachteten. Und er begann zu verstehen, wovon sein Vater sprach. Aber er besaß keine Boshaftigkeit oder Hass; er verstand es einfach nicht.

Was dieser süße Mann also tat, war, er begann viel von seinem Geld an diese armen, jämmerlichen Teufel zu verschenken, die ihn so erbittert hassten und natürlich verwandelten sie sich über Nacht zu Sirup. Und er lernte nach einer Weile, dass er keine Freunde kaufen konnte und dass er keine Akzeptanz kaufen konnte. Als er beim Versuch beinahe mittellos wurde, fing er an, die Natur des Menschen besser zu verstehen, ein wenig, aber überhaupt nicht so, wie sie es in der Schule lehrten. Aber in gewissem Sinne hatte sein Vater Recht.

Nun, sein Vater ging weiter und hinterließ seinem Sohn sein gesamtes Vermächtnis. Und er lebte in einem Haus, das baufällig war. Es sah aus, als ob ein armer Mann dort lebte, weil sein Vater niemals wollte, dass irgendjemand wusste, dass er wahrhaft reich war. Also ging der Sohn zurück zu diesem Haus und er dachte an seinen Vater und seine angstvolle Heuchelei. Er verbrannte das Haus und baute ein schönes – wie wird es genannt, Georg etwas, georgianisch; versteht ihr? – herrschaftliches Wohnhaus. Es war ein schönes Stück Land, auf das er es baute, mit alten Eichen überall; das Haus schimmerte weiß, und hatte glänzende Fenster, und rote Ziegel, und würdevolle schwarze Türen, die in brillantem Email glänzten mit glänzend polierten Türklopfern mit Löwenköpfen darauf. Und überall, wo er hinsah, mochte er, was er sah – überall. Und wenn er etwas betrachtete und es nicht mochte, veränderte er es, bis es ihn glücklich machte und er es mochte.

Nun, wisst ihr, war es mehr als wahrscheinlich, dass sich sein Vater, wo auch immer er war – und ich werde es euch nicht erzählen, aber ich werde nur das sagen – mehrere Male in seinem Grab umdrehte.

Nun, dieser Mann nahm eine ziemliche Schönheit, sagte man, eine ziemliche Schönheit. Das zarte kleine Ding hatte sehr helles Haar und durchscheinende Haut, die über diesen gut geformten Knochen wie Mondstein mit einer leichten Aprikosenröte aussah, riesige blaue Augen und helle dicke Wimpern, und einen kleinen, aber festen Himbeermund. Ihre Hände waren ziemlich schlank und zart, wie ihre Füße es waren, aber sie neigte zu dicken Schenkeln. Mir entgeht nie etwas.

Nun, sie war das, was man die Tochter eines Bankiers nennt, wie es heißt, die Tochter eines Geldwechslers. Und sie war in alle richtigen Schulen gegangen, eine war ein Mädchenpensionat. Ich bin immer noch verwirrt, was das war. Und auf den ersten Blick starrte sie einen an und schaute nur und man dachte, dass dies eine schüchterne, wohlerzogene Frau wäre, die ihren Platz kannte und unerschütterliche Stärke hatte. Gut, er dachte das auch, außer wenn er anfing, mit ihr über Wesenheiten namens Thoreau, Wesenheiten namens Einstein, Wesenheiten wie Cicero zu sprechen – all diese wundervollen Dinge, die solche Schätze für ihn waren, sein Wissen – dann saß sie daneben und klimperte sehr schnell mit diesen hellen Wimpern und dann in einem Augenblick, wenn man inne hielt, sah sie einen an und niemand war zu Hause. Das ist eine wahre Geschichte, sogar ich schaute.

Sie war so durch Inzucht gezeugt, dass sie überzüchtet war, denn die einzigen Dinge, die diese Frau verstehen konnte, waren banales, dummes Geschwätz. Es gab keine Tiefe, keine Ernsthaftigkeit und die einzige Sache, die sie jemals las, war das, was ihr Modemagazine nennt, und das, was mit Clubs und Wohltätigkeitsorganisationen zu tun hatte. Und sie sagte immer „die unglücklichen Armen", aber sie verstand nie, was ein unglücklicher Armer war. Wenn man sie fragte, was die Bedeutung des Lebens wäre, saß sie da und starrte einen mit diesen leeren, leeren Augen an und fragte einen dann, ob sie den Drink auffüllen sollte. Nicht zu Hause.

Gut, nun, dieser sehr wohlhabende junge Mann, der nicht in Heuchelei lebte, war sagenhaft reich; er lebte schön und schämte sich nicht dafür, weil er den Charakter der Menschen verstand. Also war er kein Heuchler, wie sein Vater es gewesen war. Und er hatte auch niemals die Angst seines Vaters, daher besaß das Geld ihn nicht. Er nutzte es, um zu verherrlichen, was er war, und es war für jeden da, um es zu sehen – für jeden.

Und die Reichen kamen vorbei und fluchten unter ihrem Atem, weil sie immer ausheckten und planten, wie sie reicher als er werden könnten. Das war Gier. Und der Pöbel – und ich spreche vom Pöbel, den Armen aus Entscheidung – hasste ihn, ging vorbei und spuckte auf seinen Rasen. Wisst ihr, sie waren arm, weil sie durch ihre eigene Entscheidung mit Bösartigkeit und Hass erfüllt waren und sie ärgerten sich darüber, daher erschufen sie das Vakuum, das wegbleibt.

Nun, er verstand all das und er entschuldigte sich niemals bei einem Menschen oder erklärte, warum er es nicht verdiente, diesen Reichtum zu haben. Er sah die Menschen einfach an und erkannte ihre vollendete Dummheit. Und er verlor nie Schlaf darüber und er dachte niemals über Vorsicht nach oder daran, umsichtig zu sein und all das. Er war ein wilder, freier Mann. Und auch er zog sich zu seinen Studien zurück – ich denke oft, in Reflexion, dass er es tat, um von seiner schnatternden Frau wegzukommen – und dort las er seine wertvollen Bücher.

Nun, er wusste sofort, dass auch er sich nicht fortpflanzen wollte, weil er wusste, dass vielleicht die einzige Sünde in seinem Leben sein würde, einige weitere von dieser Art zu erschaffen. Und war die Welt nicht arm genug, so wie sie war; war sie nicht ausgehungert genug von großen Geistern? Nun, er tat seine Pflicht und hatte Zwillinge.

Nun, sie waren genau wie sie. Und sie jammerte, brüllte und schrie ihn nach einem Tag voll harter Arbeit an. Sie wollte immer, dass er mehr Geld verdiente – natürlich gab sie nie ihres aus, sondern er musste seines ausgeben – damit sie jammern und sich bei ihm beschweren konnte, nachdem er hereingekommen war und sie ihn verfluchen konnte, kein ordentlicher Vater zu sein. Und sie schleppte ihn zum Kindergarten und ließ diese zarten kleinen Klöße auf seine Knie plumpsen und verschoss dann eine Filmrolle nach der anderen, um sicherzustellen, dass er dort sein würde. Und ihre kleinen Lieblinge konnten nichts falsch machen. Und so war sie von ihren kleinen Lieblingen so entzückt, dass sie niemals jemanden Hand an sie legen ließ, weil das Kindesmissbrauch wäre. Da sie Götter waren und die Situation blitzschnell erkannten, funktionierte es zu ihrem eigenen Vorteil. Er hasste sie. Er betrachtete sie als Obdachlose, Hooligans und musste seine Hand oft zurückhalten, um sie nicht auf ihre dummen, gespitzten Lippen zu schlagen.

Das ist eine wahre Geschichte.

Und sie lebte für ihre Lieblinge. Und sie fand Wege, ihre Brillanz, ihr Genie, ihren Witz zu sehen. Und wenn ihre gesellschaftlichen Freunde ihre Sprösslinge verglichen, erfand sie neue Wege, um zu sagen, dass ihre besser waren. Nun, wisst ihr – wisst ihr – es geschah nicht mit diesen Kindern.

Also zum Abendessen – immer ein üppiges Mahl auf dem Tisch – kam er nach Hause und fürchtete sich vor dem Nachhausekommen, obwohl er sein Heim liebte, denn dort war dieses schnatternde, geistlose Geschöpf. Und anstatt zu ihm zu sagen: „Was hast du heute erlebt? Erzähl mir von deinen Abenteuern", saß sie da und plapperte über den Stuhlgang der Kinder und ob er regelmäßig war oder nicht, und fragte ihn nicht einmal nach ihm selbst, was er fühlte, was er war, denn sie war unfähig dazu.

Nun, wollen wir sie dort lassen.

Eines Tages trafen sich diese beiden Männer und es war bei dem, was man einen Spaziergang in den Wäldern nennt, sozusagen, einer in seinem feinen Landhaustweed – ich denke, das ist ein passender Ausdruck, nicht wahr; hört sich für mich wie ein Vogel an – und der andere in seinen zerlumpten Fetzen, beide Pfeife rauchend. Nun, sie trafen sich und erkannten einander sofort – sofort. Und sie fanden das, was man einen kleinen Teich nennt, wo sich einige wilde Gänse gesammelt hatten, die schrieen und eine ziemliche Aufregung verursachten, setzten sich auf eine Anhöhe und fingen miteinander darüber zu reden an, wessen Platz wessen Platz war.

Nun, als das Gespräch weiter ging, wussten sie, dass sie solch große Freunde, schnelle Freunde waren. Sie hatten einander im Ödland der Obdachlosen gefunden, jemanden, der vorsichtig, reich, lebendig und vital war, jemanden, der seine Gedanken reflektieren und teilen konnte. Und als es gegen den Abend ging und die Grillen herausgekommen waren und die Gänse in ihre nächtlichen Nester verschwunden waren, sagte der arme Mann, dass er zum Abendessen nach Hause gehen müsse. Das ist der Ausdruck oder, Abendessen? Und als er seinen Freund ansah, bemerkte er, dass es in seinem Wesen eine Versteifung und eine Art Zurückhaltung gab. Und da er intuitiv war, als der weise Mann, der er war, lud er ihn offen nach Hause ein.

Gut, seine gute, fette, fröhliche Frau hieß sie beide willkommen und der reiche Mann nahm ihre Hände, setzte sich in den quietschenden Stuhl und genoss das üppigste, herzhafteste Abendessen, das er jemals hatte. Es war mit nichts verziert. Es gab keine faden Suppen auf Eis. Es war reichhaltiges, herzhaftes Kraut, Rippchen – wisst ihr, was ich hier sage? – und als Krönung gab es einen ausgezeichneten Apfelkuchen aus den Äpfeln des Gartens. Nun, der reiche Mann liebte dieses Gefühl der Wärme und Sicherheit. Ja, die Wände waren nicht bemalt und, nein, es gab keine schönen Ledermöbel dort und keinen marmornen Kamin, nur einen dickbäuchigen Ofen, der knisterte, brüllte und Funken sprühte. Er hatte sich noch nie in seinem ganzen Sein so zu Hause gefühlt.

Nun, die Freundschaft wuchs sehr schnell. Nun, der arme Mann grollte niemals dem reichen Mann und er betrachtete nie seine Kleider und sagte: „Ich sehe nicht gut genug aus; ich muss etwas kaufen, weißt du, um irgendwie in Form zu sein.“ Seht, er veränderte nie seine Erscheinung und der reiche Mann änderte nie seine, weil es nicht das war, was wichtig war. Es gab kein, sollen wir sagen, gesellschafts-bewusstes Wirken dort. Es gab kein Bedürfnis, sich nach oben oder unten auszurichten, damit sich der andere wohl fühlen konnte; sie fühlten sich augenblicklich wohl.

Und dann hatte und brachte er schließlich den Mut auf, den armen Mann zum Abendessen in sein Haus einzuladen. Und der arme Mann, unendlich weise, erschauderte, als er in das Haus kam – erschauderte. Oh, natürlich verübelte er weder die Schönheit noch die Architektur. Er betrachtete sie als sehr schön, sehr schön in der Tat. Er war nicht neidisch darauf oder eifersüchtig darauf; er erschauderte einfach bei einem derart schönen Bauwerk mit einem derart kalten Herzen.

Und es war alles, was er tun konnte, denkt daran, zur Abendessenszeit – was man nun Dinner nannte – sich an einem Hors d'Ouevre zu verschlucken, weil es sehr dezent nach rohem Flusskrebs roch. Nein, mein Herr, das war nichts für ihn. Und dann bekam er auch diese schwarzen, perlartigen, kleine Dinger serviert, die dezent wie die Eier des Wels rochen, mit einem sehr feinen Silberlöffel – sehr verziert, schwer, das Wahre – auf einem Nichts einer Waffel. Das ist es also, worauf des Menschen täglich Brot hinauslief.

Und das Abendessen, obwohl mit Spitze, Platzdecken, Saucen und Sahne – und was dazu gedacht war, dem zu ähneln, was man, sozusagen in der Tat, einen Schinken nennt, stellte sich als nichts dergleichen heraus – war seltsam. Nun, es war alles, was er tun konnte. Und natürlich die Dame des Hauses, mit diesen seelenlosen Augen, dieser dummen Ruhe, starrte ihn mit einem überheblichen Ausdruck an – überheblich. Und obwohl sie mehrere zum Abendessen erwartet hatten, kam niemand. Also verstand der arme Mann das Unbehagen dessen, den er seinen sehr reichen Freund nannte.

Nun, ein wenig später fand auch er eine gute Frau – sehr zur Schande und zum Skandal für das Familienvermögen, die Bank und eine Kammer, wo der Handel sich trifft und all diese weltverbesserischen Gesellschaften, wisst ihr, diese Sozialarbeiter, diese Weltverbesserungskampagnen. Es war überall ein Skandal, aber er verließ die Maid, ging durch seine dunkle Nacht der Seele. Sie vergab ihm niemals, natürlich. Und die Kinder hassten ihn erbittert und zählten die Stunden bis zu seinem Tod, denn eines war gewiss: Wenn er all seine Reichtümer ihnen überließe, wären sie sehr ähnlich wie sein Vater gewesen war, denn es wiederholt sich.

Nun, diese schnellen Freunde liebten einander. Sie waren große Brüder. Und es machte keinen Unterschied, wo sie sich hinsetzten, sprachen und teilten. Und es gab viele Abende, an denen sie sich auf eine knarrende Veranda setzten – wisst ihr, von zwei Stücken Holz hochgehalten; ohne Säulen – und beobachteten, wie der Abend versank, und kein Wort wurde zwischen ihnen gewechselt, während süß duftende Dinge aus der Tür kamen, von der süßen Frau in der Küche, der guten Erde selbst.

Nun, ein großer Gott, aus welcher sozialen Schicht auch immer, ist durch seine große Weisheit offensichtlich. Und eines Abends diskutierten sie eben diese Sache. Also sagte der reiche Mann zum armen Mann, er sagte: „Warum hast du nicht weiter gemacht und bist ein Professor geblieben, hast Geld verdient?"

Er sagte: „Wofür? Ich habe alles, was ich will, alles, was ich brauche. Alles, was ich mir je gewünscht habe, habe ich hier. Wofür brauche ich Geld? Denkst du, es würde mich glücklicher machen? Ich habe all die guten Bücher, die ich je in diesem Leben lesen werde, und ich habe eine gute Frau; gut wie die Erde ist sie. Und ich habe ein Dach über meinem Kopf und ein gutes, bequemes Bett und Kissen, die direkt aus den Daunen meiner Gänse gemacht sind. Ich zahle niemanden, ich bin niemandem verantwortlich. Und ich ziehe gute, herzhafte Nahrung, und es ist immer etwas im Kessel. Was will ich mit mehr als dem, wenn das, was ich habe, alles ist, das ich will?"

Und der reiche Mann lächelte, paffte an seiner Pfeife und blies einen wundervollen Rauchring; er blieb irgendwie dort. Also saß der reiche Mann einen Augenblick in Stille, als ob er sein ganzes Leben überdachte, wie sein Vater gewesen war und alles.

Also dann wandte sich der arme Mann zu ihm und er sagte: „Warum willst du soviel Geld?"

Er sagte: „Ich dachte, ich wollte es. Ich dachte, es wäre wichtig. Ich habe eine große Menge Geld, das ist wahr. Und ich habe es für den Rest meines Lebens, und mein Leben ist sehr zufrieden, so wie es ist. Nun, es ist nicht, dass ich mehr möchte; ich habe genug. Ich brauche nicht mehr; ich habe genug. Ich habe all die Dinge, die sind, was ich möchte. Ich habe eine gute Frau – der Ehemann starb im letzten Krieg, weißt du das nicht? – eine gute Frau, germanisch, ich holte sie gerade rechtzeitig heraus. Ich habe mein schönes Haus; von mir entworfen, jeder Zentimeter davon. Und ich habe meine guten Bücher. Ja, ich habe auch mehr davon, als ich jemals in meinem Leben lesen könnte. Und jetzt, gelobt sei Gott, habe ich einen guten Koch. Und, weißt du, du hattest Recht, was diese Fischeier anbelangt. Jeder sagt, iss sie; du wirst Geschmack daran finden. Ich habe versucht, Geschmack daran zu finden, alle glücklich zu machen, zu denken, dass ich eine kultivierte Person sei, während ich die ganz Zeit über die verflixten Dinger hasste. Ich habe keine Fischeier mehr im Haus. Ich bin sehr glücklich. Und mein Reichtum – ich brauche nicht mehr; ich habe genug. Und ich schulde niemandem einen Cent und ich besitze alles, was ich habe. Und ich bin, wie du sagst, ein glücklicher Mann."

Also paffte der arme Mann einen Augenblick lang an seiner Pfeife und stand dann da, starrte auf die tiefer werdenden Schattierungen von Violett über den fernen Hügeln und sagte zu ihm: „Das Geld eines Mannes ist seine starke Stadt."

Und der reiche Mann sah zu ihm hinüber und sagte: „Aus dem Alten Testament."

Der arme Mann sagte: „Ja, das ist es. Ja, das ist es." Und er sagte: „Und ich erinnere mich an etwas anderes von dort. Wie ging es? Oh, es war etwas, über Gott, der einem Mann vier Talente gab und er schämte sich dafür, also gab er sie weg. Und er gab einem anderen Mann drei Talente und er begrub sie. Und er gab einem anderen zwei und er verlor sie. Und er gab einem anderen Mann einen, und dieser Mann mit dem einen Talent wurde sehr wohlhabend und Gott war glücklich."

Und so saß der reiche Mann einen Augblick lang mit gerunzelter Stirn da. Er sagte: „Gut, welche Art Talent hatte er? Welche Art Talent hat Gott ihm gegeben, das ihn wohlhabend machte?"

Und der arme Mann lächelte, kicherte in sich hinein und sagte: „Ein Talent war eine hebräische Münze. Gott war ein Geschäftsmann und Gott war glücklich und hocherfreut, dass er diesen Talent nahm und wohlhabend wurde."

Nun, der reiche Mann begann zu lachen. „Ich habe so etwas vermutet", sagte er, „weil ich niemals Schlaf über meinen Reichtum verloren habe, als ich aufgehört hatte, allen beweisen zu wollen, dass ich ihn irgendwie wert wäre. Gut, ich war es einfach. Jetzt bin ich daher im Frieden damit."

Also saß der alte Mann dort und er paffte für eine Weile an seiner Pfeife.

Und so sah der reiche Mann zu ihm hinunter und dann betrachtete er diese malvenfarbigen, violetten, immer tiefer schattierten Hügel, die in immer noch tiefere Farben des Zwielichts versanken. Und er hörte einen Vogel in einem nahe gelegenen Busch pfeifen, eine Kuh im Stall muhen und einen Hund irgendwo in der Ferne bellen. Und er sah wieder zurück zu den Hügeln und er betrachtete seinen geliebten Freund, den armen Mann und er sagte zu ihm: „Ich erhebe meine Augen zu den immerwährenden Hügeln für Stärke, denn die immerwährenden Hügel sind meine Stärke, die mir der Herr gegeben hat."

Der arme Mann betrachtete diese Hügel. Er wusste, dass er sie besaß – in Ordnung, einfach und echt waren sie, aufgereiht, er hatte die Urkunde – aber er wusste, dass diese wirklich Gottes Hügel waren, wisst ihr; er hatte sie nur für eine kleine Weile. Er war ihr Hüter, mögt ihr sagen, aber sie gehörten nicht wirklich ihm. Und er betrachtete sie und er fand in diesen Hügeln und auf seinem Land große Stärke. Und er wurde von Gott aufgebaut, wenn er nach da draußen sah, und er war zufrieden und in Frieden.

Und was geschah mit diesen beiden Männern? Ich hörte all diese Gespräche; ich wiederhole sie euch wörtlich. Ich roch, was im Kessel kochte; ich konnte nicht anders. Ich sah, ich beobachtete und ich verstand. Es gibt keinen Unterschied. Weder macht Geld einen Mann noch bricht es einen Mann. Und ein Mann muss, um zu überleben, nicht reich sein, es sei denn, es ist die Angst, die ihn antreibt, aber dann sprechen wir von einer ganz anderen Sache.

Diese beiden Männer hätten eine große Depression und große Veränderungen überlebt, denn keiner von ihnen schuldete jemandem, und keiner von ihnen schämte sich für das, was sie waren, sondern sie erfreuten sich daran und waren durch ihre Umgebung bereichert. Beide besaßen Land, beide zogen Nahrung auf diesem Land und beide waren unabhängig. Und beide hätten alles überlebt, weil sie weise genug waren, verständnisvoll genug, makellose Männer, die, ja, einen herzhaften Appetit nach dem Leben hatten – das leugneten sie nie – aber auch keine Heuchler oder Gotteslästerer waren, denn sie lebten rechtmäßig wie es ihre Natur war und machten damit weiter, gelangten aber in ihrem Individualismus zu dem, was in ihrem Leben wichtig war und was sie glücklich machte, und was dieses Glück für alle künftigen Zeiten absichern würde. Und diese absolute Unabhängigkeit von dem, was sie hatten, bereicherte sie beide. Sie waren prächtige Männer: keine Heuchelei, keine Doppelzüngigkeit, keine Angst, kein Kampf. Sie waren einfach dort, wo sie sein wollten.

Wenn ich diese Männer nähme und sie in der Zeit vorwärts bewegte und sie an den gleichen Ort setzte, an dem sie lebten und diesen Zeitsprung erschüfe, wo sie ein solches Leben heute mit all dem, was kommen wird, leben könnten, würden beide alles überleben. Und, denkt daran, einer war ein armer Mann, aber nicht arm. Er hatte alles, was er wollte und hatte die Fähigkeit, weiter seine Bedürfnisse zu erfüllen. Und der andere war ein reicher Mann, der genug hatte, alles hatte, was er brauchte, um seine Bedürfnisse zu erfüllen und ihn durch alles, was kommen sollte hindurch aufrechtzuerhalten. Und sie schuldeten niemandem etwas. Sie waren frei, diese Pracht, die in der Seele wild ist, die das Echo eines wilden Gottes ist. Ja, das waren sie.

Beide Männer starben glücklich: einer, von dem es hieß, er hätte eine große Krankheit in seinem Körper – glaubte es nicht einen Augenblick lang – und er sagte: „Ich werde mich nicht operieren, aufschneiden und wieder zunähen lassen. Ich will auf meinem eigenen Land und meinen eigenen Füßen sein, wenn meine Zeit kommt", und das war er. Und der andere Mann, nach immenser Trauer über das Hinscheiden seines Freundes und durch Gefühle – dass das der einzige Freund gewesen war, den er je hatte, der ihn je verstand – erkannte er, der andere Mann – erkannte er nach seiner Trauer, dass der einzige wahre Freund, den er wirklich je hatte, Gott war. Und es war diese Stärke, die es ihm gestattete, ein derart großartiges Individuum zu sein. Er erkannte das, als seine Trauer vorbei war. Er starb auch aufrecht. Das ist der Weg, den er gehen wollte.

Nun ihr Land: Der reiche Mann, er hinterließ es nicht seinen Kindern. Er überließ ihren Unterhalt seiner sehr reichen Ehefrau, die niemals einen Cent ihres verdienten Geldes ausgegeben, aber immer an ihm herumgenörgelt hatte, er solle mehr Geld für sie verdienen. Ich denke, das war sehr klug. Vielmehr hinterließ er sein Geld einer unbekannten Person, die er kurz gekannt hatte, und über die er befand, dass sie mit ein wenig Hilfe aus ihrem Trott herauskommen könnte. Das tat sie. Sie tat es, sie gedieh und sie war an allen Tagen ihres Lebens dankbar.

Nun, der arme Mann hinterließ sein Land seinem Sohn, seinem Sohn, der am Anfang so weise war und so sanft, aber der sich, weil es sein Pflicht war, um seine fanatische Mutter kümmern musste, die sich selbst lieber zu Tode hungerte als einen Dollar für eine Mahlzeit auszugeben, weil sie Geld wollte. Und in ihrem religiösen Fanatismus wurde sie eine hasserfüllte, verbitterte, gemeine Frau.

Und eine Menge davon färbte sich auf ihn ab, weil er das Bedürfnis verspürte, von seiner Armut und seinem Mangel wegzulaufen, und er begann, seinen Vater zu hassen. Und er dachte, sein Vater wäre dumm gewesen, nach all den Dingen, die er ihm immer gesagt hatte, all diesen weisen Dingen und dann hatte er gesagt: „Aber es ist dein Leben, Kleiner; es ist dein Leben." Und er betrachtete seinen Vater als einen dummen Mann, der niemals einen Berg Bohnen ansammelte, dasaß und nicht versuchte, etwas aus sich zu machen. Aber das war die Rede seiner Mutter.

Diesem Mann wurden diese fünftausend Hektar hinterlassen und er verwandelte sie in, lasst mich sehen, ein Baugebiet: viele Häuser und Eigentumswohnungen – Eigentumswohnungen; ja, ja, geschmacklose Dinger; keine Wärme, alle sahen gleich aus – mit etwas Grässlichem namens Zwischendecken. All das süße Land. Und er wurde sehr reich, der Sohn. Und in ihm wuchs die Verzweiflung, immer mehr Geld haben zu wollen, und er fürchtete sich. Wisst ihr, wovor er sich fürchtete? Er lief vor der Sanftheit weg, die er mit seinem Vater geteilt hatte und er war durch den Fanatismus seiner Mutter verwirrt, und durchlebte seine dunkle Nacht und starb beinahe dabei.

Aber er kam am anderen Ende wieder heraus, als sein Vater ihm in einem Traum erschien. Er sagte: „Es war dein Leben, Kleiner. Es war dein Leben. Nun tu, was dich glücklich macht. Es ist so viel Leben übrig." Und es war dieser Traum, der seine Entscheidung besiegelte.

Er ging zurück zu dieser Nostalgie, die er als Kind mit seinem einfachen Vater, seinem sehr weisen Vater erlebt hatte. Und er sagte sich immer, dass die Nostalgie, die er empfand, Lüge war, aber es war ein Nachhausekommen. Er verkaufte all die Dinge, die er hatte und kaufte ein Stück Land, von einigen sehr alten Eichen gesäumt, und er hatte einen kleinen Platz und er ahmte die Pracht des Hauses seines Vaters nach. Und dort fand er Freude mit einer süßen Frau, die so erdig war, wie es sein Vater gewesen war: eine einfache, keine schöne Frau, aber ein Geschöpf, das wie ein Rätsel war, das einfach und weise war, und die Welt verstand, und ausgeglichen, liebevoll und leidenschaftlich war, und sich nicht schämte, so zu sein.

Und da gab es viele Nächte, in denen sie dasaßen, lasen und auf der Veranda saßen. Und die Nostalgie, die ihn überkam, erfüllte seine Seele mit Freude, denn er war zurückgekehrt zur Einfachheit dessen, was wichtig war und dort war er glücklich. Es war nicht das Geld, das ihn glücklich machte; es ließ ihn sich schlecht fühlen, weil er niemals genug bekommen konnte, denn das war es nicht, was seine Seele brauchte, sondern Freiheit, eine wilde Herrlichkeit.

Nun, dieser Sohn ist heute noch am Leben. Er ist ein sehr alter Mann und er hat immer noch diese wundervolle kleine Farm, und dieses Haus hat keine Elektrizität, und er erlaubte nie eines dieser quadratischen Dinger, die Bilder zeigen. Und die größte Bequemlichkeit, die er hatte, war eine Klingel an der Wand, ein Telefon, und das war alles. Er besaß nichts. Er ging seinen eigenen Weg. Alles, was er aß, zog er selbst. Und er ist heute immer noch am Leben und er erschaudert beim Gedanken an all die Kinder – all die Kinder – die sich arrangieren, um das Zeitalter der Tyrannen zu sehen, von dem er wusste, dass es kommen würde, und er war froh, dass er sich nicht weiter fortpflanzte. So sei es.

Eine lange Geschichte, eine schöne Geschichte, weil ich möchte, dass ihr etwas aus dieser Geschichte lernt, wenn ihr die Entscheidung trefft, das zu tun. Wisst ihr, es geht nicht darum, wie viel ihr habt; es geht darum, wie viel ihr „habt". Kapiert? Und ihr müsst kein reicher Mann sein, um diese Tage, die aufkommen, zu überleben. Und ihr betrachtet es besser als viel schlimmer – und wir werden über schlimmer reden – als diese Depression, die euer Volk, durch Manipulation natürlich, erlitten hat. Es wird nichts dergleichen sein – nichts – denn es sind die Tyrannen.

Ihr müsst kein reicher Mann sein. Ihr habt nicht diese Entschuldigung zu sagen: „Ich habe nichts, weil ich kein Geld habe." Ihr tut, was euch glücklich macht. Und ihr könnt dieses Land manifestieren, das groß genug ist, um euch selbst zu ernähren, und ihr könnt einfach genug sein, und niemandem etwas schulden, oder ihr könnt Aktien kaufen und euch nicht dafür schämen, dass ihr reich seid und euch deswegen nicht schlecht fühlen, denn erinnert ihr euch an den Talent? Gott war ein Geschäftsmann; ja, das war er. Und das Geld eines Mannes ist seine Festung.

Schämt euch nicht, dass ihr es habt, denn sich zu schämen, besitzt euch auf viele Arten. Es besitzt alles, was ihr tut. Ihr seid sorgfältig und vorsichtig und ihr denkt, ihr solltet es sein. Welche Schande. Welche Schande. Aber es ist in Ordnung, es zu haben, und es ist in Ordnung, es nicht zu haben. Was wichtig ist bei den Angelegenheiten, die aufkommen werden, ist fähig zu sein, zu überleben, fähig zu sein, dieser Souverän zu sein – so unabhängig wie es der reiche Mann war und wie es der arme Mann war – aber mit der gleichen großen Intelligenz, weil sie beide die gleiche Intelligenz teilten. Sie verstanden: Kein Mensch sei mein Meister; kein Mensch halte mich im Gefängnis durch Verschuldung; kein Mann besitze mein Leben.

In den Tagen, die kommen werden, entscheidet, wenn es euch nicht glücklich macht, euch selbst erhalten zu können, dann erkennt mit Wissen, was kommen wird und akzeptiert es. Es ist eure Entscheidung. Aber wenn ihr bewegt seid, in all den Zeiten, die kommen werden, erhalten zu werden, dann ist es wichtig, diesen beiden Männern sehr ähnlich zu sein, in welche Kategorie auch immer ihr fallt, und weise genug zu sein, um zu verstehen, was wichtig sein wird und was wichtig ist. Und nur weil diese Veränderung unvermeidbar ist, schmälert das nicht den Gott in euch, schmälert es nicht, wer ihr seid, sondern verbessert es eher.

Es werden Zeiten kommen, die ihr erleben müsst, weil ihr in diese Zeiten gehört, wahrhaftig. Es ist keine Angelegenheit, um hinauszugehen, zu meditieren, zu chanten und etwas zu tun. Jemand sagt: „Hier, so macht man das", oder es geschieht mit diesem Wissen, das ihr hier gelernt habt und wie ihr dieses Wissen durch Verständnis der Grade des veränderten Ichs und der Kostbarkeit des Ichs vorantreibt. Wenn ihr das versteht und Evolution versteht und ein Unbekanntes verändert, werdet ihr euch hindurch bewegen und es wird euch glücklich machen, das zu tun, denn das ist das Unbekannte, das kommen wird. Und diese Macht – oh, diese Rose zu ergreifen – diese Macht erhebt einen auch. Sie verstärkt; sie sieht, sie manifestiert. Ja, das tut sie, und sie öffnet den Mind für größere Dinge. Alles funktioniert gleich.

Weh dem Manne, der sich auf seinen fetten Hüften zurücklehnt und sagt: „Jesus wird sich um mich kümmern." Er wird niemals leben, um es zu sehen. Und Wehe dem Manne, der sagt: „Nichts von dem wird geschehen. Ich muss gar nichts tun. Ich bin Gott." Träume weiter, denn die Realität ist die Mischung des Göttlichen und des Lebens, und ihr macht euch bereit, Tyrannen, Göttlichkeit und Leben zu erfahren, und eure Salbung wird helfen, euch durch das hindurch zu erhalten.

Ich wünsche also für euch, wenn ihr euch so entscheidet, dass ihr über diese einfache, lange, bunte, wahre Geschichte, die ich euch erzählt habe, nachdenkt und darüber, wie die beiden am Ende freie Männer waren. Nun, das waren sie und sie erbaten von niemandem etwas, tauschten mit niemandem; sie waren einfach frei. Ich möchte, dass ihr über alles das nachdenkt, was ihr hier gelernt habt und es eurem Wissen hinzufügt, das euch aus der Gefangenschaft hinausführt. Nein, das ist keine schwere esoterische Lehre. Das ist real. Fügt es zu dem hinzu, was ihr in eurem Reichtum angesammelt habt, vermischt es mit dem soweit Unbekannten. Wirklich, ich wünsche, dass ihr das tut.

EINSTELLUNG IST ALLES

Lasst uns sehen, wie euer Mind arbeitet. Ihr wacht eines Morgens auf und die Luft ist erfrischt und schön, und die Sonne schickt goldene Strahlen durch einen dicken Nebel, und da gibt es Morgenvögel, die ihren Geschäften nachgehen, und ihr liegt im Bett und die Idee, arbeiten zu gehen, ist plötzlich schrecklich. Wie viele von euch haben das zuvor gefühlt? Ja, das habt ihr.

Nun lasst uns einfach einen Augenblick lang feststellen, dass je mehr ihr darüber nachdenkt, wie schrecklich es ist, heute arbeiten zu gehen, ihr euch plötzlich in eurem Körper wirklich müde zu fühlen beginnt. Wie viele von euch hatten das als zweite Reaktion, wirklich müde? Und euer Körper fühlte sich müde, und als er sich müde fühlte, sagtet ihr: „Ich bin müde.“ Und als ihr sagtet: „Ich bin müde“, wurde der Körper noch müder. Wie viele von euch erinnern sich daran? Dann sagtet ihr: „Ich fühle mich nicht so gut. Ich denke, ich fühle mich heute nicht sehr gut.“ Also, je mehr ihr darüber nachdachtet, wie schlecht ihr euch fühlt, begannt ihr euch nicht gut zu fühlen. Wie viele von euch haben diese Erfahrung gemacht? Oh, ja. Also begannt ihr euch um euren Hals, genau hier, zu befühlen. Dann schlucktet ihr wirklich hart, um alles zu überprüfen und, zum Donnerwetter, ihr fühltet irgendwie, dass es sich nicht richtig anfühlt. Dann standet ihr also auf und gingt zum Spiegel und stecktet eure Zunge heraus und betrachtetet alles, was darauf wächst, bis nach ganz hinten, bis wir sie nicht mehr sehen können. Wie viele von euch haben das getan? Und dann habt ihr plötzlich beschlossen, dass ihr Halsschmerzen habt. „Oh, ich kann jetzt nicht zur Arbeit gehen.“ Also dann rieft ihr euren Arbeitgeber an und sagtet: „Ich bin heute Morgen aufgestanden und ich bin so krank.“ Nun, bevor ihr diesen Anruf gemacht hattet, wart ihr nicht krank, aber jetzt, da ihr darüber nachdenkt und ihm die Wahrheit sagt, werdet ihr wirklich krank. Wie viele von euch haben diese Erfahrung gemacht? „Gut, es heißt, dass ein Virus herumgeht. Das ist es; ich denke, ich habe dieses Virus erwischt.“

Nun, was geschieht ist – nein, ihr fühlt euch nicht sehr gut – und ehrlich, ihr fühlt euch nicht gut – ihr trinkt dann also einen kleinen Schluck Tee und nehmt ein kleines bisschen Marmelade und ihr könnt kaum schlucken. Danach geht ihr zurück ins Bett und schlaft ein. Und dann wacht ihr auf, oh, etwa zu der Zeit als der Verkehr auf dem Weg zur Arbeit vorbei ist, da wacht ihr auf und ihr fühlt euch ein bisschen besser. Wie vielen von euch ist das geschehen, als der Tag voranschritt, habt ihr euch besser gefühlt? Eine derart bemerkenswerte Gesundung hattet ihr, dass ihr sogar hinaus gegangen seid, ein bisschen im Garten gearbeitet habt, eure Familie angerufen habt, rumgehangen seid, wisst ihr, solche Dinge. Hört sich das vertraut an? Hat also der Körper auf euren Willen reagiert? Hat er? Wie viele von euch stimmen zu? Absolut.

Jetzt eine andere kleine Situation: Jemand hat euch enttäuscht. Und natürlich enttäuschen euch Menschen immer, weil ihr sie trotz allem gewissermaßen schätzt. Und an den Menschen in eurem Leben ist interessant, dass ihr die Menschen in eurem Leben niemals wirklich kennt.

Ihr kennt nur das, was sie als ihr selbst in eurem Leben darstellen; ihr kennt die Menschen nie wirklich. Sie sind alle Spiegel für euch und sie spiegeln Aspekte von euch selbst. Deshalb sind sie in eurem Leben. Eure Feinde messen diesen Aspekt eurer selbst, der nicht so nett ist. Das ist es, was ein Feind ist. Seht, wenn ihr eure Feinde liebtet, würde es nichts dergleichen wie einen Feind geben. Aber das tut ihr nicht. Ihr mögt sie nicht. Ihr verachtet sie. Also muss das von euch kommen, weil ihr in eurem Leben nur sehen könnt, was euch entspricht.

Erinnert euch, ihr erschafft Realität, nicht wahr? Und jeden Tag in eurer Unbewusstheit denkt ihr, und alles sitzt genau hier, und jeden Tag bestätigt das euer Leben. Hört ihr zu denken auf, sterbt ihr. Also bei allen euren Freunden ist die Bedingung dafür, dass ihr sie mögt, das, was sie von euch darstellen. Und ihr kennt sie nie wirklich. Ihr kennt nur, was ihr über euch selbst zu erkennen fähig seid und mit ihnen in Verbindung bringt. Wie viele von euch verstehen? Das ist, wie es ist.

Nun, wenn ich also sage, dass Menschen euch immer enttäuschen, gut, dann verstehen wir jetzt, warum. Bei Gott, Menschen haben ihren eigenen Mind. Wusstet ihr das nicht? Sie haben ihren eigenen Mind. Außerdem denken sie eigentlich manchmal anders, als ihr es tut. Schrecklich, nicht? Und wenn sie ganz sie selbst sind und plötzlich in einer Weise zu denken beginnen, an die ihr nicht gewöhnt seid, seid ihr von ihrem Verhalten schockiert und enttäuscht. Aber in Wirklichkeit sind sie immer so gewesen, Meister.

Also eines Tages schockt euch jemand. Er tut etwas, das ihr nicht gutheißt. Und, denkt daran, Zustimmung kommt von dieser

Gehirnpersönlichkeit, die alles bewerten muss – akzeptieren und ablehnen – also waren eure Freunde bis dato in der Zustimmungskategorie, weil ihr gutgeheißen habt, wie sie sind, da es ein Teil von euch selbst ist. Und plötzlich eines Tages tun sie etwas, das euch nicht gefällt. Und euer Gehirn und eure Persönlichkeit sagen: „Das ist jetzt einfach zu viel." Und was dann also geschieht, den Rest des Tages denkt ihr über diese Person nach und es könnte eine winzig kleine Sache sein, die sie getan haben. Es braucht nur eine winzig kleine Sache, die euch nicht reflektiert, aber der andere selbst ist.

Und während so der Tag vergeht, beginnt euer Gehirn den anderen zu verschlüsseln. Und wenn ich ihn verschlüsseln sage, meine ich, dass ihr beginnt, ihn an der anderen Seite des Gehirns anzuschließen, die all den Müll in eurem Leben enthält, den ihr nicht mögt. Ziemlich bald beginnt also euer Neuronetz über die Brücke da drüben zu reichen, um den Dreck auszugraben. Und ziemlich bald beginnt ihr, eure Freunde mit Teilen eures Gehirns zu verbinden, die ihr nicht mögt. Mit anderen Worten, ihr macht einen Berg aus einem Maulwurfshügel. Wie viele von euch verstehen? Also am Ende des Tages seid ihr vollkommen in einem Wahn. Und ihr seid so unfähig, ihn zu kontrollieren, dass ihr anfangt, all eure guten Freunde anzurufen und ihnen von euren jetzt-schlechten Freunden erzählt. Wie viele von euch haben das getan? Oh, liegen wir hier richtig oder was? Jeder von euch hat es getan. Also am Ende des Tages habt ihr nicht nur euren Tag ruiniert, weil jemand etwas getan hat, das ihr nicht gutheißt, sondern ihr habt gesammelte Kräfte gegen diese Person in die Wege geleitet und andere Menschen gefunden, die euch zustimmen; korrekt? Also dann in dieser Nacht, als ihr schlafen geht, wart ihr bekümmert, wart ihr unglücklich, und träumtet ihr schlecht, und am Morgen wachtet ihr auf und es war noch schlimmer.

Und dann rief euch jemand an und sagte: „Na ja, weißt du, ich wollte dir das über So-und-so nie sagen, aber ich denke, da jetzt die Dinge raus sind, dass ich dir etwas erzählen kann, was ich auch weiß." Wisst ihr, was nun den ganzen Tag über geschieht? Ihr habt hasserfüllte Gedanken über diesen Menschen, der sie nicht verdient. Und ihr erschafft Hass, Bösartigkeit und Elend über einen Aspekt eines Menschen, den ihr gesehen habt, der nicht ihr selbst war, und den ihr nicht gutheißt. Und durch die Art und Weise, wie ihr darauf reagiert, katalogisiert ihr ihn schließlich in eurem eigenen Gehirn als diesen Aspekt von euch selbst.

Mit anderen Worten, niemand will je sein Maß an Unfreundlichkeit, Wut, Selbstsüchtigkeit, Arroganz und Selbstbezogenheit betrachten. Keiner tut es jemals. Niemand von euch tut es. Ihr wollt von niemandem hören, dass er euch je sagt, dass ihr eine hasserfüllte, gemeine, eifersüchtige, wütende, gehässige, rachsüchtige Wesenheit seid. Aber die Wahrheit ist, dass ihr am Ende des zweiten Tages genau das geschaffen habt. Und was ihr in Gedanken erschaffen habt, seid ihr geworden, nicht wahr, weil ihr diese Dinge nicht denken könnt, es sei denn, ihr seid sie.

Also nun habt ihr die Sache am Kochen. Und wenn ihr die Sache am Kochen habt, findet die Person, die euch enttäuscht hat, es heraus und alle sind verletzt, weil sie nicht verstehen, was sie falsch gemacht haben. Und anstatt – anstatt – in Richtung Verständnis zielt ihr darauf ab, eure Wut festzuhalten, weil sie in euch emotional entfacht ist. Sie ist jetzt in euch. Es ist jetzt eure Realität und es ist nicht so einfach, sie beim Fenster hinauszuwerfen. Anstatt also zu verstehen, grollt ihr. Und was also an den Tagen, die darauf folgen, geschieht, ist, dass euch ziemlich bald das Gleiche geschieht. Während ihr das einem anderen Menschen angetan habt, hat jemand anderer, der euch zusieht, niemals diese Seite von euch gesehen. Und so haben sie angefangen, euch das anzutun, genau wie ihr es dieser Person angetan habt, und jetzt versteht ihr wirklich nicht – die Welt ist an diesem Punkt verrückt. Und so werdet ihr ausgeschlossen und ihr werdet beschuldigt, und man spricht über euch, und ihr werdet vereinnahmt und ans Kreuz genagelt und ihr empfindet, dass ihr das überhaupt nicht verdient habt. Aber in Wirklichkeit verdient ihr es, weil ihr euch sehr bemüht habt, diese Realität zu erschaffen. Versteht ihr? Wie viele von euch verstehen? So sei es.

Hier ist ein anderes Szenario. Ihr habt einen trostlosen Haushalt. Ihr habt ein Fischweib zur Ehefrau – Fischweib, oh, meine Güte – und ihr habt Bälger als Kinder, und eure Schwiegermutter kommt, um bei euch zu leben, und die Hypothek ist überfällig und euer ältester Sohn hat das Fenster des Nachbarn kaputt gemacht. Und das Fischweib keift den ganzen Tag lang, und ihr findet keinen Platz, wo ihr euch verstecken könnt.

Also dann geht ihr ein wenig spazieren. Ihr nehmt euren Hund mit, der wie eine Ratte aussieht; ihr geht mit der Ratte spazieren. Und eine kleine alte Dame kommt aus der anderen Richtung vom Einkaufen, schiebt ihren kleinen Wagen mit ihrem Stock und steigt versehentlich auf die Ratte. Die Ratte beginnt zu schreien und zu kläffen. Die alte Frau gerät in Panik und schlägt euch versehentlich mit ihrem Stock. Die Dinge sind an diesem Tag nicht gut. Aber als ihr der alten Dame aufhelft, sie wieder beruhigt, schreit die Ratte immer noch, also geht ihr und sucht einen Stadtpark auf. Und die Ratte scheut nun vor jedem, der vorbeikommt, zurück, wickelt die Leine um eure Beine und gerät zwischen eure Beine, als ihr versucht zu gehen. Und ihr rennt zu einer Bank, wo es eine Menge Tauben gibt und ihr sitzt einfach dort. Und die Ratte zittert und jammert unter der Bank.

Und ihr versucht hier über euer Leben nachzudenken, weil ihr wirklich nicht wisst, was ihr sonst mit eurem Leben tun sollt. Und ihr seid irgendwie in einem hilflosen Zustand. Und ihr sitzt dort und ihr denkt und ihr denkt und ihr denkt. Und ihr wisst, ihr habt jede Menge Probleme. Aber was ihr zu verstehen beginnt, ist, dass die Schwiegermutter trotzdem kommen wird und das Fischweib, na ja, immer schreien wird. Und eure Kinder, nun, sie sind Bälger – lasst uns dem ins Auge sehen – und euer Hund ist kein Hund.

Ich sah das beim Beobachten der Menschheit eines Tages und stand hinter dem Mann auf der Bank und betrachtete ihn in seinem kleinen Elend, um zu beobachten und zu sehen, was er mit all seinen Sorgen tun würde. Und durch seine Natur ist er ein sehr guter Mann, duldsam und verständnisvoll, und urteilte offensichtlich nie vorschnell. Nun, ich beobachtete ihn, wie er dort saß und über alles nachdachte. Dann fingen die Tauben an, zu landen und umherzugehen. Und die Ratte jammerte. Sie kam heraus, rannte herum, bellte und lief unter seine Beine, und es war ihm egal.

Nun, dann sah ich ihn etwas wirklich Wundervolles tun. Er atmete tief durch und er sah zwischen den Bäumen hinauf zu dem Licht, das dort hindurch kam, und er fand eine Lösung in seinem Mind. Und die Lösung war, dass die Dinge schlechter sein könnten. Ihr müsst diesen Mann lieben. Er sagte: „Die Dinge könnten schlechter sein." Und als er darüber nachdachte, dass sie schlechter sein könnten und es nicht so schlimm war, wie er dachte, was er dadurch tat, war, sich selbst damit abzufinden und sehr dankbar und sehr glücklich zu sein. Und er sagte: „Ich werde sehr fröhlich sein. Ich werde die guten Dinge zählen, anstatt meiner Qualen. Und heute Abend werde ich trotz allem anderen ein glücklicher Mann sein, weil ich viel habe, worüber ich glücklich sein kann." Also zieht er die

Ratte unterhalb der Bank hervor, steht auf, zieht seine Hose gerade, dreht sich um und fängt an, die Ratte zu ziehen, die dann begreift, dass es nach Hause geht, also fängt nun die Ratte an, den Mann zu ziehen.

Und als er auf seinem Weg nach Hause ist, beginnen ihm diese wundervollen Dinge zu geschehen. Jemand, der in einem Automobil vorbei fährt, wirft eine Tüte hinaus, wisst ihr – eine Burger-Tüte. Und in dieser Burger-Tüte – weil die Menschen sich der Natur so unbewusst sind, werfen sie Müll überall hin – in der Burger-Tüte war auch das Wechselgeld. Nun, er bückte sich, um die Burger-Tüte aufzuheben, weil sie hier eher unordentlich aussieht und als er sie aufheben will, sieht er all dieses Geld, das auf den Bürgersteig fällt. Die Ratte fürchtet sich in dem Augenblick, in dem sie die Münzen auf den Boden fallen hört. Und als er sieht, dass hier Geld ist, versucht er zu schreien, aber das Auto ist weg. Als er sich also bückt und die Tüte aufhebt, stellt er fest, dass da eine erstaunlicher Geldbetrag ist. Gut, lasst uns sehen; wie viel war es? Es waren $ 134,22. Der Fahrer hatte das Geld einfach in die Tüte geworfen und da er sich nicht daran erinnerte, dass er das getan hatte, warf er die Tüte hinaus, weil alle, wie ihr wisst, wie wandelnde Tote sind. Also steht der Mann auf und erkennt plötzlich, dass er eine hübsche Summe hat. „Gut", sagt er, „ich zähle die guten Dinge."

Und er nimmt das Geld, steckt es in seine Tasche und setzt seinen Spaziergang fort. Und die Ratte ist ausgelassen, und der Schwanz kräuselt sich über ihrem kleinen Rücken und sie tänzelt wie ein stolzes Pony und weiß, dass sie dabei ist, heimzugehen. Und so wie er die Stufen hochgeht, fährt die Schwiegermutter vor. Und sie steigt aus dem Wagen, stolpert über ihre außergewöhnlich große und schwere Waffe namens Handtasche, läuft auf ihn zu, wirft sich ihm an den Hals und sagt: „George, George, George, George, George, ich habe heute so oft an dich gedacht. Und du erinnerst dich an das Möbelstück, das meinem Großvater gehörte, welches du immer so sehr wolltest? Nun, weißt du, er ist gestorben. Und er war nicht wirklich, wirklich bei sich, weißt du, bevor er verschied, aber ich weiß, dass er wollte, dass du es bekommst, daher lasse ich es morgen liefern. Ich hoffe, du freust dich darüber, netter George."

Und er geht weiter die Stufen hoch und geht hinein. Und sein Fischweib schreit und die Kinder sind laut. Und die Dinge haben sich nicht verändert, außer dass er es hat. Und er geht hinein, umarmt den

Mund des Fisches, geht hinein und streicht den Buben über den Kopf. Er setzt sich in seinen Lieblingsstuhl. Seine Schwiegermutter beschäftigt sich selbst in der Küche und jemand bringt ihm eine Tasse Tee. Und dort sitzt er. Und er ist entschlossen, dass er glücklich sein wird. Und zu dem Zeitpunkt, als der Abend vorbei ist, ist sein kleines Heim mit Fröhlichkeit und Gelächter erfüllt. Die Kinder sind erschöpft, das Fischweib hat Tränen in den Augen wegen seiner Mutter und dem Verscheiden ihres Großvaters, und die Schwiegermutter umarmt die Tochter. Und George, George ist glückselig, weil er entschlossen ist, ein glücklicher Mann zu werden. Und langsam beginnt alles, was so schlecht aussah, sich zu seinen Gunsten zu verändern. Wie hört sich das an?

Wie vielen von euch gefällt diese Geschichte? Das ist eine wahre Geschichte. Und sie geschah einem armen, unglücklichen, kleinen Mann an einem Ort namens Atlanta. Und ich beobachtete seine Gedanken, während er sich veränderte. Also, wie vielen von euch geschahen wirklich miese Dinge, wie viele waren an die Wand gedrängt und beschlossen, dass das Beste, was sie tun konnten, einfach glücklich zu sein war? Nun, gut für euch. Und wie war euer Leben, nachdem ihr euch entschieden habt, das zu tun? Gesegnet sei euer Sein. So sei es. Und wie viele von euch haben die schlimmsten Zeiten erschaffen, weil ihr euch danach gefühlt habt, und ihr habt dadurch die schlimmsten Zeiten eures Lebens erschaffen? Hebt eure Hände. Gesegnet sei euer Sein.

Nun, ist nicht jeder, den wir treffen, das, was wir sind? Und wenn wir anfangen, uns selbst mehr zu schätzen, wäre es dann nicht zu unserem Vorteil, fähig zu sein, in jedem das Beste zu sehen und Gott im anderen zu finden, wenn wir nach ihm in uns selbst suchen? Wie viele von euch würden zustimmen? Absolut. Jeder ist mit einem göttlichen Geist gesegnet – jeder. Es ist mir egal, wer er ist. Sogar die übelsten Wesenheiten der Welt haben Gott in sich; sie sind nicht seelenlos. Und wenn wir ein Leben in Angriff nehmen und in diesem Leben das finden, was wir in uns selbst sehen wollen, wie dient uns das? Meister, wie dient es uns? Anstatt das Schlimme in Menschen zu finden, suchen wir nach dem Gott in ihnen. Anstatt nach dem Schlechten in Menschen zu suchen, achten wir auf das Gute in Menschen. Wie dient uns das? Wendet euch zu eurem Nachbarn und sagt es ihm.

Einstellung ist ihre eigene Belohnung. Erinnert euch daran. Einstellung ist ihre eigene Belohnung, und diese Belohnung ist gerecht. Das nenne ich wahre Gerechtigkeit. Wenn wir uns entscheiden und von diesem Abend an wählen, uns selbst als ein göttlicher Geist zu sehen, der die Kleidung der Menschlichkeit trägt – wenn wir heute Abend dann sagen: „Es gibt zwei Wege, wie ich auf alle und alles in meinem Leben zugehen kann: Ich kann alles in meinem Leben als den Aspekt meiner Menschlichkeit sehen, von dem ich weiß, dass er lästig ist und von Polarität geplagt ist, oder ich kann anfangen, alles als den göttlichen Aspekt meiner Selbst zu sehen und es auf diese Weise behandeln" – nun, wenn ihr heute Abend entscheidet, alles in eurem Leben als die Reflexion des Göttlichen in euch zu sehen, weil es das ist, was ihr werden wollt, dann werdet ihr dadurch, dass ihr euch dafür entscheidet, gerecht belohnt. Wenn ihr bei jedem Menschen, mit dem ihr von heute Abend an zu tun haben werdet, in jeder Situation, in der ihr nach dem höchsten Gut strebt, bei jedem Urteil, das ihr einst schnell zur Hand hattet, wenn ihr stattdessen danach strebt, zu verstehen und die Schönheit in allem Handeln zu sehen, die Schönheit in allen Menschen zu sehen, die Göttlichkeit in allen Menschen zu sehen und mit Mitgefühl und Freundlichkeit reagiert, dann werdet ihr, indem ihr das tut, nicht nur euch selbst belohnen, indem ihr größer als eure Vergangenheit werdet, sondern eure Belohnung wird sein, dass dieses Handeln bedeutet, dass Energie von den ersten drei Siegeln den Körper hinauf in das vierte Zentrum strömt. Wenn ihr anfangt, Energie, die einst hasserfüllt und verbittert, urteilend und arrogant war, aus diesem dritten Zentrum zu bewegen, und diese anfängt, sich durch Handlungen der Liebenswürdigkeit, Höflichkeit, Freundlichkeit und des Verständnisses zu bewegen, dann bewegt sich eure Energie in das vierte Zentrum.

Was das bedeutet, ist, dass eure Bänder nun Bewusstsein von der vierten Ebene in die Basis des Gehirns strömen. Und wenn sie das tun, dann wird eure Realität, die wir euer Leben im Gesamten nennen, sich sehr verändern. Wo ihr einst abscheulich und respektlos sogar zu euch selbst wart, fangt ihr an, festzustellen, dass sich Menschen zu euch hingezogen fühlen. Viele Menschen werden sich von euch abwenden, aber viele Menschen werden sich zu euch hingezogen fühlen. Und wenn es keine Polarität gibt, sondern nur Verständnis, dann ist das, was ihr in eurem Leben erschafft nicht die Polarität, sondern die Einigkeit und Einheit. Alles, was zu euch kommt, wird dieser Einstellung entsprechen, die ihr jeden Tag als ein Ergebnis eurer selbst aussendet. Das bedeutet, Leute, dass ihr niemals wieder im Leben Erfolg haben werdet. Das ist es, was es bedeutet.

Erfolg, solltet ihr wissen, ist das Ergebnis von Versagen. An der Wurzel allen Erfolgs befindet sich Versagen. Und ich sollte euch sagen, dass die Wurzel allen Versagens Erfolg ist. Eines kann nicht ohne das andere existieren. Versteht ihr? Also werdet ihr nicht nur nie wieder bei irgendetwas, das ihr erreicht, versagen, ihr werdet niemals Erfolg haben. Was bleibt also übrig? Seht ihr, Erfolg – Erfolg geht auf Versagen zurück. Wenn ein Mensch erfolgreich sein will, was er damit wirklich sagen will, ist, dass er ein Versager ist. Also ist die Wurzel seiner Realität Versagen und er erschafft sie überall rund um sich. Je mehr Menschen erfolgreich sein wollen, desto höher ist ihr Risiko und desto tiefer ihr Fall, weil es das ist, woher sie kommen. Wacht auf. Versteht ihr?

Wenn ein Mensch erfolgreich wird, was ist dann die eine Sache, vor der er am meisten Angst hat? Versagen. Und wie viele haben ihre Seelen verkauft, um oben zu bleiben? Versteht ihr? Das ist eine Falle. Wesenheiten, die ihre Energie zum vierten Siegel bewegen, haben nie Erfolg und versagen nie; sie sind einfach. Und alles, was sie berühren, ist Gold – alles. Und das ist nicht Erfolg; das ist Schöpfung. Versteht ihr? Wie viele von euch verstehen den Unterschied. Wendet euch zu eurem Nachbarn und erklärt es kurz.

Also nun, wie kann dann Sein seine eigene Belohnung sein? Weil die Handlung, größer als eure Vergangenheit zu sein, die Belohnung ist. Wenn ihr am Abend ins Bett geht, werdet ihr ohne besorgte Träume schlafen. Wenn ihr am Morgen aufwacht, werdet ihr nicht von Schuld, Schmerz und einem Spuken eurer Vergangenheit geplagt sein. Ihr werdet euch nicht darüber sorgen, ob euch jemand erwischen wird oder ob der Kosmos euch eure Belohnung gibt. Darüber werdet ihr euch nicht länger Sorgen machen. Warum? Weil ihr niemanden verletzt habt; ihr habt niemanden verleumdet. Ihr habt all diese Einstellungen aufgegeben. Das waren die ersten drei Siegel in Aktion: ihre Wurzelursache ist Überleben. Ihr habt es alles aufgegeben.

Und es spielt in eurer unendlichen Weisheit keine Rolle, wie viele Menschen auf euch reagieren. Das einzig Wichtige ist, wie ihr auf sie reagiert. Das ist Selbstbelohnung, Selbstliebe, Selbstrespekt und Selbstedelmut. Wenn die Welt nach Gerechtigkeit schreit und ihr eine Pause machen müsst, um die Situation zu betrachten und zu verstehen, dass die größte Gerechtigkeit, die ihr habt, im Vergeben liegt, und wenn ihr das ausübt und das absichtsvoll Gute in allen seht und es freisetzt, wen kümmert es dann, was die Welt denkt? Ihr habt durch Selbstrespekt und Selbstliebe Bestand.

Tue anderen, wie du möchtest, dass sie dir tun. Es ist nicht wichtig, was andere Menschen uns antun; es ist, was wir ihnen antun, das wichtig ist. Das wird dann der ultimative Schöpfer. Und nach einer Weile – kennt ihr diese Freude, nach der ihr euer ganzes Leben lang gesucht habt? Ihr könnt Freude nie in den ersten drei Siegeln finden. Überdies bedeutet es irgendwie, einen Ehemann oder eine Ehefrau durch Lust zu fangen. Ihr könnt nicht ohne einander leben und was wirklich geschieht, ist dass ihr nicht aus dem Bett kommt. Das ist Lust, das ist chemischer Magnetismus. Aber wenn das zu verblassen anfängt, Ermüdung auftaucht und ihr euer Leben betrachten müsst, dann ist es nicht mehr ganz das, was es war. Menschen heiraten also, weil sie sexuell ausgehungert sind und nur, weil sie diesen Menschen haben müssen. Wenn aber die Röte der Leidenschaft vorbei ist, beginnt die wahre Welt. Dann haben wir das, was Ärger und Verbitterung sind.

Menschen, die spirituell wachsen, besitzen ihre Vergangenheit und was das bedeutet, ist, dass ihre Vergangenheit nicht länger für sie existiert. Und die Weise, wie ich das am besten sagen kann, ist, dass die meisten Menschen hier drinnen nie wirklich Freude kennen, weil sei immer nach dem Fehler in Beziehungen suchen, und sie immer nach dem Fehler in Freundschaften suchen, und sie immer nach dem suchen, was im Leben falsch läuft, weil es die Art ist, wie sie erzogen wurden. Und so ist Freude vergänglich und es haftet ihr immer Enttäuschung an.

Wenn ihr eure Vergangenheit aufgebt, bedeutet das, dass ihr aufhört, euch darauf zu beziehen – eure Mutter schuldet euch nichts, euer Vater schuldet euch nichts, eure Feinde schulden euch keine Entschuldigung welcher Art auch immer, eure Kinder schulden euch keine Entschuldigung oder der Mensch, der euch missbraucht hat, als ihr jung wart. Gebt sie auf, damit ihr frei sein könnt. Ergibt das denn keinen Sinn für euch? Gebt sie auf. Wenn ihr es tut, wenn ihr ihnen vergebt, müsst ihr euch selbst fragen, wie es ein wahrer Meister in dieser Schule lernt: „Im Lichte aller Ewigkeit ist diese Verbitterung es wert, daran festzuhalten und deshalb das Königreich des Himmels zu verlieren? Ist dieser Mensch es wert, deshalb zu sterben und wieder geboren zu werden, damit ich eine Schuld hier abzahlen kann?" Es sieht ein wenig anders aus, wenn man es in dieses Licht hält, nicht wahr? Also wer in eurem Leben ist es wert, in Bedauern, Qual, Leid, Kummer, Verrat, Verbitterung, Verlassen an ihm festzuhalten? Niemand.

Denkt darüber nach. Ihr könnt das Königreich des Himmels haben. Was bringt das mit sich? Es bringt mit sich, dass ihr die Macht erlangt, alles und jedes, worauf ihr euren Mind richtet, zu manifestieren, dass ihr mehr Reichtum manifestieren könnt, als ihr wisst, wie man Nullen hinzufügt, dass ihr das Alter in eurem Körper rückgängig machen könnt; ihr Krebs in eurem Körper heilen könnt. Ihr könnt ein freier Mensch sein, nicht beunruhigt von Alpträumen, unbelastet von Verantwortung. Nun, lasst uns das in eine Perspektive stellen. Was würdet ihr lieber haben, all diese Nullen oder Verrat? Wendet euch zu eurem Nachbarn und beantwortet diese Frage.

Albert Einstein, Newtonsche Physik und Quantenunvorhersehbarkeit

Meine geliebten Leute – und ihr wisst, dass ihr es seid – meine schönen Leute, es gibt Menschen unter euch, die denken, dass sie verschlossen sind und niemand weiß es, aber ich weiß, dass es da jene unter euch gibt, die immer noch skeptisch sind, wer und was ich bin. Also lasst mich euch weiterhelfen. Würde es euch helfen, wenn ich vor 35.000 Jahren so ausgesehen hätte? Wen kümmert das? Wenn es wie ein Gott aussieht, wie ein Gott spricht und wie ein Gott riecht, muss es einer sein. Was also denkt ihr, diejenigen von euch, die selbstgefällig in ihrer unnahbaren Arroganz daneben sitzen und zusehen, wie durch virtuelle Zerstörung das, was als der kontemplative, vorhersagbare, bekannte Aspekt der Menschheit bezeichnet wird, vor euren Augen auseinander fällt und ihr annehmt, dass ihr die einzigen seid, die die Wahrheit, die einzige Wahrheit kennen und nichts als die Wahrheit?

Student: Also hilf ihnen.

Ramtha: Also hilf ihnen. Hier ist also, was ich euch fragen möchte: Habt ihr einen besseren Weg? Habt ihr einen besseren Weg? Wartet. Habt ihr eine bessere Wahrheit? Vielleicht seid ihr Träumeschlächter, wisst ihr? Wisst ihr, was Träumeschlächter sind? Es sind Skeptiker. Und ihr müsst sie immer fragen: „Bevor ich dir erlaube, in meinen Raum einzudringen, muss ich dich fragen: Hast du mir etwas Besseres anzubieten, als das, was ich unerschütterlich akzeptiere?"

Also, was haben Skeptiker anzubieten? Nun, sie denken, sie können Republikanismus anbieten – nun, Politik. Sie müssen euch Steuern anbieten. Sie müssen euch anbieten „hiermit heirate ich dich für immer und ewig." Nun, gebt es auf. Sie müssen euch Verträge anbieten. Und sie sagen euch, wenn ihr in die Schule geht und wirklich hart arbeitet, dann könnt ihr in der Welt Erfolg haben und ein Heim mit drei Schlafzimmern, einer Doppelgarage, eineinhalb plus dreiviertel Autos haben und dass, wenn ihr wirklich hart arbeitet, ihr mindestens zwei oder drei Wochen Urlaub pro Jahr haben werdet, um dort hinzugehen, wo ihr hinwollt. Und wenn ihr sehr schlau, sehr klug seid und der Parteilinienpolitik folgt, könnt ihr früh in den Ruhestand gehen und dann könnt ihr ein Heim in Florida erwerben, das sinkt, oder in Kalifornien, das gesunken ist, und eure Tage zu Ende leben, indem ihr euer Vermögen in das Meer fließen seht.

„Was bietest du mir an, falls ich krank werde?"

„Nun, du hast Sozialversicherung, Pension und Pensionssparpläne, und du hast auch das, was man Beihilfen nennt. Du hast Krankenversicherung."

„Ah, also du denkst, das ist besser, als von Gesundheit, Glück und Freude zu träumen?"

„Oh ja, viel besser, weil das üblich ist, und es ist eine Versicherung und du kannst darauf zählen."

Und so sagt ihr zu ihnen: „Gut, was wenn ein Komet die Vereinigten Staaten von Amerika trifft? Was geschieht mit meiner Sozialversicherung?"

„Na ja, dann haben wir einen kleinen Fehler im System."

„Also dann, was geschieht danach?"

„Na ja, du weißt schon. Weißt du, der normale Lauf des Lebens geschieht, und wenn du ein wirklich glückliches und fruchtbares Leben geführt hast, nach meiner Beschreibung der Weise, wie du leben solltest, dann wirst du dich um all dein Vermögen gekümmert haben und du wirst für dich selbst gesorgt haben und dann kannst du dich in ein ruhiges Leben zurückziehen, Butterblumen anpflanzen, Sittiche haben und Bridge spielen. Und wenn du das dann nicht länger machen kannst, wirst du diese in der Gesundheitsfürsorge Beschäftigten um dich herum haben, die sich um dich kümmern werden, und du wirst dich nicht darum sorgen müssen, weil man sich um all deine Rechnungen kümmern wird. Und, weißt du, deine Familie wird sich nicht zanken, weil wir trotz allem uns bereits um die Verteilung deines Vermögens gekümmert haben, und so sind alle sehr glücklich und sehr überzeugend in dem, was man die Familie nennt. Und so kannst du in deinen letzten Stunden endlich, na ja, du weißt, erkennen, dass du deinem Land bestens gedient hast, deine Schulden bezahlt hast und dass du dich um jeden gekümmert hast. Und hier endlich zahlt sich nun alles aus, wofür du dein ganzes Leben lang so hart gearbeitet und verzichtet hast, was du eingezahlt hast, für deine und deiner Ärzte Rechnungen, damit du dich um nichts sorgen musst. Und plötzlich, du weißt schon, na ja, du weißt, was geschehen wird?

„Nun, was wird geschehen?"

„Na ja, du weißt schon."

„Was?"

„Na ja, du weißt schon, du verscheidest."

„Gut, wohin verscheide ich?"

„Na ja, das ist eine sehr, sehr intelligente Frage, denn wenn du Begräbniskosten hattest, dann hast du bereits eine Grabstätte und all deine Friedhofskosten sind bezahlt, sodass du sofort wissen wirst, dass du ohne jede Sorgen, wenn dein Ende kommt, wissen wirst, dass du auf Grabstätte 346A kommen wirst."

„Was geschah mit meiner Eigentumswohnung in Kalifornien? Ist das alles?"

„Na ja, weißt du, als ein verantwortlicher – verantwortlicher – intelligenter Bürger des Systems, wie du und ich, wissen wir, du weißt, dass sich der größte Frieden einstellt, wenn wir voraus geplant haben und uns um die gekümmert haben, die wir lieben, und wir sparsam geplant haben – sparsam – und damit du, du weißt ja, in Frieden verscheiden kannst."

„Mit anderen Worten sagst du mir, dass das Beste, was du anbieten kannst, in Frieden zu sterben ist? Ist das alles?"

„Na ja, weißt du, du hast eine bestimmte Menge an Gelegenheiten, natürlich, die einer bestimmten Menge an Kapital, das du aufbringen kannst, entspricht, oder sollten wir Mittel sagen, um dich um diese Angelegenheiten von Wichtigkeit zu kümmern."

„Gut, lass uns annehmen, ich bringe all das Kapital auf und ich habe eine Eigentumswohnung im sinkenden Land Hier-zur-Legende-werden" – Florida wird das neue Atlantis werden – „und meine Eigentumswohnung ging unter und mein Besitz am Strand ging unter, und ich habe daher mehr im Landesinneren gekauft und das ist jetzt Besitz am Strand. Und ich habe irgendwie bei allem verloren."

„Aber – aber, aber, aber, aber – aber hast du deine Investition nicht genossen?"

„Also gut, du sagst mir also, ich soll einfach den Status Quo hinnehmen, nicht an irgendetwas Dummes oder Abnormales glauben, um Gottes willen. Lass meine Vorstellungskraft nicht von mir schwinden, denn es gibt Medikamente, die das kontrollieren können, und das ist das Beste, was du anbieten kannst?

„Na ja, na ja, weißt du, du kannst auf das System zählen. Du kannst auf das System zählen."

„Das ist alles?"

Nun, ich sage zu euch, wisst ihr, dass Einstein eine sehr interessante Aussage getätigt hat, als er mit den Quantenwahrscheinlichkeiten konfrontiert wurde. Wacht auf. Was habe ich gerade gesagt? Einstein – ich liebe diesen Mann; er ist sehr glücklich. Ich liebe diesen Mann. Er war ein sehr schlechter Schüler in der Schule, aber er war ein eifriger Träumer. Und er konnte so klar sehen, wie die Dinge waren, dass er Mathematik als Sprache erlernen musste, um seine Träume, seine Visionen, seine Vorstellungen tatsächlich zu beschreiben. Und natürlich war es sein Verdienst, dass er die Mathematik erlernte, um die atomaren Strukturen erklären zu können und wie wir dann, wie wir es bei einfachen Atomen können, den Kern auseinander brechen, um zu einer Art von Energiequelle zu gelangen, die einzufangen wir fähig sind. Nun, wir alle wissen und ihr wisst – und es ist nicht einfach zwanzigstes Jahrhundert oder einundzwanzigstes Jahrhundert – vor 455.000 Jahren war atomare Energie die Sache. Das Tote Meer ist ein Beispiel einer Atomexplosion, außergewöhnliche Hitze auf Wasser.

Einstein war fähig, das zu verstehen, und er musste Mathematik lernen als das, was man eine Sprache nennt, um seine Träume abzubilden. Nun, findet ihr das nicht interessant? Er konnte nicht über seine Träume sprechen, sondern musste vielmehr einen Weg finden, um seine Träume zu messen, damit sie etwas ergaben. Nun, wir würden das imaginäre Theorie nennen, aber er war ein Meister darin. Also ging er zurück zur Schule und konzentrierte seine Zeit weiter auf Geometrie und Mathematik, damit er lernen konnte, zu seinen Träumen zu sprechen, was eine Lektion für euch ist.

Was wir in dem sehen, was man den Stirnlappen nennt und wie das Gehirn funktioniert, kann nicht beschrieben werden, außer in den Äußerungen und Klängen der Sprache, die wir als eine Form nutzen, um einen Gedanken zu kommunizieren, der das Wort selbst tatsächlich übersteigt. Also fand er heraus, dass Worte nicht adäquat waren. Er fand heraus, dass er das, was genaue Messungen genannt wird durchführen und wenn sein Traum und seine Vorstellung korrekt waren, dass er dann diese imaginäre Theorie postulieren und sie dem Test der universellen Sprache der Mathematik selbst unterziehen könnte. Und das ist, wie dieser brillante Mann zu dem Postulat der Einheitlichen Feldtheorie kam, und der Schlüssel für das war, was man die Schöpfung dessen nennt, was man als die Bombe bezeichnet, und alle anderen Konzepte, die mit diesem Energielager zusammen hingen. Ziemlich gut für einen Mann, der in der Schule schlechte Noten schrieb. Seine Schule lehrte ihn nicht, wie man mit seinem göttlichen Mind kommuniziert, und Zahlen waren die einzige Weise, zu kommunizieren.

In der Physik geht es nicht um Mathe und alle diese „A hoch hundert entspricht B in Klammer mal C ist gleich F". Versucht, diese Theorie dem Hl. Petrus nahe zu bringen, denn schließlich wissen wir, dass Petrus wirklich ein Einfaltspinsel war.

„Hier, deshalb sollte ich in den Himmel kommen. Schau, $E = mc^2$. Deshalb sollte ich hier sein, Petrus."

„Ich verstehe dein Argument hier überhaupt nicht. Was bedeutet das? „

Alles ist urkomisch, von wo ich komme.

Also dann müssen wir folgern, wenn der Hl. Petrus an den Himmelstoren $E = mc^2$ nicht lesen kann und keine Ahnung hat, was das bedeutet und es in den Mülleimer der Ewigkeit wirft, und Einstein zurückschickt, was sagt uns das? Dass Mathematik wirklich eine geniale, universelle Sprache ist und es nur eine Sprache ist, um Träume zu beschreiben und um Träume in ein theoretisches, dreidimensionales Tinkertoy-Konstruktionsset-Konzept zu bringen. Wenn ihr also ein Buch über Quantenmechanik lest, ignoriert einfach das seltsame Zeugs und haltet euch einfach an den Traum. Ihr werdet es verstehen. Und hier ist also mein Punkt über Einstein. Er war solch ein großer

Träumer, dass er sein brillantes Leben damit begann, Mathematik zu verstehen, um seine Träume erklären zu können, aber er verlor sich in der Mathe und er vergaß wirklich erneut seinen Traum. Er sorgte sich um die Mathematik und er war frustriert, dass er nicht genug Mathe hatte, um andere Paradigmen der Konzepte, die er hatte, erklären zu können. Also verfing er sich wirklich in einer emotionalen Störung in seinem Leben, so sehr, dass, als das Konzept der Quantenmechanik daher kam und dieses merkwürdige, verrückte Ding namens Elektron geschah, und als er die Konstante oder die Konsistenz der Elektronenwahrscheinlichkeit durch Mathematik nicht darstellen konnte, er so frustriert war, dass er alles hinwarf und sagte: „Gott würfelt nicht". Nun, das ist nur deine Wahrheit, Einstein. Wir würfeln sehr viel.

Und die Lehre ist, dass die Schule der Meisterschaft der anfängliche Tod des Materialismus ist. Ist er. Materialismus formt sich selbst nach Newtonscher und klassischer Physik. Sie ist linear; sie ist vorhersagbar; sie ist konventionell. Sie ist der Skeptiker – versteht ihr; wie viele von euch verstehen? – und dass diejenigen, die pro Materialismus sind, immer konventionelle Wissenschaftler des Newtonschen Prinzips sind, der linearen Physik, dessen, was aufgrund der Lichtgeschwindigkeit berechnet wird. Und ich sage euch, das ist einfach nicht so.

Und wie werden wir aus unserem emotionalen Sturm befreit? Unser emotionaler Sturm erschuf unseren Materialismus. Und was ist Materialismus? Menschen, Orte, Dinge, Zeiten und Ereignisse. Und es geht dabei um Energie. Und wenn wir endlich zu dem Konzept gelangen, dass die Lehre an diesem äußerst schönen und wundervollen Tag, wunderschönen Tag die ist, dass die Stunde, in der wir uns entscheiden, unsere emotionale Erfahrung zu besitzen und sie in Weisheit zu verwandeln, der Tag ist, an dem unsere Realität wie das Haus auf dem Brett weicht. Dann können wir wie ein wirklicher Gelehrter sprechen und sagen: „Der Tag, an dem ich das Trauma in meinem Leben in Besitz nahm, war der Tod meiner materialistischen Ansicht."

Und das bedeutet, aus dem zu sprechen, was man eine absolute Wahrheit nennt, weil es in der Quantenmechanik keine festen Dinge gibt, da wir nicht etwas Festes und eine Wahrheit von einem Wesen wie mir haben können, das von einer Menge Menschen unterstützt wird, die damit kämpfen, ihre Träume zu verteidigen, was darauf hinweist – darauf hinweist – dass es in der magischen Präsenz nichts dergleichen wie definitiven Materialismus gibt. Es gibt andererseits das, was wir eine Revolution, eine Re-Formierung der Energie nennen würden. Und darin liegt der Unterschied zwischen dem Menschensohn und der Tochter Gottes. Die Tochter Gottes ist eine Physikerin der Quantenmechanik. Der Menschensohn ist ein sich linearer, Newtonscher Wahrscheinlichkeit unterwerfender, konventioneller, statischer, zweifelnder – ja, langweiliger – Träumer.

Ihr könnt nie von den Dingen abhängig sein und euch dadurch mehr erschaffen. Was mit dieser Revolution geschehen wird, ist, dass ihr herausfinden werdet, dass ihr in einer Position seid, in der die Dinge in ihrer Existenz von euch abhängen werden. Wollt ihr euch zu eurem Nachbarn wenden und das erklären? Wie viele von euch verstehen? Wir sind beinahe am Ende dieses Abends angelangt. Wusstet ihr, dass ihr euch der Zeit gar nicht bewusst wart? Was für eine schöne Sache.

Also nun, bei Gott geht es nicht um die Wahrscheinlichkeit des Nicht-Spielens. Es geht nicht einmal um Glücksspiel. Es geht um Fokus. Und nur weil ein Gott, der ihr auf der siebten Ebene wart, einen Strom von Möglichkeiten in Bewegung gesetzt hat, so dass ihr jetzt ein unglücklicher kleiner Mensch seid, aber diese Möglichkeiten für euch verfügbar sind und nur weil – Das ist um was er sich kümmerte: Licht zu messen. Wisst ihr, was Licht ist? Es sind zerfallende Elektronen. Etwas stirbt, um geboren zu werden.

Ein wundervoller Astronom, der das Licht eines Quasars misst – das Licht eines Quasars – in einem sehr weit entfernten Bereich jenseits dessen, was man die Sternenansammlung Skorpion nennt, und er misst es, wisst ihr, warum er es misst? Weil er ins Spiel bringen möchte, was die Wissenschaft der Quantenmechanik getan hat, als sie das, was man einen Lichtstrahl nennt, abschoss, der auf die Leinwand traf: Anstatt die Leinwand zu treffen, fand er seinen Weg durch den versteckten Spalt, von dem sie dachten, dass es klug gewesen wäre, ihn zu machen, um auf einem negativen Panel, einer Filmwand zu landen – Das beunruhigt konventionelle, skeptische Menschen wirklich. Wisst ihr, was sie beunruhigt? Dass sie das Leben nicht vorhersagen können. Das ist es, was sie beunruhigt. Und es macht sie wirklich wütend, wenn ihr eine außerkörperliche Erfahrung habt, von der sie nichts wissen. Brr, welche Intelligenz ist das dort, was? „Was, ihr wisst nichts von meiner außerkörperlichen Erfahrung? Gut, das solltet ihr auch nicht, solange ihr keine eigene habt. Aber weil ihr keine hattet, versucht ihr mir zu sagen, dass ich keine hatte?“ Also diese Art dummer Mind sagt: „Oh, träum nicht und glaub nicht und ändere dein Leben nicht, weil wir einen besseren Plan haben; wir wollen, dass du ein Republikaner bist und natürlich wollen wir, dass du die Bedingungen und das Parteiprogramm der republikanischen Partei beachtest“ – und natürlich wissen wir alle, woraus es besteht – welch langweilige, krank machende Antwort. Und ich stimme einigen ihrer Dinge zu, es sind die christlichen Rechten, die das republikanische Parteiprogramm ausmachen.

Und dann haben wir Decadent Dilly hier drüben als Demokraten. Wohin sollen wir uns zur Entscheidung wenden? Wir haben einerseits Jimmy Swaggart und wir haben – wir haben – andererseits Präsident Clinton mit unterdrückter sexueller Aktivität. Warum hat niemand den Dalai Lama gebeten, zu kandidieren? Er ist keines der beiden. Und er trägt eine Brille; er muss also doch ein Abendländer sein. Nun, was soll eine Wesenheit tun? Na ja, ich werde ein bisschen hiervon und ein bisschen davon nehmen, aber sie riechen beide schlecht. Nun, das ist die Ansicht des Skeptikers. Das ist es, was sie wollen, dass ihr tut.

„Gut, es ist euer Recht zu wählen.“

„Wählen? Du gibst mir nur zwei Wahlmöglichkeiten und beide sind total mies.“

Ich wusste nie, dass es so etwas wie einen Esel und einen Elefanten gibt, und wisst ihr, ich erachte einen Eroberer als jemand wirklich Kühnen. Ich habe niemals einen Führer als einen Dummkopf betrachtet. Nun, oh, ich könnte damit weitermachen, aber ich – Wisst ihr, wenn ein Konventionalist euch sagt, dass ihr eine Wahl habt, nun, ist das wirklich eine Wahl zwischen der Inquisition und Sodom und Gomorra? Beide haben sich als wirklich übel herausgestellt. Also kann ich mir nicht helfen. Nun müsst ihr verstehen, vor 35.000 Jahren gab es nur mich. Ihr beginnt jetzt also zu verstehen, warum ich eine so bemitleidenswerte, abscheuliche Sicht über Elefanten und Esel habe.

Also nun, wenn ihr der Sichtweise des Skeptikers folgt, folgt ihr der Newtonschen, vorhersagbaren Physik, und ratet mal? Ihr bekommt genau das. Und, wisst ihr, wenn ihr diesem Pfad folgt, wird euch nie das Absolute Anderswo geschehen, das alles ein Teil der Quantenmechanik ist. Es wird euch nicht geschehen. Ihr werdet niemals eine außerkörperliche Erfahrung haben. Ihr werdet niemals fähig sein, Materie zu verändern und neu zu formen. Ihr werdet niemals fähig sein, eurer Vergangenheit zu vergeben und anderen zu vergeben, niemals fähig sein, das zu tun, weil der Kern des Kapitalismus und die treibenden Motoren der Wahrscheinlichkeit die konventionelle Physik ist. Nehmt es oder lasst es sein; das ist es, was sie sind.

Hier haben wir also solch einen Krieg über winzig kleine Kerlchen – winzig kleine Kerlchen, winzige, ganz kleine, winzigkleine, klitzekleine – und bei all diesem Aufhebens unter Giganten geht es um ein ganz kleines Partikel namens Elektron. Das Elektron, wisst ihr, kreist um dieses große, aufgeblasene Ding namens Atom. Es ist dieses kleine freilaufende, freigeistige Partikel. Nun, die ganze Auseinandersetzung handelt von ihm. Könnt ihr das glauben? Ich meine, wir haben Welthunger, wir haben Krankheiten der Dritten Welt, wir haben Republikaner und dekadente Demokraten und wir diskutieren über ein Elektron?

Aber diese Auseinandersetzung trägt Früchte. Wisst ihr warum? Nur die wirklich, wirklich, wirklich Schlauen unter euch werden darüber besorgt sein. Wisst ihr warum? Weil es das winzige Elektron ist, dieses winzig kleine, freigeistige, unvorhersagbare, unkontrollierbare, Prost-Einstein-Partikel. Einstein mag keine freigeistigen Partikel, sie sind nicht Teil seines Traums. Und doch haben wir es hier, Prost. Warum? Ich habe so viel Spaß. Und warum sollten wir dann eine solche Auseinandersetzung haben? Weil dieses winzig kleine Elektron mehr Unverfrorenheit, mehr Wortwitz, mehr Geist, mehr Kraft und mehr Freiheit hat, als irgendein fettes, rundliches, plumpes Republikaneratom. Das ist eine Wahrheit.

Die Auseinandersetzung tobt also bis zu dieser Stunde. Und ich werde euch sagen, auf welcher Seite ich euch haben will, wenn ihr wirklich weise seid. Christus sagte: „Es ist der Gott in mir, der das erschaffen hat. Es ist nicht der Mann in mir, der dies getan hat. Es war ein göttlicher Auftrag. Es war mein Vater im Himmel, der es getan hat.“ Nun, der Vater im Himmel ist auf der Seite der Quantenmechanik. Und dann haben wir den Menschensohn hier herüben auf dem linearen, vorhersagbaren, konventionellen, leide-dein-ganzes-Leben, nimm-Sozialversicherung Aspekt. Habt ihr das kapiert?

Und hier ist der Grund. Den ganzen Tag hatten wir den schönsten und herrlichsten Tag, ihr nicht? Was hat euch beinahe davon abgehalten, was ließ euch diesen Tag beinahe verpassen? Konvention? Wie viele – Lasst uns diese Hände für Konvention sehen. Höher. Zeit? Geld? Wisst ihr nicht, dass dies Konvention ist? Nun, dieser Tag war ein Potenzial und Potenzial war es, dass ihr euch entschieden habt, über die Normalität eures Lebens – vorhersagbare, lineare, klassische Physik – hinaus eine Veränderung vorzunehmen und etwas wirklich Unvorhersagbares zu tun: zu kommen und einen 35.000 Jahre alten Krieger aus Atlantis zu sehen.

Konvention würde sagen: Sieht nicht so aus, riecht nicht so, ist nicht so, ist nicht so groß; kann es nicht sein. Und wir sagen: „Beweis es, beweis es, beweis es, beweis es.“ Beweist mir, dass Atlantis nicht existiert hat und beweist mir, dass Wesen von dieser Statur und Intelligenz nicht existiert haben. Und mein Argument zurück an euch, ihr Narren, ist, wie erklärt ihr das ägyptische Reich, das Sumer auf den Fersen folgte, und dass es plötzlich im Land Ägypten eine völlig – völlig – organisierte Gesellschaft gab, welche die Physik und Technologie hatte, Steine zu bewegen, die so schwer waren, dass vierhundert Millionen Sklaven die Steine nicht hätten bewegen können, welche die große Halle in der großen Pyramide von Gizeh bilden, und die während ihres Baus das Konzept von Pi entdeckt hat, ihr Narren, was euch jedenfalls zum Konzept der Mathematik bringt? Welche Knochen grabt ihr aus, Europas, Amerikas?

Nun, sie sind immer noch ein wenig dumm. Geht nach Ägypten und geht in das Land Sumer. Nun, das ist so einschüchternd, dass wir nicht damit umgehen können. Wer hat die Steine von Baalbek[1] aufgebaut, die älter als 4.000 v. Chr. sind – wer hat sie behauen, wer hat sie dort hingebracht und aus welchem Grund – der Zwerg von der Größe der meisten aristokratischen, konventionellen, dummgeistigen Personen mit verändertem Ego? Sitzt genau dort und hier ist der

---

[1] Baalbek liegt im Libanon zwischen Beirut und Damaskus. Die Steinstruktur bei der Akropolis ist angeblich ein Römischer Tempel, der dem Gott Jupiter/Baal gewidmet ist und auf einem früheren Bauwerk unbekannter Herkunft errichtet wurde. Fachkundige Gelehrte waren nicht in der Lage zu erklären, wie drei massive, behauene Steine, die etwa je 1.200 Tonnen wiegen, auf eine etwa 7,5 Meter hohe Plattform hochgehoben und dort platziert werden konnten. Das U.S. Ingenieurkorps der Armee und Bechtel, welche die führenden Experten im Hochheben und Bewegen extrem schwerer Gegenstände sind, haben noch nicht die Technologie, die diese Aufgabe erfüllen könnte.

Stein. Nur zu. Sagt uns, woher ist er gekommen? Wie ist er dorthin gekommen? Wer hat ihn behauen? Welcher Steinbruch? Wie ist er dorthin gelangt? Wie viele Sklaven? Sagt uns, wie viele Menschen? Wie viel Nahrung war nötig, um sie zu ernähren? Wo sind die Unterkünfte? Wo ist das Wasser? Wo ist die Schmiere, um sie dort hinauf zu bewegen? Sie wollen euch das nicht sagen. „Gut, wir werden uns das nicht ansehen. Es sind nur einige Monolithen von Baalbek, das ist alles."

Und Sumer, das Land der Götter – mein Gott, das im Tal der zwei heiligen Flüsse existierte – sie sind diejenigen, welche die Technologie gebracht haben. Wie erklärt ihr eine Zivilisation, die so fortgeschritten war, dass sie auftauchte, Paläste aus so perfekt behauenem Stein baute, der enormes Gewicht hatte, ein vollständiges Sprachenwörterbuch, Wortschatz hatte, Psychologie hatte, Psychiatrie hatte, Medizin hatte, und deren Führer ein Königreich führten, das von göttlichem Frieden geordnet war? Wie zum Teufel werdet ihr das erklären, Cro-Magnons? Und wenn ihr nicht glaubt, dass mein Heimatland existierte, nehmt einen Laser und schmelzt drei Schichten Eis von der Antarktis weg und ihr werdet meine Heimat finden, weil dort Atlantis liegt. Es war immer dort. Das gefällt euch nicht? Geht und sucht dort danach. Versteht ihr?

Die ägyptischen Dynastien waren heilige Dynastien, bis die Götter weggingen und den Menschen, denen sie geholfen hatten, sich weiterzuentwickeln, die Herrschaft gaben. Wir sehen also nur die wundervollen Ruinen einer fabelhaften, fabelhaften Zivilisation, die das Leben nach dem Tod verehrte – es verehrte und das Leben selbst verehrte. Und woher hatten sie ihr Wissen? Von den Göttern. Das ist, woher sie es hatten, von den Göttern, die Baalbek erbauten.

Nun, da wir einige dieser Dinge erledigt haben, wo war ich? Ich kam zu dieser Tirade. Erzählt mir nicht, weil ich 35.000 Jahre alt wäre, wüsste ich nichts.

Quantenmechanik, dieses kleine Elektron, ist so wichtig für euch, weil es solch ein freier kleiner Geist im Partikelkönigreich ist. Wir haben das, was man Positronen und Neutronen nennt, die im Nukleus des Atoms kollabiert sind und wir haben das, was man Elektronen und Positronen nennt, die um die Haut des Atoms kreisen. Und der freieste kleine Geist von allen ist ein Neutron. Es erzeugt Licht. Und niemand kann dieses Geschöpf kontrollieren.

Und so ist hier, was einem wundervollen Physiker, einem Träumer, geschehen ist, der das Sternenlicht von einem Quasar jenseits der Sternenkonstellation Skorpion berechnete. Er entdeckte das Konzept. Nun, wenn euer Doppelspaltexperiment uns also beweist, dass diese Photonen intelligent sind, dass egal, welches Experiment wir versuchen, sie es bereits kennen und es erfüllen werden, dann lasst uns etwas versuchen, das nicht von Menschen gemacht ist. Lasst uns einen Quasar nehmen, dessen Licht, das jetzt die Erde erreicht, älter als fünf Milliarden Jahre alt ist. Wie hört sich das für ein Experiment an?

Also nun, dieser Astronom und Physiker verstand auch, das Sternenlicht von solch einem Quasar einzufangen, verstand, dass das Licht von diesem Quasar sich um die orbitalen Felder der Sonnen und Planeten biegen musste, weil sich jeder Planet in der Suppe des Void dreht, und dabei das erzeugt, was man sein eigenes Magnetfeld nennt. Wenn Licht darauf auftrifft, biegt sich das Licht, das auf ein Magnetfeld trifft, nach rechts. Und er hat all das in seine Berechnungen einbezogen. Dieser Quasar – sein Licht, das nun auftrifft, das Licht, das nun gemessen wird, ist fünf Milliarden Jahre alt. Folgt ihr mir? Also nahm er dieses Licht und nutzte dieses Licht in einem Experiment, um festzustellen, ob das Licht wohl seinen Weg durch eine Passage finden würde. Und wisst ihr, was geschehen ist? Das tat es. Es herrschte nach diesem Experiment eine äußerst unheimliche Gelassenheit.

Wie konnte es sein – Wacht auf. Hier ist der Punkt, wo es verrückter und wundervoller wird. Deshalb sage ich euch, das ist der Tod des Materialismus. Wie in der Tat macht es ein Zweifler, der nicht an den Apparat des wissenschaftlichen Protokolls zur Messung der Quanteneffekte bei Licht und dessen Intelligenz glaubt, der zum Äußersten geht, um das Licht eines Quasars einzufangen – durch all das hindurch geht und es misst, und es durch ein Elektronenmikroskop misst – wie macht er das? Und dann findet er heraus, dass das Licht – ein fünftausend Jahre altes Licht, ein fünf Milliarden Jahre altes Licht – sich verhält – dass es sich genau gemäß dem Experiment verhält, das er gestaltet hat. Er wiederholte es immer wieder.

Was ist geschehen? Warum ist das wichtig für euch, die es wirklich einen Dreck schert, was das Elektron macht? Ich werde euch sagen warum, weil das die gesamte Welt der wissenschaftlichen Gemeinschaft ins Chaos gestürzt hat. Und warum? Weil das darauf hinweisen würde, dass das Licht, das jetzt von den Messungen der

Wissenschaftler empfangen wird, eigentlich Licht war, das vor fünf Milliarden Jahren ausgestrahlt wurde. Und was sollen wir sagen? Wusste dieses Licht bereits, dass dieser Wissenschaftler dieses Experiment erschaffen würde, oder hat das Experiment – hat das Experiment – den Gang des Lebens des Lichtes selbst verändert, und hat der Experimentator vor fünf Milliarden Jahren existiert? Der Experimentator hat vor fünf Milliarden Jahren existiert.

Und die Verwandtschaft mit diesem Licht, diesem Quasarenlicht, war eine Kameradschaft und eine Vereinbarung jenseits von Worten, dass er eines Tages, fünf Milliarden in der Zukunft, Sternenlicht einfangen und es messen würde. Und es würde sich verhalten – es würde sich in einer solchen Weise verhalten, um aus seinem Mind für immer zu streichen, dass das, was lineare Physik genannt wird, existieren könne – wie es der Regel der Quanten, des Quantenpotenzials, der Quantenzufälligkeit, wonach Licht sich dann gemäß unserer Beziehung zu ihm verhält, entspricht. Und diese Beziehung ist fünf Milliarden Jahre alt.

Was bedeutet das? Das bedeutet, dass vor fünf Milliarden Jahren dieser Wissenschaftler eine selbst organisierte Beziehung mit der Atmosphäre dieses Quasars hatte. Er hatte eine Beziehung mit dem Quasar. Da sich die Beziehung wandelte, bis ganz in die Zukunft hinein, würde dieses Licht ein Teil seines Lebens sein, und wenn er auszog, es wieder zu messen, würde das einzige Sternenlicht, das von diesem entfernten Quasar kommen würde, genau aus den Elektronen bestehen, die ins Licht zerfallen, das er einst in einem anderen Leben vor sehr langer Zeit umarmt hat. Wendet euch zu eurem Nachbarn und erklärt das.

Wie konnte es nur möglich sein, dass wir eine Beziehung mit einem Licht von vor so langer Zeit hatten? Nun, in der magischen Präsenz gibt es kein „vor so langer Zeit." Es gibt nur Jetzt. Also war vor fünf Milliarden Jahren Jetzt und ist Jetzt.

Es gibt einen solchen Zustand im Quantenfeld. Man nennt ihn das ewige Jetzt, wo uns alle Dinge gegeben werden. Wenn ein Lampenschirm ein Schatten um eine Lampe und ihr Herzstück eine Glühbirne ist, die Photonen des Lichts abgibt, dann dient der Lichtschatten dazu, das Licht zurückzuhalten. Wenn wir diesen Lampenschirm nähmen und rundherum, 360 Grad, tausend kleine Löcher in ihn stächen, wäre es in unserem früheren Leben so gewesen, dass wo immer wir in dem Raum gesessen und auf das Licht geblickt haben, wo Augen nur auf den klarsten Photonenstrom fokussieren waren, der von der Lichtquelle kam, es am hellsten gewesen wäre. Ihr solltet das tun. Ihr tut das immer. Ihr betrachtet nie den dunklen Himmel; ihr betrachtet immer die Sterne. Aber ihr würdet dasitzen und ihr würdet jeden Teil des Raumes betrachten und wo immer ihr gesessen habt, wäre die einzige Realität, weil es in eurem Mind nicht existiert, dass Licht von der anderen Seite der 360 Grad ausströmt. Und dennoch, wenn wir eine so gute Entscheidung treffen, wie wir es heute Abend gemacht haben, gestattet uns der Herr und Gott unseres Seins, all die Lichtströme zu sehen, gleichzeitige Potenziale der Erfahrung, die zugleich geschehen, denn wir sehen nur eines. Und wenn wir die Tochter oder der Sohn des Menschen werden, die zum Sohn Gottes übergehen, wenn wir wieder geboren werden, wenn wir unsere menschlichen Erfahrungen, unsere Schuld und unser Leiden aufgeben und uns entscheiden, die Quelle des Lichts zu sein, dann sind das, was uns gegeben wird, all die Nadellöcher und all die Potenziale, und dass wir sie in jedem Augenblick sind, in dem wir sie zu sein entscheiden, und dass wir die Freiheit haben, genau das zu tun.

Ihr habt also eine Gelegenheit, weil ihr es jetzt besser wisst. Ihr wisst es wirklich besser. Ihr könnt nicht länger um Nachsicht für Unwissenheit erbitten und eure Sexualität beschuldigen, eure Phobien beschuldigen, eure Ängste beschuldigen, euren Hass beschuldigen, eure Unsicherheiten, eure Sorgen. Ihr habt keine Unwissenheit mehr und könnt nicht darum bitten, als das „Ich wusste es nicht besser“, weil ihr es jetzt wisst. Jetzt wisst ihr, dass ihr es alles erschaffen habt. Und wenn ihr für einen Augenblick vom Weg abfallt oder von diesem Raumschiff in die Menschlichkeit abfallt, weil ihr fühlen wollt, gut. Wie wusste ich, dass es mir geschehen würde? Ich war nur eine kleine Wesenheit – in dem Moment, in dem ihr das tut, verliert ihr euer göttliches Recht zur Macht.

Ich möchte, dass ihr das im Voraus wisst, weil ein Meister, ein Adept, es meistert, um ein Adept in diesem Großen Werk zu werden. Und ein Neuling wie ihr muss den Unterschied lernen. Wir können nicht manchmal Gott haben, und wir können nicht manchmal den Menschen haben; wir können nicht manchmal eine doppelte Geburt haben. Wir müssen uns irgendwann entscheiden, irgendwann, was wir sein wollen und es dann sein. Wenn ihr das nicht sein wollt und zurück geht, beschuldigt und Unwissenheit vorschiebt, Dummheit vorschiebt, um euren Körper bittet und euren Körper dazu bringt, all die Arbeit für eure eigene Befriedigung und Sicherheit zu erledigen, dann nur zu. Es gibt all die Zeichen an der Wand. Es sind fünf Prozent in dieser Schule, die fünf Prozent von Gott anwenden und fünfundneunzig Prozent vom menschlichen Wesen. Ihr gebt der Göttlichkeit fünf Prozent und ihr gebt der linearen Vorhersagbarkeit fünfundneunzig Prozent. Welche Art von Mind habt ihr – leichte Kost da oben oder seid ihr diese hübschen Menschen, die nicht einmal darüber nachdenken? Da oben passiert wirklich gar nichts, weil sie einhundert Prozent Körper sind. Sie sind ein Sack voll Chemie.

In dieser Schule geht es darum, eure Geburtsurkunde einzutauschen und wirklich wieder erneuert zu werden. Was sind die Vorteile daraus? Gesundheit. Euer Körper wird gesund sein. All die Krankheit in eurem Körper – der emotionale Sturm hat die Rezeptoren der Zellen verkrüppelt – Stress, all das Adrenalin, das von einer Vielzahl an Emotionen durch euren Körper fließt. Und der Grund, warum euer Körper es weiter produziert, ist der, dass eure Zellen angefangen haben, abzuschalten, da sie sagen „zu viel" und euer Gehirn erkennt keinen Unterschied, also erzeugt es weiter Stress in eurem Körper. Eure Zellen werden schwach und deformiert, und ihr habt einen Nervenzusammenbruch. Ihr habt Herzinfarkte. Und das ist auch der Boden für Krankheit.

Wenn ihr das wisst, was alles das abschaltet und ihr morgen Früh wirklich irgendwie befreit seid – befreit – und ihr wirklich frei denkt und es ein neues Leben ist, dann ist das eine neue Denkweise. Alles davor war auf dem gegründet, was man das Konzept des Wehe-Mir nennt: Ich bin das, ich bin schwach, ich weiß nicht, ich kann nicht, ich bin gefühlsmäßig durcheinander, ich bin unsicher. Wisst ihr, all das. Das war zuvor. Nun, was werdet ihr tun, wenn ihr nichts davon entschuldigen könnt, weil ihr wisst? Nun, ihr mögt eine Weile lang eine einsame Wesenheit sein, aber eine Sache ist gewiss, dass ihr eine geteilte Erfahrung mit jemandem, der genau wie ihr auf dem Pfad ist, haben werdet, und dass eure geteilten Erfahrungen von keinem Gestern stammen und es wird die magische Präsenz in euren Orbit kommen.[2] Und wo waren sie? Sie waren immer da; ihr wart es, die nicht da waren. Wie viele von euch verstehen? Ihr wart nicht da. Ihr habt es verpasst.

---

[2] Siehe die Geschichte *Eine Freundschaft aus Gold* in diesem Kapitel.

DAS ZEITALTER DER ERLEUCHTUNG

KOMMENTAR ZU KAPITEL 7
DIE WEITERENTWICKLUNG DES TRAUMS – DIE NÄCHSTE PHASE DER SCHÖPFUNG

Eine fehlerhafte Annahme, die einen unzureichenden Horizont erzeugt

Zum Schluss lenkt Ramtha in diesem Kapitel unsere Aufmerksamkeit auf die nächste Phase der menschlichen Evolution, die nötig ist, um unser Wachstum zu fördern und unseren Horizont als ein Volk und als ein Bewusstsein zu erweitern. Die korrumpierten Versionen des Wissens der alten Weisheit sind so verflochten mit dem Gewohnheitsrecht und mit den kulturellen Traditionen des Landes, dass jedes Bemühen, diese Verzerrung aufzulösen und die Botschaft in ihrer unberührten Ursprünglichkeit wiederherzustellen, als ein Angriff gegen das politische Establishment gewertet wird. Ramtha betont ganz klar, dass seine Botschaft keine politische Verschwörung ist, sondern die Wahrheit über unsere ureigene Natur und „die Herrlichkeit, ein Individuum zu sein."

Ramtha erklärt die gewaltige Wichtigkeit, Geschichte zu lernen und die Quelle und die Absicht hinter ihrer traditionellen Interpretation zu hinterfragen. Die traditionelle Weise, wie Geschichte von Generation zu Generation gelehrt wurde, beinhaltete stillschweigend eine bestimmte Weltsicht der Realität und eine Definition, wer wir sind. Diese anscheinend unschuldige, unbemerkte, versteckte Botschaft der Geschichte hat die Möglichkeiten der Menschheit für Fortschritt und Weiterentwicklung über das Reich der Materialität und Vergänglichkeit hinaus verhindert. Eines der Hauptprobleme für die menschliche Weiterentwicklung von sowohl zivilen wie religiösen Werten ist ihr Bestehen auf einer externen Moral oder auf Verhaltensregeln, die nicht mit dem inneren Antrieb jedes Individuums nach Entdecken und Werden übereinstimmen. Die höchste Quelle von Glück und dem Guten wird sowohl in der Religion wie in der Philosophie außerhalb des Individuums gestellt. Das Reich der Transzendenz jenseits der Begrenzungen von Materie, Raum und Zeit und der Möglichkeit zu Meisterschaft, Unsterblichkeit und Göttlichkeit ist unserer gewöhnlichen Natur als Individuen versperrt. Der Tod wird als das gewöhnliche, unvermeidliche Schicksal jedes Individuums vorgeschrieben.

Es ist interessant, dass jeder religiöse Glauben außer dem Monotheismus, welcher eine wesentliche Trennung zwischen einem höchsten Wesen, Gott, und dem Individuum verteidigt, im Westen oft als ein Zeichen von Barbarei und primitiver Kultur beschrieben wird. Nicht einmal die Wissenschaft war in der Lage, die Wurzeln dieses Geheimnisses in so vielen Bereichen, die den Glauben an ein externes höchstes Wesen unterstützen, völlig zu zerstören und zu verstehen. Diese Beobachtungen zeigen, wie tief verankert diese fehlerhaften Ansichten im modernen Allgemeindenken sind.

Ramthas Darstellung der Natur der Realität mithilfe der neuesten Entdeckungen der Quantenphysik ist die einzige Wissenschaft und Philosophie, die in Laienausdrücken die Bedeutung der verschiedenen Vorstellungen von Gott, des Göttlichen und vor allem die Bedeutung der Aussage „Du bist Gott" erfolgreich erklärt. Das ist der Grund, warum Ramthas Botschaft und die Wahrheit der alten Weisheit in vielen Bereichen unserer Gesellschaft so explosiv und unbeliebt sind. Denn genau das Gewebe unserer modernen Zivilisation, unserer Traditionen, unserer Werte, unserer Sprache, unserer Wissenschaft, unserer Geschichte ist mit der Annahme, dass wir keine Götter sondern das Produkt entweder von Zufall oder einer äußeren Kraft oder Gottheit sind, fehlerhaft durchsetzt. Ramtha erklärt erfolgreich, dass keine dieser Optionen dem gerecht wird, wer wir wirklich sind. Wir sind individuelles Bewusstsein und Energie, verantwortlich für die Schöpfung unserer eigenen Bestimmung und Evolution. Gott ist nicht außerhalb von uns und überragt uns nicht. Gott ist gesund und munter in uns. Gott sind wir. Er ist der Lebensatem und die Plattform, die das Leben und seine Fortführung möglich machen.

Die Wichtigkeit, Historiker, Philosophen und Wissenschaftler zu werden

Warum ist es wichtig, die grundlegenden Annahmen anzusprechen, die tief in unserer modernen Kultur sitzen und die definieren, wer wir sind? Warum sollten wir die Auswirkungen dessen, wie Geschichte gesehen und überliefert wird, studieren? Warum sollten wir auf unserer eigenen, persönlichen Reise der Evolution und Selbsterkenntnis Historiker, Philosophen und Wissenschaftler werden? Die Ergebnisse der Quantenmechanik zeigen, dass der Beobachter eine sehr wichtige Rolle dabei spielt, die Realität festzulegen. Das Ergebnis der Realität ist daher direkt proportional zur Fähigkeit des Beobachters, zu visualisieren und zu entscheiden, oder mit Ramthas Worten, eine potenzielle Wahrscheinlichkeitslinie zu träumen.

Dieses Grundprinzip zeigt die unschätzbare Wichtigkeit, die für den Studenten im Großen Werk im Erwerb des Wissens liegt. Wissen ist das Grundmaterial, mit dem neue Paradigmen der Erfahrung vom Einzelnen erträumt werden, welche die Natur der Realität kollabieren lassen. Je mehr Wissen dem Einzelnen verfügbar ist, desto mehr wird offensichtlich die Möglichkeit für Erfahrung sein.

Die verschiedenen philosophischen Bewegungen und Mysterienschulen, die im Gnostizismus beschrieben werden, schrieben dem Wissen oder der Gnosis einen erlösenden Charakter zu. Die Einweihung in das geheime, verborgene Wissen war ein Mittel in Richtung Meisterschaft oder Erleuchtung. Vieles im komplexen Symbolismus und der starken Verschlüsselung esoterischen Wissens, wie in der Alchemie oder der Freimaurerei, kommt von einem ähnlichen Wissensansatz.

Das alte Wissen der alten Weisheit war ursprünglich in okkultem Symbolismus verschlüsselt, um es vor Unwissenheit und Missbrauch zu bewahren und zu schützen. Es wurde auch zu dem Zweck geheim gehalten, dem Studenten zu ermöglichen, es durch praktische Einweihung zu entdecken und zu erfahren. Dennoch haben die Folgen dieser Praxis im Lauf der Zeit ungewollt viel Aberglauben und Fanatismus erzeugt.

Ramthas Lehren zielen darauf ab, die abergläubische Unwissenheit über die alten Wahrheiten über unsere wahre Herkunft und Natur zu beseitigen. Er ist sehr sorgfältig dabei, seine Botschaft für alle Gesellschaftsschichten klar und leicht verständlich zu halten, um den Einzelnen davon abzuhalten, sie zu missbrauchen und sie erneut in Geheimnis und Aberglauben einzuhüllen. Wir haben am Anfang jedes Kapitels Zeichnungen gestaltet, die einige alte esoterische Symbole beinhalten und wiedergeben, mit dem Zweck, sie neu zu interpretieren und ihre ursprüngliche Absicht im Text des Kapitels selbst zu enthüllen. Diese Zeichnungen zielen auch darauf ab, dem Leser zu helfen, sich visuell an die Lehren eines jeden Kapitels zu erinnern, indem die Sprache des Gehirns verwendet wird und wie ein Werkzeug an die Hand gegeben wird, das für weiteren Fokus und Kontemplation der Lehren verwendet werden kann.

Ramthas Botschaft ist klar und einfach: „Du bist Gott". Aber die Auswirkungen und die Bedeutung dieser Aussage bilden den

Körper seiner Lehren, welche sich vor allem auf die Rolle des menschlichen Bewusstseins fokussieren, das in der Schöpfung der Realität durch das Gehirn arbeitet.

Er erklärt, dass in jedem Menschen zwei Grundelemente im Spiel sind: Eines ist das, was er das Körper-Geist-Bewusstsein oder die Selbstwahrnehmung des eigenen Körpers namens Persönlichkeit nennt, das Produkt der Genetik und der speziellen Umgebung eines Menschen. Das zweite Element ist das, worauf sich Ramtha als der Heilige Geist oder das wahre Selbst bezieht, der Reisende in der Zeit, der nie gestorben ist und der die Lichtrückschau nach dem Tode betrachtet. Diese beiden Aspekte sind gleich wichtig und notwendig, um Erleuchtung und Selbsterkenntnis hervorzubringen.

> „Wir wollen die Persönlichkeit in der Schule der Meisterschaft nicht zerstören. Aber wir wollen sie revolutionieren, eine Revolution entfachen, damit die Persönlichkeit das genaue Sprachrohr des Geistes wird und die beiden keine Feinde sind, sondern ein und dieselbe Wesenheit sind, sodass der Heilige Geist den Körper ohne Einwendung und Opferdasein reiten kann. Denn viele von euch sind Opfer der Vorstellung, ein Meister zu sein, und ihr macht euch absichtlich dazu.“[1]

[1] *Defining the Master*, Band 368 ed. (Yelm: Ramtha Dialogues, 1998).

ÜBERBEWUSSTSEIN – DIE GEBURT EINES NEUEN BEWUSSTSEINS

Der letzte Teil dieses Kapitels beschäftigt sich mit dem widersprüchlichen Thema der zukünftigen Bestimmung der Menschheit und der Erde, wie sie von verschiedenen Prophezeiungen und religiösen Bewegung vergegenwärtigt wird. Ramtha stimmt zu, dass die Menschheit derzeit gefährliche Zeiten durchlebt, ähnlich den chaotischen Zeiten während seiner eigenen Lebenszeit. Er erklärt, dass die größte Vorbereitung für all diese Veränderungen ein unabhängiger Mind ist. Die Absicht seiner Botschaft ist nicht, Menschen bestimmte Anleitungen zu geben, sondern den schlafenden und faulen Mind in Wissen und Wahrnehmung unserer Selbst und unserer Umgebung herauszufordern. Die Veränderungen der Erde, einst prophezeit, sind keine Bestrafung der Natur oder eines höheren Wesens oder das Ende der Welt. Sie sind vielmehr die natürliche Evolution und Geburt einer neuen Vorstellung des Selbst und der Bedeutung des Lebens, was Ramtha im Sinne von Überbewusstsein beschreibt. Überbewusstsein ist nur ein Ausdruck, der erweiterter Mind bedeutet. Überbewusstsein ist ein Wissen, ein inneres Gefühl, das mit der Natur übereinstimmt. Ramtha hat bei verschiedenen Gelegenheiten erklärt, dass die Natur weiter entwickelt ist als die Menschheit, die immer noch mit den ersten drei Siegeln der Sexualität, Opferhaltung und Tyrannei ringt. Die Natur besitzt kein verändertes Ich. Sie ist Gott. Sie entwickelt und erweitert sich ständig ohne Bedauern.

> „Evolution, sie ist die Folge von Gott-Erfahrung, dem Abenteuer mit sich selbst, und wird das für immer Relative genannt. Denkt ihr, dass ihr einen Zustand der Perfektion erreicht habt? Wenn ihr das habt, dann habt ihr einen Zustand von vertiefter Begrenzung erreicht, denn es gibt kein derartiges Element namens Perfektion. Es gibt nur die Begrenzungen der Elemente namens Perfektion. Mittel zur Veränderung und Evolution zu entwickeln, bedeutet zu lernen, und zu lernen bedeutet, in Kenntnis darüber sein. Versteht ihr?“[2]

---

[2] *The Next Step – Superconsciousness*, Tape 122A ed. (Yelm: Ramtha Dialogues, 1986).

Evolution, die auf diese Weise gesehen wird, ist einfach die Fortsetzung des Lebens in immer neuen Formen des Ausdrucks, ohne bestimmte Bewertung oder Anweisung, außer der, das Unbekannte weiterhin durch das Gesetz des Beobachters und seiner Selbstreflexion bekannt zu machen. Der Menschheit eigentliche Herkunft und ihr Ursprung im Void und ihre Bewegung der Selbstkontemplation, die einen Punkt der Selbstwahrnehmung oder des Bewusstseins hervorgebracht hat, ist die Basis für Evolution, die Bedeutung des Lebens und die Wurzel aller Göttlichkeit und Transzendenz. Das ist die Wahrheit über uns selbst, darüber, wer wir wirklich sind, die wir unsere Reisen und Expeditionen der Entdeckung vergessen haben. Es ist die Perle der alten Weisheit von einst, die tief im Trüben der kleinlichen Gefühle und konkurrierenden Einstellungen versenkt liegt, die nicht dazu befähigten, das größere Bild zu sehen, sich zu erinnern und zu wissen. Die Götter, die zu ihren Schöpfungen wurden und vor Äonen in menschliche Wesen inkarnierten, stehen nun wieder am Abgrund, wo sie die Möglichkeit zur Rückkehr an den Ort absoluter Klarheit und kreativen Genies haben. Die menschliche Zivilisation der vergessenen Götter nähert sich einem Punkt in ihrer langsamen Evolution, an dem die groben Reizungen ihrer epischen Reise letztlich ein prächtiges Juwel von gewaltiger Einfachheit und tiefgründiger Weisheit erschaffen.

Kapitel 7
Die Weiterentwicklung des Traums – die nächste Phase der Schöpfung

"Und wenn wir von dem aus leben, was man die Sicht des Beobachters nennt, dann entscheiden wir uns, gemäß dem, was man das Gesetz der Physik nennt, von einer höheren Gedankenebene aus zu leben, damit dann dieser Gedanke zum Gesetz unseres Lebens und nicht unserer Emotionen wird.

Und eure Herausforderung in diesem Jahr ist es, eine Welt, ein Leben zu erschaffen, das nicht auf den Emotionen basiert, sondern neue Paradigmen und neue Modelle für das Leben zu erschaffen, die nicht in Emotion geschaffen werden und nichts mit dem Körper-Geist-Bewusstsein zu tun haben werden, sondern alles mit dem außergewöhnlichen Mind zu tun haben werden, der beginnt, keine Grenzen zu kennen."

Ramtha

MEINE LEHREN SIND KEINE POLITISCHE VERSCHWÖRUNG

Meine Lehre hat nichts mit Überlegenheit oder Verschwörung gegen die Regierung zu tun. Sie hat nichts damit zu tun. Sie hat alles zu tun mit der Botschaft von Jeschua ben Joseph, und ich kann euch alles sagen, was er gelehrt hat. Und ich kann euch sagen, was bis heute verehrt wird: Jüdisch-christlicher Glauben, der Gott Abrahams und der Gott Jesu Christi, der jüdisch-christliche Glauben, der den kosmopolitischen Glauben Amerikas bildet.

Amerika war unter diesem Namen lange vor Christoph Kolumbus bekannt. Es wurde so bezeichnet. Amerika war der Name eines Sterns, der eng mit dem Nordstern zusammenhing. Sie fanden Amerika, in dem sie dem Nordstern folgten.

Meine beginnenden Meister, wisst ihr, es würde es euch auf eurer spirituellen Reise einfacher machen, wenn ihr die Wahrheit über die Geschichte wüsstet. Aber das tut ihr nicht. Wisst ihr warum? Weil ihr auf euer Gewicht achten müsst, und trainieren müsst und euer Horoskop lesen müsst und euch wahrsagen lassen müsst und euer Yoga machen müsst und meditieren müsst. Wann habt ihr jemals Zeit für Geschichte? Der Schlüssel zum Verhalten dieser Zuhörerschaft liegt in der Geschichte, den verschlungenen Formen, in denen Geschichte euch allen gelehrt wurde.

Wisst ihr, dass Menschen, die eine lange Eroberung planen, diese niemals in ihrer Unmittelbarkeit planen? Sie planen immer, Raum für Revolution und die Stimmen zu schaffen, die sich äußern, dass die Menschen so von ihrem Gesetz der neuen Eroberung überzeugt werden, damit sie in der Zukunft darauf setzen. Also erschaffen sie Konstitutionen oder sie erschaffen Monarchien, damit das Blut genau dieser Monarchie immer beherrscht wird, und wenn sie zwei Generationen dafür brauchen, um ihren Punkt durchzubringen, wird es in der dritten Generation einfach das Bewusstsein und die Energie sein, wie sie gelebt haben. Sie werden sich einem Herrscher unterwerfen; sie werden sich Königen und Königinnen unterwerfen, sie werden sich einem religiösen Forum unterwerfen. Und sie wissen nicht, warum sie es tun, aber es geht dabei um die Etikette ihrer Familie, es geht dabei um die Weise, wie ihre Familie überlebt und es geht dabei um die Weise, wie ihre Familie jemanden verehrt.

Und wisst ihr was? Nennt mir irgendeine Religion, die fünftausend Jahre älter ist, welche die Gleichheit von Männern und Frauen als ebenbürtig gefeiert hat. Nennt sie mir. Ich warte.

Ägypten wurde von Wüstenprinzen übernommen. Es gibt keine wahren Ägypter. Sie sind das, was man Afroamerikaner nennt, die über zwei Meter groß sind, die eine helle Haut und einen hellen Teint haben; das sind die ursprünglichen Ägypter. Die Ägypter, die ihr heute seht, sind Migranten aus der Türkei, Griechenland und dem Sudan, aus dem Iran und dem Irak. Das sind nicht die ursprünglichen Eigentümer des Landes, sondern die Vermächtnisnehmer der Ikonen, die es an sie weitergegeben haben.

Das hethitische Königreich wurde von Ramses dem Zweiten erobert. Wollt ihr euch noch mehr damit beschäftigen, geschichtliche Informationen zu bekommen? Die Hethiter: Wer waren die Hethiter? Das waren die Kinder Abrahams. Sie waren diejenigen, die hereinkamen und das absolut stoische und ebenbürtige Königreich Ägyptens infiltriert haben. Wusstet ihr, dass Ägypten in seiner besten Stunde – Lasst mich euch von diesem Königreich erzählen, weil Maria, die überall[1] wieder erscheint, vor der größten Bedrohung für den Katholizismus warnt, und das ist das Aufkommen der alten ägyptischen Religion. Ich bin es; ebenso seid ihr es. Und warum sind wir eine Bedrohung für den Katholizismus? Weil im alten Ägypten der Pharao ein Diener für sein Volk war und alle lesen konnten. Alle hatten Zugang zu den geheimen Mysterien. Alle nahmen am Aufbau der Ikonen und des Symbolismus ihrer eigenen Gedanken teil. Es gab nichts Derartiges wie Frauen, die den Männern unterworfen waren. Wusstet ihr, woher diese Idee kam? Sie kam von den neuzeitlichen Juden, für die Frauen schmutzig und unrein waren, denn im alten Ägypten wurden sie als Geflügelte Pharaonen der Götter betrachtet. Sie waren Gott näher. Eine Frau in eurem Leben zu haben, bedeutete Gott näher zu sein, denn ihre Weisheit und ihre Tugend waren in unserem männlichen Königreich eine augenblickliche Erfüllung wert; rettete unser Königreich.

Im alten Ägypten war der Pharao das Volk. Und alle Menschen konnten lesen und schreiben, und alle Menschen hatten Zugang zu all den großen Gebetstempeln. Sie hatten Zugang zu all den Priestern. Und das wurde durch die Wüstenprinzen Abrahams umge-

---

[1] Marienerscheinungen der Mutter Jesu.

stürzt, durch das hethitische Königreich, das kam und sie eroberte und sie abschlachtete, und sich selbst in einer maskulinen Sichtweise erhob und die Frauen für immer und ewig unterdrückte. Ich möchte, dass ihr das wisst. Ja, es gibt eine Wiederauferstehung der alten Religion Ägyptens und ihr betrachtet sie genau hier und jetzt.

Wo also wurden Frauen einst verehrt? – Es gibt nur ein Königreich, wo Frauen jemals verehrt wurden und das ist im alten Ägypten. Ihr seid näher an Gott. Das alte Ägypten wusste das. Geflügelte Pharaonen zu haben – geflügelte Pharaonen waren Frauen; Männer waren nie geflügelte Pharaonen – nur Frauen hatten die Flügel der kreisrunden, ewigen und immerwährenden Herrschaft. Nur Frauen haben diese Insignien.

Manchmal verwehren uns Gefühle die Herrlichkeit, ein Individuum zu sein. Das tun sie wirklich. Unsere sexuellen Bedürfnisse, unsere kranken Bedürfnisse sind mächtige Bedürfnisse. Wir brauchen sie so sehr, dass sie uns in ihrer Präsenz davon abhalten, großartig zu sein. Wird sich irgendjemand in tausend Jahren an euch erinnern? Sie werden sich an mich erinnern, aber werden sie sich an euch erinnern? Möchte ich, dass sie sich an euch erinnern? Ja, das tue ich.

Und das ist, was dieser Mann Jesus tat, als er auf diesen Baum gelangte. Er sagte: „Ich will euch etwas sagen, das woran ich glaube. Ich werde für das sterben, woran in glaube." Deshalb ist er so berühmt.

Und ihr müsst erst noch die Hintergrundgeschichte des Mannes kennen, denn Paulus hat ihn zu einem übernatürlichen Menschen gemacht. Ihr wisst nicht, dass er verheiratet war und zwei Kinder hatte. Er war ein verheirateter Mann. Er empfand Lust und Leidenschaft für seine Frau und sie für ihn. Sie hatten zwei kleine Kinder, welche die Könige Europas, die königlichen Familien Europas wurden. Aber war er ein Mann des Kompromisses? Ich meine nicht. Er kletterte auf diesen Baum und er wurde für das gefoltert, woran er glaubte.

Was sage ich meinen Leuten hier, euch eingeschlossen? Was sage ich? Ich sage, der Grund, warum ihr unsicher seid, ist dass ihr den ganzen Tag Lügen erzählt und ihr fürchtet euch, wenn ihr euch schlafen legt, dass ihr mit euren eigenen Lügen übrig bleibt; das beschäftigt euch die ganze Nacht lang. Und ihr fürchtet euch davor, zu leben, wer ihr seid. Und dennoch, wenn wir leben, wer wir sind, wenn wir die Wahrheit sagen, gelangt Wahrheit in die Motoren der

Evolution und dann können wir uns endlich verändern. Wenn wir nie die Wahrheit sagen, halten wir in statischer, besorgter Vorahnung, dass es jemand herausfinden wird, still, vor allem wir, die wir die Wahrheit kennen, wir, die wir die Verursacher sind.

Wenn Jesus Christus heute Abend zu euch spräche, würde er euch genau das erzählen. Ich weiß sehr gut, was er euch erzählen würde.

Was also will ich von euch? Einen guten nächtlichen Schlaf, da ihr, wenn ihr ihn nicht habt, am nächsten Morgen kein so guter Schöpfer sein werdet.

Ich möchte, dass iht euch daran erinnert: Menschen die Wahrheit zu sagen, kann viele Menschen in eurem Leben verloren gehen lassen, aber es wird euch befreien und ihr werdet den besten nächtlichen Schlaf haben, den ihr je in eurem Leben hattet. Im Vakuum ihres Nichtvorhandenseins werden Menschen kommen, die mit euch übereinstimmen. Wenn sie euch finden, werdet ihr sogar einen noch besseren nächtlichen Schlaf haben. Und wenn wir erst Wahrheit kennen, ist die nette, wundervolle Sache an der Wahrheit, dass Wahrheit sich weiterentwickelt. Lügen sind ein Vergehen, um in einer Illusion stillzustehen und sie an Ort und Stelle halten zu können. Wahrheit ist Evolution; wir sind frei, mit der Wahrheit zu fliegen. Wenn wir sie nicht aussprechen, wenn wir sie nicht sagen, sind wir gequält. Die Hölle ist hier auf Erden. Sie ist in dem, was wir bereits wissen und was wir predigen, um es mit allen anderen zu teilen. Die Ironie ist – vergesst das nie – die Ironie ist, dass alle euch das Gleiche antun.

Erinnerungen an eine fortgeschrittene Zivilisation: die geflügelten Pharaonen von Ägypten

Ramtha: Meister.

Student: Ich wollte dich über die Wesenheit Isis befragen. Ich habe ein wenig über dein Leben gehört und ich habe ein wenig über das Leben von Jeschua ben Joseph gehört und ich bin sehr neugierig, etwas über die eine Frau zu erfahren, von der ich gehört habe, dass sie die Ebene des Nicht-Urteils in ihrem Leben erreicht hat.

Ramtha: Ah, es gab viele Frauen, die das erreicht haben.

Student: Toll.

Ramtha: Unglücklicherweise strebten nicht alle nach Ruhm wie nach ihrer Unsterblichkeit. Nun, die Wesenheit namens Isis war das, was man in der Tat den Seelengefährtenzwilling von dem, der Osiris genannt wird, nennt. Und die beiden, Wesenheit, machten sich zu dieser Ebene auf und aufgrund der Macht, die zwischen den beiden strömte, errichteten sie das, was man eine unabhängige Herrschaft nennt, sogar über die Priesterschaft. Und sie wurden von der Priesterschaft verachtet, weil sie nicht nur geflügelte Pharaonen dessen waren, was man die Vergangenheit nennt, sie besaßen die Fähigkeit zu sehen, zu wissen und zu verstehen, und mit ihrer großen Macht hatten sie auch das, was man Mitgefühl nennt.

Priester haben in der Regel immer das, was man ihre Anhängerschaft nennt, durch Angst oder harte Pflicht oder ein aufrecht erhaltenes, unterschiedliches Gesetz sozusagen. Und die geflügelten Pharaonen, Wesenheit, praktizierten keines dieser Dinge und besaßen, obwohl sie absolute Macht hatten, auch absolutes Mitgefühl. Also liebten die Menschen, Wesenheit, das, was sie von Isis und Osiris anbeteten.

Und Osiris', sozusagen in der Tat, wundervoller Bart war kunstvoll geflochten und von der, die man Isis nennt, mit dem umwickelt, was man Lapislazuli nennt, und dem, was man Malachit nennt, als eine Verzierung seines wundervollen Erscheinungsbildes. Und so schön waren sie, Wesenheit, dass Blumen blühten, wenn sie vorbeigingen, da sie eins in Einem, ein und das Gleiche, Mann-Frau-Gott waren.

Als die geflügelten Pharaonen, sozusagen in der Tat, die Kontrolle über das, was man das Land nennt, durch Mitgefühl übernahmen, gab es ihre großen Hohen Feiertage, wenn ihr so sagen wollt, zur Feier des frohlockenden Gottes des Lichts, der Sonne, und die Sonne stand repräsentativ für das, was man den individualisierten Menschen nennt, wie sie es wahrlich lehrten. Es war eine Verschwörung durch die das, was man die Priesterschaft nennt, in den Gauen[2], wie sie genannt wurden, Wesenheit, das töten ließen, was man die Wesenheit Osiris nannte. Aber er ließ sie es tun, denn er würde sie nicht in dem, was man ihre Rache gegen ihn nennt, niederstrecken.

Und es war Isis, sozusagen in der Tat – nachdem das, was man die Knochen nennt, in eine Truhe geschmissen und in das, was man

---

[2] Die Provinzen des alten Ägyptens.

einen Fluss nennt, den ihr als den Nil bezeichnet, Wesenheit, geworfen wurden, damit die Wasser für immer die Essenz seines Seins wegspülen würden – es war diese Frau, die sie aus dem, was man, sozusagen in der Tat, die Truhe nennt, die Knochen eines alten Baumes, die sie sicher verwahrt hatte, sozusagen, herausnahm und sie zusammensetzte und über ihnen betete, über ihnen rezitierte und direkt auf den Knochen lag, bis sie das waren, zu dem sie wurde: Osiris/Isis, Gott in einem.

Und die Wesenheit, die der Union entstammte, war nicht eine getrennte Wesenheit oder ein Kind. Es war sie, die zu Gott-Mann-Frau geworden war, die, sozusagen in der Tat, der Herrscher geworden war, nur um später in ihrer Existenz von dem, was man die Priesterschaft nennt, gestürzt zu werden. Ihre Gottheit war bedeutend, denn es gab keine Rache, die sie, Wesenheit, an den Punkt der Verschwörung oder des Hasses gegen ihre Angreifer richtete. Deshalb erinnert man sich an sie, während jene vergessen sind.

Student: Ich bin überwältigt.

Ramtha: Überwältigt?

Student: Oder sprachlos, bestenfalls.

Ramtha: Der Gott Horus ist ein geflügelter Gott, wobei er seinen Ruhm von Isis nahm, und damit ihr in eurem Verständnis der Vergangenheit dessen, was man ein großes und wundervolles Volk nennt, das notieren könnt.

Student: Und wenn du geflügelte Götter sagst, was bedeutet das genau?

Ramtha: Die geflügelten Pharaonen, Wesenheit, waren Isis und das, was man, sozusagen in der Tat, Osiris nennt, da sie die Fähigkeit hatten, in das zu gehen, was man ein schlafähnliches Wesen nennt und dann ihre Verkörperung zu verlassen und dorthin zu gehen, wo immer sie wollten. Und das erforderte lange und harte Jahre der Übung vom Sein dessen, was man Geschwister nennt, hin zu einem Ort, sozusagen in der Tat, der Reinheit, um das geschehen zu lassen. Und später in der Existenz konnten die Wesenheiten, sozusagen in der Tat, ihre Körper von Ort zu Ort transportieren, nach langen Jahren des sie in Einsamkeit Lassens. Sie wurden geflügelt genannt, weil sie fliegen konnten, wie es später Horus der Gott tat.

Student: Ich würde das gerne tun.

Ramtha: In der Tat. Wir werden eine kleine Reise arrangieren. So sei es.

Student: So sei es.

Ramtha: Und wir werden kommen, wenn du es am wenigsten erwartest, Wesenheit. Dann kannst du nie sagen, dass du es geplant oder geträumt oder dir vorgestellt hast. So sei es. Du wünscht zu sehen, wie die Erscheinung der Göttin Isis aussah?

Student: Sehr.

Ramtha: Ich werde dir ihr Gesicht bringen. Starre es an. Es ist ziemlich einfach, aber in dieser Einfachheit ist große Stärke und Schönheit. So sei es.

Was in diesem Leben wichtig ist, sind nicht Gold oder Beziehungen oder Ruhm oder Schönheit. Das sind Illusionen. Was wichtig ist, ist die einzige Realität, die von eurem Verständnis aus existiert – die ihr seid. Ihr wisst nicht, ob sie oder er oder eigentlich sie oder irgendjemand anderer hier existiert, nur ihr, der ihr fühlt, denn ihr könnt nicht für die anderen fühlen. Es weist auf einen unabhängigen Willen hin, dass ihr nur für euch selbst fühlen könnt. Das ist die einzige Realität des Verständnisses; das ist es, was dem Leben Glaubwürdigkeit verleiht. Wenn das in eine breitere Perspektive und Verständnis gesetzt wird, Wesenheit, dann wirst du nicht die Ängste der Unsicherheit haben, die du hast und nicht länger wirst du dich für Selbsterfüllung an andere wenden. Das werde ich geradewegs mit dir machen. So sei es.

Student: Danke.

Ramtha: Frau, liebe dein schönes Selbst. Liebe ist keine Hingabe, Wesenheit. Sie ist ein Ist. Teilen ist ein Ist, Wesenheit, ist nicht Niederlage, sondern das, was Liebe genannt wird, eins zu eins, wirklich zurück zum Selbst. Ich werde dir helfen. So sei es. Und ich freue mich für dich und dein Ausgeglichensein. Die meisten weichen dem aus.

Kleine Mädchen, kleine Mädchen sehen ihre Mütter nie als jung. Kleine Mädchen sehen ihre Mütter nie als kleine Mädchen. Mütter sehen ihre Töchter nie als Mütter. Das baut das, sozusagen in der Tat, Verständnis ab, denn Mütter sind immer kleine Mädchen. Unglücklicherweise, sozusagen in der Tat, sieht sie nie jemand auf diese Weise, aber sie waren auch einst Kinder und hatten ihre Träume und ihre Hoffnungen und ihre Erwartungen, lebendige Träume: Mädchen, die barfuss über eine Bergschlucht liefen, Gelächter, Seide und blasse Bänder, und weiches Haar, Liebe, die bezaubernd ist und nicht wie ein Trugbild, sondern sanft auf den Lippen und zart in ihrer

Bewegung. Mütter lesen selten je von Hohn. Als sie kleine Mädchen waren, war ihre Welt lebhaft, lebendig, voller Hoffnung, und Liebe war eine herrliche Sache mit dem, was man einen Mann nennt, versunken in tiefem Geheimnis und Mut und Liebenswürdigkeit in seinem Körperumfang. Und kleine Mädchen, sozusagen in der Tat, stellen sich das Leben vor, sozusagen in der Tat, als die Erfüllung all dessen, was ihr Sein jemals erhoffen könnte. Ihre Träume sind magisch.

Aber ihre Töchter, welche die gleichen Träume haben, erkennen nie, dass das, was man pragmatische Mütter nennt, jemals die gleichen Träume hatten. Und findet ihr es nicht, sozusagen in der Tat, ein wenig furchteinflößend, dass dann, wenn das kleine Mädchen eine erwachsene Frau wird und das findet, was ihren Träumen am Nächsten ist – sie findet niemals ihren Traum, wisst ihr – und sie ihre Kinder gebärt, sie die Süße dieser Realität verliert, die sie so lange ohne die Erfahrung errungen hatte? Und wenn sie ihre Töchter gebärt, sozusagen in der Tat, haben ihre Töchter Träume, von denen sie sich nie vorstellen könnten, dass ihre Mütter die gleichen hatten; daher vergessen sie die Zartheit.

Ich will dir sagen, Lady, sogar die ältesten der alten Frauen, die in meiner Zuhörerschaft gewesen sind, haben die jüngsten Herzen gehabt. Und es ist eine Zeit für sie, um wieder zu träumen, weil niemand sie mehr ansieht. Jetzt ist ihr Leben in Träumen.

Verliert niemals die Fähigkeit, euch Süße in blassen, paillettenverzierten Bändern um hochglänzendes Haar auszumalen, und Blumen, die das Aroma des Raums erfüllen, und sanfte Musik und einen in tiefen Geheimnissen versunkenen Mann. Verliert niemals Vorstellungen wie diese, denn es sind Vorstellungen wie diese, die helfen, die Welt zu verändern, sie zu einem solchen Ort zu machen, dass süße Mädchen ihre Träume erfüllt bekommen können und ehrenhafte Männer sich wieder ehrenhaft fühlen können.

Ihr werdet sehr geliebt. Ich wünsche euch damit zurückzulassen: Was alle diese Realität oder die reale Welt nennen, das ist die Zerstörung eines Traums. Die reale Welt basiert auf Träumen. Niemand weiß, wie man sie zu Ende führt, damit ihre Auswirkung völlig gefühlt wird. Die reale Welt, Lady, ist ein Traum von Männern, die Männer sind und Frauen, die Frauen sind und sie beide haben die Ebenbürtigkeit, sozusagen in der Tat, ihrer Geschlechter gemeinsam, aber beide haben und besitzen die Einzigartigkeit, um einander zu verherrlichen. Die reale Welt, Wesenheit, ist eine Welt, die in Frieden und Träumen gedeiht, in unausgesprochener Schönheit und geflüsterter Liebe. Und eines Tages, sehr bald, ist das, wie es sein wird, und ihr werdet leben, um es zu sehen.

Ich kenne euer Herz und was in eurem Sein schmerzt. Ich werde die Maske abnehmen und euch werden lassen. So sei es.

Den Traum der Unsterblichkeit träumen

Nun, die Meister sind nicht am Friedhof. Sie sind die Ewigen. Es gibt keinen Beweis, außer für die Großen historisch gesehen, dass sie gelebt haben, weil es keinen Beweis gibt, dass sie es je getan haben. Und die Archäologie ist, wie wir wissen, auf dem Abgrund der Karbondatierung aufgebaut, dessen, was man Knochen und Umweltfragmente nennt, die ein Volk in der Zeit und nach ihren speziellen Gewohnheiten bestimmen. Wenn ein Friedhof also in tausend Jahren von jetzt an umgegraben werden kann von dem namens – und lasst uns hoffen, dass sie weiter entwickelt sind als heute, archäologisch gesehen – dann kann er bestimmen, wer ihr wart und was ihr gegessen habt und was ihr getan habt. Dann können wir schauen und sagen, na ja, offensichtlich wussten sie etwas, waren aber nicht fähig, es in eine Umgebung zu übertragen, die ihnen ermöglicht hätte, eine längere Lebensperiode zu haben.

Was ich repräsentiere – es gibt keinen Beweis dafür, dass wir je hier gewesen sind, außer dem, was wir wörtlich, in Stein, auf Papyrus aufzeichneten. Und die Entdeckung von alten Stätten während die Welt sich verändert und von dem, was man die Halle der Aufzeichnungen in der Pranke der Sphinx nennt, die bereits gefunden wurde und in den nächsten zwei Jahren öffentlich bekannt gemacht werden wird. Und das wird die sagenhafte Zivilisation von vor 455.000 Jahren aufzeigen und von ihnen werden wir darüber lernen, wer mit dem Wissen beschenkt war, welches das Fleisch überragte.

Und ihr, ihr wisst bereits, dass Bewusstsein und Energie die Natur der Realität erschaffen. Und das heißt nicht – noch können wir den Punkt diskutieren – dass Körper und Energie die Natur der Realität erschaffen, da uns, wenn wir es in diesen Zusammenhang bringen, die biologischen Muster, die das Leben diktieren, ausgehen werden. Mit anderen Worten, es gibt ein Todeshormon, das durch die

Hirnanhangdrüse in den Körper geschüttet wird. Wenn wir den Körper anbeten, beten wir eine begrenzte Zeiterfahrung an. Dennoch, wenn unser Bewusstsein zu dem neigt, was man den übernatürlichen Quadranten unseres Seins nennt – dem, was die Wissenschaft als den Beobachter bezeichnet, dem, was die Pflanzen dazu bringen kann, einfach auf unsere Präsenz zu reagieren – können wir, gemäß der Wissenschaft, und wie wir die Energiewelt um uns herum beobachten, unsere Absicht in Partikelkollaboration kollabieren lassen. Dieser Kollaps der Energiekooperation in Partikel ist nichts anders als Realität. Der Körper kann das nicht tun, weil er selbst der Gegenstand des Gesetzes des Beobachters ist.

Also betrachten wir offensichtlich den Friedhof und wir sehen Menschen, die schöner waren, als ihr zu sein je erträumen würdet, und sie sind dort begraben, Menschen, die Träume hatten, gleich wie ihr dachtet, dass eure Träume wären und sie sind dort begraben und ebenso sind es ihre Vorfahren. Und denkt ihr, es gibt irgendjemanden am Friedhof, der dort begraben ist, der nicht die gleichen Träume hatte wie ihr? Das Einzige, das eure Träume von ihren unterscheidet, sind die technologischen Fortschritte, die seit ihrem Tod gemacht wurden, und dass ihr noch immer lebt. Aber ansonsten sind die Prinzipien die gleichen.

Also wo ist nun der Beweis für die Großen? Der Beweis ist, dass sie nicht da sind; sie sind nicht begraben. Und wenn die Wissenschaft dabei ist, die historischen Elemente des Menschen aufzufinden, dann wäre einer der großen Beweise die Skelettstruktur des über die Zeit erhaltenen, begrabenen Körpers. Aber wie ist das mit den Meistern? Bedeutet dass sie nicht begraben sind, dass sie irgendwie nicht existiert haben und dass wir nur sagen können, dass sie den Mythen angehören? Ich sage euch, das ist nicht korrekt und es ist nicht konsistent, denn die Quantenmechanik weist darauf hin, dass, wenn wir die Gesetze der Physik und den einfachen Punkt des Beobachters verstehen – wenn wir diejenigen gewesen wären, die es verstanden, wären wir nie gestorben, weil in der Quantenwelt alle Potenziale gleichzeitig existieren.

Und wenn es, in der Tat, für das menschliche Gehirn möglich ist, die Vorstellung eines Lebens in Langlebigkeit zu begreifen – Leben ohne Tod, Leben in Unsterblichkeit, für immer junges Leben – wenn das im menschlichen Gehirn begriffen werden kann, das mit Sicherheit nicht außerhalb des Theorems leben kann, dass der Beobachter im Quantenfeld Realität kollabieren lässt, denn wenn er das täte, fehlte es der Quantenmechanik an einem noch größeren Paradigma, welches das vollständig rekonstruieren würde, was man seine gesamten Konstrukte des Mathematischen und der Ausrichtung der Materie nennt. Das bedeutet, man kann sagen, dass nach der Quantenmechanik der Beobachter die Realität erschafft, und natürlich wird die Realität dann nur der Kapazität des Beobachters entsprechen, sie zu träumen. Und was, wenn es in der Kapazität des Beobachters liegt, die biologischen – biologischen – Uhren zu überwinden? Kein Wunder, dass Gott unter seinen Propheten und denjenigen, welche vom Königreich des Himmels gesprochen haben, als groß erachtet wurde, weil sie die Wissenschaft verstanden. Und wenn es geträumt werden kann, kann es gelebt werden und wenn es gelebt wird, dann lässt der Beobachter ein unsterbliches Leben kollabieren.

Also, die großen Lehren dieses Jahres für die Primary Gruppe sind, dass diese, unsere Union miteinander dazu dient, das wieder einzufangen, was die Großen wussten und wissen, und das ist, dass Mann und Frau aus zwei unterschiedlichen Kräften bestehen. Eine ist Körper-Mind-Bewusstsein, die Persönlichkeit genannt, und sie wird genetisch und umweltmäßig erzeugt, genau so, wie wenn wir ein Programm auf einem Computer erzeugen; es ist gehirnbasiert. Die andere ist der Heilige Geist, der Reisende in der Zeit, der nie gestorben ist, der eine, den ihr nie gekannt habt, der eine, der die Lichtrückschau nach dem Tode betrachtet und sie sieht, nicht nur mit den Gefühlen von Scham und Schmerz, sondern mit einer neuen Stärke und der das nächste Leben noch großartiger macht. Denn wir werden uns niemals über dieses Leben hinausentwickeln, ehe wir uns das angeeignet haben, was wir hier emotional in der Form der Weisheit erschaffen haben. Und der Tag, an dem wir mit diesem Leben fertig sind, ist der Tag, an dem wir das Leben in einem Sinne der Losgelöstheit ohne Emotion betrachten können.

Und wer kann dann sagen und wer kann diskutieren und mit welcher Persönlichkeit kann diskutiert werden, wie das Leben ohne Emotionen wäre? Und ich frage euch aber: Habt ihr je ein Leben aus dem Beobachter gelebt? Und wer seid ihr, um aus eurem Emotionalkörper heraus zu behaupten, dass Gott kein Gefühl für die gesamte Schöpfung habe, die Gott ist? Und wer seid ihr, um zu sagen, dass es nichts sei, wenn ich sage, dass diejenigen von uns, die es gelebt haben, sagen können, dass der Punkt wahrer Glückseligkeit und Befreiung viel machtvoller und realer ist, als das, was die chemischen Reaktionen eines biophysischen Körpers genannt werden, wie Schmerz, Leiden, Schuld, Glück, Unglück, das, was man Sicherheit und Unsicherheit nennt. Das sind alles biologische Peptide, die den Körper dazu bringen, zu reagieren und nicht mehr. Und wenn wir von dem aus leben, was die Sichtweise des Beobachters genannt wird, dann entscheiden wir, gemäß dem, was man das Gesetz der Physik nennt, von einer höheren Gedankenebene aus zu leben, dass dieser Gedanke dann das Gesetz unseres Lebens wird und nicht unsere Emotionen.

Und eure Herausforderung in diesem Jahr ist es, eine Welt zu erschaffen, ein Leben, das nicht auf Emotionen basiert – die nichts anderes sind als die Vergangenheit des Traums – und nicht ständig wieder emotional die Vergangenheit auferstehen zu lassen, sondern neue Paradigmen und neue Modelle des Lebens zu erschaffen, die nicht in Emotion gebildet werden und nichts mit dem Körper-Geist-Bewusstsein zu tun haben, sondern die alles mit dem außergewöhnlichen Mind zu tun haben, der anfängt, keine Grenzen mehr zu kennen. Und die letzte große Lehre, die ich je lehren werde, wird vom Beobachter handeln und das ist das Jahr des Beobachters. Würdet ihr euch nun zu eurem Nachbarn wenden und ihm erklären, was ich euch gerade gelehrt habe.

ÜBERBEWUSSTSEIN VERSTEHEN

Ihr lebt in gefährlichen Zeiten, gefährlich nur für jene, die mit Zweifel durchzogen sind, und vielleicht sind sie unvorbereitet. Das ist gefährlich. Ist es nicht, sozusagen, eine unglückliche Sache, für nichts vorbereitet zu sein? Was kümmert es euch? Ihr habt eine Lebensversicherung. Ihr nennt das Vorbereitung? Ziemlich bald wird das alles verloren sein. Man investiert in stabilere Güter.

Unabhängigkeit, geliebte Wesenheiten, hat alles zu tun mit der Vorbereitung und die größte Vorbereitung von allen ist das, was man einen unabhängigen Mind nennt. Verstanden? Das heißt nicht, dass die Tage, die vor euch liegen, unheilvoll, verdammt, schrecklich und all das sein werden, aber sie verändern sich.

Und worum geht es in dieser Zuhörerschaft? Es geht nicht darum, einem das zu geben, was man eine Straßenkarte nennt, wisst ihr. Es hat nichts damit zu tun, euch Anleitungen zu geben. Es geht darum, einen schlafenden und faulen Mind zum Wissen herauszufordern, all diese Dinge zu wissen, ohne dass sie je gesprochen wurden, in dem zu sein, was man einen harmonischen Fluss nennt.

Wisst ihr, was ein Lachs genannt wird? Nun, ihr habt nicht sein eigenes Wissen, denn sein eigenes Wissen bringt ihn allen Widrigkeiten zum Trotz nach Hause. Kennt ihr das, was man das Wildgeflügel nennt, das während der Jahreszeiten flüchtet und das weiß, wann sich etwas ändert? Das Wildgeflügel weiß und die Fische wissen, aber ihr wisst nicht.

In den künftigen Tagen ist es eine Gesamtanstrengung, sozusagen, dessen, was man Evolution, die an ihrem Zenit steht, nennt. Es ist nicht nur die Erde und all die neuen Landmassen. Es ist die Sonne, diese wundervolle Wesenheit, die durch Photosynthese Leben sein lässt, sogar sie, und es ist der Widerhall des Alls, den man das Ewige nennt. Es nimmt alles teil an dem, was man zum allerersten Mal synchronisierte Evolution nennt. Und es kommt in einer äußerst grundlegenden Bewegung zusammen. Es wird Leben genannt, die große Realität.

Warum also Überbewusstsein? Weil es das braucht, um in diesem wundervollen Fluss zu sein und in dieser Veränderung, die sich entwickelt. Was seid ihr? Was ist irgendeiner von euch, wenn ihr euch nicht entwickelt? Was seid ihr, wenn ihr euch nicht verändert? Ihr seid nur ein Teil einer Stagnation des Treibgutes des menschlichen Dramas, das sich mit den Gezeiten hin- und herbewegt. Ihr seid sehr wankelmütig. Wisst ihr, was wankelmütig bedeutet?

Nun, mit dem, was ausgerichtet war und die Gesamtheit des Universums erschaffen hat, was eure Stiftung der Wahrheit ist, müsst ihr zurückkehren in das Verständnis, ein Teil eines Flusses zu sein, der nicht länger wankelmütig oder stagnierend ist, sondern bewegliche, unbeständige, andauernde Evolution – Evolution.

Evolution ist die Folge der Gotteserfahrung, des Abenteuers seiner selbst, und es wird das ewig Relative genannt. Ihr denkt, dass ihr einen Zustand der Perfektion erreicht habt? Wenn ihr das habt, dann habt ihr einen Zustand von vertiefter Begrenzung erreicht, denn es gibt kein derartiges Element namens Perfektion. Es gibt nur die Begrenzungen der Elemente namens Perfektion. Die Mittel zur Veränderung zu entwickeln und Mittel zum Lernen zu entwickeln und zu lernen, bedeutet in Kenntnis darüber sein. Verstanden?

Nun, was ich hier zu euch wundervollen Wesenheiten sage, ist, dass es eine Stunde geben wird, die nun also näher gerückt und bereits in Bewegung ist und dass es die sind, die man die Sanftmütigen nennt, bis zu denen, die man die Bescheidenen, die Einfachen im Geiste nennt, die sich im Schub der Evolution vorwärts bewegen, die all die Königreiche erben werden. Und Wissen – tiefgründiges Wissen wie das der Fische und Vögel – wenn ihr so zur Veränderung eingestellt und so geübt seid, werdet ihr ein zutiefst schönes Königreich hervorkommen sehen. Und es liegt genau auf eurer Türschwelle.

Warum Überbewusstsein? Nun, Überbewusstsein ist nur ein Wort. Es ist ein bedeutungsloser Ausdruck, der sich wundervoll anhört, aber wenn ihr nicht begreift, was er bedeutet, ist es nur ein Wort. Es stellt erweiterten Mind dar. Es stellt den Fluss der Menschheit in Gottheit dar.

Wenn ihr keine Fragen stellen müsst, Meister, wenn ihr wisst und es absolut ist, wo auch immer das, was man Evolution nennt, stattfindet, werdet ihr im Fluss dieser Bewegung sein. Das ist unvermeidlich. Das ist Leben.

Nun, ich möchte, dass ihr wisst, Wissen und Wissen zu haben wird euch in ein neues Zeitalter bringen. Wenn ihr es nicht besitzt, werdet ihr dieses nie sehen. Das ist eine ausgeglichene Wahrheit. Also fordert euren Mind heraus, von einem Wort zu lehren, das man durch tiefgreifenden Ausdruck leben muss. Deshalb kommen all die Boten, um eure Integrität herauszufordern, um das herauszufordern, was man euren Hausverstand nennt, um euch über den Sumpf eurer begrenzten Gedanken hinauszubringen, um euch in ein sehr elektrisches Verständnis zu schieben. Es ist der große Sinn Gottes.

Nun, ohne das habt ihr keine Ahnung, ob das, wo ihr lebt, der richtige Ort ist. Ihr habt keine Ahnung, ob das Wasser, das ihr trinkt und glaubt, dass es sauber sei, tatsächlich sauber ist. Wenn ihr kein Wissen habt, um zu wissen, wie lange eure Vorratslager vorhalten sollen, dann seid ihr ein faules Volk, das abhängig ist und seine Macht an alle anderen abgegeben hat, einschließlich eurer bemerkenswerten Regierung, damit sie sich um euch kümmern.

Unabhängigkeit ist nicht nur jemand, der in seinem eigenen Wissen unabhängig ist, vielmehr bedarf es der Unabhängigkeit in allen Facetten. Denkt darüber nach. Wenn das, was man eine Hungersnot nennt, nur kurz anhielte, wie viel Nahrung hättet ihr, um euch zu erhalten? Und die meisten von euch sind so dünn. Versteht ihr dünn – ihr blast den anderen um? Dünn. Ihr habt kaum Fleisch auf euren Knochen um eineinhalb Tage durchzuhalten.

Ihr seid wundervoll, aber eure Unabhängigkeit im Überbewusstsein erstreckt sich auch darauf, euch um euch zu kümmern und unendlich zu wissen, damit ihr für alles, das geschehen wird, vorbereitet seid. Und in der Vorbereitung habt ihr die Angst bekämpft und seid im Besitz eurer eigenen Bestimmung. Die Mehrheit von euch, die hier in dieser Zuhörerschaft versammelt sind, sind schwache Wesenheiten, denn ihr könnt nicht sagen: „Was auch immer in Erscheinung treten wird – ich fühle zwar, dass es da ist, aber ich habe es in den letzten Winkel meines Minds geschoben, weil ich mich nicht damit beschäftigen wollte.“ Das ist euer Aus, wisst ihr? Ihr wolltet euch nicht damit beschäftigen. Aber wenn ihr eine Hungersnot hättet, die ihr haben werdet, wohin werdet ihr gehen, um euer Essen zu bekommen? Wie werdet ihr es zubereiten? Wo werdet ihr es ziehen? Wer wird es für euch ziehen? Unabhängigkeit ist absolut. Sie bedeutet, vorbereitet zu sein und genau zu wissen, wann man damit beginnt, einzulagern, wann man beginnt, sich um sich zu kümmern.

Meine geliebten Wesenheiten, der Kongress und die Bewegung der Technologie waren eine hervorragende Sache. Genies – auf diejenigen, die Erfinder der Industrie sind – werden immer durch ihren Sinn für die Reichweite ihres Minds belohnt, der das, was euer Leben einfacher macht in technologischen Fortschritt umsetzen kann. Einverstanden? Nun, es ist nicht, dass ihr die Nutznießer dieses Wissens und dieser Erfindungen wärt. Es hat euch dazu gebracht, in eurer Unabhängigkeit faul zu sein. Der Nutznießer war die Wesenheit, die das Genie dieses Gedankens erschaffen, eingefangen und es in das Geschehen manifestiert hat. Sie sind die Nutznießer und es gibt nur eine Handvoll von ihnen. Für die gesamte menschliche Rasse gibt es nur eine Handvoll von brillanten Menschen, die immer ein Macher sind.

Hier habt ihr lange vom Land gelebt. Hier habt ihr viele wertvolle Dinge für selbstverständlich genommen. Euer Wasser ist eine Frage des Aufdrehens. Euer Brot, euer täglich Brot, ist eine Frage des Einkaufs im lokalen Super-Super-Super-Super-Supermarkt. Es ist eine Frage des Einkaufens und Mit-nach-Hause-Nehmens. Also ist alles, wovon ihr abhängt, ausschließlich außerhalb von euch.

Überbewusstsein ist Wissen. Es ist ein Gefühl, ein inneres Gefühl, das einen selbst auf die Natur einstimmt. Was denkt ihr, ist Natur? Denkt ihr, es sind einfach die Moleküle des Lebens: geboren werden, leben, sterben, erneuern? Es ist Leben; es ist Gott. Und der Antrieb der Natur, das sind die Zeichen; das ist die auf die Wand geschriebene Hand. Wenn ihr nicht im Fluss ihres Minds seid, dessen, was sich weiterentwickelt, dann nimmt euch das, was ihr das erleuchtete Selbst nennt, nicht ganz in Anspruch, denn das erleuchtete Selbst ist das Ganze, die Natur.

Wisst ihr, dass die Natur kein verändertes Ich besitzt? Sie ist Gott. Sie ist in keiner Weise verändert. Wisst ihr, dass die Natur im vollen Antrieb ihrer Evolution keinem Menschen zuhört? Keinem Menschen. Sie bewegt sich vorwärts. Eure Erde ist kurz davor, eine wundervolle Veränderung durchzumachen. Sie entwickelt sich weiter und erweitert sich. Das, was man eure Sonne nennt, beginnt das, was man ihren Zyklus des Größerwerdens nennt. Das, was man die Gesamtheit eures Universums und sein Gleichgewicht nennt, wird eine neue Umlaufbahn und einen neuen Planeten sehen. Die Gesamtheit der Natur, die Gott ist, bewegt sich vorwärts in die Dynamik eines elektrifizierenden Lebens. Und wo seid ihr? Ihr spuckt immer noch in den Wind.

Nun, Überbewusstsein ist nicht nur das, was man die Wiederauferstehung des Phönix' aus der Asche nennt. Das ist es nicht, worum es geht. Überbewusstsein handelt nicht nur vom Konsens, dass ihr ein Gott seid und ihr das irgendwo eloquent wiederholen könnt, ohne dass es stichhaltig wäre. Überbewusstsein ist das Bewusstsein des Ganzen. Ihr hört nur, was ihr jetzt hören wollt. Ihr denkt gemäß der Masse, weil ihr euch vom Bewusstsein des anderen nährt. Überbewusstsein ist diese Beteiligung an der Natur, die eine unbegrenzte Sichtweise des Lebens gestattet, und wenn ihr euch darauf einlasst, werdet ihr ewig leben. Dieser Mind, der sich öffnet, er muss auf die Natur eingestimmt sein und ihre unendliche Handschrift, ihre Botschaft betrachten, wohin sie geht und was sie tut. Und ihr, die ihr davon abhängig wart als einem Unterstützungssystem und dennoch nicht völlig unabhängig seid, kennt ihr eine unabhängige Wesenheit? Derjenige, der weiß und die Zeichen und Schatten der künftigen vor ihm liegenden Tage lesen kann, und sie nicht auf der Suche nach

Leid und Verhängnis liest, sondern sie umarmt und weiß, dass es Wissen ist, weil er der ist, der die Augen hat, lasst ihn es sehen. Und er, der das hat, was man die Hände nennt, lasst ihn entsprechend erschaffen.

Aber ihr lebt in diesen Boxen, kleinen Boxen. Eure ganze Welt dreht sich um zwei oder drei Wesenheiten, vielleicht internationalen Hunger, vielleicht die Unterstützung gegen den internationalen Hunger, sie dreht sich um Beziehungen, Potenz, Impotenz, Schönheit, Nicht-Schönheit, Geld, Prestige, Status, die richtige Kleidung zu tragen, richtig zu riechen, um nicht zu beleidigen. Nun, was ist außerhalb der Box? Eurer Welt ist es bestimmt zu beben. Eure Erde bewegt sich trotz euch, die ihr wissen solltet, wie ihr euch im Fluss mit ihr bewegt.

Betrachtet eure Ameisen. Wisst ihr, was Ameisen sind? Ihr wisst es, ihr zupft sie weg, schickt sie weg, und sie kommen und rauben euch in der Nacht eure Krümel, die ihr sowieso nur auf den Boden kehren würdet. Habt ihr sie je bemerkt? Dann lasst uns über Lehrer, große Lehrer sprechen. Nun, die Ameisen sind die größten, die ich in der Gegend gesehen habe. Die Ameise, warum ist sie ein großer Lehrer? Weil sie in ihrer winzigen Welt das Ganze versteht. Wusstet ihr das? Sie versteht euch und eure Schatten, und sie versteht euch und eure Einstellungen, und euch und euer Heim.

Ratet, was die Ameise genau in diesem Augenblick tut. Sie plündert – plündert, wohlgemerkt – eure Überreste irgendwo. Nun, was kümmert es euch wirklich? Ihr habt sie sowieso weggeworfen. Und sie plündert sie zielstrebig und nimmt so viel, wie sie kann, mit in ihre Unterkunft. Kennt ihr Unterkünfte, Bau, et cetera? Ratet mal wofür? Weil die Wesenheit weiß, dass sie lange unter der Erde bleiben wird. Aber wisst ihr, wer euer Eiszeitalter überlebt hat? Eure Ameisen. Woher wussten sie, was kommen würde? Weil sie ein Teil des Ganzen sind, das weiß. Sie sind göttliche Macher.

Nun, diese Botschaft soll keine Angst ausbrechen lassen. Wenn sie euch ein ungutes Gefühl gibt, vielleicht solltet ihr dann neu überdenken, warum die Ameise das tut. Denn wenn jemand vorbereitet und völlig unabhängig ist, gibt es nichts zu Fürchten, dann gibt es nichts Derartiges, nicht wahr? Und es gibt nichts, worum man sich sorgen müsste, wenn die Wesenheit im Fluss des Wissens ist und sich selbst gut für das bevorstehende Abenteuer gerüstet hat.

Ich liebe euch, meine liebsten Meister, aber irgendwo entlang des dogmatischen Pfades der Erleuchtung seid ihr irgendwie links abgebogen und dieses Abbiegen hat euch in den Kampf und die Ängste der Selbsterkenntnis gebracht, was nichts mit der Realität namens Leben zu tun hatte, denn das ist die Gesamtheit Gottes.

Und ihr arbeitet an – kennt ihr den Ausdruck „ich arbeite daran“, was in Wirklichkeit bedeutet „ich werde es niemals tun“? – ihr arbeitet an eurer Evolution, eurem selbsterkannten Selbst. Gut, arbeitet weiter. Wenn sich die Einstellung ändert und sagt: „Ich bin erkannt“, dann seid ihr auf eine Goldgrube gestoßen. Ihr seid – verzeih mir, Schlange – ihr seid geworden, woran ihr, wie ihr denkt, so hart gearbeitet habt, um es zu werden, weil ihr euer sehr vitales Verständnis über diese linke Abbiegung ausgelassen habt. Ihr habt die Dürftigkeit eures Lebens ausgelassen.

Wie groß ist Erleuchtung? Nun, wenn ihr die Kerzen essen könnt, ist sie ziemlich gut. Wenn ihr ein wenig Pfeffer auf Papyrus geben und ihn kaubar machen könnt, nur zu. Wenn in der Tat das, was man eure Rituale nennt, euch Unterhaltung bringt, seid unterhalten. Aber ohne all diese Schönfärberei, wenn der Mind, der nicht blüht, nicht da ist, ist das ein Nicht-Ding. Und was ihr am meisten fürchtet, ist, dass ihr euch bei dem, was wichtig ist, verrechnet habt. Verstanden? Verstanden. Wir werden sehen. Wir werden sehen.

Nun, ihr seht übrigens sehr wundenvoll aus. Ihr seid sehr schön und ihr hört zu und das ist alles, was ihr tun müsst, denn der Rest ist ganz einfach, weil intensiv eingestellt zu werden sehr mit dem Zuhören dessen zu tun hat, was ihr euch selbst nennt.

VERÄNDERUNGEN DER ERDE, EINE EVOLUTION IN SYNCHRONIZITÄT MIT DER NATUR

Nun, ich möchte näher auf diese künftigen Tage eingehen. Ich bin in große Tiefe gegangen und es ist bereits jetzt in der Geschichte aufgezeichnet, dass das da draußen ist, was das Fenster der Welt der Natur ist und welcher Schatten auf das geworfen wird, was man die natürliche Evolution des fortwährenden Lebens bezeichnet. Nun, es ist wirklich ziemlich wundervoll, und eure Erde, so verschmutzt und durchlöchert mit Schmutz und offenen Wunden nuklearen Mülls, muss geheilt werden. Und die Erde, das, was man die Natur nennt, befindet sich in einem Prozess der Selbstheilung. Genau wie ihr, wenn ihr eure Haut verletzt habt, sie selbst heilt.

Nun, in diesem Prozess gab es viele Propheten, die das Ende der Welt vorhergesehen haben. Habt ihr von diesem Ausdruck gehört, dem Ende der Welt? Wohin wird sie gehen? Wohin wird der Abfall gehen – wie wird es sein? Es gibt nichts Derartiges wie das Ende der Welt. Es gibt ein Ende des gesellschaftlichen Bewusstseins, aber nie ein Ende der Welt noch des Lebens. Eure Welt wird sich nicht um ihre Achse drehen oder rotieren. Habt ihr davon gehört? Nun, das ist eine versponnene Fantasie. Das wird sie nicht tun. Sie wird die magnetischen Pole ändern, aber sie wird es nicht durch Rotation machen.

Von dem, was bezeichnet wird, sozusagen, als das Erdbeben von – kennt ihr Kalifornien? Nun, wir sind eine kleine Weile lang sicher. Es wird nicht in das Meer fallen. Wohin würde es gehen? Es gibt neue Platten, tektonische Platten genannt, am Grund dessen, was man euren Pazifischen Ozean nennt, die in genau diesem Augenblick eine neue Umgebung erschaffen und diese Umgebung drängt auf eure Küsten. Mit anderen Worten, die neue Erde kommt empor. Also wenn etwas gegen euch drängt und ihr denkt, ihr werdet hinunterfallen in das, was ihr euch als ein leeres Labyrinth vorstellt, kann das unmöglich geschehen. Ihr, die ihr in Kalifornien seid, macht eine kleine Reise nach Norden. Und ihr dachtet, ihr könntet Grundstücke am Strand von Arizona kaufen. Nun, aber es bewegt sich nordwärts, weil da eine neue Landmasse kommt. Und wenn der Reißverschluss – wisst ihr was ein Reißverschluss ist? Verwerfungslinien. Welch schreckliches Wort, eine Verwerfungslinie. Es ist nur ein Reißverschluss. Es ist der Reißverschluss der Erde, damit sie atmen und sich bewegen kann. Sie braucht das. Sie hatte sie immer und wird sie immer haben. Nun, wenn ihr auf dem Reißverschluss lebt, wäre es für euch das Beste, darüber nachzudenken, welches Wissen euch dorthin geführt hat, denn wenn ihr eine Menge Aufregung in eurem Leben wollt, seid ihr in der Tat am richtigen Ort.

Nun, was ist das, was Erdbeben genannt wird? Es ist die Erde, die sich verschiebt und dem, was man neues Plasma der Erde nennt, ermöglicht, hervorzukommen. Und Landmassen verschieben sich. Wisst ihr, sogar in meiner Zeit sah dieser euer Ort ganz anders aus, als er es jetzt tut. Wo ihr sitzt, war einmal ein riesiger Sumpf. Und eure gesamten Amerikas waren übrigens ein großer Sumpf.

Es hat sich immer verändert. Das ist wundervoll, denn die Erde könnte nicht die Angriffe dessen, was man das menschliche Drama mit seinen armseligen Plagen für die Erde nennt, ertragen, ohne sich selbst zu verjüngen. Der Reißverschluss ist ein Weg, wie die Erde sich in ihrem Feuerring erweitern und heilen kann. Nun also beginnt sie einen großartigen Heilungsprozess und dieser Heilungsprozess ist wundervoll, denn er ist ein sich vorwärts bewegendes Verständnis.

Nun, vielleicht würdet ihr nicht denken, dass dies so wundervoll ist, wenn ihr auf dem Reißverschluss hocktet oder vielleicht westlich des Reißverschlusses in Richtung Ozean lebtet, denn das sind die Gebiete, die sozusagen auf der Marschroute liegen. Mit diesem Wissen, wenn ihr das wisst und dennoch dort lebt, wie rechtfertigt ihr das in eurem Mind? Wie rechtfertigt ihr es, wenn ihr doch mit dem Leben in Harmonie sein wollt im Erkennen und daran arbeitet, mobil zu werden? Übernehmt Verantwortung dafür. Wenn ihr dorthin gezogen seid, oder an der Meeresküste hockt, oder auf dem Reißverschluss oder auf der Spitze eines Vulkans – und ihr wusstet, es war ein Vulkan, ihr wusstet, es war ein Reißverschluss, ihr wusstet, es war ein verwundbarer Ort – und ihr wusstet das, dann gesteht es ein, denn nur wenn ihr erkennt, dass ihr getan habt, was ihr tun wolltet, seid ihr fähig in den Fluss zu gelangen, der euch ermöglichen kann, besser zu sehen und es zu verändern, wenn ihr wollt.

Nun, der Mensch hat immer die Natur herausgefordert und gefühlt, dass seine unbesiegbare Einstellung – dass irgendwie sein göttliches Selbst immer verschont werden würde. Unwissenheit ist eine Sache; Dummheit eine andere. Meister, Überwissen bringt dieses Bewusstsein hervor, das reine Vernunft genannt wird. Habt ihr jemals den Ausdruck reine Vernunft gehört? Tatsächlich? Was bedeutet es? Es ist die Einfachheit des gesunden – oh, gesunden – Menschenverstandes. Und dennoch, je überbewusster ihr werdet, desto einfacher und vernünftiger werdet ihr, und in einem Teil dieses Flusses zu sein, wird in den künftigen Tagen notwendig sein.

Eure große Sonne bereitet sich darauf vor, einen riesigen Sonnenfleck zu gebären, den größten, der in eurer bekannten Geschichte aufgezeichnet wurde. Es ist der Gedanke; es ist ein Wissen, das auf der Sonne Erweiterung hervorruft. Und die Explosionen dessen, was man die Sonneneruptionen und die Solarwinde nennt, die von diesen Eruptionen ausgehen, werden eure Wettermuster drastisch verändern. Es geschieht bereits, denn die letzte Verschiebung im Wissen der Sonne und in ihrem Verständnis – die allerkleinste Verschiebung – macht einen Unterschied.

Nun, was geht euch das Wetter an? Größtenteils kümmert es euch nur, ob die Sonne scheint. Aber was, wenn das alles wäre, was sie täte? Würdet ihr nicht durstig oder hungrig werden?

Nun, Überwissen erkennt, dass dies eine Veränderung der Sonne ist. Und die Erde ist wie ein Kind der Sonne. Und wenn die Flecken kommen, kommen die Dürren. Nun, der Mensch, der sozusagen nicht in Harmonie arbeitet, erschafft bereits eine hungersnotartige Umwelt für sich selbst aufgrund seiner Sorglosigkeit und seiner Gier. Und wenn die Sonne ihre herrlichen Flecken darstellt und die Hungersnot im Land wütet, wer wird euch dann das füttern, von dem ihr solange abhängig wart? Eure Regierung hat die Welt ernährt. Und was hat das mit euch zu tun, wenn es nichts mehr gibt?

Nun, was ist das absichtsvoll Gute der Sonnenflecken und der Hungersnot? Jedes lebende Geschöpf, das in den Zügen der Evolution liegt, ist sich bewusst, dass dies kommen wird. Sie wissen es alle. Sogar die Vögel, die ihr in euren Käfigen haltet, wissen es. Eure Tiere beginnen, Fett und Glanz zu speichern und ihr wollt sie dünn und herrlich halten, aber sie haben ein natürliches Bedürfnis, das zu tun. Sie wissen es. Es bedeutet, für den Winterschlaf vorzusorgen.

Und was tut ihr? Ihr bemerkt das gar nicht, weil ihr noch nicht in einem Zustand des Flusses seid, aber ihr werdet es sein. Die Sonne wird größer. Das Wissen wird großartiger. Diese Sonne und dieser große Fleck, der kommen wird, diese Verschiebung dessen, was man eure Platten nennt – von dem, was man das Pazifische Riff, den kontinentalen Rand des Atlantik nennt – sind in Bewegung und es geschieht alles in synchronisierter Harmonie. Das ist nicht schrecklich. Das ist wundervoll, denn ein Fluss – zum ersten Mal seit die Zeit begonnen hat, gibt es auch einen Fluss aus den Tiefen des Gedanken in ein neues Verständnis, das euer Bewusstsein bedrängt, und nur das, was darauf eingestellt ist, was auf das Gefühl hört, wird es wissen.

Nun, ihr könnt zu euren Lehrern rennen und um Rat fragen, aber wenn ihr es nicht wisst, wird euch diese Antwort nicht sehr weit bringen, wenn ihr in einem Zustand des Überlebens seid. Versteht ihr?

Nun, einfache Menschen – vielleicht reibt das an eurer Kruste des intellektuellen Verständnisses, lasst es reiben – aber einfache Wesenheiten sind zu allen Zeiten für das Leben vorbereitet und geben gütig und erlaubend dem Leben seine Zeit der Evolution. Unabhängigkeit, unabhängig zu sein – es gibt nur einige Wenige von euch hier, die jemals ihre Finger in die Erde gesteckt haben und einen Samen in den Schoß der Erde gelegt haben und ihn mit der flüssigen Substanz und mit Liebe gehegt haben, und denen gestattet war, ihn wachsen und blühen zu sehen, um dann die Frucht von ihm zu pflücken und sich selbst im höchsten Moment der Potenz zu ernähren. Ihr wisst nicht einmal, wie das ist. Ihr denkt, frisches Gemüse kommt vom Super-Super-Markt. Frisches kommt von eurer Erde vor euch. Ihr wisst nicht einmal, wie man das macht. Ihr wisst nicht, was es bedeutet, eine Speisekammer voller Essen zu haben. Ihr wisst nicht, wie es ist, zu wissen, wie man überlebt, wenn ihr es müsst, weil ihr sorgfältig für so lange verweichlicht wurdet. Erleuchtung ist die Erhaltung des Lebens.

Nun, diese künftigen Tage, sie sind wundervoll. Und diejenigen, die sie durchleben, und die leben, um das andere Ende des Traums zu sehen und das, was man das Körperliche, das Bewusstsein, den Effekt davon nennt, werden das Königreich des Himmels verwirklicht sehen, denn das ist das Innere, das euch erlaubt, euch im Fluss des Lebens aufrecht zu halten. Verstanden?

Nun, das macht euch nicht sehr glücklich. Gut, Meister, was wolltet ihr, dass ich euch sage, damit alles in bester Ordnung ist und einfach weitergeht und so erhalten bleibt? Das ist das Wort hier, nicht, erhalten? Macht weiter, erhaltet. Was ich euch in dieser Stunde gebe, ist nur eine kleine Darstellung, um euch zu ermöglichen, in ein Fenster namens Leben zu sehen und euch zu gestatten, das Bedürfnis des Lebens, sich weiterzuentwickeln, zu verstehen. Wenn es vielen von euch überlassen wäre, würde es still stehen, weil ihr es nicht aufgewühlt haben wollt. Das ist schlecht fürs Geschäft. Es sieht an eurem Haus schlecht aus. Eure Versicherung geht hoch, wenn ihr überhaupt eine bekommt. Also wollt ihr das nicht machen, weil ihr euch nicht weiter entwickeln wollt und das zeigt, dass ihr euch nicht weiter entwickelt.

Diese Stunde des Überbewusstseins, wie lange wird sie andauern? Es wird in eurer Welt Revolutionen darüber geben, was man die Versklavung der menschlichen Entinoiden[3] in der ganzen Welt nennt, die so empfinden, wie ihr empfindet. Ein Aufstand wird kommen. Es wird eine Revolution geben, die größer ist, als ihr sie je gesehen habt, aber es wird keine sein, die in den Herzen der Unschuldigen Schrecken auslöst. Es ist ein Aufstehen der gewöhnlichen Menschen, der gewöhnlichen Menschen, damit ihre Würde, ihre Ehre und ihr makelloses Leben, ihre Liebe zu ihnen selbst und zu all den Menschen in der Welt verstanden werden. Sie werden hervorkommen und sie werden in einem sehr schnellen Tempo marschieren.

Die Kinder des Bären[4] werden vor dem Ende eures kommenden Jahrzehnts[5] sich selbst völlig von dem befreit haben, was man die Herrschaft der Unterdrückung nennt und werden unabhängiger werden, als sogar ihr es in eurer Zeit seid. Das wird kommen.

Nun zu dem, was man, sozusagen in der Tat, die Kriegsherren nennt. Denkt an jeden Kriegsherrn, den ihr in der ganzen Welt kennt, wenn ihr am Laufenden seid. Es gibt nur drei von ihnen, die bis zum Ende dieses Jahrzehnts erhalten bleiben, denn ihre Regime, denn das, was man, sozusagen in der Tat, die von ihnen ausgehende Versklavung, ihre Gräueltaten des Geistes, ihren Willen, diesen Traum im größten Ausmaß zu spielen, nennt, manifestiert sich. Sie kommen in ihrem Zenit hervor. Und aufgrund dessen, dass sie Götter sind, müssen sie diesen Traum in ihrem Sandkasten vollenden, aber ihre Stunde ist nah. Es wird zu Ende sein. Es ist die alte Zeit, die ausstirbt und

---

[3] Entinoiden ist eine Kreuzung der Worte Wesenheit (engl. Entity) und Humanoiden.

[4] Ramtha beschreibt Russland als das Land des Bären.

[5] Das historische Ereignis des Zusammenbruchs der Sowjetunion und die Zerstörung der Berliner Mauer fanden 1990 statt, wie Ramtha vorhergesagt hatte.

eine großartige neue gebiert sich selbst. Und die ganze Zeit über entwickelt die Sonne einen Fleck. Und die ganze Zeit über erzeugt die Plattentektonik in dem, was man die Schluchten am Grund eures Meeres nennt, weitere Landmassen.

Und das, was man sozusagen Freiheit in diesem eurem Land nennt – ihr nennt es die Amerikas, nicht? – ihr seid der Schmelztiegel der Welt. Wisst ihr, warum ihr ein großartiges Volk seid? Weil jedes Leben in eurem Land repräsentiert ist und jedes Bekenntnis religiösen Eifers hier erlaubt ist. Ihr repräsentiert die Gesamtheit der Welt. Es gibt die Juden, die neben den Nichtjuden leben. Es gibt die, welche man sozusagen die Sumerer nennt, die neben den Griechen leben. Es gibt die Kinder des Bären, die ein gemütliches Abendessen mit denen zu sich nehmen, die man polnische Wesenheiten nennt. Hört ihr, was ich sage? Eurer Land ist eine gesegnete Bewegung, weil die Götter aus allen sozialen Schichten hier vertreten sind – Götter; wir sprechen nicht darüber, wie man das nennt, woran ihr glaubt und woran ihr nicht glaubt – sondern sie streben danach, harmonisch zusammenzuleben, jemanden trotz seiner Hautfarbe oder dessen, was man religiöse Überzeugung, ihr Glaubensbekenntnis, nennt, zu lieben. Euer Land hat seine Möglichkeiten demonstriert.

Nun, was ist mit eurem Land? Eure Hungersnot wird eure Kornkammer treffen, die bereits sehr leidet. Und es wird viele Änderungen, sozusagen, in den Staaten eures neuen Englands geben, aufgrund eures verseuchten Wassers dort und eurer sterbenden Wälder und es kein Leben des Regenbogenfisches mehr, der in einem gesprenkelten Bach schimmert, gibt. Viele Änderungen werden kommen.

Aber von dem aus gesehen, was eure Völker sind und dem, was man euren König, der eure Regierung leitet, nennt, ist es genau im Plan, denn es kommt das, was man – eines von Dreien - ein Ende nennt, vor der Eklipse dieses eures Jahrhunderts, was man mit Solons Republik vergleicht, was nicht länger das ist, was man ein Land nennt, das von den Professionellen geleitet wird, sondern eines, was wiederum von den gewöhnlichen Menschen geleitet wird, die nun an der Reihe sind. Und das nennt man absolute Freiheit.

Was also bleibt vom Rest der Veränderung, von dem, was man eine Hungersnot von zwei Jahren in ihrer Breite nennt, von dem, was man, sozusagen in der Tat, das Beben eurer Städte und das Gift eures Wassers bezeichnet? Was bleibt übrig? Überleben. Wisst ihr, wer überlebt? Es sind nicht diejenigen, die in den Städten bleiben, weil die Städte zum Kerkermeister werden. Es sind die, die sich auf einem kleinen Stück Land aufhalten, die eins mit der Natur und der Erde sind, und an jedem Ort um sie herum, den sie betrachten und sehen können, erkennen, dass sie sich um sich selbst gekümmert haben. Sie sind in der Bewegung mit der Natur.

Sie werden viele Dinge überleben. Und vor dem Ende dieses eures nächsten kommenden Jahrzehnts werden die, die in der Geschwindigkeit ihrer Ausdauer, die, die für sich selbst ein einfaches Verständnis angesammelt haben, durch das leben, was man die Eklipse allen menschlichen Dramas nennt, und sie werden in das gelangen, was man die krönende Herrlichkeit oder die Rückkehr Christi nennt. Es ist ein neues Königreich.

Und es macht keinen Unterschied, wie mächtig ihr seid, wie viel Gold ihr habt, wie großartig euer Einfluss oder wie lange euer Arm der Macht ist; es wird zu nichts führen. Es muss das sein, was hier drinnen ist und ermöglicht, hier geboren zu werden, das, was sich in einem Fluss bewegt, der euch ein neues Zeitalter sehen lassen wird, großartiger als ihr es je für möglich erachtet habt.

Das Königreich des Himmels, es ist nicht die Wiedereinsetzung der Heiligen Stadt Jerusalem, die aufsteigt und mit zwölf Toren aus flammenden Edelsteinen vom Himmel herabsteigt, sondern es ist ein Bewusstsein. Es ist die Wiederauferstehung eines Wissens in jedem Menschen, das schimmert wie so viele aufgestiegene Meister, die in ganzer Einheit und Unabhängigkeit arbeiten, die frei sind von dem, was man die Begrenzungen von Raum, Entfernung und Zeit nennt. Und es wird kommen. Wenn ihr es in einem Kinofilm erschaffen könnt, wird es kommen. Verstanden?

Schlussbemerkungen

Abschluss: Die Menscheit in der Dämmerung der Erleuchtung

Zum Abschluss dieses Bandes sei hier eine schöne und inspirierende Geschichte eines Zeitgenossen erzählt, der, obwohl in einer entfernt gelegenen Region der Welt verborgen, erreicht hat, was Ramtha mit Erleuchtung meint, also das Konzept einer Selbstwahrnehmung, die so breit ist, dass sie sich nicht länger nur mit den Begriffen eines physischen Körpers, eines Geschlechts oder einer Persönlichkeit identifiziert, sondern mit der Unsterblichkeit des Lebens selbst überall. Diese Geschichte zeigt der Menschheit das Potenzial eines anderen Pfades, dem Pfad eines Meisters, der gewillt ist, sich selbst zu erobern und die Wahrheit hinter den tiefsten Sehnsüchten und Träumen der Menschheit zu kennen. Ramthas Privileg, ein aufgestiegener Meister zu sein, ermöglicht ihm, diese Geschichte seinen Studenten zu erzählen, wie sie in demselben Augenblick, am selben Morgen stattfindet. Sie soll dazu dienen, zu inspirieren und Hoffnung und Vertrauen im Studenten des Großen Werks zu schüren, dass das gleiche Schicksal und die gleiche Fähigkeit dieses Meisters erreichbare Realität sind und nicht nur die Fantasie eines verliebten Poeten oder eines Verrückten.

Der Zweck dieses Werkes war es, den Leser dazu zu inspirieren, in Erwägung zu ziehen, dass die ungeheuerlichen Behauptungen und die Botschaft dieses äußerst ungewöhnlichen Lehrers, Ramtha, genau genommen eine reale Möglichkeit innerhalb unser aller Erreichbarkeit darstellen. Die Absicht der Botschaft ist es, dass wir an uns selbst und an unsere Fähigkeit, unsere Begrenzungen, einschließlich Raum und Zeit zu überwinden und zu erobern, glauben mögen, damit wir unsere Aufmerksamkeit nicht länger außerhalb von uns selbst fokussieren, sondern in der Kostbarkeit dessen, wer wir wirklich sind und erst noch entdecken müssen.

Jaime F. Leal Anaya
Yelm, Washington.

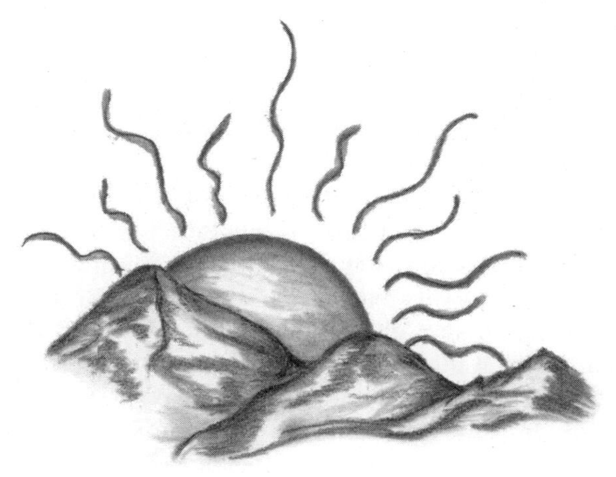

ABSCHLUSS: DIE MENSCHEIT IN DER DÄMMERUNG DER ERLEUCHTUNG

„Warum sollte ein Mensch sein Leben aufgeben, um aufzustehen bevor die Nacht überhaupt vorbei ist, seine bescheidene Robe anlegen, seine Mitte mit Schilfzeug gürten und einfache Sandalen anziehen? Und warum sollte er sein Lager verlassen und in die Nacht hinausgehen, lebendig in ihrer Stille, und gehen und einen Platz suchen, der so kalt, so einsam ist und um alle weinen, die es warm und bequem haben? Welche Art von ungeheuerlichem, schönem Verrückten wurde das tun und dort sitzen und seine kleine Brust nackt und dunkel dem goldenen Orb und seinen Lichtstrahlen enthüllen; warum sollte er das tun? Weil es das Göttliche ist, das in diesem Mann erwacht ist, und er kein Ende seines Lebens kennt und er keine Gefahr kennt, da er das Leben ist."

Ramtha

Ein neuer Tag auf Terra auf dem Dach der Welt

Es war ein schöner Morgen. Es gab einen goldenen Orb, der in einem azurblauen Himmel aufging und es geschah an vielen Orten an diesem schönen Tag.

Früh an diesem Morgen, beim ersten Licht, als das tiefe Blau von einer purpurfarbenen Linie erschüttert wurde, gab es eine einsame Wesenheit, die offenbar von Nirgendwo kam, und sie trug das, was man eine safrangelbe und rote, einfache Robe nennt, die aus grobem Leinen und Wolle bestand. Er ging an den Rand eines Abgrunds und da füllte ein frischer, kalter Wind seine Nasenlöcher, brachte Tränen in seine Augen, hallte in seinen Ohren und fuhr ihm wie starke Finger durch sein Haar. Er sah hinaus in eine in Nebel gehüllte Welt. Und als er über die Landschaft mit Gipfeln, die durch die Wolken stießen, blickte, verstand er das, was man die Reise der Menschheit nennt, und seine Seele war bewegt, als ob er ein Kind trüge, das sich im Schoß drehte. Und Tränen kamen aus seinem hintersten Schlund hinauf in seinen Kopf und strömten durch seine schönen Augen hinaus, denn er verstand plötzlich das Mysterium der Menschheit und ihr Verlorensein als die vergessenen Götter.

Als die Welt still lag, sich bereit machte, sich zu erheben, wusste er an diesem schönen Tag, dass ein weiterer Tag kommen und dorthin gehen würde, wo es kein Flüstern, keinen Geruch nach Jasmin, keinen goldenen Orb gab, der in der Seele flüstern würde: „Dich verloren, Mann, dich verloren. Erwache an diesem Tag zu einem neuen Erheben. Wisse, dass das, was du bist, großartiger ist, als das Brot des Bäckers, großartiger ist, als das Lachen des Kindes, großartiger ist, als des Liebenden Summen.“ Und er wusste an diesem Tag, dass die Gesamtheit der Menschheit schlafend durch diesen Tag hindurchgeht und die Wahrheit nicht kennt. Und der Wind kam wieder und verletzte sein Gesicht, kalt auf seinen Wangen, und seine Tränen verdampften, wenn die Kälte kam und er verstand, dass jeder zu seiner eigenen Zeit und an seinem eigenen Ort erwachen muss.

Er atmete tief ein und entkleidete sich langsam, und ein kalter Wind wirbelte um ihn herum. Und er setzte seinen kleinen Körper nieder und er brachte in sich ein tiefes Feuer hoch, damit er niemals diesen Morgen und seinen Teil in seiner Sicht, in seiner Konstruktion vergessen möge; damit er das hervorbrächte, was man eine große und wundervolle Dankbarkeit nennt, das, was immer sich in ihm bewegt hat, ihn erweckt hat und an diesem Tag erkannte er die Wahrheit. Und er hatte das Mitgefühl, für all die Menschen groß und klein zu weinen. Und das Feuer gelangte weiter und weiter und weiter und veränderte ihn plötzlich in einer Hülle von Frieden und Gelassenheit.

Und als er dort saß, fing der Schnee um seine Robe herum zu schmelzen an und der große Orb begann am Horizont aufzugehen. Und es gab einen Stoß aus einem Horn, Echos aus dem Tal von einst, und es war das große Horn einer Schule von weltabgeschiedenen Menschen, die zum Klang des Horns herauskamen, erwachten, das aufnahmen, was man ihre Zimbeln und ihr Glocken nennt und ihre Gebete rezitierten, ihre Stirn mit Öl salbten. Und das Horn ertönte und hallte im Tal wider, und die wundervolle Wesenheit saß eingehüllt in Glückseligkeit. Und das Horn ertönt erneut und die Studenten erhoben sich von ihren Lagern zum Klang der wandernden Glocke und des Geruchs von Tee und sie begannen ihr Morgenritual.

An diesem Tag waren Studenten aller Ebenen versammelt. Sie versammelten sich an diesem Morgen um den Morgen zu erschaffen, Leben zu erschaffen, Leben zu erdenken, den Gott anzurufen, um dem Leben das goldene Gesetz zu verleihen, auf dass sie an jedem Tag bescheidener, einfacher und herrlicher würden, dass jeder Tag ihnen die Geschenke des Geistes, in der Tat die Geschenke des Bewusstseins brächte.

Und das Horn ertönte erneut und die schöne Wesenheit saß, und er ging von dieser Welt an einen Ort, wo er eines Tages sich ständig niederlassen wird.

Und weit unten im Tal erwachen ein Mann und sein Sohn von ihren Lagern. Sie stellten ein einfaches Mahl aus Met und Tee und Butter zusammen und verzehrten es über ihrem kleinen Feuer. Und der Vater, in großer Liebe, Hoffnung und Ambition bereitete seinen Sohn für die Reise eines weiteren Tages vor. Sie waren Pilger, die auf dem Weg zu einer großen Einsiedelei waren, wo der Sohn von den großen Lehrern angenommen worden war. Und er wusste, bald würde er dem größten Geschenk, das es je geben konnte, seinem Samen, Leben schenken. Und sein Sohn in seiner Süße und Unschuld, mit dem Tau noch in seinem Haar, sah an seinem Vater hoch mit einem tiefgehenden Verständnis, dass es nicht bedeutete, dass er seines Vaters Haus verlassen musste, sondern dass er seines Vater Brust verlassen musste. Und er verstand, dass Liebe von einem größeren Ort kommt. Und sie begannen ihre kleine Reise.

Und irgendwo an einem Ort weit vom Dach der Welt entfernt, wo nun der goldene Orb in die lilafarbenen Berge eingedrungen ist und die Wolken erleuchtet und ihnen die Schattierungen eines Regenbogens gegeben hat, dort schmiegte sich eine Gruppe von Menschen an einen sehr bescheidenen Ort. In der Tat gab es keine Wände, die mit Gold beschichtet waren, und in der Tat gab es keine marmornen Fußböden, und in der Tat gab es keine teuren Teppiche und Kissen. Und da waren Menschen versammelt, die an diesem Tag zu den Klängen von Trommeln und Flöten erwacht waren, die über dem Staub schwebten. Und in ihrer Schönheit entfernten auch sie ihre Sicht von der Welt. Und als die Trommeln ihnen einen inneren Marsch gebracht hatten, gingen sie weiter nach innen. Und in Stille umgab sie die Musik und auch sie erschufen den Morgen.

Und irgendwo erreichten einige einen tieferen Ort, wo der einsame Mann auf dem Dach der Welt saß, wo der Schnee um seinen bescheidenen Körper schmolz und der Vater und sein Sohn auf der Pilgerreise zum großen Geschenk seines Lebens waren, und die Mönche sich zu wandernden Glocken erhoben, und ein großes Horn ertönte und genau die Wurzeln der Berge grollen ließ – irgendwo wurden diese Menschen an diesem bescheidenen Ort eins mit dem Mind, der an diesem Tag der Grund ist, dass der Tag war.

In aller Aufrichtigkeit gesagt, sind die Zahlen derer, die erwachen, klein. Viele werden gerufen und wenige werden erwählt. Und das, was erwählt wird, wird innen angeleitet, der Student. Der Morgen ist nicht eine Falle sondern der Nutzen der Freiheit. Der Morgen bringt nicht das, was man Fortsetzung der Gewohnheit nennt, sondern eine Gelegenheit, Flügel wachsen zu lassen und zu fliegen und sich tiefer auf einen Mind, der ewig leben wird, einzulassen.

An diesem schönen Morgen gab es eine Gruppe von Menschen, die von allen Orten kamen und deren Farben aus allen Farben von Männern, von Frauen, von Kinder, von Alten und Weisen und Jungen und Leidenschaftlichen bestand, und sie kamen und waren von der gleichen Morgendämmerung berührt. Und irgendwo werden eines schönen Morgens jene, die sich zum Klang der Musik und der Trommeln und der Hörner, die durch den Berghang ertönen, versammeln und das Wandern der Glocken und der safranfarbene Staub, der dem Ton einer Flöte und einer Zither gestattet, darauf zu schweben – eines schönen Morgens werden sie nicht mehr werden.

Also wer seid ihr, ihr gewöhnlichen Menschen, die vor langer Zeit gerufen wurden? Und wohin wurdet ihr gerufen, und was war der Grund? Und was war es, das euch mit Feuer im Inneren berührt hat? Was war es, das eure Augen zum Brennen gebracht hat? Was ist es, das unvergesslich ist? Was ist es, das euch dazu bringt, auszuharren? Es ist das, was sich in euren Kämpfen, jeden Tag zu erwachen, bewegt und es kommt näher an die Oberfläche mit jeder Gelegenheit, in der es ausgeübt wird. Und Trommeln und Flöten und Glocken und Zimbeln und Leiern hallen vertraut, hallen wider mit dem, was man eine Hoffnung nennt, ein Banner groß und stark, dass es mehr im Leben gibt, als eine Reflexion in einem Spiegel und dass es mehr im Leben gibt, als die Sinne und die Gewohnheiten, sie zu unterstützen, und mehr im Leben gibt, als ein Mann zu sein und in der Tat eine Frau zu sein. Was ist es, das euch berührt und eure Seele zum Klingen bringt? Der Ort, woher ich komme, lebt in euch, ein erhabener und ewiger Ort. Und niemand will ohne Wissen sterben. Niemand will ein weiteres Leben leben und sterben ohne die Wahrheit zu kennen.

Ihr seid von allen Orten dieser Welt gekommen. Was habt ihr nicht gesehen und was habt ihr nicht getan? Das. Ihr seid meine kleine Schule und ich bin ein Lehrer ohne Vergleich. Ihr seid meine Studenten, die sich auf einem kleinen Stück Land, einem kleinen Stück, versammelt haben. Es liegt nicht auf dem Dach der Welt, aber könnte ihr Nabel, ihr reinster Punkt genannt werden. Ich weiß, dass eure Reise hierher beschwerlich war, aber sie könnte beschwerlicher sein, wenn es erforderlich wäre, um mehr Leidenschaft zu erzeugen.

Ich weiß, dass unsere Zeit zusammen immer begrenzt war, aber eines Tages wird es nicht mehr so sein. Ihr sollt wissen, dass ihr euch eines Tages mit einem Mann auf der Spitze des Daches der Welt versammeln werdet und mit dem Sohn, der in safrangelbe Roben gehüllt ist, aufwachsen wird. Und eines Tages werdet ihr mit ihm tanzen, weil ihr die Hoffung einer Welt seid, die sich bereit macht, in sich selbst zusammenzubrechen.

Ein Bewusstsein muss in Mann und Frau irgendwo als Same angelegt sein, und es muss der Wunsch vorhanden sein, es zu haben, damit dann das ganze Leben erhalten werden kann. Eines Tages werdet ihr deshalb gerufen werden, um eine große Tat zu vollbringen. Und bei all den Karten, auf die ihr fokussiert habt und in der Tat bei all den Momenten, in denen ihr das Feld überquert habt, eines

Tages werdet ihr Meister darin sein und ihr könnt eine Karte oder eine Schrifttafel oder eine Zeichnung einer neuen Welt und eines neuen Himmels, von neuen Bäumen und neuen Blumen, einem neuen Leben in den Sand malen, darauf fokussieren und so wird es sein. Und eines Tages könnt ihr die Luft mit eurem Atem reinigen und die Wunden der Welt nehmen und sie mit Liebe und einer Unaufhörlichkeit des Seins rein, neu und ganz machen.

All diejenigen, die sich versammeln, versammeln sich für die Herrlichkeit Gottes in ihnen und für ein Leben, das viel größer ist, als die kleinen Leben, die sie gelebt haben, für eine Bestimmung, die viel größer ist, als die Träume ihrer Kindheit, für eine Bestimmung, die besagt: Vereine dich mit mir, komm mit mir, sei immer; und zusammen wird das Bewusstsein einen neuen Himmel und eine neue Erde, ein neues Leben hervorbringen.

Gebt auf, was man eure Begrenzungen nennt und erkennt das Wasser des Lebens. Eines Tages wird man euch auffordern, eine größere Aufgabe zu vollbringen und eure Ausbildung und eure Übung und eure Zeit zusammen mit mir werden von einem größeren Nutzen sein, um das zu erzeugen, was man eine erhabenere Existenz nennt, weil ihr das aufgegeben habt, was man die Tore nennt, die diese Seele hindern.

Oh, es gibt noch viel mehr bei diesem Werk; es gibt viel mehr als die Karten am Zaun, aber sie sind der Schlüssel dafür, das „viel mehr", die Raupe und den Schmetterling freizusetzen. Und wer ist mit dem Konzept der Flügel jetzt am Ende dieser Tage gewachsen oder hat damit gerungen? Wer hat das tiefere Verständnis der Stille erlangt? Und wer hat darum gekämpft, sich über das, was man die Aktionen des Images nennt, zu erheben und wer kämpft darum, wiedergeboren zu werden?

Warum sollte ein Mensch sein Leben aufgeben, um sogar bevor die Nacht zu Ende ist aufzustehen, und seine bescheidene Robe anlegen und seine Mitte mit Schilf gürten und einfache Sandalen tragen? Und warum sollte er sein Lager verlassen und in die Nacht hinausgehen, lebendig in ihrer Stille, und gehen und einen Ort finden, so kalt, so trostlos und um jeden weinen, der es warm und bequem hat? Welche Art von ungeheuerlichem, schönem Verrückten würde das tun und dort sitzen und seine nackte kleine Brust dunkel dem goldenen Orb und seinen Lichtstrahlen entblößen; warum sollte er das tun? Weil es das Göttliche ist, das in diesem Mann erwacht ist, und er kennt kein Ende seines Lebens und er kennt keine Gefahr, denn er ist das Leben. Und er wird vom Dach der Welt beobachten, wie Generationen geboren und großgezogen werden und sterben, und sie werden kommen und gehen. Er wird immer noch den Morgen begrüßen.

Ich weiß, ihr müsst mich heute verlassen, denn das war die ganze Zeit, die vorgesehen war; es war die ganze Zeit, die ihr erübrigen konntet. Ich weiß das. Eines Tages, wenn wir auf der Reise zusammen bleiben, werde ich euch drängen und euch anschreien und euch einschüchtern und euch verärgern, sodass ihr das manifestieren werdet, worauf ich euch hingedrängt habe, und dass ihr lernen werdet, die Meister der Zeit zu sein – was Zeit ist, worum es bei der Stille geht – und dass ihr eines Tages mich nicht verlassen werdet und wir zusammen in den Morgen tanzen werden und wir die Trommeln teilen werden und wir das Licht von unserem Ort der Stille aus feiern werden.

Geht und kontempliert in euren ruhigen Zeiten über den Mann und die Studenten, die mit ihren Zimbeln und Glocken aufstehen und diesen wundervollen Vater, der für seinen kleinen Sohn Frühstück macht, bereit, ihn wegzugeben. Ich möchte, dass ihr darüber kontempliert, was das in euch auslöst. Und dann möchte ich, dass ihr zu mir zurückeilt, und nicht lange wegbleibt, und zurückkommt. Und ja, wir werden Lehren und Worte hören und dann werden wir sie üben, die Lehren und Worte, immer wieder erfahren, bis wir das, was ihr seid, in solides Gold verwandelt haben. Eilt zu mir zurück und vergesst mich nicht, denn ich werde euch sicherlich nicht vergessen. Und wenn ihr zurückkommt, kommt mit einem leichten Herzen, bereit, dem Großen Werk zu dienen und wir werden ihm zusammen dienen, meine geliebten Leute.

Denkt daran, ein schönes, liebendes Leben ist ein Geschenk der Weisheit.

Möge der Herr und Gott in eurem Sein
immer näher an die Oberfläche kommen.
Möge der Mysteriöse euch in diesen Pausen erwischen.
Mögen alle Dinge, die ihr hier an diesen Tagen,
zusammen getan habt, sich manifestieren,
damit sie als ein Beweis und eine Wahrheit
für immer und ewig bestehen.
So sei es.

Ramtha

Ramthas Glossar

Abstrakter Gedanke: Abstrakte Gedanken sind Konzepte aus dem Unbekannten. Sie sind Paradigmen des Denkens, die noch nicht erfahren wurden und daher keine emotionale Ladung tragen.

Ätherisch: Etwas, das zur Unterwelt, dem Äther, der spirituellen Ordnung gehört.

Affenverstand ***(monkey-mind):*** Affenstand bezieht sich auf den flatterhaften Verstand der Persönlichkeit.

Akh Men Ra: Name einer der individuellen Gruppen in Ramthas Schule der Erleuchtung, die Ramtha ins Leben gerufen hat. Er gab jeder Gruppe ihren Namen und betraute sie mit einem speziellen Zweck und einer besonderen Aufgabe, die den Gruppenmitgliedern Einheit und Identität verleihen.

Akasha: Ein Begriff aus dem Sanskrit, der in der Hindu-Philosophie die Unterwelt, den Äther oder die geistige Ebene beschreibt.

Alltagsgedanke, gewöhnlicher Gedanke: Alltagsgedanken oder gewöhnliche Gedanken sind durch Erfahrung bereits im Gehirn fest verdrahtete Gedanken. Sie sind in der menschlichen Persönlichkeit üblich.

Alte Weisheit: Bezieht sich auf die Weisheit vergangener Zeitalter, das Wissen, das jeder große Meister, der je gelebt hat und erleuchtet wurde, besaß. Sie ist die Wahrheit hinter den Disziplinen des Großen Werkes und der Inhalt von Ramthas Lehren.

Analog: Analog zu sein heißt im Jetzt zu leben. Dies ist der schöpferische Moment, der sich außerhalb der Zeit, der Vergangenheit und der Emotionen befindet.

Analoger Mind: Analoger Mind bedeutet ein Mind. Er ist das Ergebnis der Ausrichtung von primärem und sekundärem Bewusstsein, dem Beobachter und der Persönlichkeit. Das vierte, fünfte, sechste und siebte Siegel des Körpers sind in diesem Geisteszustand offen. Die Bänder drehen sich in entgegengesetzter Richtung, wie ein Rad im Rad, und erzeugen einen kraftvollen Wirbel, wodurch es den Gedanken, die im Stirnlappen festgehalten werden, möglich wird, sich zu verdichten und zu manifestieren.

Antichrist: Der Antichrist ist der modifizierte Christus, die begrenzte menschliche Persönlichkeit, die unser wahres, göttliches Selbst zerstört. Der Begriff bezieht sich auf alles und jeden, der die

Menschheit unterdrückt und sie ihres Geburtsrechts und ihrer Göttlichkeit beraubt.

Assay (Prüfung): Test für den Eingeweihten. Diese Seminare dauern gewöhnlich zehn Tage und geben den Schülern Gelegenheit, zu überprüfen, in welchem Maß sie das Gelernte verwirklicht haben.

Atlantier: Bedeutet dasselbe wie Atlanter. Ein Mensch vom Kontinent Atlantis.

Atrium der Konstanten: Eine Existenzebene mit einer höheren Frequenz als jene der physischen Ebene, in der die Seelen auf eine neue Gelegenheit warten, sich in einem physischen Körper zu inkarnieren.

Aufgestiegener Meister: Ein aufgestiegener Meister ist ein Mensch, der die physische Ebene, die Begrenzungen von Zeit und Raum gemeistert und den Tod besiegt hat. Diese Meister haben die Fähigkeit entwickelt, die Schwingung ihres physischen Körpers so weit zu erhöhen, dass sie diese Ebene verlassen und sich selbst in anderen Existenzebenen oder Dimensionen ihre Wahl manifestieren können. Ramtha, Jeschua ben Joseph, Buddha, Ra-Ta-Bin, Zarathustra, Takahshunuman, Apollonius von Tyana sind, neben anderen, alle aufgestiegene Meister. Ramtha war der erste Angehörige der menschlichen Rasse, der über diese Ebene hinausging und aufstieg, ohne je den Tod erfahren zu haben.

Aufstieg: Aufstieg ist das natürliche Resultat von Erleuchtung. Er ist das Ergebnis des Öffnens aller Energiezentren des menschlichen Körpers und des vollständigen Erblühens des Unterbewusstseins, woraus die absolute Freiheit auf allen Existenzebenen resultiert. Ramtha war der erste von Mann und Frau geborene Mensch, der von dieser Ebene aufstieg, ohne je den Tod erfahren zu haben. Nachdem er sein Volk 120 Tage lang in allem unterrichtet hatte, was er über den Unbekannten Gott gelernt hatte, erhob er sich in die Luft und schwebte über seinem versammelten Volk. Er sagte ihnen Lebewohl und erhöhte die Schwingung seines Körpers so weit, bis er in einem Blitz aus blendendem Licht verschwand. Von Jeschua ben Joseph wird berichtet, dass er nach seinem Tod und der Wiederauferstehung vor seinen Jüngern am See Genezareth aufstieg.

Augenblick, der: Dieser Begriff beschreibt das schöpferische und ewige Jetzt, die Gegenwart.

Ausbruch des Vulkans: Dieser Ausdruck beschreibt das mit Hilfe der Disziplin von C&E^{SM} bewirkte Hochsteigen der Kundalini-Energie^{TM}.

Avatar: Ein Meister mit der Fähigkeit, nach Belieben Dinge zu manifestieren, der sich aber noch voll als Meister verwirklichen und den Tod überwinden muss.

Bänder, die: Die Bänder bestehen aus zwei Sets mit je sieben Frequenzen, die den menschlichen Körper umgeben und ihn zusammenhalten. Jede der sieben Frequenzschichten der beiden Bändersets entspricht im menschlichen Körper einem der sieben Siegel der sieben Ebenen des Bewusstseins. Die Bänder sind das Aurafeld, das binären und analogen Mind möglich macht.

Bedingungslose Liebe: Bedingungslose Liebe ist der Ausdruck des Bewusstseins der vierten Ebene. Sie ist der Anfang von Erleuchtung und das Ende von Dualismus, Mangel und Getrenntheit, den Wahrnehmungen der Persönlichkeit. Sie ist Liebe in Freiheit, ohne irgendwelche emotionalen Anhaftungen. Bedingungslose Liebe ist ein schöpferischer Geisteszustand, der seinem Wesen nach gebend ist. Sie ist die Beschreibung, die Gott am nächsten kommt.

Begrenzter Gedanke: Ein Gedanke, der an die Begrenzungen von Raum und Zeit gebunden ist. Der Begriff bezieht sich auf die Denkprozesse der menschlichen Persönlichkeit und das Bewusstsein der ersten drei Siegel.

Beobachter: Bezieht sich auf den Beobachter der Quantenmechanik, der für den Kollaps von Welle / Partikel verantwortlich ist. Er stellt das wahre Selbst, den Geist, das primäre Bewusstsein dar, d.h. den Gott im Menschen.

Bewusstsein: Bewusstsein ist das Kind, das geboren wurde, als die Leere (*the Void*) sich selbst betrachtete. Es ist die Essenz und der Stoff, aus dem alles Sein besteht. Alles Existierende hat seinen Ursprung im Bewusstsein und wurde durch dessen Dienerin, die E-nergie, nach außen manifestiert. „Bewusstseinsstrom“ bezieht sich auf das Kontinuum von Gottes Mind.

Bewusstsein und Energie: Sie sind die dynamischen Schöpferkräfte und unauflöslich miteinander verbunden. Alles Existierende entsprang dem Bewusstsein und manifestierte sich durch die Modulation seiner energetischen Wirkung in die Materie hinein.

Bewusstsein und Energie^{SM}: siehe C&E^{SM}

Binärer Mind: Dieser Ausdruck meint „zwei Minds". Binärer Mind wird durch Zugriff auf das Wissen der Persönlichkeit und des menschlichen Körpers ohne die Einbeziehung des tiefen, unterbewussten Minds erzeugt. Binärer Mind verlässt sich ausschließlich auf das Wissen, die Wahrnehmung und die Gedankenprozesse des Neokortex und der ersten drei Siegel. Das vierte, fünfte, sechste und siebte Siegel bleiben in diesem Geisteszustand geschlossen.

Blaue Ebene: siehe Vierte Ebene.

Blue Body ^{SM} *(Blauer Körper)*: Der Körper, der zur vierten Existenzebene, dem Brückenbewusstsein und dem ultravioletten Frequenzband gehört. Der Blue Body^{SM} ist Herr über den Lichtkörper und die physische Ebene.

Blue Body ^{SM}-Tanz (Tanz des blauen Körpers): Eine Disziplin, die Ramtha lehrt. Der Schüler hebt sein bewusstes Gewahrsein auf das Bewusstsein der vierten Ebene an. Mit dieser Disziplin kann man Zugang zum Blue Body ^{SM} gewinnen und das vierte Siegel öffnen.

Blue Body ^{SM}-Heilung (Heilung mit dem blauen Körper): Eine Disziplin, die Ramtha lehrt. Der Schüler hebt sein bewusstes Gewahrsein auf das Bewusstsein der vierten Ebene und des Blue Body ^{SM} an, um den physischen Körper zu heilen oder zu verändern.

Blaue Netze: Die blauen Netze stellen die Grundstruktur des physischen Körpers auf einer subtilen Ebene dar. Diese unsichtbare Skelettstruktur der physischen Realität schwingt im ultravioletten Frequenzbereich.

Boktau: Bedeutet „der große Test": ein langes Seminar in Ramthas Schule der Erleuchtung, das gewöhnlich 30 Tage oder länger dauert. Ein Mini-Boktau ist eine kürzere Version dieses Seminars und dauert gewöhnlich 14 Tage.

Bote: Zu Ramthas Lebzeiten hatten Boten die Aufgabe, bestimmte Nachrichten oder Informationen zu überbringen. Ein Meisterlehrer hat die Fähigkeit, anderen Menschen Boten zu senden, die seine Worte oder seine Absicht in Form einer Erfahrung oder eines Ereignisses Wirklichkeit werden lassen.

Box, die: Die Box bezeichnet eine Ansammlung von Einstellungen, Gewohnheiten, Glaubenssätzen und Gedankenprozessen, die der Mensch akzeptiert hat und die ihn daran hindern, neue Paradigmen des Denkens und der Erfahrungen zu erforschen. Die Box ist dasselbe wie das Neuronetz und die menschliche Persönlichkeit.

Brüste der Isis: Ramtha nennt die Amygdala und den Hypocampus die Brüste der Isis.

Buch der Evolution: Die Aufzeichnung aller Erfahrungen der Seele auf ihrer Reise von der ersten Ebene der physischen Erscheinungsform zurück zur siebten Ebene und zum Punkt Null.

Buch der Involution: Die Aufzeichnung aller Erfahrungen der Seele auf ihrer Reise vom Punkt Null zur dichtesten Existenzebene, der physischen Ebene.

Buch des Lebens: Ramtha bezeichnet die Seele als das Buch des Lebens, in dem die gesamte Reise der Involution und Evolution des Einzelnen in Form von Weisheit aufgezeichnet ist.

C&E^{SM-}= R: Consciousness and Energy = Reality, Bewusstsein und Energie erschaffen die Natur der Realität.

C&E^{SM}: Abkürzung für Consciousness & Energy^{SM} (Bewusstsein & Energie), Warenzeichen der grundlegenden Disziplin in Ramthas Schule der Erleuchtung, die zum Manifestieren und zur Anhebung des Bewusstseins dient. Mit Hilfe dieser Disziplin lernt der Schüler, einen analogen Geisteszustand herbeizuführen, seine höheren Siegel zu öffnen und aus der Leere (dem *Void)* Wirklichkeit zu erschaffen. Das Einführungsseminar für Anfänger wird C&E^{SM-}Workshop für Anfänger" genannt. In diesem Workshop lernen die Schüler die grundlegenden Konzepte und Disziplinen von Ramthas Lehren kennen. Die Lehren des „C&E^{SM-}Workshops für Anfänger" finden Sie in dem Buch: „Das Erschaffen von Realität, Ein Leitfaden für Anfänger" (Horamus Publishing Inc., Yelm, WA, USA, ISBN 0-9652521-5-4) sowie auf dem Video *„Persönliche Realität kreieren" (Creating Personal Reality*, JZK Publishing Inc., Yelm).

Chakra: Chakra ist ein Wort aus dem Sanskrit. Ein Chakra ist ein Schnittpunkt zweier Energielinien. Ein Chakrapunkt ist ein Kreuzungspunkt von Energie, also etwas ganz anderes als die sieben Siegel oder Bewusstseinszentren im menschlichen Körper.

Christus: Christus ist nicht der Name oder Titel für ein Einzelwesen. Christus werden all diejenigen genannt, welche die physische Ebene gemeistert und den Tod besiegt haben. Der Christus im Menschen bezieht sich auf den Gott im Inneren, den göttlichen Aspekt des Menschen.

Christus-Gang (*Christ Walk*): Der Christus-Gang ist eine von Ramtha entworfene Disziplin, in der die Schüler sehr langsam und absolut bewusst gehen lernen. Die Schüler lernen in dieser Disziplin, mit jedem Schritt den Mind eines Christus zu manifestieren.

Christus-in-Masse: Bezieht sich auf das Weihnachtsfest (*Christmas*). Bezieht sich auch auf das Christusbewusstsein, das im menschlichen Fleisch gegenwärtig ist.

Crosham: So hieß das Breitschwert, das Ramtha in seinem Leben benutze. Das Schwert war so groß, dass zehn Männerhände nötig waren, um sein Heft zu halten.

Crossover: Dieser Begriff beschreibt Wesen, die das Gegengeschlecht in ihrer nächsten Inkarnation verstehen lernen wollten, während sie die Sichtweise ihres eigenen Geschlechts beibehielten. Man könnte sagen, dass Crossovers Männer in Frauenkörpern sind und umgekehrt. Menschen, die sich über ihre sexuelle Orientierung unklar sind, sind manchmal Crossovers, jedoch nicht immer.

Dialog-Jahre: Bezieht sich auf die Sitzungen mit Ramtha, in denen die Teilnehmer aufgefordert wurden, persönliche, direkte Fragen an ihn zu stellen. Diese Sitzungen fanden vor der Gründung von Ramthas Schule der Erleuchtung 1988 statt.

Dimension: Eine Dimension ist die Atmosphäre oder Umgebung, die zwischen zwei beliebigen Bewusstseinspunkten entsteht. Es gibt sieben Hauptexistenzebenen, von denen jede einzelne eine unendliche Anzahl von Dimensionen enthält.

Disziplinen des Großen Werks: Ramthas Schule der Alten Weisheit ist dem Großen Werk gewidmet. Alle Disziplinen des Großen Werks in Ramthas Schule der Erleuchtung wurden ausschließlich von Ramtha entworfen. Diese Übungen sind wirkungsvolle Einweihungen, durch die der Schüler die Gelegenheit erhält, die Lehren Ramthas aus erster Hand anzuwenden und zu erfahren.

Dörfler: Ein Dörfler ist ein Mensch, der seine wahre Identität und göttliche Herkunft nicht kennt. Ein Dörfler ist das Gegenteil eines Meisters.

Dritte Ebene: Dies ist die Ebene des bewussten Gewahrseins und des sichtbaren Lichtspektrums. Sie ist auch als Lichtebene oder mentale Ebene bekannt. Wenn die Energie der Blauen Ebene auf diesen Frequenzbereich herabgesenkt wird, spaltet sie sich in positive und negative Polarität. An diesem Punkt teilt sich die Seele in zwei Hälften; so entsteht das Phänomen der Seelengefährten.

Drittes Siegel: Dieses Siegel ist das Energiezentrum des bewussten Gewahrseins und des Spektrums des sichtbaren Lichtes. Es steht in Verbindung mit Kontrolle, Tyrannei, Opfersein und Macht. Es befindet sich im Bereich des Solarplexus.

Dunkle Nacht der Seele: Eine Zeit großen emotionalen Leids, das aus einer tiefgreifenden Veränderung der Selbstsicht eines Menschen herrührt. Dabei schießt Energie durch den Emotionalkörper und wird gereinigt und von den Verhaftungen befreit, die wir mit dieser Energie verbunden haben. Eine ins Gehirn gelangende, elektrische Umkehrladung aktiviert das Energiefeld des Körpers und verursacht das Leiden.

Ebene der Veranschaulichung: Die physische Ebene wird auch die Ebene der Veranschaulichung genannt. Auf dieser Ebene hat der Mensch Gelegenheit, sein schöpferisches Potenzial in der Materie zu demonstrieren und Bewusstsein in materieller Form zu erleben, und somit sein emotionales Verstehen zu erweitern.

Ebene des Fleisches: siehe erste Ebene.

Ebene der Glückseligkeit: Die Ebene des Ausruhens, auf der die Seelen die Gelegenheit haben, nach ihrer Lebensrückschau ihre nächste Inkarnation zu planen. Sie ist auch als Himmel und Paradies bekannt, wo es weder Leid, noch Schmerz, Not oder Mangel gibt und wo sich jeder Wunsch sofort manifestiert.

Ego: Das Ego ist das Selbst, die wahre Identität des einzelnen Menschen.

Elektrum: Dieser Begriff bezieht sich auf ein elektromagnetisches Feld mit negativen und positiven Polen, Elektrizität genannt.

Elohim: Eine der von Ramtha gegründeten Gruppen in Ramthas Schule der Erleuchtung. Er gab jeder Gruppe ihren Namen und betraute sie mit einem speziellen Zweck und einer besonderen Aufgabe, die den Gruppenmitgliedern Einheit und Identität verleihen. Dieses hebräische Wort bedeutet wörtlich „die Götter“, es wird manchmal für eine bestimmte Gruppe von Göttern verwendet, die auf den Planeten Erde kamen.

Elohim Ka Men Ra: Ramtha gab diesen Namen einer der Gruppen in Ramthas Schule der Erleuchtung. Er gab jeder Gruppe ihren Namen und betraute sie mit einem speziellen Zweck und einer besonderen Aufgabe, die den Gruppenmitgliedern Einheit und Identität verleihen.

Emotionalkörper: Der Emotionalkörper ist die Ansammlung vergangener Emotionen, Einstellungen und elektrochemischer Muster, welche die menschliche Persönlichkeit des Einzelnen definieren. Ramtha bezeichnet ihn als die Versuchung der Unerleuchteten. Aufgrund unseres Emotionalkörpers reinkarnieren wir immer wieder.

Emotionen: Eine Emotion ist der physische, biochemische Effekt einer Erfahrung. Emotionen gehören der Vergangenheit an, denn sie sind der Ausdruck von Erfahrungen, die bereits bekannt und in den neurosynaptischen Signalwegen des Gehirns festgelegt sind.

Energie: Energie ist das Gegenstück zu Bewusstsein. Alles Bewusstsein bringt eine dynamische Energiewirkung, Ausstrahlung oder einen natürlichen Ausdruck seiner selbst mit sich, genauso wie alle Formen von Energie ein Bewusstsein mit sich bringen, das sie definiert.

Erdgebundene Geister: Erdgebundene Geister sind Geister (*spirits)* von Menschen, die gestorben sind, aber ihr früheres Leben und ihre physische Existenz nicht losgelassen haben. Sie existieren im infraroten Schwingungsband und sind gemeinhin als Gespenster bekannt.

Erleuchtung: Erleuchtung ist die volle Verwirklichung des Menschen, die Erlangung von Unsterblichkeit und unbegrenztem Mind. Sie ist erreicht, wenn die Kundalini-Energie, die an der Basis der Wirbelsäule sitzt, nach oben zum siebten Siegel steigt, das seinerseits die brachliegenden Teile des Gehirns öffnet. Wenn die Energie in das Mittelhirn und das Kleinhirn vordringt und der unterbewusste Mind geöffnet wird, erlebt der Mensch einen blendenden Lichtblitz, den man Erleuchtung nennt.

Erste Ebene: Bezieht sich auf die materielle oder physische Ebene. Sie ist die Ebene des Image-Bewusstseins und der Hertz-Frequenz. Sie ist die niedrigste und dichteste Form von verfestigtem Bewusstsein und Energie.

Erste drei Siegel: Die ersten drei Siegel sind die Siegel von Sexualität, Überleben, Schmerz und Leiden, Opfersein und Tyrannei. Diese Siegel kommen im Allgemeinen in allen Verwicklungen des menschlichen Dramas zum Tragen.

Erstes Siegel: Das erste Siegel steht mit den Fortpflanzungsorganen, der Sexualität und dem Überlebenstrieb in Verbindung.

Erwachtes Wesen: Ein erleuchteter Mensch, der nicht länger Opfer seiner Erbanlangen oder seiner Umgebung ist. Mit diesem Begriff wird ein Meister beschrieben, der bewusst seine eigene Realität erschafft.

Esoterisch: Dieser Begriff bezieht sich auf heiliges oder verborgenes Wissen.

Euer Gott: Dieser Ausdruck bezieht sich auf den Geist, den Beobachter, den Gott im Menschen.

Evolution: Evolution ist die Reise zurück nach Hause, von den niedrigsten Frequenzebenen und der Materie zu den höchsten Frequenzebenen und zum Punkt Null.

Fantastischer Realismus: Beschreibt die Realität, die durch einen erhabenen Bewusstseinszustand erschaffen wird. Die Realität, die Meister erleben.

Feld, das: siehe Namensfeld

Fieldwork^{SM} (Feldarbeit): Feldarbeit ist eine der grundlegenden Disziplinen, die in Ramthas Schule der Erleuchtung gelehrt wird. Die Schüler denken sich ein Symbol aus für etwas, das sie bekannt machen oder erfahren wollen und malen es auf eine Karte. Diese Karten werden mit der unbeschriebenen Seite nach außen an die Querlatten eines Zauns, der ein großes Feld umgibt, gehängt. Die Schüler setzen sich Augenbinden auf und fokussieren auf ihr Symbol, während sie ihren Körper frei im Feld umhergehen lassen. Durch die Anwendung des Gesetzes von Bewusstsein und Energie und des analogen Minds gehen sie direkt zu ihrer Karte.

Festverdrahtung: Der Prozess, durch den neurologische Verbindungen im Gehirn angelegt und in Form von Mustern aufgezeichnet werden. Dreimalige Wiederholung eines Gedankenmusters genügt schon, um eine Gewohnheit auszubilden und im Neuronetz festzulegen.

Fokus: Die Fähigkeit, auf einen Gedanken zu fokussieren, ist eine der wichtigsten Elemente der Disziplinen des Großen Werks. Fokus bedeutet, ein holografisches Bild, das einen Gedanken repräsentiert, bewusst und analog im Stirnlappen des Gehirns festzuhalten.

Freiraum: Freiraum wird die Erfahrung genannt, wenn wir aus der Box und den Mustern unserer begrenzten Persönlichkeit ausbrechen. Freiraum wird als Ekstase beschrieben. Es ist die Erfahrung einer größeren, erhabeneren Sichtweise, die dem Einzelnen Klarsicht ermöglicht und ihn Dinge verstehen lässt, die zuvor in seinem Leben chaotisch und unlösbar erschienen.

Frequenz: Frequenz ist die Schwingungsgeschwindigkeit, die eine Energiewelle charakterisiert. Mit Frequenz wird die Schwingungsrate von Partikeln und Wellen einer bestimmten Existenzebene beschrieben.

Frucht des Rebstocks: Wein.

Fünfte Ebene: Die fünfte Existenzebene ist die Ebene des Überbewusstseins und die Röntgenfrequenz. Sie ist auch als Goldene Ebene oder Paradies bekannt.

Fünftes Siegel: Das fünfte Siegel ist das Zentrum unseres spirituellen Körpers, das uns mit der fünften Ebene verbindet. Dieses Siegel steht mit der Schilddrüse in Verbindung und steht für das Aussprechen und Leben der Wahrheit ohne Dualismus.

Gasthaus zum tänzelnden Pony: Diese Bezeichnung bezieht sich auf ein Wirtshaus oder ein Tanzlokal. Ramtha hat diesen Begriff von J.R.R. Tolkiens „Der Herr der Ringe“ entliehen.

Gedanke: Gedanke ist etwas anderes als Bewusstsein. Das Gehirn verarbeitet einen Bewusstseinsstrom, indem es ihn in Abschnitte zerlegt – holografische Bilder von neurologischen, elektrischen und chemischen Abdrücken, die man Gedanken nennt. Gedanken sind die Bausteine des Minds.

Geflügelter Pharao: Geflügelter Pharao war ein Titel, der Pharaoninnen vorbehalten war, die das heilige Symbol der geflügelten Scheibe trugen. Weibliche Pharaonen waren außerordentliche Meister. Sie wurden vom Volk geliebt, konnten mit einer Berührung heilen und regierten ihr Volk weise und gerecht. Die Dynastie der Pharaoninnen existierte vor den uns bekannten Aufzeichnungen der ägyptischen Geschichte.

Gelbes Gehirn: Gelbes Gehirn ist Ramthas Name für den Neokortex, den Sitz des analytischen und emotionalen Denkens. Es wird aus dem Grund gelbes Gehirn genannt, weil die beiden Hälften des Neokortex in der ursprünglichen zweidimensionalen, karikaturartigen Zeichnung, die Ramtha für seinen Unterricht über die Funktion des Gehirns verwendete, gelb ausgemalt war. Er erklärte dazu, dass die verschiedenen Aspekte des Gehirns in diesem bestimmten Bild übertrieben und farbig hervorgehoben wurden, um das Studium und das Verstehen zu erleichtern. Diese spezielle Zeichnung wurde als Anschauungsmaterial in allen folgenden Unterrichtsstunden über das Gehirn verwendet.

Gesellschaftliches Bewusstsein: Das Bewusstsein der zweiten Ebene und des infraroten Frequenzbandes. Es wird auch das Image der menschlichen Persönlichkeit und der Mind der ersten drei Siegel genannt. Das Gesellschaftsbewusstsein bezieht sich auf das kollektive Bewusstsein der menschlichen Gesellschaft. Es ist die Ansammlung von Gedanken, Vermutungen, Urteilen, Vorurteilen, Gesetzen, Moralvorstellungen, Werten, Einstellungen, Idealen und Emotionen der Bruderschaft der menschlichen Rasse.

Gnosis: Altgriechisches Wort für Wissen. Die gnostischen Bewegungen aus frühchristlicher Zeit bezeichneten damit ein von einer transzendenten Quelle offenbartes Wissenssystem oder ein Verständnis von Gott, der Schöpfung, der menschlichen Lebensbedingungen und Bestimmung. Dieses heilige Wissen hatte eine erlösende oder befreiende Wirkung auf den Einzelnen.

Gnostizismus: Eine Bezeichnung aus dem 18. Jahrhundert für die gnostischen Bewegungen in frühchristlicher Zeit, die eine breite Palette von Lehren aus den verschiedensten Traditionen anboten. Ihr Grundgedanke bestand in einer dualistischen Weltsicht. Nach diesem Glaubenssystem hat jeder Mensch einen göttlichen Funken in sich, der in der Materie gefangen ist, woraus ein Konflikt zwischen Licht und Dunkel, Wissen und Unwissenheit, Gut und Böse resultiert. Die Offenbarung des heiligen Wissens befreit die Seele des Einzelnen und lässt sie dem Fleisch entrinnen und zurück zu Gott, seiner Quelle, finden.

Goldene Ebene: siehe fünfte Ebene.

Goldener Körper: Der Körper, der zur fünften Ebene, zum Überbewusstsein und der Röntgenfrequenz gehört.

Gott: Ramthas Lehren sind die Erläuterung des Satzes: „Du bist Gott." Er beschreibt die Menschheit als die vergessenen Götter. Gott ist nicht das gleiche wie die Leere (das *Void).* Gott ist der Punkt der Bewusstheit, der entstand, als die Leere sich selbst kontemplierte. Gott ist Bewusstsein und Energie, die die unbekannten Potenziale der Leere erforschen und bekannt machen. Gott ist die allmächtige und allgegenwärtige Essenz aller Schöpfung.

Gott in uns: Er ist der Beobachter, das wahre Selbst, das primäre Bewusstsein, der Geist, der Gott im Menschen.

Gott/Frau: Die volle Verwirklichung eines Menschen.

Gott/Mann: Die volle Verwirklichung eines Menschen.

Götter: Technologisch weit fortgeschrittene Wesen von anderen Sternensystemen, die vor 455.000 Jahren auf die Erde kamen. Diese Götter veränderten die Gene der menschlichen Rasse, indem sie die menschliche DNS mit ihrer eigenen vermischten und modifizierten. Sie sind für die Entwicklung des Neokortex verantwortlich und benutzten die menschliche Rasse als fügsame Arbeitskräfte. Beweise für diese Vorgänge finden sich in sumerischen Tafeln und Artefakten. Der Begriff Götter wird auch zur Beschreibung der wahren Identität der Menschheit, die „vergessenen Götter", verwendet.

Gras, das: Marihuana.

Graue Männer: Die Gruppe der sehr einflussreichen Leute, welche die großen Banken und Konzerne besitzen und das politische und wirtschaftliche Geschehen der Welt kontrollieren.

Große Werk, das: Das Große Werk ist die praktische Anwendung der Lehren der Schulen der Alten Weisheit. Damit sind die Disziplinen gemeint, durch die der Mensch erleuchtet und zu einem unsterblichen göttlichen Wesen wird.

Großer Architekt: Bezieht sich auf das Gehirn, genauer gesagt auf den Neokortex und den Stirnlappen, wo holografische Bilder oder Gedanken erschaffen werden.

Herr des Windes: Einer von Ramthas Titeln. Der Wind repräsentiert die Freiheit, die Macht und Transzendenz des Geistes. Ramtha wurde zum Herrn des Windes, als er erleuchtet wurde.

Hertz-Ebene: siehe erste Ebene.

Hierophant: Ein Hierophant ist ein Meisterlehrer, der im Stande ist, das, was er lehrt auch selbst zu manifestieren und seine Schüler in dieses Wissen einzuweihen.

Himmel: Der Begriff wird auf drei verschiedene Arten verwendet. Einmal bezieht er sich auf das Paradies. Des Weiteren bezeichnet er ganz allgemein eine Existenzebene. Besondere Anwendung findet der Begriff „Himmel" als Bezeichnung für den Stirnlappen, den stillen Bereich des Neokortex.

Höhere Siegel: siehe obere vier Siegel.

Hölle: Ramtha erklärt, dass der Begriff Hölle ursprünglich ein „flaches Grab" bedeutete. Diese Bestattungsform war höchst unerwünscht, da sie den Körper des Verstorbenen den Angriffen von wilden Tieren aussetzte. Die einzige Stelle, wo Ramtha eine Hölle im Sinne eines Orts von ewiger Verdammnis fand, war im Bewusstsein der Männer und Frauen, die daran glaubten.

Hyperbewusstsein: Das Bewusstsein der sechsten Ebene und der Gammastrahlenfrequenz.

Hypnotische Fähigkeit: Die Fähigkeit, in einen veränderten Bewusstseinszustand einzutreten, den man analogen Mind nennt. In diesem Zustand ist der Neokortex betäubt, und Kleinhirn und Mittelhirn sind aktiviert.

Iaut Aleph: Name einer der Gruppen in Ramthas Schule der Erleuchtung, die Ramtha ins Leben gerufen hat. Er gab jeder Gruppe ihren Namen und betraute sie mit einem speziellen Zweck und einer besonderen Aufgabe, die den Gruppenmitgliedern Einheit und Identität verleihen.

Image, das: Bezieht sich auf das gesellschaftliche Bewusstsein. Bezieht sich auch auf den Mind, den das Neuronetz bzw. die Persönlichkeit hervorgebracht hat.

Inkarnation: Bezieht sich auf die Erfahrung einer bestimmten Lebenszeit. Das Überpersönliche, der Geist (*Spirit*) bzw. das wahre Selbst des Einzelnen ist ein Kind des *Voids* und von seiner Natur her unsterblich. Die Seele ist etwas anderes als der Geist. Sie zeichnet die Erfahrungen des unsterblichen Geistes auf. Demgemäß nehmen der Geist und die Seele in einer Inkarnation eine physische Verkörperung zu dem Zweck an, mit der physischen Existenzebene in Beziehung zu treten. Beim Tod verlassen sowohl der Geist als auch die Seele den physischen Körper und erhalten die Gelegenheit, eine neue Inkarnation, einen neuen physischen Körper anzunehmen, um das abzuschließen, was sie auf dieser Ebene lernen wollten.

Inneres Wissen: Inneres Wissen ist die Fähigkeit, etwas ohne Hilfe der sinnlichen Wahrnehmung zu wissen. Inneres Wissen bedeutet, Zugang zum Wissen des unterbewussten Minds zu haben.

Involution: Involution ist die Reise vom Punkt Null und der siebten Ebene zu den langsamsten und dichtesten Frequenzebenen und in die Masse.

Ionien: Ionien war eine Region auf dem Kontinent Atlantis, die im Gebiet des heutigen Mazedonien lag.

Jahwe: Jahwe und Jehova sind verschiedene Wesen. Jahwe war mit der Versklavung, die Jehova über die Menschen der Erde gebracht hatte, nicht einverstanden. Jahwe und der Gott Id führten Krieg gegen Jehova. Sie bemühten sich die Menschheit zu lehren, dass der Unbekannte Gott im Menschen lebt.

Jeschua ben Joseph: Jesus Christus wird von Ramtha, entsprechend der jüdischen Tradition der damaligen Zeit, Jeschua ben Joseph genannt.

Jehova: Jehova ist ein technologisch hochentwickeltes Wesen, das höchst unsicher und militant war und seine Schwester hasste. Er war für Abrahams Auszug aus Babylon in das Land Kanaan, für die Entstehung des hebräischen Volkes und für Moses' Auszug aus Ägypten in das Gelobte Land verantwortlich.

JZ Knight: JZ Knight wurde als einzige Person von Ramtha als sein Channel auserwählt. Ramtha spricht von JZ als seiner geliebten Tochter. Zu Ramthas Lebzeiten war sie Ramaya, eines der Kinder im Haus des Ram.

Ka: Ka ist ein ägyptischer Begriff und bezeichnet den Lichtkörper eines Menschen.

Karbuli: Ramthas Bezeichnung für die Kohlenstoffröhrchen, die Mikrotubuli oder das Skelett der Zelle.

Karma: Karma ist die natürliche Konsequenz aus den Gedanken und Taten eines Menschen. Karma umfasst all die ungelösten Probleme, Einstellungen und Emotionen, die sich der Mensch noch nicht zu eigen gemacht und zu Weisheit hat werden lassen. Diese von der Seele nicht abgeschlossenen Angelegenheiten sind die wahre Ursache für den sich wiederholenden Kreislauf der Reinkarnation.

Kartusche: Ein Symbol, das die Essenz einer Idee oder eines Menschen darstellt.

Kirlian-Fotografie: Ein von russischen Technikern entwickelter fotografischer Prozess, der es ermöglicht, das Aurafeld eines lebenden Objekts abzubilden.

Königreich des Himmels: siehe Königreich Gottes

Königreich Gottes: Dieser Begriff bezieht sich auf eine Existenzebene oder Geistesdimension, in der der unbegrenzte Mind Gottes regiert.

Körper verlassen, den: Beschreibt die Initiation durch eine außerkörperliche Erfahrung.

Körper-Mind-Bewusstsein: Körper-Mind-Bewusstsein ist das Bewusstsein, das zur physischen Ebene und zum menschlichen Körper gehört.

Kollektive Einstellung: Eine Ansammlung von Einstellungen und Gedankenmustern, die eine Gruppe von Menschen gemeinsam hat.

Kollektives Bewusstsein: Dieses Konzept ähnelt C.G. Jungs „Kollektivem Unterbewussten". Ein kollektives Bewusstsein ist ein erkennbarer Geisteszustand, den eine Gruppe von Menschen, ein Land oder eine Kultur miteinander teilen.

Kollektives Unterbewusstsein: Kollektiver Bewusstseinszustand, der der Menschheit gemein ist, obwohl die meisten Leute sich dessen nicht gewahr sind. Es wird auch gesellschaftliches Bewusstsein oder Körper-Mind-Bewusstsein genannt. Es ist das Bewusstsein der physischen Ebene und der ersten drei Siegel.

Konstanten. Wesen, die im Atrium der Konstanten leben. Sie sind Oberherren, die verantwortlich sind für die Zyklen und das Gleichgewicht im Reich der Natur.

Kosmischer Leim: Diesen Ausdruck gebraucht Ramtha für die Kraft, die das Universum zusammenhält. Er bezeichnet Liebe als kosmischen Leim.

Kritische Masse: Bezieht sich auf die Manifestation und die Verfestigung von Bewusstsein zu Masse.

Kundalini: Kundalini-Energie ist die Lebenskraft eines Menschen. Während der Pubertät sinkt sie von den höheren Siegeln zum unteren Ende der Wirbelsäule hinab. Sie ist ein gewaltiges Energiereservoir, das für die menschliche Evolution vorgesehen ist. Im Allgemeinen wird sie als am unteren Ende der Wirbelsäule zusammengerollte Schlange dargestellt. Diese Energie unterscheidet sich von der Energie, die aus den ersten drei Siegeln kommt und für Sexualität, Schmerz und Leid, Macht und Opfersein verantwortlich ist. Sie wird im Allgemeinen als die schlafende Schlange oder der schlafende Drache beschrieben. Das Aufsteigen der Kundalini-Energie zur Krone des Kopfes wird die Reise der Erleuchtung genannt. Diese Reise findet statt, wenn die Schlange erwacht, sich spaltet und um die Wirbelsäule herumtanzt. Damit ionisiert sie die Rückenmarksflüssigkeit und verändert deren Molekularstruktur, wodurch sich dann das Mittelhirn und die Tür zum Unterbewusstsein öffnen.

Lebenskraft: Die Lebenskraft ist der Vater, der Geist, der Lebensatem im Menschen. Sie ist die Plattform, von der aus der Mensch seine Illusionen, Fantasievorstellungen und Träume erschafft.

Lebensschiene: Eine potenzielle Zeitschiene oder Wahrscheinlichkeit von Ereignissen, die aus einer bestimmten Geisteshaltung oder einem bestimmten Bewusstseinszustand eines Menschen resultieren.

Lebensrückschau: Die Rückschau auf das soeben vergangene Leben. Sie findet statt, wenn der Mensch nach seinem Tod die dritte Ebene erreicht. Der Mensch erhält die Gelegenheit, der Beobachter, der Agierende und der Empfänger seiner eigenen Taten zu sein. Die unerledigten Angelegenheiten dieser Lebenszeit, die in der Lebensrückschau zum Vorschein kommen, bestimmen den Plan für die nächste Inkarnation.

Leere, die (*the Void*): Die Leere wird definiert als ein unermessliches Nichts materiell, jedoch all Dinge potenziell.

Licht: Das Licht bezieht sich auf die dritte Existenzebene.

Lichtkörper: Der Lichtkörper ist das gleiche wie der strahlende Körper. Er ist der Körper, der zur dritten Ebene des bewussten Gewahrseins und des sichtbaren Lichtfrequenzbandes gehört.

Lichtrückschau: siehe Lebensrückschau.

Lichtwesen: Die Wesen der dritten Existenzebene.

Lineare Physik: Eine Bezeichnung für die klassische oder die Newtonsche Physik.

Liste: Die Liste ist eine von Ramtha gelehrte Disziplin, in der der Schüler eine Liste von Punkten erstellt, die er kennen lernen oder erfahren will. Er lernt dann, darauf in einem analogen Bewusstseinszustand zu fokussieren. Die Liste ist die Vorlage, derzufolge das Neuronetz des Schülers gestaltet, verändert und umprogrammiert wird. Mit diesem Hilfsmittel kann der Schüler bedeutende und anhaltende Veränderungen in sich selbst und in seiner Wirklichkeit herbeiführen.

Luftschiff: Bezieht sich auf ein Raumschiff, UFO oder Flugzeug.

Masse zu Masse: Das Konzept, physische Wirklichkeit von einem materiellen Standpunkt aus und mit materiellen Methoden anzugehen.

Materialisieren: Dieser Begriff bezeichnet die Verfestigung und Manifestation eines Gedankens in seine physische Form.

Materielle Ebene: siehe erste Ebene.

Meister: Ein Meister ist jemand, der sich seiner Göttlichkeit voll bewusst ist und dieses Wissen in seinem täglichen Leben zur Anwendung bringt. Ramtha nennt seine Schüler Meister, denn sie lernen, wie Meister zu denken und zu handeln.

Meister General: Die Meister Generäle sind die Mitarbeiter von Ramthas Schule der Erleuchtung, die für die Organisation und Durchführung der Seminare und Veranstaltungen in der Schule verantwortlich sind.

Meisterlehrer: Ein Meisterlehrer ist ein aufgestiegener Meister, der die Fähigkeit hat, seine Schüler in die Mysterien geheimen Wissens einzuweihen.

Menschen, Orte, Dinge, Zeiten und Ereignisse: Diese sind die Hauptbereiche menschlicher Erfahrung, denen die Persönlichkeit emotional verhaftet ist. Diese Bereiche stellen die Vergangenheit des Menschen dar und machen den Inhalt des Emotionalkörpers aus.

Menschensohn: Diese Vorstellung bezieht sich auf den menschlichen und physischen Aspekt einer Person. Jemand handelt wie ein Menschensohn oder eine Menschentochter, wenn er sich entscheidet, eher seiner menschlichen Natur als seiner Göttlichkeit zu folgen.

Merkabah: Der Name eines sehr großen Mutterschiffs des Volkes von jenseits des Nordsterns.

Mind: Mind ist das Produkt von Strömen von Bewusstsein und Energie, die auf das Gehirn einwirken und Gedankenformen, holografische Abschnitte oder neurosynaptische Muster erschaffen, die man Gedächtnis nennt. Die Ströme von Bewusstsein und Energie halten das Gehirn am Leben. Sie sind seine Kraftquelle. Die Fähigkeit eines Menschen zu denken, gibt ihm seinen „Mind“.

Mind Gottes: Gottes Mind beinhaltet den Mind und die Weisheit aller Lebensformen, die je in jeglicher Dimension, in jeglicher Zeit und auf jeglichem Planeten oder Stern gelebt haben, leben oder leben werden.

Modifiziertes Denken: Bezieht sich auf die Gedankenprozesse des modifizierten Egos.

Modifiziertes Ego, verändertes Ich (*altered ego*): Das englische „altered ego“ ist eine passende Abwandlung des in der Psychologie verwendeten lateinischen Begriffs „Alter Ego“. Modifiziertes Ego, verändertes Ich oder *altered ego* bezieht sich auf die begrenzte menschliche Persönlichkeit und verweist ausdrücklich auf die Abwandlung und Unterdrückung des wahren und göttlichen Selbst des Einzelnen, die dieser selbst hervorgerufen hat.

Moment: Dieser Begriff beschreibt das schöpferische und ewige Jetzt, die Gegenwart.

Mu: Mu ist der Kontinent Lemurien, der jetzt unter dem Pazifischen Ozean liegt.

Multidimensionaler Mind ***(dimensional mind):*** Der Mind eines Meisters, der nicht mehr länger nur im Rahmen von linearer Zeit oder einer einzigen Raum-Zeit-Dimension denkt. Ein multidimensionaler Mind kann alle Potenziale gleichzeitig sehen.

Mutter-Vater-Prinzip: die Quelle allen Lebens, Gott der Vater, die ewige Mutter, der Punkt Null.

Myria Amun: Myria Amun bedeutet das silberne Leben und ist der Name von Ramthas Mutterschiff. Der Zahlenwert, durch den dieses massive, 19 Meilen lange Raumschiff repräsentiert wird, ist 32 und sein Symbol ist die Triade.

Nabor: Nabor war die Stadt im Tal von Nazir, in dem Ramtha von einem Schwert durchbohrt wurde.

Namensfeld: Namensfeld wird das große Feld genannt, auf dem die Disziplin Feldarbeit (*Fieldwork*[SM]) geübt wird.

Neewollah: Das „Halloween"-Fest rückwärts ausgesprochen.

Neophyt: Ein Neophyt ist ein Anfänger im Großen Werk.

Obere vier Siegel: Die oberen vier Siegel sind das vierte, fünfte, sechste und siebte Siegel.

Om Akad: Name einer der Gruppen in Ramthas Schule der Erleuchtung, die Ramtha ins Leben gerufen hat. Er gab jeder Gruppe ihren Namen und betraute sie mit einem speziellen Zweck und einer besonderen Aufgabe, die den Gruppenmitgliedern Einheit und Identität verleihen.

Onai: Eine südliche Hafenstadt auf dem Kontinent Atlantis, wo Ramtha als Kind mit seiner Mutter, seinem Bruder und seiner Schwester lebte.

Persönlichkeit: Die Persönlichkeit ist das sekundäre Bewusstsein, das Spiegelbewusstsein, der Reisende, der seine göttliche Herkunft und sein göttliches Erbe vergessen hat.

Physische Ebene: siehe erste Ebene.

Prima Materia: Ein Begriff aus der Alchemie, mit dem die Quintessenz aller Dinge bezeichnet wird.

Prophezeiung: Eine Prophezeiung ist eine potenzielle, zukünftige Zeitschiene, die sich auf die Fakten des gegenwärtigen Moments stützt. Prophezeiungen sollten immer mit der Erklärung: „wie es jetzt gerade aussieht" versehen sein, denn sie sind immer Veränderungen unterworfen, da das kollektive Bewusstsein sich ändert. Dieses Verständnis von Prophezeiung basiert auf dem Gesetz von Bewusstsein und Energie, das Ramtha lehrt.

Punkt Null: Bezieht sich auf den ursprünglichen Punkt der Bewusstheit, den das *Void* geschaffen hat, indem es sich selbst betrachtete. Punkt Null ist das ursprüngliche Kind des *Void.*

Ra: Ra ist der Name eines ägyptischen Gottes. Ramtha verwendet den Namen Ra für die Sonne.

Ram: Ram ist eine Kurzversion des Namens Ramtha. Ramtha bedeutet Vater.

Ramaya: Ramtha bezieht sich auf JZ Knight als seine geliebte Tochter. Sie war Ramaya, die erste, die zu seinen Lebzeiten Ramthas adoptiertes Kind wurde. Ramtha fand Ramaya in den Steppen Russlands ausgesetzt. Viele Menschen gaben ihre Kinder während des Marsches Ramtha als Geste der Liebe und des höchsten Respekts. Diese Kinder wuchsen im Haus des Rams auf. Seine Kinder wuchsen zur Zahl 133, obwohl er selbst nie Nachwuchs von eigenem Blut hatte.

Ramtha (Etymologie): Der Name Ramtha der Erleuchtete, Herr des Windes, bedeutet Vater. Er bezieht sich auch auf den Ram, der am „schrecklichen Tag des Ram" vom Berg herabkam. „Im gesamten Altertum ging es darum. Und im alten Ägypten gab es eine dem großen Eroberer Ram gewidmete Allee. Die alten Ägypter waren weise genug, zu verstehen, dass, wer die Straße des Ram entlang gehen konnte, den Wind erobern konnte." Das Wort Aram, der Name von Noahs Enkel, setzt sich aus dem aramäischen Wort Araa – das Erde, Landmasse bedeutet – und dem Wort Ramtha, das hoch bedeutet, zusammen. In diesem semitischen Namen klingt

Ramthas Abstieg von dem hohen Berg an, mit dem der große Marsch begann.

Ramuste: Ramuste ist der Name des kollektiven Seelenhauses, in das Ramtha aufgrund seiner Wahl hineingeboren wurde. Das emotionale Einvernehmen dieses kollektiven Bewusstseins war die Macht des Meisterns.

Rechtschaffenheit: Der angemessene Gebrauch von etwas, die moralische Eigenschaft von Untadeligkeit.

Reinkarnation: Reinkarnation ist der sich immer wiederholende Kreislauf von Inkarnationen.

Rote Energie: Dieser Begriff wird im Bezug auf die Kundalini-Energie und die übersinnliche Energie verwendet.

Rote Schlange: Die Kundalini-Energie, die von der Basis der Wirbelsäule durch die Siegel aufsteigt, wird als doppelte rote Schlange dargestellt, die sich nach oben schlängelt und sich überkreuzt, wie das medizinische Symbol des Äskulapstabs. Mit diesem Begriff wird auch übersinnliche Energie beschrieben.

Roter Löwe: Begriff aus der Alchemie, der sich auf das Elixier der Unsterblichkeit bezieht.

Samen vergießen: Ejakulation des Spermas.

Satan: Satan ist nicht der Name oder Titel eines Einzelwesens. Der Begriff bezeichnet vielmehr alles und jeden, das oder der uns unserer Göttlichkeit beraubt und von Veränderung abhält. Satan, der Beschuldiger, hält den Menschen in den Emotionen der Vergangenheit eingesperrt.

Schule der Alten Weisheit: Dieser Titel wurde im Laufe der Geschichte verschiedenen Schulen verliehen, an denen das geheime Wissen des Großen Werks gelehrt wurde. Ramtha war weitgehend für all diese Schulen verantwortlich.

Seele: Ramtha bezeichnet die Seele als Buch des Lebens, in dem die ganze Reise der Involution und Evolution des Einzelnen in Form von Weisheit aufgezeichnet ist.

Selbst: Das Selbst ist die wahre Identität des Menschen. Es ist der transzendente Aspekt des Menschen. Es bezieht sich auf den Beobachter, das primäre Bewusstsein.

Sechste Ebene: Die sechste Ebene ist das Reich des Hyperbewusstseins und des Gammastrahlenfrequenzbandes. Auf dieser Ebene wird das Einssein mit allem Leben bewusst erfahren.

Sechstes Siegel: Dieses Siegel steht mit der Zirbeldrüse und dem Gammastrahlenfrequenzband in Verbindung. Die Formatio Reticularis, die das Wissen des unterbewussten Minds filtert und verhüllt, ist offen, wenn dieses Siegel aktiviert ist. Mit dem Öffnen des Gehirns sind das Öffnen dieses Siegels und die Aktivierung seines Bewusstseins und seiner Energie gemeint.

Senden-und-Empfangen: Senden-und-Empfangen ist der Name einer Disziplin, die Ramtha lehrt. Der Schüler lernt dabei, Zugang zu Informationen zu erhalten, indem er die Fähigkeiten des Mittelhirns nutzt, ohne die sinnliche Wahrnehmung einzusetzen. Diese Disziplin entwickelt die übersinnlichen Fähigkeiten des Schülers, Telepathie und das Vorhersehen zukünftiger Ereignisse.

Shambhala: Der Name eines urzeitlichen Waldes, der zu Ramthas Zeiten nordöstlich des Indusflusses existierte.

Shiva: Der Herr und Gott Shiva repräsentiert den Herrn der Blauen Ebene und des Blue Body^{SM} (blauen Körpers). Der Name Shiva bezieht sich nicht auf eine einzelne Gottheit im Hinduismus, sondern auf den Bewusstseinszustand der vierten Ebene und des ultravioletten Frequenzbandes sowie auf das Öffnen des vierten Siegels. Shiva ist weder männlich noch weiblich. Er ist ein androgynes Wesen, denn die Energie auf der vierten Ebene ist noch nicht in positive und negative Polarität aufgespaltet. Hierin liegt ein wesentlicher Unterschied zur traditionellen Darstellung von Shiva im Hinduismus, wo er als männliche Gottheit mit einer Ehefrau dargestellt wird. Das Tigerfell zu seinen Füßen, der Dreizack und Sonne und Mond in Kopfhöhe stellen die Meisterschaft dieses Körpers über die ersten drei Bewusstseinssiegel dar. Die Kundalini-Energie wird als feurige Energie dargestellt, die von der Basis der Wirbelsäule durch den Kopf schießt. Dies ist ein weiterer Unterschied zu einigen hinduistischen Darstellungen Shivas, in denen die Schlangenenergie aus der Höhe des fünften Siegels oder der Kehle austritt. Weitere Symbole in Shivas Portrait sind die langen dunklen Haarsträhnen und eine Vielzahl von Perlenketten. Sie stehen für seinen Reichtum an Erfahrungen, die zu Weisheit wurden. Mit Köcher, Pfeil und Bogen feuert Shiva seinen machtvollen Willen ab, womit er Unvollkommenes zerstört und Neues erschafft.

Sieben Schwestern: Eine andere Bezeichnung für das Sternbild der Plejaden.

Sieben Siegel: Die sieben Siegel sind machtvolle Energiezentren, die sieben Bewusstseinsstufen im menschlichen Körper darstellen. Mit Hilfe der Bänder wird der physische Körper in Übereinstimmung mit diesen Siegeln zusammengehalten. Bei jedem Menschen fließt Energie spiralförmig aus den ersten drei Siegeln oder Zentren heraus. Die pulsierende Energie aus den ersten drei Siegeln manifestiert sich jeweils als Sexualität, Pein oder Macht. Wenn die oberen Siegel sich öffnen, wird eine höhere Bewusstheitsstufe aktiviert.

Siebte Ebene: Die siebte Ebene ist die Ebene des Ultrabewusstseins und des Frequenzbandes des „Unendlichen Unbekannten". Von dieser Ebene aus wurde die Reise der Involution angetreten. Diese Ebene wurde vom Punkt Null erschaffen, als er den Akt der Kontemplation des *Voids* nachahmte und so das Spiegelbewusstsein oder sekundäre Bewusstsein erschuf. Eine Existenzebene oder Raum- und Zeitdimension existiert zwischen zwei Bewusstseinspunkten. All die anderen Ebenen wurden durch Verlangsamung der Zeit und des Frequenzbandes der siebten Ebene erschaffen.

Siebtes Siegel: Dieses Siegel steht in Verbindung mit dem Scheitelpunkt des Kopfes, der Hypophyse und dem Erlangen von Erleuchtung.

Smaragd eures Universums: Der Planet Erde.

Sohn Gottes: Ein Sohn oder eine Tochter Gottes ist jemand, der für einen erhabeneren und umfassenderen als den zu den ersten drei Siegeln gehörenden Bewusstseinszustand geboren wurde. Wie ein Sohn oder eine Tochter Gottes zu handeln heißt, aus der Sichtweise unseres göttlichen Bewusstseins zu leben und nicht aus der unseres menschlichen Bewusstseins.

Stein des Weisen: Ausdruck aus der Alchemie für das Elixier der Unsterblichkeit.

Strahlender Körper: siehe Lichtkörper

Tahumo: Tahumo ist eine Disziplin, die Ramtha lehrt, in welcher der Schüler lernt, die Einwirkungen seines natürlichen Umfelds – Hitze und Kälte – auf seinen Körper zu meistern.

Tank[SM], der: Der Name für das Labyrinth, das ein Teil der Disziplinen von Ramthas Schule der Erleuchtung ist. Die Schüler lernen, mit verbundenen Augen den Eingang zu diesem Labyrinth zu finden und hindurchzugehen, während sie auf das *Void* fokussieren. Sie dürfen die Wände nicht berühren und weder ihre Augen noch ihre anderen Sinne benutzen. Das Ziel dieser Disziplin ist es, mit verbundenen Augen das Zentrum des Labyrinths zu finden oder einen bestimmten Raum, der das *Void* darstellt.

Tankfeld: Der Name des großen Feldes, auf dem das Labyrinth steht, das für die Disziplin des Tanks[SM] verwendet wird.

Telstar: Wenn Materie in ein schwarzes Loch stürzt, befindet sie sich in einem zeit- und raumlosen Bewusstsein. Und aus diesem nicht bewussten Zustand tritt sie aus einem anderen Loch wieder aus, das man als Bewusstheit bezeichnet. Materie tritt also durch ein Schwarzes Loch ein und wird dann wiedergeboren. Das weiße Loch, durch das sie wiedergeboren wird, nennt man Telstar. Aus ihm ergießt sich Materie ins Universum.

Terra: Diesen Namen gaben die Götter dem Planeten Erde vor 455.000 Jahren, als sie ihn das erste Mal besuchten.

Tochter Gottes: Dieser Begriff drückt das göttliche Erbe eines jeden Einzelnen aus, mit spezieller Betonung der Gleichstellung der Frauen.

Träume: Träume haben ihren Ursprung im menschlichen Bewusstsein. Sie sind Wirklichkeiten aus anderen Gedankendimensionen und nicht bloße Fantasien. Durch das Medium der Träume kommuniziert der unterbewusste Mind mit dem physischen Körper und stellt diesen während des Schlafes wieder her. Die meisten Träume fallen unter diese Kategorie, obwohl einige Träume auch prophetischen Charakter haben können. Ein bewusster Traum wird in den Disziplinen des Großen Werks dazu verwendet, Realität nach Belieben zu erschaffen und zu manifestieren.

Twilight[TM SM]: Dieser Begriff bezeichnet eine Disziplin, die Ramtha lehrt. Die Schüler lernen dabei, ihren Körper in einen bewegungslosen Zustand zu versetzen, der tiefem Schlaf ähnelt, und dennoch ihre Bewusstheit aufrecht zu erhalten.

Twilight[TM SM]Visualisierungsprozess: Der Prozess, mit dem die Disziplin der Liste oder andere Visualisierungen geübt werden.

Überbewusstsein: Das Bewusstsein der fünften Ebene und des Röntgenstrahlenfrequenzbandes.

Überpersönlich: Das Überpersönliche bezieht sich auf die spirituelle Ordnung, die transzendenten Aspekte des Menschen.

Übersinnliche Fähigkeiten: Die Fähigkeit, ohne Hilfe von sinnlicher Wahrnehmung zu wissen. Wir entwickeln übersinnliche Fähigkeiten, wenn wir das Mittelhirn geöffnet und Zugang dazu erlangt haben. So können wir Informationen aus der Umgebung auf einer höheren Frequenzstufe als der des Hertzfrequenzbandes empfangen.

Ultrabewusstsein: Das Bewusstsein der siebten Ebene und des Frequenzbandes des Unendlichen Unbekannten. Es ist das Bewusstsein eines aufgestiegenen Meisters.

Das Unbekannte bekannt machen: Dieser Ausdruck bezeichnet den ursprünglichen göttlichen Auftrag, den das Ursprungsbewusstsein erhielt: zu manifestieren und all die unendlichen Potenziale des *Voids* zur Bewusstheit zu bringen. Dieser Satz stellt die zugrunde liegende Absicht dar, die den dynamischen Evolutionsprozess anfacht.

Unbekannter Gott: Der Unbekannte Gott war der einzige Gott von Ramthas Vorfahren, den Lemuriern. Der Unbekannte Gott repräsentiert auch die vergessene Göttlichkeit und göttliche Herkunft des Menschen.

Unbewusstsein: Unbewusstsein ist der Verlust des Gewahrseins, auch Bewusstheit genannt.

Unendliches Unbekanntes: Das Frequenzband der siebten Existenzebene und des Ultrabewusstseins.

Unerwachtes Wesen: Ein Mensch, der nicht von seiner Göttlichkeit weiß, der in der Illusion der Dualität und dem Getrenntsein von der Quelle lebt und ein Opfer seiner Umgebung ist.

Ungeheuerlich (*outrageous*): Ramtha verwendet dieses Wort im positiven Sinn, um etwas oder jemanden zu charakterisieren, der außergewöhnlich und rar ist, ungehemmt in seinen Taten und über die Maßen kühn oder wild.

Ungeheuerliche Gedanken: Diese Art Gedanken sind unbegrenzte, erhebende, transzendente Gedanken.

Ungewohnte Freiheit: Diese Art von Freiheit erfährt der Mensch, wenn er den Durchbruch aus der Box in den Freiraum schafft.

Unser Gott: Mit diesem Begriff wird der Gott, der Geist, der Beobachter, das göttliche Element, das wahre Selbst des Einzelnen bezeichnet.

Unterbewusstsein (*subconscious mind*): Der Sitz des Unterbewusstseins, des unterbewussten Minds, ist das Kleinhirn oder Reptiliengehirn. Dieser Teil des Gehirns hat seine eigenen, unabhängigen Verbindungen zum Stirnlappen und zum ganzen Körper und hat Zugang zum Mind Gottes, der Weisheit aller Zeiten.

Vater: Der Ursprung, Gott, Punkt Null.

Verändertes Ich, modifiziertes Ego (*altered ego*): Das englische „altered ego" ist eine passende Abwandlung des in der Psychologie verwendeten lateinischen Begriffs „Alter Ego". Modifiziertes Ego, verändertes Ich oder *altered ego* bezieht sich auf die begrenzte menschliche Persönlichkeit und verweist ausdrücklich auf die Abwandlung und Unterdrückung des wahren und göttlichen Selbst des Einzelnen, die dieser selbst hervorgerufen hat.

Vergangenheit: In seiner subjektiven Bedeutung für den Einzelnen bezieht sich der Begriff Vergangenheit auf alles, was dem einzelnen Menschen durch Erfahrung bereits bekannt ist. In diesem Sinne umfasst die Vergangenheit jede emotionale Erfahrung des Menschen in Bezug auf Menschen, Orte, Dinge, Zeiten und Ereignisse. Die Vergangenheit ist das größte Abschreckungsmittel für die menschliche Evolution, weil sie die Fähigkeit des Einzelnen, neue Paradigmen des Denkens zu erschaffen und das Unbekannte bekannt zu machen, lähmt.

Vierte Ebene: Die vierte Existenzebene ist der Bereich des Brückenbewusstseins und der ultravioletten Frequenz. Diese Ebene wird auch als die Ebene Shivas bezeichnet, des Zerstörers des Alten und Schöpfers des Neuen. Auf dieser Ebene hat sich die Energie noch nicht in positive und negative Ladung gespaltet. Alle andauernden Veränderungen oder Heilungen des physischen Körpers müssen zuerst auf der vierten Ebene und im Blue Body^{SM} (blauen Körper) stattfinden. Diese Ebene nennt man auch Blaue Ebene oder die Ebene Shivas.

Vishmalodu: Der lemurische Name für den Unbekannten Gott.

Void, die Leere: Das Void wird definiert als ein unermessliches Nichts materiell, jedoch all Dinge potenziell.

Wahrheit: Wahrheit sind nicht bloße Daten oder Informationen. Wahrheit ist die vollständige Verwirklichung eines Konzeptes oder eines Paradigmas des Denkens als Erfahrung und persönliche Weisheit.

Weiße Bruderschaft: Die Weiße Bruderschaft ist eine Bruderschaft im Unsichtbaren, die aus aufgestiegenen Meistern besteht. Sie lieben die Menschheit, beobachten sie und sind ihr bei ihrer Evolution behilflich.

Zarathustra: Zarathustra ist die unverfälschte Version des Namens Zoroaster, des Begründers des Zoroastrianismus. Ramtha erklärte, dass Zarathustra erleuchtet und zu einem unsterblichen Meister wurde.

Zauberin: Zauberin ist Ramthas poetischer Name für den Mond.

Zeichen der Triade. Anfänger lernen, mit aufgesetzten Augenbinden das Zeichen der Triade zu ziehen, bevor sie eine der Disziplinen des Großen Werks angehen. Die Schüler zeigen dabei am Anfang auf ihre Stirn oder ihr siebtes Siegel, das die Spitze der Triade ist. Mit ununterbrochenem Fokus vervollständigen sie die Triade, indem sie ihre Hand langsam zu ihrem linken Knie, dann zu ihrem rechten Knie und dann schließlich zurück zur Stirn führen. Diese Triade stellt die Reise von Involution und Evolution dar.

Zeichen des Sterns: Das Zeichen des Sterns ist eine komplexere Version des Zeichens der Triade, die von fortgeschrittenen Schülern angewendet wird.

Zeit des Blutes: Die Zeit der Menstruation.

Zeitschiene: Eine potenzielle Wahrscheinlichkeit von Ereignissen, die aus einem bestimmten Bewusstseinszustand resultiert.

Zeitalter Gottes. Im Zeitalter Gottes werden sich wissenschaftliche Entwicklungen stärker entfalten als je zuvor. Dieses Zeitalter wird durch wohlbedachte, absichtliche Veränderung der Zeit und der Werte der Zeit zustande kommen. Krankheit, Leiden, Hass, Altern, Tod und Krieg werden nicht mehr auf dieser Ebene existieren, nur noch immerwährendes Leben. Durch Wissen, Verstehen und tiefe Liebe wird jede Wesenheit dies in ihrem Leben hervorbringen.

Zeitlosigkeit, Nicht-Zeit (*no-time*): Dieser Begriff bezieht sich auf die Erfahrung des Jetzt – des ewigen, kreativen, analogen Augenblicks. Zeit ist die Folge, Manifestation und Erfahrung dieses schöpferischen Augenblicks.

Zweite Ebene: Die Existenzebene des Gesellschaftsbewusstseins und des infraroten Frequenzbandes. Sie steht in Verbindung mit Schmerz und Leiden. In der Polarität ist diese Ebene der negative Pol zur dritten Ebene, der Ebene der sichtbaren Lichtfrequenz.

Zweites Siegel: Dieses Siegel ist das Energiezentrum des Gesellschaftsbewusstseins und des infraroten Frequenzbandes. Es steht in Verbindung mit Leid und Schmerz und ist in der tieferen Unterleibsgegend angesiedelt.

BIBLIOGRAFIE

Aquin, Thomas von. *Summa Theologica*. Übersetzt von den Dominikanerpatern. London: Burns, Oats and Washbourne.

Assagioli, Roberto. *Psychosynthese – Methoden, Grundlagen, Techniken*. API-Verlag: Zürich 1988.

Bohm, David. *Die implizite Ordnung. Grundlagen eines dynamischen Holismus*. Goldmann, München 1987.

Cremo, Michael A. *Verbotene Archäologie*. Herbig Verlag 1999.

Cremo, Michael A. *Forbidden Archeology's Impact*. Los Angeles: Bhaktivedanta Book Publishing, Inc., 1998.

Darwin, Charles. *Die Entstehung der Arten*. Reclam: Ditzing 1986.

De la Cruz, Juan. *Obras Completas*. 4. Ausgabe. Madrid: Editorial de Spiritualidad, 1992.

De León, Luis. *De los Nombres de Cristo*. Herausgegeben von Antonio Sánchez Zamrreño. Madrid: Espasa Calpe. 1991.

Ägypten, Die Welt der Pharaonen. Herausgegeben von Regine Schulz und Matthias Seidel. Köln: Köneman Verlagsgesellschaft, 1997.

Ellis, Peter F. *The Genius of John*. Minnesota: The Liturgical Press, 1985.

Emerson, Willis G. *The Smoky God, or the Voyage to the Inner World*. Pomeroy, Washington, Health Research Publishing, 1997.

Freeman, Jo. *The Women's Liberation Movement: Its Origin, Structures and Ideals*. Pittsburgh: Know, Inc., 1971.

Goswami, Amit. *Das bewusste Universum*. Lüchow 2002.

Greer, Steven M. *Disclosure: Military and Government Witnesses Reveal the Greatest Secrets in Modern History*. Crozet, Virginia: Crossing Point, Incl., 2001.

Grof, Christina und Grof, Stanislav. *Die stürmische Suche nach dem Selbst*. Kösel 1991.

Grof, Stanislav. *Das Abenteuer der Selbstentdeckung. Ein Leitfaden*. Rowohlt Taschenbuch 1994.

Haviland, William A. *Cultural Anthropology*. 9. Ausgabe. New York: Harcourt Brace & Co., 1999.

Hebrew Old Testament. Herausgegeben von Norman Henry Snaith. London: The British and Foreign Bible Society. 1986.

Henry, Martin. *On Not Understanding God.* Maynooth: Columba Press, 1997.

Herzog, Ze'ev. *Deconstructing the Walls of Jericho.* In *Ha'aretz Magazine,* Ausgabe vom 29. Oktober 1999.

Hirschberger, Johannes. *Geschichte der Philosophie*. Komet 2007.

Homer. *Ilias - Odyssee*. Deutscher Taschenbuch Verlag 2002.

In Search of the Self: The Role of Consciousness in the Construction of Reality, a Conference on Contemporary Spirituality. February 8-9, 1997, Yelm, Washington. Videoausgabe. Yelm: JZK Publishing, a division of JZK, Inc., 1997.

Jung, Carl. G. *Gesammelte Werk,* Band 11, *Psychologie und Religion: Ost und West*. Rhein-Verlag: Zürich 1954.

Jung, Carl G. *Gesammelte Werk,* Band 9, *Archetypen*. Rhein-Verlag: Zürich 1954.

Kant, Immanuel. *Grundlegung zur Metaphysik der Sitten*. Reclam, Ditzingen 1998.

Kasper, Walter. *Jesus der Christus*. Freiburg: Herder 2007.

Knight, Christopher and Lomas, Robert. *Uriel's Machine: the Prehistoric Technology That Survived the Flood*. Boston: Element Books, Inc., 2000.

Knight, JZ. *State of Mind – eine Geisteshaltung. Meine Geschichte*. Peiting: In der Tat Verlag, 2009.

Krippner, Stanley, Wickramasekera, Ian, Wickramasekera, Judy, und Winstead III., Charles W. *The Ramtha Phenomenon: Psychological, Phenomenological, and Geomagnetic Data.* In *The Journal for the American Society for Psychical Research,* Band 92, Nr. 1., Januar 1998.

Layton, Bentley. *The Gnostic Scriptures*. The Anchor Bible Reference Library ed. New York: Doubleday, 1987.

Marc-Alain Quaknin. *Mysteries of the Alphabet, the Origins of Writing*. New York: Abbeville Press Publishers, 1999.

Maslow, Abraham. *Psychologie des Seins. Ein Entwurf.* Kindler: 1973.

Melton, J. Gordon: *Erleuchtung Finden: Ramthas alte Schule der Weiheit*. Michaels-Verlag 1999.

New American Bible – Die Bibel, Einheitsübersetzung.

Nietzsche, Friedrich. *Basic Writings of Nietzsche*. Translated by Walter Kaufmann. New York: The Modern Library, 2000. Vgl. *Eine philosophische Einführung*. Reclam, Ditzingen 1999.

Petrie, W. M. Flinders. *The Pyramids and the Temples of Gizeh*. London: Kegan Paul International Limited, 2000.

Piccione, Peter A. *Egyptian Women*. In *World History,* herausgegeben von Charles Frazee, Band 1. Sand Diego: Greenhaven Press, 1999.

Platon. *Complete Works*. Cambridge: Hackett Publishing Company, 1997.

Platón. *Dialogos*. 22. Ausgabe. Herausgegeben von Colección Austral. México: Espasa Calpe, 1984.

Ramtha, Das Erschaffen von Realität, Ein Leitfaden für Anfänger. Horamus Publishing Inc., Yelm, WA.

Ramtha, Die Geschichte der Menschheit aus der Sicht eines Meisters. Teil I, Ursprünge und Entwicklung der menschlichen Zivilisation. Peiting: In der Tat Verlag, 2004.

Ramtha, Defining the Master, Band 368 ed. Yelm: Ramtha Dialogues, 1998.

Ramtha, Ignorance: The Mother of Devotion. Band 188 ed. Yelm: Ramtha Dialogues, 1988.

Ramtha, Inner Earth. Band 013 ed. Yelm: Ramtha Dialogues, 1983.

Ramtha, Making the Choice for the Greatest Potential. Band 377 ed. Yelm: Ramtha Dialogues, 1998.

Ramtha, New Group Retreat. Band 332 ed. Yelm: Ramtha Dialogues, 1996.

Ramtha, Opera of the Lampshade; The Peter Principle; The Ancient Egyptians. Band 378.2 ed. Yelm: Ramtha Dialogues, 1998.

Ramtha, Pyramids. Band 020.1 ed. Yelm: Ramtha Dialogues, 1984.

Ramtha, Relating to Quasar – Drug Addiction. Band 378.1 ed. Yelm: Ramtha Dialogues, 1998.

Ramtha, Revolution of the Spirit and Mammy, the Goddess of Genesis, Band 444 ed. Yelm: Ramtha Dialogues, 2000.

Ramtha, Selected Stories VII. Band 040 ed. Yelm: Ramtha Dialogues, 1990.

Ramtha, Soulmates. Band 114 ed. Yelm: Ramtha Dialogues, 1986.

Ramtha, Spain – Ra-Ta-Bin – The First Christ, The Gods and the Twelfth Planet. Band 497 ed. Yelm: Ramtha Dialogues, 2001.

Ramtha, Tales of the Masters. Band 045 ed. Yelm: Ramtha Dialogues, 1997.

Ramtha, The Greatest History Lesson Ever Taught. Band 388 ed. Yelm: Ramtha Dialogues, 1998.

Ramtha, Das Mysterium von Geburt und Tod. Michaels-Verlag 2005.

Ramtha, The Next Step – Superconsciousness, Part I. Band 122 ed. Yelm: Ramtha Dialogues, 1986.

Ramtha, The Observer – Part I. Band 376 ed. Yelm: Ramtha Dialogues, 1998.

Ramtha, The Siege upon the City of the Blue Race. Band 037 ed. Yelm: Ramtha Dialogues, 1985.

Ramtha, Understanding Womanhood. Band 027 ed. Yelm: Ramtha Dialogues, 1984.

Ramtha, Was Mary Really a Virgin. Band 394 ed. Yelm: Ramtha Dialogues, 1998.

Ramtha, Yahweh – Jehovah. Band 029 ed. Yelm: Ramtha Dialogues, 1982.

Ramtha: Creating Personal Reality. Video ed. Yelm: JZK Publishing, a Division of JZK, Inc., 1998.

Ramtha's Introduction to the World Tour. Video ed. Yelm: JZK Publishing, a Division of JZK, Inc., 1998.

Reese, William L. *Dictionary of Philosophy and Religion, Eastern and Western Thought*. Erweiterte Ausgabe. New York: Humanity Books, 1999.

Sämtliche Werke von Johannes vom Kreuz. Johannes Verlag Einsiedeln 1992, 1993 und 2002.

Santos Otero, Aurelio de. *Los Evangelios Apócrifos: Colección de Textos Griegos y Latinos, Versión Crítica, Estudios Introductorios y Comentarios*. 9. Ausgabe. Madrid: Biblioteca de Autores Cristianos, 1996.

Schacht, Richard. *Nietzsche*. London: Routledge, 1992.

Schrödter, Willy. *Die Geheimkünste der Rosenkreuzer*. Baumgartner 1954.

Schweitzer, Albert. *The Quest of the Historical Jesus: A Critical Study of Its Progress from Reimarus to Werde*. Baltimore: Johns Hopkins University Press, 1998.

Sitchin, Zecharia. *Die Chroniken des Planten Erde*. Buch I. *Der zwölfte Planet*. Rottenburg: Kopp 2003.

---. *Die Chroniken des Planeten Erde*. Buch II. *Stufen zum Kosmos*. Rottenburg: Kopp 2003.

---. *Die Chroniken des Planeten Erde*. Buch III. *Die Kriege der Menschen und Götter*. Rottenburg: Kopp 2004.

---. *Die Chroniken des Planeten Erde*. Buch IV. *Versunkene Reiche*. Rottenburg: Kopp 2004.

---. *Die Chroniken des Planeten Erde*. Buch V. *Das erste Zeitalter*. Rottenburg: Kopp 2004.

---. *Die Chroniken des Planeten Erde*. Buch VI. *Der kosmische Code*. Rottenburg: Kopp 2000.

Spalding, Baird T. *Leben und Lehren der Meister im Fernen Osten*. Schirner 2004.

Talbot, Michael. *Das holografische Universum*. Droemer Knaur 1994.

The Enuma Elish: The Seven Tablets of Creation: The Babylonian and Assyrian Legends Concerning the Creation of the World and of Mankind. Herausgegeben von L.W. King, 2 Bände. London: The Book Tree, 1999.

Das Gilgamesch-Epos. Bearbeitet von Wolfram Frhr. Von Soden. Reclam, Ditzingen 1986.

The Great Hymn to the Aten. In *The Ancient Near East,* herausgegeben von James B. Pritchard, Band 1, *An Anthology of Texts and Pictures*. Princeton, New Jersey: Princeton University Press, 1958.

The New Dictionary of Theology. Herausgegeben von Joseph A. Komonchak, Mary Collins, Dermot A. Lane. Dublin: Gill and Macmillan Ltd., 1990.

The Papers of Admiral Richard E. Byrd. The Byrd Polar Research Center, Ohio State University Archives.

The Portable Jung. Herausgegeben von Joseph Campbell. New York: Penguin Books, 1976.

The Works of Plato. Herausgegeben von Irwin Edman. New York: The Modern Library, 1956.

Tillich, Paul. *Systematische Theologie;* Zwei Bände. Gruyter 1987.

Tolkien, J.R. R. *Der Herr der Ringe*. Klett-Cotta 2004.

Waite, Arthur Edward. *Real History of the Rosicrucians*. New York: Steinerbooks, 1982.

Wallis, E.A. *The Egyptian Book of the Dead; the Papyrus of Ani, Egyptian Text Transliteration and Translation*. New York: Dover Publications, Inc., 1967.

Wolf, Fred Alan. *Parallel Universes*. New York: Touchstone, 1990.

---. *Taking the Quantum Leap*. New York: Perennial Library, 1989.

---. *The Spiritual Universe*. Portsmouth: Moment Point Press, Incl. 1999.

Zukav, Gary. *Die tanzenden Wu Li Meister*. Rowohlt Verlag GmbH 1983.

INDEX

Ramtha
Elixier mit Namen Liebe
€ 19,80 ISBN: 978-3-89539-039-5

Was ist Liebe wirklich? Ist sie real oder ist sie nur eine Illusion unserer wildesten Träume? Was bringt uns dazu, uns in einen anderen Menschen zu verlieben? Was können wir von unseren Beziehungen erwarten? Was gibt es dabei darüber zu lernen, wer wir wirklich sind?
Ramthas mutige Ehrlichkeit und sein scharfer Geist leiten uns wie niemals zuvor durch das Buch zum Kern der Marterie. Beinahe zwei Jahrzehnte nach der Veröffentlichung von *Liebe Dich selbst ins Leben* macht uns Ramtha erneut mit unvergleichlicher Einfachheit und in genialer Weise mit diesem geheimnisvollen Thema im Herzen aller menschlicher Sehnsucht bekannt – diesem Elixier mit Namen Liebe.

A STATE OF MIND - MEIN LEBEN MIT RAMTHA
€25,80 ISBN: 978-3-89539-041-8

Im Alter von 31 Jahren änderte sich ihr Leben von Grund auf. JZ Knight, Ehefrau, Mutter und erfolgreiche Geschäftsfrau begegnete ihrer Bestimmung - Ramtha, dem Erleuchteten, dem Geist eines 35.000 Jahre alten Kriegers aus dem alten Atlantis. Er gab ihr lebenswichtige spirituelle Botschaften für unsere Zeit. Dieses visionäre Ereignis veränderte ihr eigenes Leben und auch das ungezählter anderer auf der ganzen Welt, die zusammenkamen, um zu sehen und zu hören, wie JZ Knight Ramthas Lehren auf dem zeitlosen Pfad der bedingungslosen Liebe „channelte".
Dies ist JZ Knights eigene Geschichte. Es ist der inspirierende Bericht einer Frau, die die widrigsten Umstände überwindet ... die aufrichtige Schilderung einer Seele, die ihre Bestimmung letztlich in der Liebe zu ihrem wahren, zeitlosen Gefährten findet ... die spannende Suche eines Wesens, das über eine UFO-Begegnung und eine Wunderheilung zu Besuchen der immer wachsamen Verstorbenen und - vor allem - zu zeitloser Weisheit geführt wurde, welche auf eine strahlende, grenzenlose Hoffnung für uns alle hindeutet.

Michaels Verlag & Vertrieb GmbH
Ammergauer Str. 80 - 86971 Peiting, Tel.: 08861-59018
Fax: 08861-67091, e-mail: info@michaelsverlag.de
Internet: www.michaelsverlag.de

Ramtha
€ 19,80
978-3-89539-050-0

Ramtha
Einführung
€ 12,90
978-3-89539-054-8

Judith Pope Koteen
Der letzte Walzer
€ 12,50
978-3-89539-051-7

Judith Pope Koteen
Finanzielle Freiheit
€ 13,50
978-3-89539-056-2

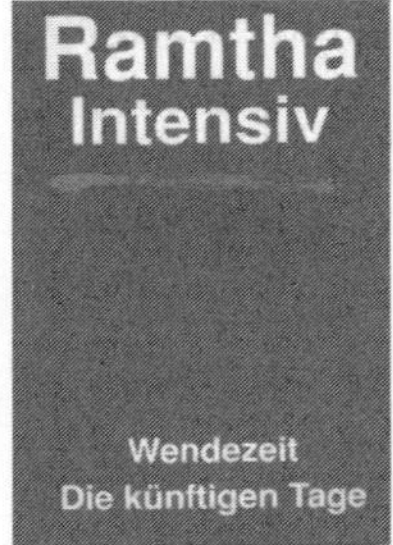

Wendezeit
€ 12,50
978-3-89539-052-4

Seelengefährten
€ 12,50
978-3-89539-053-1

Ramtha
Geschichtenerzähler
€ 16,90
978-3-89539-057-9

Ufos
€ 16,90
978-3-89539-055-5

Ramtha
Das Eigene Werden
€ 24,90
978-3-89539-058-6

Ramtha
Das Manifestieren
€ 19,90
978-3-89539-059-3